神辺靖光
長本裕子 著

百花繚乱 日本の女学校

女子教育史散策 大正・昭和初期編

成文堂

まえがき

前著『花ひらく女学校——女子教育散策・明治後期編』に続いて『百花繚乱・日本の女学校——大正・昭和初期編』を上梓しました。

明治末年、明治大帝が病に臥《ふ》されると御病気平癒を祈る東京市民が宮城前広場に溢れたが、大帝が崩御されると東京市の様相は急変して新天皇を茶化したり、天皇制を批判したりするようになった。天皇機関説はその最たるものである。

こうした自由な風潮に触発《しょくはつ》されて平等（男女間の平等と女子間の平等）を望む声が高まり高等女学校、実科高等女学校、女子師範学校、女子高等師範学校、女子専門学校への進学者が急増し、遂に東北帝国大学に女子学生が入学するに至った。しかしこのように中等高等教育へ女子が進学者を増大させていく陰に都会の売春宿やカフェ等の飲食店に売買される女郎や女給が、また山深い製糸工場で安賃銀に泣く女工が居たことも忘れてはなるまい。

大正七年に米騒動が勃発《ぼっぱつ》した。米の買い占めで米価が暴騰《ぼうとう》したので富山県の漁夫たちが米屋を襲撃して米袋を昼中盗み出した事件である。これが忽ち全国に広まったが、各新聞社が画かせたものによると米俵をかつぎ出すのは女房たちで男どもは櫂棒を振り上げて破壊の役目を担った。

同じ頃、東京や大阪の家庭では、〝うちの女房にゃ髭《ひげ》がある〟という戯《ざ》れ唄が流行《はや》った。亭主より威張っているという意味だが、私は〝威張らせた方が気楽でよい〟という男のずるさだと思っている。新しく出はじめた会社のサラリーマンは資本主義の新組織やからくりに適応するのに苦心している。家に帰ってまでその苦労を続けたくない。いっそ女房に威張らせておいた方がどんなに楽か知れない。となれば家庭では阿呆《あほ》を決め込んでやれ、こんな気持だったのであろう。

本書は以上述べた女子・女性の成長やずるさの中で、その活躍状況を述べようと思う。この時期は自由、平等、博愛の思想が漲《みなぎ》り、新教育の精神が横溢《おういつ》している、しかし前に述べた薄幸な女子女性に手も心も及ばない。そうした限定内での百花繚乱たる日本の女学校を画こうと思う。

本書は平成二十七年創刊の「月刊ニューズレター現代の大学問題を視野に入れた教育史研究を求めて」（代表・富岡勝氏・谷本宗生氏）の81～108号に連載した神辺靖光『逸話と世評で綴る女子教育史』、長本裕子『大正時代の女子高等教育』を編修し直したものである。月刊ニューズレター編集の富岡勝（近畿大学）、谷本宗生（大東文化大学）、小宮山道夫（広島大学）三教授に厚く御礼申し上げます。出版に当っては成文堂編集部の松田智香子氏にお世話になりました。記して御礼にかえます。

二〇二四年九月

著者

目次

第一部　高等女学校と女子師範学校

神辺靖光

第三部　さまざまな分野の各種学校

プロローグ　新時代アラカルト

私（神辺）が子どもの頃から少年期を過ごす頃まで天皇制絶対期であったから明治時代・大正時代と時代区分してきた。その伝で言えば本編は大正・昭和初期編である。太平洋戦争の惨敗と戦後の新憲法制定で天皇の地位や意義が大転回したにもかかわらずどういうわけか、昭和天皇が亡くなるまで昭和の年号が続いた。女子教育史に眼を転ずれば大正期から昭和初期の数年間、高等女学校・女子師範学校・女子専門学校等が、これまでにない進歩発展を遂《と》げている。しかるに昭和初年のある時期から発展の気運が急速に止まり軍国主義に急転回した。よってわが女子教育史も時勢にしたがい、大正・昭和初期編として江湖《こうこ》（世間）に訴《うった》えるものである。

大正天皇をとりまく時代的雰囲気と天皇機関説

明治四十五年七月三十日、明治天皇が崩御して嘉仁《よしひと》親王（大正天皇）が践祚《せんそ》された。明治天皇

明治天皇と昭憲皇太后の御真影

が病気中から宮城（現皇居）前にはご病気平癒《へいゆ》を祈る東京市民が見られたが、崩御《ほうぎょ》されると市民の悼む声で埋まった。それほど明治天皇は東京市民に、日本国民の胸に、熱い思いを焼きつけていたのである。徳冨蘆花《ろか》は「先帝崩御」を聞いて「余は明治と言う年号は永久に続くものであるかの様に感じていた」（「みみずのたはこと」）とつぶやいていたし、夏目漱石は「其時、私は明治の精神が天皇に始まって天皇に終ったやうな気がしました」（『こころ』）と述べている。敏感で気むずかしい作家にもこれほど強烈な印象を明治天皇は焼きつかせたのである。一つには日本中に配られたプロシヤ風軍服姿の〝御真影〟であろう。以前は宮中の御簾《みす》の奥にかくれて姿を見せなかった〝天子様〟が人前に現れて群臣と言葉をかわし、西洋風の軍服姿で日本中を廻られた。国の盛衰をかけた日露戦争では広島大本営に寝泊りして陸軍の将軍と作戦を練る。徳川封建時代には見られぬ光景で、明治天皇はまさに群臣の先頭に立って新しい日本をつくったと多くの国民に想わせたのである。

これに対し、新帝・大正天皇の印象はどうであろう。新天皇の〝御真影〟も国民に配られ地方の役所や旧家の客間に飾られた。しかし明治天皇に比べて見劣りする。同じ軍服ながら威厳に満ちた明治天皇に比べて弱々しい御曹司という印象はまぬがれない。幼少の頃から病弱で明治天皇を継ぐ皇太子としては頼りなかった。明治の功臣たちからきびしい訓育を受けた新天皇は周囲の高官に気をつかうようなところがあり、とりわけ儀式に緊張した。ことは大正九年の帝国議会の開院式で起った。開院式では天皇が詔勅を朗読するのが慣例だが、朗読が終るとそれを巻いて紫の帛紗《ふくさ》の上に置かれた。その時、天皇は上手に巻けたか気になって再びそれを巻き直した。それが議場からみると恰も詔勅をぐるぐると巻いて、望遠鏡のように議場を見回したように見えた。このことは〝遠眼鏡《とおめがね》事件〟として議員から民間に伝わった。話に尾鰭《おひれ》がついて、ある大臣をみて〝猿がいた〟とか、女官を名指ししたとか、あられもない話になって拡散していった。私が小学校の高学年になったのは昭和十五、十六年頃だが悪童どもからこの話を聞いたのはこの頃であった。〝遠眼鏡事件〟はそれほど長く広く民間の隅々まで拡まったのである。

大正天皇
(1817—1926)

　しかし考えてみると〝遠眼鏡事件〟は大正天皇にまつわる秘話であって表沙汰にならないのである。これをあげつらっても退位を迫るなど及びもつかない。ほぼ同時代の一九一七（大正六）年、ロシアロマノフ王朝皇帝ニコライⅡ世が革命の臨時政府に迫られて退位したのと一九一八（大正七）年、ドイツ皇帝がベルリンで武装蜂起した労働者の前に退位を余儀なくされたのに比べれば大正天皇に対する国民の態度は穏やかで温かいものがあった。明治天皇の威圧とも感じかねない風貌に比べればずっと気楽である。明治の緊張と苦労を乗り越えてやっと掴《つか》んだ平和と繁栄にふさわしい大正のお坊ちゃん天皇。明治天皇は偉かったが、怖い雰囲気もあった。大正天皇は怖くない。国民は明治天皇から大正天皇への移行を重石がとれた感じで明るく受け止めたようである。

大正改元と同時に政治上、二つの事件が起った。一つは憲政擁護運動であり、第二は天皇機関説問題である。

明治四十四年八月に成立した第二次西園寺内閣は財政難打開のため、二箇師団増設を含む陸軍の要求を撥ねつけたため、窮地におち入り総辞職した。当時の慣行で後継首班は元老会議が決めていたので、山県有朋を主とする元老たちによって大正天皇の内大臣（天皇の相談役）兼侍従長の桂太郎が選ばれた。ここで当時の内閣総理大臣にふれておこう。大日本帝国憲法は〝国務大臣は天皇を輔弼《ひつ》して天皇に代って責任を負う〟としている。即ち天皇は国民に対し絶大な政治上の権限を持っているが失敗に対する責任は負わない。責任はすべて国務大臣がとることになっている。内閣総理大臣はすでに明治十八年十二月、初代伊藤博文によって行われ絶大な権限を行使して成果をあげたが、大日本帝国憲法が発布されるに及んで二十二年十二月、内閣官制（勅令一三五号）を発しその権限を縮小し、国務大臣と同列だが、そのトップに位置するだけとした。戦後の日本の総理大臣のように閣僚の首をすげかえるような権限を戦前の首相は持たないのでしばしば内閣総辞職が起るのである。後任の総理大臣はじめ国務大臣の選定は天皇の大権に属する。しかし現実に天皇にその選定ができるわけがない。そこでこれまでの首相経験者によって首相と主要閣僚を決めさせた。その会議を元老会議と言い、暗黙の了解となっていた。その元老会議であるが、代々の首相は薩摩か長州の出身者であるからいわゆる薩長藩閥によって占められていた。問題の大正初年の元老会議は長老山県有朋はじめ桂太郎ら長州閥で固めていた。桂太郎は明治末期に何度も首相を勤めている。日露戦争後はほぼ一年ごとに政友会総裁の西園寺公望《さいおんじきんもち》と交互に政権を担い、桂園《けいえん》時代と揶揄《やゆ》されていた。

帝国議会は貴族院と衆議院からなる。貴族院は皇族、華族と勅選議員からなり、衆議院は選挙によって国民から選ばれる（種々の制限があるが、ここでは述べない）。両院とも政府が提出する法律案を審議するのだが、国家予算は事前に衆議院に提出されねばならない（帝国憲法六五条）から政府としては衆議院の動向に気を配らねばならない。衆議院議員にとって予算審議は晴れの場であるから国民の経済状況をよく研究せねばならない。議会解散・総選挙ともなれば政党に属さねば不利である。こうして自由民権運動以来の政党が離合集散を繰り返しながら活動していた。大正二年初頭に起った憲政擁護運動（大正政変）はこうした事情のもとで勃発したのである。

大正二年二月、衆議院で桂内閣に対する政友会の尾崎行雄の弾劾《だんがい》演説がはじまった。尾崎は桂が自らの進退や組閣をすべて詔勅によるものと弁明し、天皇の権威をかりて、すべてを正当化しようとしたことを鋭く批判した。〝桂は玉座を以て胸壁となし詔勅を以って弾丸に代えて政敵を倒さんとする〟として元老会議の面々が常に天皇の御意向と言いながら実は自分達の野心を実現してきたことをあばいたのである。桂は天皇の侍従長であり内大臣（天皇の相談役）を兼ねていたから宮中府中の別を乱す悪人と見られていた。尾崎の弾劾演説の最中、帝国議会の外は政治改革を求める民衆で溢れ、彼らは〝閥族打破、憲政擁護〟をスローガンに掲げた。閥族打破は長州閥の元老会議で決めた桂内閣を否定することであり、憲政擁護は政党政治を望むという国民大衆の願いを表示したものである。この大衆運動は次第に高まり拡がり東京はじめ、神戸、盛岡、広島、福岡等《など》全国の主要都市で演説会が開かれた。大阪中之島で開かれた憲政擁護大会は二万人をこえる大衆が集まったと言われる。国民が政治に目覚めたのである。桂首相はこの勢いに驚き桂内閣は総辞職し、その後、曲折をへて山本権兵衛内閣になる。そしてすぐにはならなかったが、大隈重信内閣から原敬内閣に至って政党政治が行われるようになるのである。

大正改元とほぼ同じ頃、東京帝大法科教授・美濃部達吉の「国家及び政体論」が『国家学会雑誌』に掲載された。これが天皇主権説をとる上杉慎吉から〝国体に関する異説〟と攻撃され、学会やマスコミを巻き込んだ論争になる天皇機関説の発端である。狂信的日本主義が横行した十五年戦争の頃には天皇機関説は〝凶逆思想〟とされ、美濃部は失脚、昭和二十年の敗戦まで同派の書は国禁扱いとなるが、大正期には上杉一派の攻撃はあったものの彼の唱える国家法人説は政治家や官僚を納得させるのに充分であった。即ち憲法学上、〝国家を一つの団体であるとし、この団体が法律上の人格を有し統治権の主体である。天皇は国家の最高機関として〝国家に属する統治権を総攬《そうらん》する〟と説く。よって一般に天皇機関説と言われている。「総攬」とは「政争・人心などを一手に掌握すること（広辞苑）」である。国家最高機関である天皇が日本の政治を総攬するのだが、天皇は帝国議会に日参するわけではない。日々、時とともに変る政治の動向や方針は帝国議会が決定し、内閣を中心とする行政府がこれを実施する。総攬者たる天皇は議会、内閣の報告を受け裁可すればよい。されば政治上、最重要な機関は帝国議会で、多くの国民の委託を受けた多数派政党の内閣、即ち議院内閣制が好ましい。こうしたことで美濃部の説は大正期の政党から歓迎され、政治学者・吉野作造の言論活動と相まって大正デモクラシーを促進する役割を演じたのである。

参考文献

武田晴人『帝国主義と民本主義』（集英社版　日本の歴史19）
坂野潤治『大正政変』ミネルヴァ書房
『国史大辞典』吉川弘文館

政治・社会に目を開いた大衆――新聞・雑誌の盛況

大正時代がはじまる初端《しょっぱな》に衆議院で桂内閣の弾劾《だんがい》演説がおこなわれ、〝門閥打破、憲政擁護〟の大衆政治運動が全国的に拡がった。大衆が街へ出て叫んだり、演舌をぶったりすることは東京では珍しいことではなかったが、これほどの大衆が東京だけでなく、全国の主要都市で蜂起し、しかも憲政擁護という同じスローガンを掲げて盛り上がったのは空前のことであった。天皇の威光を盾に旧藩閥の領袖《りょうしゅう》たちが権力をほしいままにするとか、政党政治をつくろうとか、かなり高度な政治概念や用語を国民大衆がどうして知ることができたのであろう。

第一に明治末年までに学齢児の小学校就学率が九九％近くにまでなったことである。明治二十四年に五〇％を越えた以後、うなぎ登りに上昇するが、特に日清戦争から日露戦争まで一〇年間の急上昇は目を見張るほどであった。政府文部省、府県知事、同学務課の熱心な就学督促もあったが、現場の教員、児童の父母の涙ぐましい努力があったればこそである。明治前期は良質の教科書がなく、あってもアメリカの教科書の焼き直しか、いい加減なものであったが、明治後期には文部省によって良質の教科書が作られ、特に国語読本がよくなった。大正初年、国民大衆の半分以上が小学校の国語教育を受けた者たちである。

とは言え、小学校の国語教育だけで政治の実情や思想を理解することはできない。当時、ようやく盛んになった新聞と雑誌の影響についてみよう。日本語による新聞の嚆矢《こうし》は文久二（一八六二）年、幕府蕃書調所《ばんしょしらべしょ》発行の「官板《かんぱん》バタビヤ新聞」であるが、明治元年発行の『中外新聞』、三年『横浜毎日新聞』と続く。明治十四年になると、時の政党の影響を受けて自由党、改進党、立憲帝政党三政党系列の政党機関紙時代になるが、その頃から福沢諭吉の『時事新報』、陸羯南《くがかつなん》の『日本』、徳富蘇峰《そほう》の『国民新聞』、黒岩涙香《るいこう》の『万朝報《よろずちょうほう》』などの独自性を持ったいわゆる独立新聞が現れる。そして明治後期には無数ともいえる大小さまざまな新聞が栄枯盛衰をくり拡げるが大阪に興って東京にも足場をきずいた『朝日新聞』と『毎日新聞』についてみよう。この二大新聞が他を圧倒したからである。

明治十二年一月、日刊『朝日新聞』が大阪江戸堀にある朝日新聞社で創刊された。当時政論を展開するのを大新聞《おおしんぶん》、社会記事専門を小新聞《こしんぶん》と言ったが、朝日新聞は小新聞で絵入り振仮名付《ふりがなつき》であった。商工の町人を読者にしている。しかし九月頃からこれに論説を掲載《けいさい》しそれを充実させていったので明治十六年に発行部数が二万台を越え全国最多となった。二十一年、東京の『めざまし新聞』を買収して『東京朝日新聞』を創刊し、翌二十二年一月から大阪のものを『大阪朝日新聞』と改称した。『東京朝日新聞』はさらに発行部数を伸ばした。それは従来の印刷機の二五倍もの印刷能力を持つフランスのマリノニ輪転機を輸入したからである。これと並行して同紙だけを販売する専売店をつくり、号外や朝刊や夕刊の配達体制を整えた。勿論発行部数の急増は記事が読者に好まれたからである。もともと大阪の町人を相手としたこの新聞は東京のようにある思想や主義で当時の政治や社会を批判したり論断したりするのとは違う。庶民の生活から社会の動きを探ろうとする。そこは万事金の世の中の大阪商人相手の新聞である。これが東京でも新しい中産階級や市民の心を掴んだと言えよう。大阪も東京も次第に論説を加えた。はじめは陸羯南《くがかつなん》の『日本』から移った池辺三山《いけべさんざん》が担当したが、次いで同じ『日本』から長谷川如是閑《にょぜかん》が来て担当すると知識人読者まで吸収して読者層を拡大した。また硬《かた》いものばかりではいけないと半井桃水《なからいとうすい》や饗庭篁村《あいばこうそん》などの通俗小説を載せていたが、明治の終り頃、夏目漱石や彼の門下生が「東京朝日」の文学面を担当するようになると知識人読者が同紙に引き寄せられ「朝日新聞」は全国紙としてだけではなく、内容面でも日本を代表する新聞になったのである。『大阪毎日新聞』の前身は『大阪日報』で明治九年二月創刊の大阪最初の大《おお》新聞（政論新聞）である。民権派の色彩が強かった。資金難のため、明治二十年、大阪の実業家に譲渡されたが二十一年十一月、『大阪毎日新聞』として創刊、〝不偏中立の実業新聞〟を社是とした。日清戦争を契機に紙面を充実させて順調に業績を伸ばし『大阪朝日新聞』と肩を並べるようになった。明治三十年には後の総理大臣・原敬が社長に就任している。三十三年には力士や俳優の人気投票を企て成功した。日露戦争がはじまると「大阪朝日」と号外を競い、発行部数を躍進させた。その頃から「大阪毎日」は東京にも足場を持とうと触手を伸ばし、三十九年『電報新聞』を買収して『毎日電報』と改題、東京進出を果した。一方、東京では明治初年以来の『東京日日《にちにち》新聞』が威を張っていたが赤字経営に苦しみ、譲渡相手を探していた。そこで「大阪毎日」と「東京日日」の合併話が急速に進み、明治四十三年、「東京日日」の新聞名を継続する条件で経営権を「大阪毎日」に譲渡することになった。東京有楽町の社屋には「大阪毎日新聞社東京日日新聞発行所」の看板が掲げられた。この時「毎日電報」を「東京日日」に吸収、以後、昭和十八年「毎日新聞」に統一するまで『大阪毎日新聞』と『東京日日新聞』の両紙でこの新聞社は全国に展開した。「東京日日」の出自を極く簡《ご》単にふれておくと明治五年に街の戯作者《げさくしゃ》や浮世絵師によって創刊された極く庶民的な新聞であったが福地源一郎（桜痴《おうち》）が編集にたずさわると「太政官記事印行御用」を掲げて政府の御用新聞になり、台湾征討や西南戦争の記事を載せた。こうして、論説で世論を主導するようになり、次いで伊藤博文はじめ井上馨、伊東巳代治、加藤高明ら伊東寄りの政治家が肩入れしたが、赤字経営が続いた。そこで三菱の岩崎家に経営を託したが赤字経営から脱却できず、結局、「大阪毎日」に売却ということになったのである。思うに東京人は新聞を論説の場であるとし、天下国家を論じて敵を論破せねばならぬと大真面目《おおまじめ》に考える。然るに大阪人は新聞は社会の動きを写す鏡とみて、庶民の動きを知ろうとする。いわゆる三面記事本位なのである。江戸以来の瓦版のように下世話《げせわ》な記事も東京にあったが、それを正規の新聞と区別して見るのが東京人である。然るに大阪人は娯楽的小説も挿《さ》し絵入りで論説や報道と一緒に掲載する。この違いが庶民が大阪に軍配をあげた理由であろう。

新聞と並んで当時、隆盛した雑誌も考慮せねばなるまい。慶応三（一八六七）年、柳河春三が創刊した『西洋雑誌』がはじまりで、明治七年には中村正直、西周《にしあまね》、福沢諭吉らの明六社によって『明六雑誌』が刊行された。日本最初の学術・自然科学の総合雑誌である。明治二十年、徳富蘇峰が『国民の友』を、二十一年、三宅雪嶺が『日本人』（明治四十年から『日本及日本人』と改題）を創刊、いずれも政治・社会・文学の高級総合雑誌として多くの読者を獲得していた。さらに二十八年創刊の『太陽』、三十二年の『中央公論』が成長して大正デモクラシーの理論誌のようになり、大正八年には『改造』『解放』もこれに加わった。一方、大衆社会の存在を認識した新聞社が大正十一年、『週刊朝日』と『サンデー毎日』を創刊、都市中産階級や市民を読者にした。これらの雑誌は概ね大都市の市民を読者に想定しているが、さらに幼少、成人に分けて出版したのが講談社である。即ち大正三年発刊の『少年倶楽部』を皮切りに『婦人倶楽部』『少女倶楽部』『幼年倶楽部』『講談社の絵本』等を発刊した。講談社は野間清治が江戸時代から続いた講談師の語りを小説家に現代風に書き直させた『講談倶楽部』がよく売れたからはじめた出版社である。その後『キング』『面白倶楽部』等を発刊、昭和初年には一ヶ月の発行部数六〇〇万部に達した。誤解がないように一言しておくが『婦人倶楽部』以前にも女性専門雑誌がなかったわけではない。明治後期から女性専門誌は存在し、『女学世界』（博文館）、『婦人世界』（実業之日本社）等が活躍し、大正になると『婦人公論』が中央公論社から創刊されて大正デモクラシーの一翼を担っていたのである。ただし発行部数において『婦人倶楽部』にかなうものがなく女性の文字文化理解者、享受者の普及ということで講談社の『婦人倶楽部』は功績があったとするのである。なお『少年倶楽部』『幼年倶楽部』と並んで各社が少年、少女、子どもの本をつくっているが、それは大正自由教育、児童中心教育等を述べるに際し、随処で取り上げることになろう。

参考文献

『日録20世紀』―大正元年〜昭和五年―講談社
『国史大辞典』吉川弘文館
唐澤富太郎『教科書の歴史』

京浜工業地帯・阪神工業地帯と田園都市の創設

新聞も雑誌もその作り手は勿論、その享受者の多くは都会人である。大正から昭和にかけて日本はこれまでにない大都会が現出した。その代表は東京府と神奈川県の横浜を結ぶ京浜工業地帯と大阪府と兵庫県の神戸を結ぶ阪神工業地帯である。両地帯とも産業の興隆とともに人口が急増し交通網が拡張すると生活の考え方が変わり職と住を分離して快適な暮しを望むようになった。そしてこの両地帯には田園都市という新しい居住地が生まれ、それがまた新しい都市文化を生み出すことになる。

現在も活動を続ける京浜工業地帯は東京都全域から神奈川県の殆んどの地域及び埼玉県千葉県の一部に及ぶ関東臨海工業地帯とも言うべき巨大な地帯になったが、そのはじまりは政府の殖産工業政策による官営工場で、その範囲は東京府の西南の臨海地帯から川崎・横浜までの地帯であった。明治の二度の戦争と資本主義の発達で重化学工業の色彩が強い。

江戸城をとりまく山手地域には無数の武家屋敷があったが、明治政府はそこに各種の役所、官舎、学校をつくり、また西洋風の公園をつくった。一方、全国から集まってくる若手官僚や学生、書生のために小規模家屋や下宿屋がつくられ、そこから役所、会社に通う月給取りや学生・書生という新しい風俗がみられるようになった。第一次大戦で戦勝国側についた日本は好景気の波に乗って財力を握り、産業を拡大する。それを狙って全国から技術者や販売人、また労働者が集まった。東京府は当初から市内の道路改修に意を注いでいた。鉄道・馬車のほかに民間人による人力車・電車が発達し、大正期になると乗合バスまで登場した。こうなるともはや住居を旧市内（大ざっぱに言えば現山手線以内）に止めて置くことはできない。交通機関の発展にともなって〝いっそ住居を郊外につくろう〟ということになった。これが田園都市構想である。

田園都市という概念は十九世紀末から二十世紀はじめに英国で興った。いま時のコトバで言えば bedtown で、夜眠るために帰る住宅町である。大都会の喧騒を避けてできた近郊の小都市をさす。英国の田園都市の構想を早くもキャッチした政府は明治四十年に内務省から『田園都市』という冊子を発行した。この田園都市構想を具体化しようとしたのが財界の大御所・渋沢栄一である。彼は若年の頃から都市開発に関心を持ち首都東京については兜町《かぶとちょう》ビジネス街計画や銀座煉瓦街計画などに深く関わっていた。日本列島を縦横に走る国有鉄道はすでに鉄道省の管理に属し、都市と郊外を結ぶ鉄道建設が私鉄の使命であることを熟知していた渋沢は私鉄の開発を謀った。郊外の田園地帯を走る私鉄はそれだけではなりたたない。乗客が、つまり大都会に頻繁に足を運ぶ人々が住む街でなければならない。ここに私鉄開発と田園都市計画が結びつく。大正七年、渋沢は三男・秀雄を社長とした田園都市株式会社を設立、十一年、目黒蒲田電鉄（目蒲線）を同社の電鉄部として十二年に開通、多摩川台近くの田園調布駅近くを分譲地として売り出した。分譲地は田園調布駅を基点に同心円と放射線に拡がる道路で区画され、公園や広場のスペースもある理想的住宅地がつくられた。住宅地は一区画一〇〇坪から五〇〇坪か、一〇年間で月賦払いという方法もあった。大正十二年九月の関東大震災で京浜一帯は大被害を被ったが田園調布の地が緑豊かで地震に強いことが立証された。以後、田園調布は都心に職場を持つ中産階級の理想の住宅地として発展してゆく。

大正十四年には武蔵野鉄道（現西武鉄道）と同系列の箱根土地株式会社が大泉学園、小平《こだいら》、国立《くにたち》などを住宅地に開発し、田園調布式の東京のベッドタウンは私鉄の発展とともに東京の西部郊外に拡大してゆくことになるのである。

阪神工業地帯は京浜工業地帯のように広範囲にわたらないが独特な発達をした。大阪での西洋近代工業の移植は造幣局や砲兵工廠が先鞭をつけたが、堺の紡績所から始った紡績会社が発展して明治二十年代後半には〝東洋のマンチェスター〟と呼ばれるようになった。一方、神戸では明治前期にマッチの製造業が盛んになり和田岬の東岸一帯に個人経営や共同経営の工場が林立した。マッチは日本国内及び中国や東南アジアの国々に販路を拡げ、やがてマッチは世界市場に重きをなす。明治十九年に和田岬の東南端、大阪湾に向けて川崎兵庫造船所（現川崎重工業神戸工場）が創立され、次いで三十八年、三菱合資会社三菱造船所（現三菱重工業神戸造船所）、四十年、播磨船渠株式会社（現石川島播磨重工業）等が同所につくられた。当然ながら大工場の周辺は部品の下請工場が林立する。かくして京浜工業地帯と並び称される阪神工業地帯ができたのである。

神戸港のすぐ北に三田《さんだ》藩があった。三田藩の最後の藩主・九鬼隆義は明治二年、いち早く版籍奉還して三田県知事となり藩士を帰農させて解散してしまった。九鬼自身は神戸に住んで神戸の土地を買い漁《あさ》り市街整備を始めた。彼は開明派の知識人で福沢諭吉とも親しく神戸港の外国貿易にも一役買っているしアメリカンボードミッションの神戸英和女学校設立に力を尽くしている。彼はまた買い占めた神戸の土地を如何に生かすか努力した。神戸は港のある海岸線に迫ってすぐ北に高くはないが六甲山地がある。よって神戸の街は急峻な坂道でできている。これに適応させて東西に道路を走らせ、南北に坂道をつくり、最上部に外国人の住居、中部は新中産階級の住居地、海岸に続く低地に官庁街と商業地を計画した。その後、この計画通りに事が運び、現在の町並になった。

阪神地域に田園都市が本格化するのは大正期になってからであるが、明治三十年代後半からその予兆があった。明治三十六年に大阪南の茶臼山周辺で第五回内国勧業博覧会が開かれた。従来の勧業博覧会と違って娯楽色の強いもので茶臼山にウォーターシュートが設けられ、サーカスも開かれ、一帯は大遊園地化した。この時、通天閣という塔もたてられた。これらの工事と並行して周囲の道路拡張が行われ、付近のスラム街の住民を移動させ釜ヶ崎に新しい貧民窟がつくられていった。このような状態を大阪の古くからの商人は嫌ったのである。その代表的財閥、住友家は天王寺駅一帯の卑猥《ひわい》さと陋巷《ろうこう》を憎んで、本邸を神戸の住吉《すみよし》（当時は閑静な田園地帯）に移した。住友財閥はその後も大阪に本拠を置いて日本の産業開発に活躍したから仕事は大阪、住居《すまい》は住吉という職住分離の手本を示したことになる。大阪の商人や知識階級で神戸郊外に住む者が後をたたなかった。

こうなると交通機関としての鉄道と土地の斡旋・売買の需要が高まる。すでに鉄道省管轄の東海道本線が大阪・神戸間を結んでいてこれに平行して走る私鉄を鉄道省が許さなかった。しかし阪神工業地帯の成立と阪神間の田園住宅要求が高まると大阪市と内務省の圧力で東海道本線に並走する私鉄を許さざるを得なくなった。かくして明治三十九年、大阪梅田と神戸三宮間を結ぶ阪神電気鉄道が開通、不動産業とタイアップして郊外移住を呼びかけた。一方、阪急電鉄は後れて明治四十三年、大阪梅田と宝塚を結ぶ宝塚線をつくったが大正九年には十三《じゅうそう》・神戸間を結ぶ神戸線を完成、阪神急行電鉄（略称・阪急電鉄）と改称した。

こうして国鉄東海道線をはさんで阪神・阪急の両私鉄が併走すると、両私鉄は土地販売会社と結んで、或は独自の土地会社をつくり、沿線に田園住宅をどんどん作るようになった。こうして両電鉄の沿線に田園都市が成立したのである。即ち京浜地帯では東京の西部郊外、武蔵・相模の平野に放射線状に田園都市が作られていったのに対し、阪神地帯では主に神戸市の東部郊外に田園都市化が進んだといえよう。そしていずれも東京市、大阪市に生じた中産階級の会社員、自由業者が住人となったのである。田園都市はベッドタウンであるから住民は朝、発達した交通機関で都心に出勤する。東京市、大阪市の産業界は新しい対応をせねばならなくなった。家庭に残された主婦も考える。いくら風景がよいと言っても田園都市のわずかな商店では購買意欲は満たされない。子どもを都心の仕事場に連れてゆくわけにはいかない。学校の問題が起る。このように新しくはじまった田園都市生活につれて新しい諸問題が起るのである。

参考文献
鈴木博之『都市へ』（中央公論新社『日本の近代10』）
『日本交通史辞典』『日本生活史辞典』吉川弘文館

百貨店（デパート）と歌劇（オペラ）・軽演劇の出現

フランスのボン・マルシェを嚆矢《こうし》として十九世紀後半、欧米諸国にデパートメントストア（百貨店）が出現した。日本では明治三十七年、三越呉服店が呉服専門から服飾に関するあらゆる商品（百貨）を扱うと新聞紙上に宣言してから松坂屋、松屋、高島屋、大丸などの大手呉服店が相ついで百貨店化していった。大正期になると東京、大阪に次いで地方都市にもデパートの波が拡がった。いずれも目貫《めぬ》き通りに壮麗な洋風店舗を造り高級感を演出しながら（例えば美しいショーウィンドー）旧来の座売りから陳列販売へ転換したのである。店に入るのに靴を脱がずにすむ。中産階級の主流をなすサラリーマンにとって、これは便利である。はじめ自分一人で入ったデパートも休みには妻や子どもを連れての来店になり、デパートの方もそれを当て込んで大食堂を設けたり日用品や雑貨まで売るようになり、さらに新式の玩具《おもちゃ》や人形などを陳列したり屋上を遊園地にしたりして家族ぐるみの娯楽場にしてしまった。旧東京市内の中産階級は勿論、郊外住宅の住民も電車を乗り継いで休日には家族ぐるみでデパートに出かけ、買い物を楽しみ、昼食をとり、屋上遊園場で子どもを遊ばせ、時にはデパートの催しものを楽しんで帰宅するというのが風物詩になったのである。

大阪もデパートをつくっていたが、昭和四年四月、阪急電鉄が大阪梅田駅に隣接してつくった阪急百貨店は異色である。地上八階、地下二階の百貨店はそれまで梅田駅に隣接していた阪急マーケットを大改装したものだがターミナルデパートという全く新しい構想でつくられた。着想者は阪急電鉄の社長・小林一三である。

小林はすでに競争相手の阪神電鉄を圧倒し沿線に田園都市をつくって乗客を確保していた。田園都市住人の大半は大阪へ通勤するサラリーマンである。中流意識の強い彼らの買物は大阪の百貨店をめざすだろう。東京の場合と同じく、大阪でも三越、大丸等のデパートができていたが、これらはみな旧呉服屋から変ったもので、都心に寄りそっていた。阪急電鉄の沿線、田園都市の住民に便利な幸せを提供したいと考えてつくったのがターミナルデパート阪急百貨店である。都心の大百貨店には行かせない。阪急電鉄の終着駅梅田にたつこの百貨店で乗客の足を止めてしまう。そのために小林は工夫した。呉服屋出身のデパートと違って小林は日用雑貨品や食料品売り場を充実させ、各種の食堂を設けた。中でも異色は最上階にある洋食堂である。設《しつら》えは豪華で眺望もよいがメニューは多様である。低廉なものもある。有名なものにソースライスがあった。白米に備え付けのソースをかけて食べるのだが、福神漬が添えてあるからこれで食べてもよい。中流の田園都市の住人でも懐《ふところ》が寂しい時もあるだろう。大阪市民が来たってかまわない。都市中流家庭の人々の心を汲んでの作戦であった。諸事、見栄張《みえば》りの東京市民対手ではこの作戦はできないだろう。この作戦は大当たりとなって阪急デパートのソースライスは広く巷間に伝えられた。

三越開店の広告

人間に娯楽は必要である。仕事に追いたてられる都会人には特に必要である。束の間の一刻を楽しめるのは演劇芸能に外ならない。伝統的な能狂言や歌舞伎、人形浄瑠璃《じょうるり》は明治になっても続き、特に勇壮な江戸歌舞伎は荒事《あらごと》として東京歌舞伎の芸となり、情緒纏綿《てんめん》の和事《わごと》を得意とする上方歌舞伎は大阪を本拠とした。ともに明治大正に引き継がれてい

大正７年オペラ「天国と地獄」
浅草日本館

る。しかし大正時代の新中産階級サラリーマンは歌舞伎だけでは飽き足りない。もっと斬新な舞台を求める。彼らは西洋風の歌劇（オペラ）を求めた。すでに明治四十四年、東京に帝国劇場ができた。濠をへだてて宮城前広場に向き合う東京の一等地である。建築様式はパリオペラ座を真似したネオ・バロック式で内部は宮殿のように飾り立てた。新式百貨店に変身した三越は早速〝今日は帝劇、明日は三越〟のキャッチフレーズで宣伝した。帝国劇場は早速、歌劇部を付設し、イタリア人・ローシーを招いて特訓を開始した。だが即席にオペラは上演できなかったので帝劇歌劇部は大正五年解散、ローシーは残党を率いて赤坂のローヤル館で奮闘したが、これも赤字つづきで解散した。しかしここで養われた若き歌手たちが、浅草に移って浅草オペラを創り出すのである。

浅草は浅草観音の門前町として江戸時代から庶民の遊び場であったが、明治十七年、浅草の第六区に興行小屋が集められ、寄席《よせ》、待合《まちあい》などが連なった。ここに赤坂ローヤル館の残党・田谷力

三、清水金太郎、藤原義江、原信子らが集まって大正六年、浅草オペラを立ち上げたのである。演目はローシー流のヨーロッパ正統のオペラではない。「ボッカチオ」「天国と地獄」のような軽い喜歌劇・オペレッタであった。これは浅草の大衆から忽《たちま》ちうけて大盛況となった。その熱狂的な観客はペラゴロ（オペラゴロツキ）と善良な？市民から蔑《さげず》まれたが、昭和になって忽然《こつぜん》と現れた榎本健一《えのもとけんいち》（エノケン）率いるカジノフォリーのレビューつき喜歌劇オペレッタへ影響を与えたと思う。浅草オペラは関東大震災でなくなった。本格的オペラが帝国劇場でおこなわれるのは第二次大戦後、藤原（義江）歌劇団が結成されてからである。

大正３年４月
宝塚少女歌劇第１回公演
「ドンブラコ」

関西では早くも大正三（一九一四）年に宝塚少女歌劇が始まった。企画者は阪急電鉄社長の小林一三である。前年、阪急の前身、箕面《みのお》有馬電鉄が開通した時、小林は沿線住民の娯楽施設として武庫川沿いに動物園と宝塚温泉を開き、そこに室内

吉本せい

吉本吉兵衛

プールを設けた。しかしこのプールは低温で失敗した。小林はプールの水を抜いてその跡に劇場をつくり、アトラクションを開始した。その年のうちに少女歌劇養成所と宝塚少女歌劇団がつくられた。当時、東京・大阪のデパートで客寄せのため少年音楽隊や少女唱歌隊ができていたのにヒントを得たのかも知れない。大正三年第一回公演は「歌劇ドンブラコ」で桃太郎の鬼退治というたわいない筋であったが音楽と舞台装置、踊りは近代洋風の華麗なものであった。同年十二月八日の『大阪毎日新聞』は「家庭の男女幼膝《ひざ》を交えて観覧しても豪《いささか》も他の演芸の如く顔を赤らむるが如き場合なきを信ず」と絶賛した。〝顔を赤らむる〟とは歌舞伎やその芸の亜流新派劇の濡《ぬ》れ事《ごと》（男女の情事の演出）を指している。これは小林一三の演劇観を言い当てている。小林は歌舞伎・新派の画く世界が大嫌いで、新中間層、インテリ層はこれらから脱却し、西洋風オペラや音楽、舞踏に向うと信じていたのである。宝塚少女歌劇は大当たりをとって阪急沿線の田園都市住民のみならず関西中間層インテリたちの支持を得、まさに家族ぐるみで楽しめる舞台芸術になってゆく。小林のねらい通り、主催者と観客が一緒になって新しい娯楽、芸術をつくり出す風潮が起ったのである。これを受けて宝塚はフランスのシャンソン、レビュー等をとり入れ、これを日本化して発展してゆく。やがて東京にも進出して東京宝塚歌劇をつくり有楽町娯楽地帯をつくり、松竹映画に対抗する東宝映画をつくるようになるのである。

明治45年4月、吉本吉兵衛が最初に借りた
芝居小屋・文芸館

このように新しい新中間層の娯楽ができたとはいえ、大都会の享楽はこれでおさまるものではない。庶民大衆の遊び場として東京に浅草があったように大阪には千日前があった。大阪みなみの歓楽街・千日前は江戸時代、獄門場や火葬場があった所だが、明治の半ばにはろくろ首や猿芝居などがあってその淫猥《いんわい》グロテスクな演物《だしもの》に大衆の人気があった。近くには色街《いろまち》もある。ここの天満天《てんまてん》神裏《じんうら》に明治四十五年、吉本吉兵衛と妻せいが古ぼけた演

芸場をはじめた。これが大正時代に隆盛し今日に続く吉本興行である。はじめは噺家《はなしか》数人と曲芸義太夫《ぎだゆう》、講談など、いわゆる〝色物《いろもの》〟であったが後にエンタツ、アチャコという天才芸人が加わりしゃべくり漫才《まんざい》という新しいジャンルを開拓して日本中を席巻《せっけん》した。

参考文献
鈴木博之『都市へ』(『日本の近代10』)
『日録20世紀』スペシャル5、『日録20世紀』大正元年　講談社
『画報近代百年史第10集』国際文化情報社

『人形の家』〝新しい女〟と公開離縁状事件

明治四十四年十一月、帝国劇場でイプセンの『人形の家』が上演された。主役ノラを演ずる松井須磨子の名演技によって、封建的な家庭の主婦が人間としての活動を認められないで、人形のように愛玩されているだけではないかという叫びが劇場内に響きわたり、大きな社会的影響を与えた。初公演は明治の年末であったが、『人形の家』は大正昭和初期まで何回となく上演され、そのたびに若い男女に感銘を与えた。第二次大戦中の数年間は逼塞《ひっそく》させられたが敗戦のその年の暮、東京の有楽座での新劇初公演では『人形の家』がとり上げられた。長い行列の末、やっと買

い求めた入場券を握りしめた観客の中に、かく言う筆者（神辺）もいたのである。劇場内の興奮は忘れられない。

同じ明治四十四年九月、平塚らいてう（本名、明《はる》）を盟主とする『青鞜《せいとう》』第一号が発刊された。〝原始、女性は実に太陽であった。今女性は月である。他によって生き、他の光によって輝く病人のように蒼白い顔の月である〟の名文句ではじまる〝新しい女〟の開幕である。『人形の家』が明治四十四年にはじまっても大正昭和初年に勢威を張ったように、〝新しい女性〟もまた大正昭和初年まで物議をかもしながら断続するのである。

らいてうの「元始女性は太陽であった。—青鞜発刊に際して—」にみる如く『青鞜』は文学好きの女性たちのサロンのようなものであった。しかし『青鞜』はイギリスの婦人運動 Blue-

『青鞜』創刊号の表紙

晩年の平塚らいてう

Stocking からとったもので女性解放運動の側面も持っていた。大正二年一月の『中央公論』にらいてうは「新しい女」論をのせ、「自分は新しい女である。日々新しい女でありたいと願い、日々努めている」と書くと忽ち〝新しい女〟とはなにかという議論がまき起ったのである。『中央公論』や雑誌『太陽』は特輯号を出して大方、好意的な論陣を張った。これに対し、大衆的な新聞はひやかし半分の枝葉の小事をあげつらった。例えば、女性解放運動の一つとして遊廓を視察すれば、吉原登楼の記事になったり、西欧の女性用の酒・ペッパミントを飲むと〝五色の酒〟を飲んだと騒がれた。こうした世俗的世論攻撃に天才的才女たちのサロン的集りは抗し切れず大正五年、青鞜社は解散した。

それからしばらくたった大正八年末、政治活動をする新婦人協会が興る。この間に漁村の主婦たちが火をつけた米騒動が勃発するが、それは稿を改めるとして、インテリ女性の政治改革運動を一瞥《いちべつ》しておこう。

大正八年末、青鞜社の平塚らいてうや市川房枝、奥むめおらが新婦人協会をつくり、女性の政治結社加入と政治演舌会の主催および参加の禁止に対する廃止運動をはじめた。大正十一年の議会は女性の政党加入は相変わらず禁止したが、政治演舌会の主催と参加だけは自由にした。しかるにこの運動が一部とは言え成功したとたんに新婦人協会は解散した。これは女性だけのことではない。インテリの活動家が共通して落ち入る弱点である。新しい思想をかざして理想を叫ぶ時、その思想の純粋性を尊重する余り他流をいたずらに落しめる。闘わねばならない旧体制の標的から次第にそれて友軍たる自分たちの亜流を敵視してしまう。現代日本の政党政治に於て野党が常に分裂して保守党に歯が立たないのをみればわかるだろう。さて本論に戻れば、新婦人協会が当面の課題に多少成功したにもかかわらず解散したが、これをきっかけにいろいろな婦人団体がうまれだした。大正十年には矯風会内に日本婦人参政権協会、十一年にはもとの新婦人協会の一部が婦人連盟となり、また大阪朝日新聞の援助で婦人関西連合会ができて社会政治運動に進出した。東京ではさらに婦人市政研究会、革新クラブ婦人部などが次々につくられ、十二年に婦人参政同盟に連合した。婦人参政同盟は政界に婦人参政権を建議したが、当時の政界は婦人参政権を全くとり上げなかった。しかし大正時代に芽吹いた女性の参政権は暗い昭和の戦争期間も脈々と生き続け、戦後の開放期に一気に躍り出て女性代議士を生み出したことを想えば、大正期の婦人参政権運動は社会史的意義があったと思う。

月によって病人のように蒼白く光る女ではなく、自ら光り輝く新しい女性であるならば、人間の根元的情念である異性への愛も女性が主体であらねばならない。らいてうはすでに妻子ある男性と心中未遂事件をおこしていた。相手は夏目漱石門下の若き作家・森田草平で日本女子大卒業後、文学サークルで知り合ったのである。二人は愛し合ったが妻子ある男では恋愛は成就できないと思って心中をはかったが、失敗に終わったのである。しかし〝原始、女性は太陽であった〟

と女性の主体性を説くらいてうは一度の失敗でひるまない。大正四年、年下の画家・奥村博史《ひろし》と同棲した。世間の非難は高かったがらいてうはこれを結婚と呼ばず〝男女の共同生活〟として二人の子どもを生み育て、女性の主体性を顕示したのである。

竹村民郎著『大正文化』（講談社現代新書）の付録『大正文化史年表』はすべて新聞記事からとったという稀有《けう》な年表である。大正五年十月の頃に「離婚で日本世界一、五万八千件」という衝撃的な記事がある。まさか、らいてうの影響でもあるまいが、このような傾向の上に、らいてうの〝新しい女性〟の生き方が顕示されて大騒ぎになったという事が考えられる。

大正十年には美貌の歌人・柳原白蓮《やなぎはらびゃくれん》の「公開離縁状事件」が起こった。〝九州の炭鉱王〟と言われる富豪の伊藤伝右衛門の妻燁子《あきこ》（歌人筆名・柳原白蓮）が離縁した事件であるが、燁子が、この離縁を大正十年十月二十二日の『大阪朝日新聞』に投稿したためセンセーショナルな事件になったのである。

燁子は伯爵柳原前光《やなぎはらさきみつ》と東京柳橋《やなぎばし》の美人芸者の間に生まれた妾腹の子であった。父のもとに引き取られたが、正妻にうとんぜられて、北小路子爵家に里子に出された。そしてはじめからの予定どおり北小路家の頭の悪い嫡子・資武《すけたけ》と結婚、燁子一五歳で子どもを生んだ。しかし愚《おろ》かな夫となじめず〝妾《めかけ》の子〟という罵《ば》声にいたたまれず、ついに婚家を飛び出してしまった。彼女は歌の才能があったので柳原白蓮の筆名で歌をよんでいた。一方、柳原家では世間体を気にして再婚相手を探し、九州屈指の富豪・伊藤伝右衛門との再婚をすすめた。伊藤は一介の炭坑夫からたたき上げた立志伝中の炭鉱経営者で石炭王と騒がれた人物である。財産はあるが出自が貧しいため、華族の嫁を貰ってハクをつけたい所であった。こうした両家のおもわくが一致し、明治四十四年三月、五〇歳の伊藤伝右衛門と当時二五歳の柳原燁子（白蓮）の結婚が整ったのである。伝右衛門は彼女のために建築費だけでも八〇万円（現在なら何億円になるだろう）をかけて別邸をつくってやるし、彼女の処女歌集には高名な挿絵画家ともども六〇〇〇円をかけて処女出版してやった。伝右衛門にすれば莫大な金をかけてやることがすべての愛情の表現であると思ったらしいが、燁子にとってお金をかけることは愛でもなんでもなかった。燁子にとって文学・芸術に対する伝右衛門の無知蒙昧《もうまい》は怖気《おじけ》がふるえるほどいやなことであった。彼女は夫の性欲を忌《い》み嫌い、

明治四十四年
伊藤伝右衛門と結婚式

大正のある日
伊藤伝右衛門妻燁子
（柳原白蓮）

夫に妾をすすめ、自分は専ら建てて貰った別邸に拠って集る文人墨客《ぶんじんぼっかく》（インテリ文化人）との知的交際を楽しみ、いつしか〝筑紫《つくし》の女王〟と呼ばれ、このサロンを牛《ぎゅう》耳《じ》った。こうした燁子の前に大正九年、東京帝大出身の宮崎竜介が現れた。中国の革命家・孫文のうしろ立てになった宮崎滔天《とうてん》の長男である。彼は進歩的組織・新人会の有力メンバーでもあった。二人は忽ち恋仲となった。

昭和初年のある日
燁子、一男一女と
夫宮崎竜介

そして燁子が彼の子を宿した大正十年十月、大阪の大新聞に伊藤との離縁状を公開し一大センセーションを巻き起したのである。

〝私は今あなたの妻として最後のお手紙を差し上げます〟ではじまる十月二十二日『大阪朝日新聞』夕刊掲載の離縁状は〝結婚当初から私とあなたとの間には全く愛と理解を欠いていました〟と言い〝私の自由と尊貴を守り培《つちか》うためにあなたの許を離れます〟と政略結婚の悪と女性の自由の尊厳を明確に述べている。『大阪朝日新聞』には五〇〇通余の読者の反応が寄せられたが、その七割が燁子を支持するもの、燁子を糾弾するもの二割、その他一割だったという。当時、既婚女性が配偶者以外と性的関係を持つことは犯罪であった。にもかかわらず燁子を支持する輿論《よろん》が多かったのは男性が妾を持つことは不問にされていたからであろう。新聞に離縁状を公開され世間から嘲笑された伊藤伝右衛門は沈黙を守った。姦通罪で告訴することもできたが、それもしないで離婚を受け入れた。彼の剛毅をたたえる向きもある。燁子は二児をもうけ、昭和四十二年、波乱と幸せな生涯を閉じた。

参考文献
『日録20世紀一九二一年大正十年』講談社
『ビジュアル大正クロニクル』世界文化社
井上清『新版日本女性史』

米騒動と〝かかあ天下〟とカフェ女給の出現

大正七年八月、米騒動が勃発した。『東京日日新聞』は「富山県水橋町の椿事《ちんじ》・漁夫の女房が大挙して米の廉売《れんばい》を迫る」という見出しで、冒頭「富山県中新川郡西水橋町は大部分、北海道樺太等に出稼ぎし家族に仕送をなし居れるが本年は不漁の為め却《さしせま》って帰国旅費の送付を迫り来る有様なるが、其の家族は米価高値の為、糊口《ここう》に窮し餓死の外なき悲惨なる状態にあれば、此程右家族の者は内々協議を重ね三日午後七時頃、各字《あざ》の女房連百七八十名、海岸に集まり六七十名宛、隊を分ちて町長以下有力者を歴訪し、米の廉価供給を迫り、此要求に応ぜずんば家を焼き払ひ一家を鏖《おう》殺すべしと脅迫し事態不穏云々」と報道した。これが大正七年の世間を震撼《しんかん》させた米騒動の発端で騒動は東北三県と鹿児島、沖縄の計五県を除く全国の市町村に忽ち拡がったのである。騒動勃発の原因からみよう。

第一次世界大戦における日本は戦場から遠く離れ、欧州の不足品を送れば何でも儲《もう》かるという便利な立場から、かなり悪どい商取り引きをおこなった。米の生産者は他の生産にまわり、米の生産力の勢いは衰え、物価高になろうとしていた。そこへ米商人や悪徳地主の投機的な買占めや売惜しみが加わって米価が暴騰したのである。時の寺内内閣は米騒動の初動には何ら手を打たず、シベリア出兵の方針を固めて買い占めに拍車をかける呑気《のんき》さであった。越中の米騒動は京都と名古屋に飛び、さらに全国に波及するが、八月十二日、神戸の米商・鈴木商店への焼き打ちはすさまじいものであった。正服の警官が待機するなか、おしかけた群衆がガラス窓を打ち破り室内に雪崩《なだれ》込んで火をつけたのであ

図A　米をかつぎ出す漁夫の女房たち、櫂棒をふりあげる男たちも見える

る。この状況は「神戸の大動乱・鈴木商店焼打」として『東京日日新聞』によって全国に報道され、政府も国民もことの重大さに驚いたのである。よって警官隊が出動し（名古屋）、武装した在郷軍人団が出動し（大阪）、遂に陸軍歩兵連隊が出動（京都）するまでになった。ここに至って手をこまねいていた無策の寺内内閣も一千万円を米価対策に当てると発表し、また富豪による寄付金で米の廉売をおこなうよう府県に指令した。神戸の鈴木商店のすさまじい焼き打ちを知った米商店は怖気《おぞけ》をふるって廉売に切りかえた。米騒動の初動に傍観無策だった寺内内閣は山県元老からも見放されて退陣、最初の実質的政党内閣、政友会の原敬内閣が九月に成立した。

これで富山県の漁民の女房たちが口火を切った米騒動は潮が引くように消えたのであるが、これを機に労働者の争議が女工や労働者の妻を加えて燃え上がるのである。

米騒動が終息した大正九年、大戦中の水ぶくれした景気がつぶれて大恐慌《きょうこう》になった。いたるところで解雇や賃下げが行われた。これに応じて各種の労働組合ができ組合員も次第に増加した。米騒動後には神戸の川崎造船所、東京砲兵工廠そのほか陸海軍の工場、また八幡製鉄所や足尾銅山などでそれぞれ二万人前後の大ストライキがおこった。これには女工も加わっているから富山の女房たちが決起した米騒動の影響の深さを想わずにはいられない。

ところで図Aをみられたい。米騒動の漫画である（岡本一平画「太陽」昭和二年六月増刊号所収）。漁夫のおかみさんらしき女性たちが米倉から米をかつぎ出す後に櫂《かい》棒らしきものを振りあ

女房の機嫌をとる亭主

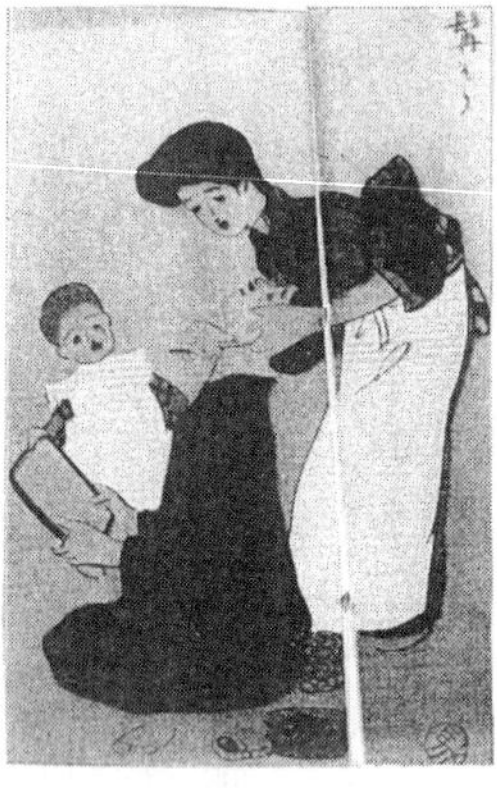
女房に甘える亭主

げる男たちがいる。彼らは女房たちの旦那か、息子であろう。新聞記事はこのありさまを〝一家総動員で米買いに、参謀長は細君〟とひやかしている。

この頃、新中間階級をなすサラリーマンの家庭をひやかすような漫画がはやったがいずれも〝かかあ天下〟で亭主は女房のご機嫌をとっている。そのキャッチフレーズは〝うちの女房にゃ髭《ひげ》がある〟とうたう。女房の尻に敷かれる亭主をうたっているように見えるが、そう見るのは浅はかである。実は亭主は甘んじて女房を威張らせているのである。当時、生まれたばかりのサラリーマンは毎月、決められた月給が入るし、日曜その他の休日があって気楽な生活と羨《うらや》ましがられた。しかし上役《うわやく》からはしばしば叱責《しっせき》されるし、出張を命じられるし、妙な接待や賄賂《わいろ》を受けて悩むこともある。常に服装を整えねばならぬから、つい月賦《げっぷ》払いの背広《せびろ》をあつらえて責められる。当時『時事漫画』に描かれた北沢楽天の「サラリーマンの天国と地獄」を見ると月給取りの楽しみと苦しみがよく伝わってくる。家に帰ってまでこうした人間関係にわずらわされたくない。愛し合い、親しみ合った女房であるならば威張らせておくに如《し》くはない。会社で上役に威張

『ビジュアル大正クロニクル』より

『ビジュアル大正クロニクル』より

られるよりは気が楽だし、威張って上機嫌ならそれもまた可愛いものである。〃うちの女房にゃ髭がある〃とやにさがった亭主の心のうちはこんなもので、家庭での安息を望んだのであろう。

一方、女性の側に立ってみると、新しいサラリーマンに嫁《か》した中産階級の女性たちはそれまでの女房たちより、しっかりしていたのではないか。小学校は勿論、女学校出身者も多く、新しいサラリーマンの所帯をやりくりするのに長《た》けていたのではないかと思う。幕末この方《かた》、街の中《ちゅう》所《どころ》のおかみさんはみなしっかりものであった。歌舞伎の世話物にでてくる親分や商家のおかみさんをみればよい。河竹黙阿弥の「幡随長《ばんずいちょう》兵衛《べえ》」に出てくる女房お時、同じく「魚屋宗五郎《さかなやそうごろう》」に出てくる女房おはま、三遊亭円朝《えんちょう》の人情噺をもとにした「文七元結《ぶんしちもっとい》」の左官長兵衛の女房お兼、同じく、人情噺《ばなし》「芝浜」をもとにした「芝浜革財布《しばはまのかわざいふ》」の魚屋政五郎の女房おたつ、いずれも亭主の後《うし》ろ盾《だて》になって意地を張り子分どもをしっかり守る。町人たちから喝采《かっさい》を受ける女丈夫である。もともと江戸↓東京の町人↓市民の女にはそういう血が、伝統が流れていたのだろう。新興・大正のサラリーマンの若い女房たちもそうした血を受け継いで活発に振る舞ったので、インテリのサラリーマン亭主は多少はにかんで〃うちの女房にゃ髭がある〃とうたったのである。私はそのように解釈した。

前《さき》に都会人の娯楽として社交ダンスとカフェのことにふれたが、女性が積極的に男性との社交に応じた場の誕生としてカフェについて述べよう。

明治四十四年四月、フランス帰りの洋画家・松山省三が東京銀座八丁目にカフェプランタンを開店した。これがカフェのはじまりである。同じ年の八月、銀座尾張町に精養軒がカフェライオンを開業し、女給をおいて西洋料理や洋酒を供しはじめた。カフェは本来、フランス語のコーヒーのことであるから洋食・洋酒の提供は逸脱しているが、そこは日本流で、以後、カフェと言えば軽い洋食・洋酒とコーヒー・菓子を提供する店をさすようになった。銀座のカフェプランタンは画家や文学者の集りの場で、学生や街の若者が踏み込めない雰囲気があったらしい。しかし洋酒や簡易な洋食や飲み物を提供する安上りのカフェが開店しはじめると東京の繁華街や場末の学生街に安上がりのカフェが軒を連ねるようになった。そこには必ず客相手の女給を置くが、調理やコーヒーの煎じ方は調理人がするから女給は客の相手をするだけである。特別な技術がいらないから田舎からぽっと出てきた娘達でもつとまる。これがやがて濃厚なお色気サービスをするカフェの女給となった。店がしまる頃になると、これはという客をつかまえて〝浮気しない〟と囁《ささや》き、応諾を得れば安宿に泊る。この手の女給が蔓延《まんえん》した。

売春問題に目を移せば、東京の吉原廓《くるわ》をはじめ全国の都市に遊廓があり、遊女たちがいた。〝籠《かご》の鳥〟と言われたように格子戸《こうし》の中に着飾って座らされ、道ゆく客から品定めされて売春する。遊女の方から相手を選ぶことは許されない。芸者が旦那の妾になるには芸者当人の応諾が必要だが、大概《たいがい》、借金があるから置屋のおかみさんに言われれば拒否できない。しかるにカフェの女給が一夜の宿をともにする相手は女給の一存でできるのである。宿代は男が払うにしても女性が誘う性交は旧来の売春宿とは違うであろう。女性自立の一歩と言って良い。周囲《しゅうい》から〝女給上がり〟と蔑《さげす》まれても職人や商人の女房を立派につとめた女性を何人か知っている。

参考文献
『画報近代百年史第10集』国際文化情報社
『ビジュアル大正クロニクル』世界文化社
『江戸東京学事典』三省堂
『東京百年史・第4巻』

女工哀史と娘の身売り

学校出の箔を付けたインテリ男性が官公庁のお役人や会社のサラリーマンになって田園都市に住み、大都会の享楽にふけりながら楽しい家庭をつくりはじめた頃、山村の製糸工場では苛酷《かこく》な労働に喘《あえ》ぐ娘たちがいた。また働けど働けど利益を地主に持ってゆかれる小作の娘たちは花柳界に売られる身の不運に怯《おび》えたり諦《あきら》めたりしていた。まず大正期に社会問題になった女工哀史問題からみよう。

明治維新後、日本の繁栄をもたらした基幹産業は長野県の蚕糸業である。この地は早くから蚕種を研究していたが、明治のはじめ、蚕種で苦しんだヨーロッパに優良な蚕種を売り蚕種輸出を軌道に乗せた。次いで生糸輸出が盛んになったので良質繭《まゆ》の改良につとめ、明治二十年代には群馬県の二倍、福島県の三倍の収繭《しゅうけん》量を誇り日本一になった。収繭量を急増させたのは諏訪郡諏訪村の製糸場でつくったイタリア式九六人繰りと埴科《はにしな》郡西条村（現長野市）でつくったフランス式五〇人繰りの蒸気機械製糸であった。製糸業者は早い時期から会社組織で工場に隣接して寄宿舎を設けた。労働時間が長いので通勤時間を節約するためである。手先の器用《きよう》さに女性がすぐれていることは裁縫や編物で実証ずみである。繭の座繰《ざぐ》りは女性に最も適した職業であるとされた。明治後期になると生糸の需要が海外市場で高まり、長野県の製糸会社はいずれも拡張した。労働者ははじめ県内の農家の娘であったが、次第に隣県の山梨県や岐阜県に及び、やがて信飛境の野麦峠《のむぎとうげ》を越えて飛騨山村の娘たちがはるばるやってくるようになった。日本中を感泣させた山本茂実原作、山本薩夫監督の映画『あゝ野麦峠』（一九七九

作業中の紡績女工

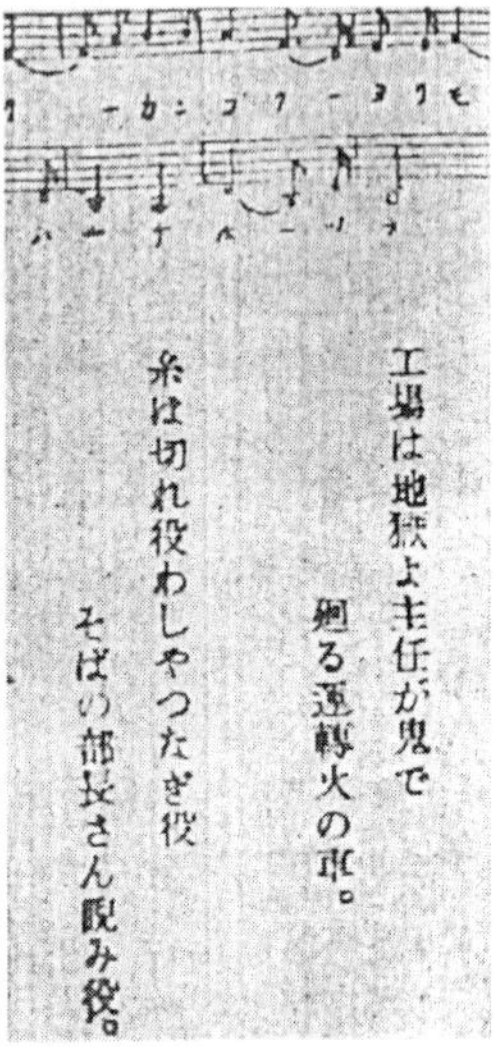
工場は地獄よ主任が鬼で
廻る運轉火の車。
糸は切れ役わしやつなぎ役
そばの部長さん睨み役。

女工小唄
（「女工哀史」より）

年）は飛騨山村出身の女工たちの悲惨な生活を写し出している。それより早く政府刊行の『職工事情』（明治三十六年刊）は次のような注意を促した。

「抑《そもそ》モコノ地方（長野県諏訪郡）ニ於ケル生糸工場ノ労働時間ノ長キコトハ全国ニ冠タリ。毎日平均十五時間ヲ下ラサルヘシ」と「一日ノ労働十八時間ニ達スルコト屢《しばしば》コレアリ」とまで書いている。当地の労働時間は〝日の出から日没まで〟と人口に膾炙《かいしゃ》されていたがそれすらも超える働き詰めの労働であった。三度の食事は米麦飯にみそ汁、漬物、時に野菜の煮物、まれに乾魚という粗食で、寝具は二人一組というものであった。長時間労働と粗食による栄養不足から病気になる者が多く感冒から肺炎、肺結核、胃腸病、脚気《かっけ》、皮膚《ひふ》病などが多く、大正期に入ると結核による死亡が激増した。

大正十四年七月、改造社から細井和喜蔵著『女工哀史』が刊行された。約一五年間、紡績工として働いた細井が女子労働者の苛酷《かこく》な状況を資料化し、人道的立場から女工の心理、思想にまで立ち入って生々しく解明して大きな社会的反響を呼んだ。女工がつくったとされる「女工小唄」

の一節には

籠の鳥より監獄よりも

寄宿ずまいはなほ辛い（「女工哀史」より）

の一句がある。明治後期の女工の日当は技量によって差をつけられ、最高三〇銭、最低三銭、平均一四銭、支払いは〃おつかみ銭〃といって年末一括支払いで、計算が不明確の四〇〜五〇円程度であった。それでも彼女らはその金で親兄弟姉妹にみやげものを買い、年末年始の数日を故郷で過ごすのである。父親や男どもはその金で正月酒に酔《よ》い痴《し》れて繭《まゆ》工場を有難がるのである。このような状態であったから近県の貧農の娘たちが働く長野県の製糸工場では女工救済の動きが鈍かった。

しかし東京方面では東北地方や北関東の、大阪方面では北陸や山陰地方の女工たちが立ち上がって労働組合をつくり、深夜業の廃止や寄宿舎生活の改善を叫ぶようになり、企業側にもそれに応じるものが除々に現れた。大正末年からのことであるから『女工哀史』の影響、またその効果とみることができよう。

〃娘の身売り〃即ち売春問題について私はかつて前著『女学校の誕生』で「マリア・ルーズ号事件と芸娼妓解放令」「京都祇園の女紅場と東京千束村女紅場」と題して書いた。横浜港に入港中のペルーの奴隷《どれい》船マリア・ルーズ号から一人の奴隷が逃げ出し、たまたま神奈川県の警察が奴隷を保護したことからペルーと日本の国際裁判になり、神奈川権令・大江卓の奮闘で、この日本初の国際裁判に勝訴した話である。この裁判の最中、ペルー側が日本にも奴隷がいると吉原遊廓の売春婦をあげた。驚いた日本政府は直ちに遊廓の売春婦を開放し、彼女たちの借金を帳消しにした。これで一件落着したように見えたが、落着したのは国際裁判で、奴隷視された売春婦たちは行くところがなくなった。解放されたと言うが、もともと食べてゆけないほどに貧乏だから遊廓に売られたのである。帰る家はない。食べてゆけるだけの技術も商売するだけの才覚もないから元の古巣、遊廓に戻るほかない。東京府の役人に知恵者があって「遊廓」の名称がいけないなら「貸座敷」がよい。貸座敷業を公認して、好きな者同志が宿泊したことにすればよいと言うことになった。この名案（迷案？）で吉原遊廓は忽ち旧に復した。そして、この際、遊廓を増《ふ》やそうと根津、品川、新宿、板橋、千住に貸座敷＝遊廓を拡散したのである。これを範とし、新産業が興る都市には労務者の慰安の為に遊廓をつくることがはやった。陸軍諸部隊の駐屯地《ちゅうとんち》にも海軍の軍港街にもおよそ壮丁《そうてい》（軍役中の若者）の集る所には必ず遊廓ができた。それを盛大にすることが知事や市長町長の腕の見せ所でもあった。遊廓がなければ独身男性の旺盛な性慾を鎮《しず》めることができないと考えられていたからである。一体、このような遊廓は何時頃《いつ》から、なぜできたのだろうか。確かな考証はできないが、乱読した時代小説類から推察すると封建社会に転換をもたらした戦国時代ではないかと思う。

想うに古代平安時代までの男女関係はごく自然で一夫一妻の束縛もなく自由に愛し合った者同志が結ばれたり離れたりしたようである。上流の男女はその時々の恋心を歌に読んで後世に遺《のこ》している。平安末期から中央の政界に登場した新興の武家は性慾が激しく美女を掠奪《りゃくだつ》して妻にしてしまうので困った。そこで武家の棟梁・源頼朝は「貞永式目《じょうえいしきもく》」をつくらせて武家の一夫一妻制を決め、妻に破格の権利を与えた。日本中世の物語や小説に明るい諸氏は唖然《あぜん》とするだろう。頼朝はじめ当時の武家で一人妻を守った者はいないのである。ここに一夫一妻という虚構の制度と一夫多妻の実態が常識という表裏二重の夫婦関係がつくられてしまったのである。

こうして中世といわれる鎌倉・室町時代、将軍家御家人たる大名たちは政略結婚で得た大名の姫を正妻とする一方で、領民の美しい娘を見つけては第二、第三の権妻《ごんさい》を多数、侍《はべ》らせるようになった。戦国時代になると戦闘の状況が変わってきた。鉄砲の出現で大部隊の大会戦となり武器調達や物資輸送に商人の活躍が目立つ。商人たちは港町や大都市間を往来して、そこに慰安のための遊廓がつくられたのである。それまでも農山村や漁村の各地で娘

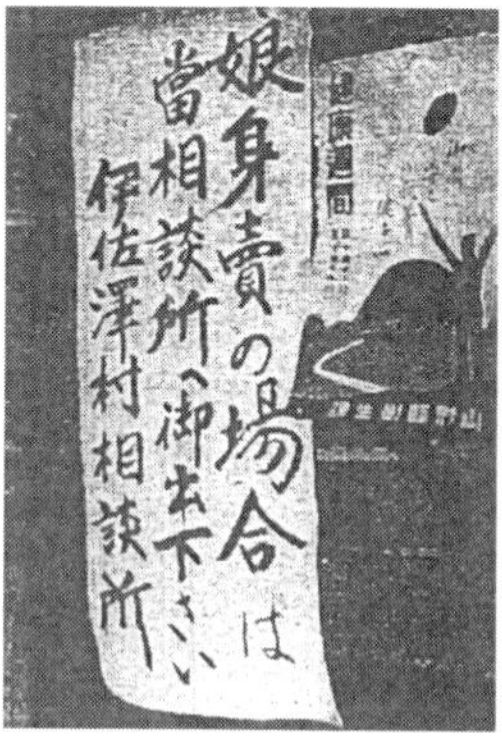

山形県伊佐澤村役所
前に張られた

がさらわれたり、犯されたりしたことはあったろう。しかし女郎を集めて商売にすることは戦国時代の大都市や港町ではじまったとしか考えられないのである。

江戸幕府は日本全国の土地人民を分与して諸大名に統治させるという封建制度を前時代から受けついだが参勤交代を利用して江戸集中の権力をつくり上げた。権力はもとより物資が幕府のきめた江戸や大阪、その他の港町に集中し多くの商工人が集まった。大名や上級武士、裕福な大商人は第二夫人、お妾さんを数人持つが下級武士や一般の商工人は一人暮しもいる。その人たちのために遊廓が大都市や港町にできたのである。

この習慣は近代日本に受けつがれた。政府高官や大会社の社長重役は妻妾を持ち中流のサラリーマンや労働者は盛大になった遊廓で性交を楽しみ、憂《う》さを晴らした。国民の過半数を占める農山村漁村の若者は暮夜密かに娘の寝所にもぐり込み夜這《よば》いをしかける。娘もそれを待っているから騒ぎにならない。こうして日本中の成人男子は性交を楽しんでいた。しかしその多くは秘事として表向きに語られることはなかった。鎌倉幕府がつくった表裏二重の秩序が日本の伝統として機能したのである。

明治後半に火ぶたが切られ、大正期に高揚した遊廓廃止運動は〝日本キリスト教婦人矯風会〟や〝救世軍〟、また毎日新聞社長・島田三郎を会長に、安部磯雄、山室軍平、矢嶋楫子らが名を連ねた〝廓清会〟が行った。英国の教会をルーツにしたこれらの運動の要諦は遊廓公営の廃止であった。これまで遊廓の存在は誰しも知っていたが、社会の恥部《ちぶ》とされ表向きに喋《しゃべ》ることは憚《はばか》られた。まして貧農の娘が周旋屋《しゅうせんや》にだまされて売られてくることなど知らされなかったが、新聞雑誌の発達でその社会悪が白日のもとに晒《さら》されるようになった。これで一部の人々が人権に目覚め公娼廃止運動になったのである。しかし政府や為政者の感覚は性慾に関することはすべて秘事として裏社会にあずけようとしたのである。

〝売春は公然の秘密〟という日本独特のこのわかりにくい常識？は大戦の敗戦直後に問題を起こした。政府は日本女性を占領軍兵士の性暴行から守ろうと遊廓を提供したがＧＨＱに拒絶された。よんどころなく放任したところ街娼（パンパン）が街裏に現われ、占領軍兵士や日本軍帰還兵と情交を交わすようになった。ＧＨＱはこれを黙認している。街娼個人の意志でする情交は黙認されるというのである。その後、売春防止法が施行されるまで欧米人のこの考え方を日本人は理解できなかった。

参考文献

『国史大辞典』吉川弘文館の「女工」「女工哀史」「売春防止法」「廃娼運動」の項
『日本残酷物語５・近代の暗黒』平凡社
『画報近代百年史第11集』『同第12集』国際文化情報社
尾形裕康『日本教育史研究』、講談社現代新書

自由学園と文化学院――大正自由教育のモデル

大正の時代になってから明治時代とは違った雰囲気や庶民の行動の変化について点描してきた。これまで経験したことのない大都会での生活、交通通信手段の急増と教育・識字能力の拡大によって庶民があらゆる文化を吸収するようになった。長い間に構築された封建制度とその慣習や思想は維新に続く明治時代にほぼ崩壊し、人々は個人の自立・主張を叫ぶようになった。虐《しいた》げられた女性の場合、それは特に顕著であった。男性と同等の職業、社会地位を得るために高等専門学校に進学する女子が増加し、また折からのイノベーション（技術革新）の波に乗って新しい職業に就く女性が各地に現れる。このような大正期の女子教育の中で、最も大正期らしい女子の新教育、一つは旧来の慣習にとらわれない自由な教育、一つは都会の中間層の拡大である。以下に中流女性の目標になった文化生活の名を冠した自由学園と文化学院について述べよう。

自由学園は大正十年四月、東京府北豊島郡高田町雑司《ぞうし》ヶ《が》谷《や》に設けられた各種学校である。設立者は羽仁もと子、羽仁吉一夫妻となっているが、羽仁もと子が創立を決意し、夫の吉一が賛同し、以後、もと子の創意で発展してゆくのである。もと子は南部藩（青森県）士族の生まれ、一六歳で上京し東京府立女学校から明治女学校に入学した。そこで『女学雑誌』編集を手伝ったことが彼女の才能を伸ばし『家庭の友』や『婦人之友』『子供之友』などの婦人雑誌や少女雑誌をつくるきっかけになった。やがて報知新聞の当時はめずらしい婦人記者になり、同じ新聞記者の羽仁吉一と結婚した。

羽仁もと子が自由学園をつくろうと決意した動機は興味深い。長女の説子がある日、学校から帰って〝今日から算術が小数になったが、それはやさしい。点を打つ所さえ間違えなければできる〟と言った。もと子は考え込んでしまった。整数と小数は本来、数の世界が違う。その本来の違いを考えないで、計算の手続きや名称を覚えればよいとする教育は間違っている。教科書を覚えればよいとする教育は間違っている。自分で自由に考えねばならない。こうして一人一人が自由に考える〝学園〟（学校でない）が頭に浮んだ。これを家族に相談するとまず長女の説子が賛成し、夫の吉一も賛成して自由学園創立が決まった。

もと子はまた昼食の弁当が気になった。夏は腐敗の心配があるし、冬は冷たい食事になる。いっそ、生徒が協力して学園で昼食をつくれないだろうか。こうして学園あげての協同炊事昼食がはじまった、学校給食のさきがけではないだろうか。

資金は『婦人之友』などの出版で多少の蓄えがあったので、それを当てた。明日館《あした》と名付けられた校舎は帝国ホテルの設計者として高名なアメリカ人、フランク・ライトの設計による。ライトの弟子・遠藤新が羽仁夫妻の通った教会を通じての知り合いだった。この学園は二六名の生徒ではじまったが、この二六名は『家庭之友』や『子供之友』などの愛読者たちで、少ないながら自由学園は羽仁もと子と理解し合った因縁で結ばれてはじまったものであった。

こうして自由学園は「思想しつつ、生活しつつ、祈りつつ」を綱領とし、自主独立の人格を育てる教育を開始した。学科課程は高等女学校の年齢相当につくられているが似て非なるものである。学科目は修身・国語・英語・数学・歴史・地理・理科・芸術科・実際科・体育科の一一科目である。修身は「生徒ノ思想及ビ実生活ノ指導」で忠孝だの良妻賢母などを思わせるものはなにもない。理科は「自然科学入門・日常生活ニ於ケル化学・自然科学総論」実際科は「家事・作法・習字・裁縫・手芸・料理・手工」で、高等女学校ですでに常識になっていたカリキュラムを大転換した観がある。生徒は教師のアドバイスを受けながら、自主的・自発的に読書から議論からなにかを感じ、考え、自分なりに理解していったのであろう。前《さき》に昼食の共同炊事を述べたが、これは自由学園の実践的教育として土曜日を除く毎日、昼食の献立、食材の買出し、調理、皿洗い、掃除、食費分担までの一連の仕事をいくつかのグループごとに行った。生徒の楽しみともなって後年に続く同学園の伝統になった。このように、この学園の生徒は学園内で対社会的生活訓練を受けたので、卒業後、消費組合運動や農村セツルメント活動を行う者が後を絶たなかった。

明治天皇の薨去とともに軍国主義的国家主義の重圧が次第に薄れ、新たに参戦した世界大戦も地球の一角での小競り合いで漁夫の利を得て国民は明るさと軽薄さを獲得した。迫りくる西洋諸国の外圧と内なる頑固な封建的習慣に対し必死に戦った明治の人々と違うところである。教育の面でみると大正の声を聞くとすぐに新教育の声があがった。明治期に国家がつくった教育に対する反旗である。まず〝児童中心〟が叫ばれた。国家↓政府↓文部省が学校の進学制度・カリキュラム・教科書をつくり、それを教える教師を養成したのだから、当面、教師を敵として児童中心に教育を考えようとする。谷本富、手塚岸衛ら教育思想家が主張した。次に鈴木三重吉の『赤い鳥』に代表される文学者たちの童謡童話の創作活動や、臨画による個性のない図画を排して、子どもの個性を伸ばす山本鼎の自由画教育の主張があった。しかし文学・美術という限界がある。そして第三に成城学園や自由学園、明星学園、児童の村小学校のような私立学校があった。これらは名称はともあれ、校舎を持ち教師と児童生徒がそこに居て学ぶのである。ただ学び方が、文部省が示す教則や教科書に縛られない自由教育なのである。大正新教育の中で最も実質性を持ったのはこれらの学校であろう。これらの中で女学校といえるものは羽仁もと子の自由学園であったのである。

自由学園創立と同じ大正十年春、東京市神田区駿河台に文化学院が開校した。創立者の西村伊作は和歌山県の人、裕福な山持ちであったが東京へ出て建築家になった。羽仁もと子と同じで長女が小学校を卒業し、中等学校に進学しようとした時、娘のために自前の学校をつくろうとしたのである。新教育の人たちと同じく彼は既存の学校の画一性、官僚臭さが大嫌いであった。西村は学院をつくるに当たって互いに親友と認めあった歌人の与謝野晶子、画家の石井柏亭と語り合い、「画一的に他から強要されることなく、個人個人の創造能力を本人の長所と希望に従って自ら自由に発揮する」学院という目的のもと、与謝野・石井の両名を学監として文化学院を創立したのである。はじめは尋常小学校卒業を入学資格とする修業年限四ヶ年の中等教育程度の各種学校であった。当初は女子だけを入学させたが、三年目から男子の入学を認め共学が実現した。学科は精神講座・数学・人文科学・日本文学・自然科学・外国文学・美術・音楽及び舞踊・手芸の九科目であるが、配当授業時間は日本文学・外国文学・美術・音楽及舞踊が圧倒的多い。因みに外国文学を見れば、英語と仏語にわかれ、英語であれば「英語・会話・名著購読・外国文学史」と授業内容が示されている。

　これを教える専任教員には学監の与謝野晶子や石井柏亭、作曲家の山田耕筰が加わり、臨時講師として寺田寅彦、吉野作造、有島武郎、阿部次郎、和辻哲郎、山本鼎、芥川龍之介、菊池寛、北原白秋など著名な文化人、芸術家が顔を揃えた。

　西村は官僚的国家体制が嫌いだったが、なんでも画一的にする当時の女学校について〝みな裾に白線をつけた袴を着させる。袴の丈が長いとか短いとか先生はやかましい。髪の結い方も一定の型にさせる。女学生をなるべくぶかっこうにするのが教育上いいことだと思っているらしい。〟

このような調子で文化学院には制服はなく徹底的に自由であった。
大正十四年には男女共学の大学部を設けた。毀誉褒貶《きよほうへん》さまざまな世評の中で一定の支持者を得て文化学院は東京駿河台の一角に存在を示していた。そして、昭和の戦時中は当局の弾圧を受け一時閉塞したが、戦後、デモクラシー、自由、文化のムードの中で蘇生した。このムードの中で文化学院に入学した天才女優・高峰秀子は文化学院での話題をふりまき、多くの人に感銘を与えた。彼女のような天才に文化学院はぴったり合った学校であったろう。

参考文献

『東京都教育史・通史編3』
『東京百年史　第4巻』
中野光『大正自由教育の研究』

第一部　高等女学校と女子師範学校

第一章　高等女学校の繁栄

本書シリーズ明治編で述べたように、高等女学校も女子師範学校も男子の中学校、師範学校に対置する女子の学校と一般に考えられてきた。しかしその実態からみると中学校のエリート性に対し高等女学校は都市の特殊性から生じたものが多く、女子師範学校の如きは名のみあって実際に機能しないものが多かった。しかるに本書の大正から昭和初期になると高等女学校も女子師範学校も俄然、活気が沸き上がり、いずれも生徒が充満した。明治の終りに小学校への進学率が九〇パーセントを越えたので多くの女児が、さらなる学習を求めて高等女学校への進学を求めたこと。女教員という職業が高級な職業であると認識されたことが、その理由と考えられる。

こうした世相を反映して、政府・文部省や府県の学事担当者はその対応を考慮した。女子師範学校への対応について文部省は充分に考慮検討した跡がみられるが、高等女学校の設置については放任と言ってよく、全くなりゆきまかせであった。ために私立女学校の乱立が多い。本篇の執筆者（神辺）もその無秩序に辟易《へきえき》したが、そこにまた民衆のエネルギーがあったと考え直して本稿を綴った。

これから大正期の高等女学校と実科高等女学校を素描してゆくが、九〇〇にも及ぶ全国の女学校を全部書くわけにはゆかない。そこで多彩なタイプの女学校をつくりあげた近畿の兵庫県、九州の熊本県、本州のど真ん中にある長野県、東北の山形県に焦点を当てて述べよう。

兵庫県のさまざまな女学校

兵庫県が現在のような形になったのは明治九（一八七六）年に但馬《たじま》・丹波《たんば》の豊岡《とよおか》県、播磨《はりま》の飾磨《しかま》県、摂津《せっつ》の兵庫県（第二次）が合併されてからである。

この地は京・大阪という政治・経済の権威権力に接し、西に山陰道、山陽道、また瀬戸内海を利用して西海道、南海道につながる。経済と文化が絶えず流通する要地であった。織豊政権にとってこの地は西海、南海地方に勢力を伸ばす足がかりだったので大きな大名はすべてつぶされ、徳川政権時代になると幕府の直轄地や御三家領、寺社領等がひしめいた。廃藩置県後、小県が林立したのはそのためである。従って中世以来の権力を奮う旧大名はいない。しかし兵庫津の豪商・北風壮右衛門（廻船問屋）や神田兵右衛門（干鰯問屋）らの豪商が財力にものを言わせて権力を奮うことはあった。明治になると外国との貿易で神戸港が日本最大の輸出入港になった。輸出では初期、神戸でつくられたマッチが東南アジア市場を掌中におさめ、また綿花を大量に輸入して日本の紡績業を盛大にした。このような外国貿易の要地・神戸には当然、造船という構想が湧いてくる。重化学工業が盛んになった明治時代、神戸港周辺に川崎造船所、三菱神戸造船所、播磨造船会社等が林立した。これら造船業のリーダーたちは国際化時代に新しい感覚を持ち、例えば川崎造船社長・松方幸次郎のように西洋の名画を収集する（松方コレクション）など、文化的教育的な才能を発揮したのである。

［表 1］私立高等女学校・実科高等女学校

設立年	学校名	設置者	所在地
明治 41	私立親和高女	財団法人親和高女	神戸市
大正 4	私立松蔭高女	財団法人私立松蔭高女	神戸市
大正 9	甲南高女	財団法人甲南学園	武庫郡本山村
大正 12	神戸市森高女	森わさ	神戸市
大正 13	住吉聖心女子学院高女	私立聖心女子学院	武庫郡住吉村
大正 13	私立亀山高女	大谷昭道	飾磨郡手柄村
大正 13	神戸成徳高女	榎村稔外 3 名	神戸市
大正 13	私立柳実科高女	柳利三郎	津名郡洲本町
大正 15	神戸野田高女	財団法人神戸野田奨学会	神戸市
大正 15	神戸山手高女	鹿島房次郎外 29 名	神戸市

本表は『全国高等女学校・実科高等女学校ニ関スル諸調査・大正 15 年』（文部省『教育統計調査資料集成』による）

こうした風土が自由を謳歌する大正時代に興隆する。これまで述べてきた通り、中産階級を代表するサラリーマンが、新らしい都市文化に自由を求めて享楽するなか、労働者たちも生活の自由を求めてさまざまな要求をはじめた。大正三年、神戸で労働組合友愛会が結成されたし、大正七年、富山県の漁夫の女房達が米騒動を起すと忽ち兵庫県に飛び火して神戸から西播、但馬、摂津、丹波の県内一円で女房たちが騒ぎはじめた。大正十年には三菱造船所、川崎造船所で大争議が興る。しかし女房連の米騒動も、造船所の大騒動も為政者の適切な処置、企業者の解決策によっておさまり、暗い影を残さ

［表 2］大正 15 年　兵庫県私立女学校

設置年	学校名	設置者	所在地
明治 9	神戸英和女学校	アメリカンボード	神戸市
大正 8	裁縫女塾	幸田たま	神戸市
大正 10	共愛裁縫女学校	摺河静男	姫路市
大正 11	須磨裁縫女学校	西田のぶ	神戸市
大正 12	パルモア女子英学院	米国メソジスト	神戸市
大正 13	増谷裁縫塾	増谷かめ	西宮市
大正 14	睦高等技塾	河野厳想	神戸市

日本私立中学校連合会『私学の創立者とその学風』による

ない。すべての県民が言いたいことは言うという大正デモクラシーの空気が兵庫県にみられるのである。このような土地柄ゆえ兵庫県にはいろいろなタイプの女学校ができるが、まず神戸とその周辺にできた私立女学校からみてゆこう。

［表1］は大正十五年の文部省の諸調査から私立の高等女学校・実科高等女学校を抜き出したものであるが、この表にある高等女学校は文部省が「高等女学校令」によって認可した学校に限られている。実態を表示していない不完全なものである。例えばアメリカンボードミッションのタルカットによって明治九年創設された神戸女学院はこの表に載っていない。この学校は創設以来、生々発展して現在に至るが、「高等女学校令」の認可を受けなかったからである。明治三十二年の訓令一二号やキリスト教弾圧はすでに昔話になって人々は気にかけないし、神戸周辺の都会人はミッション女学校の高級感を歓迎していたから各種学校

扱いでも痛痒《つうよう》を感じなかったのであろう。このように高等女学校や実科高等女学校は許可を受けなくてもこれらと同等の実力をもって活動し、現在、私立高等学校以上の女子学校になっているものがあるので別に一覧表を作った（前頁［表2］参照）。

両表によって私立女学校の趨勢をみよう。キリスト教関係をみるとまず松蔭《しょういん》高等女学校がある。大正四年設立になっているが、これは高等女学校に認可された年で、創立は明治二十五年に遡《さかのぼ》る。英国聖公会の司祭フォスによって神戸市北野にできたもので松蔭女学校と称した。松蔭高等学校として現代に続いている。大正十二年、神戸市にパルモア女子英学院が創立された。米国メソジスト教会伝道局の婦人宣教師C・G・ハランドによるもので啓明女学院高等学校として現在に続いている。同じく大正十二年、武庫郡住吉村に住吉聖心女子学院が設置された。ローマカトリック系の女学校で明治四十三年、東京にできた聖心女学院の姉妹校をなすものである。大

創立者
H・J・フォス師
松蔭高女

創立者 理事長
河野厳想
睦高等技塾

創立者　友國晴子
親和高女

正十五年、宝塚市の小林校舎に移転して小林聖心女学院と改称した。小林聖心女子学院高等学校として現在に続く。聖徳太子の「和をもって貴しとなす」を建学の精神とし、自らを浄土真宗本願寺派の宗門学校としたのが大正十四年創立の睦《むつみ》高等技塾である。これより前、聖徳太子の記念事業として神戸市に太子館を造営した時にはじめた日曜学校に高等裁縫部を置いたが、それを河野巌想が私立女学校・睦高等技塾にしたのである。昭和四年には須磨睦技芸女学校と改称した。須磨ノ浦女子高等学校として現在に続く。

次に高等女学校令による認可を受けた私立女学校を年次順に記そう。明治二十年、神戸元町に開設された私立親和女学校が校長・友國晴子の奮闘努力によって明治四十一年、私立親和高等女学校に認可された。親和女子高等学校として現代に続く（親和女子大学併設）。次いで大正九年、財団法人甲南学園が甲南高等女学校を設置申請、認可された。甲南学園は平生釟三郎らが財界の子弟教育のためにすでに甲南小学校、甲南中学校をたてた。大正十二年には甲南高等学校をたて、甲南高等女学校の設置はその一環で、甲南女子高等学校として現在に続く（甲南女子大学併設）。大正十二年、神戸市森高等女学校が設置された。この学校は明治四十五年設立の私立森女学校が高等女学校の設置認可を受けて私立高等女学校になったものである。創立者の森和佐はキリスト教からも仏

創立者　森 和佐
森高女

創立者　大前光太郎
野田高女

創立者　摺河静男
共愛裁縫女学校

創立者　幸田たま
裁縫女学校

創立者　西田のぶ
須磨裁縫女学校

教、特に臨済禅からも影響を受けた人物で日本人の長所美点を備えた女性の育成を教育方針とし「照顧脚下」（身の回りのことを正せ）を校是とした。神戸学院女子高等学校（神戸学院大学併置）として現代に続く。大正十五年、神戸市郊外野田村の有力者による協議会（代表・大前光太朗）が高等女学校を計画、文部省の認可を受けて神戸野田高等女学校を設置した。真理の追求者として「まじめさ」と体位向上のための「すこやかさ」をモットーとした。神戸野田高等学校として現代に続く。

裁縫系の女学校をみよう。これらは皆各種学校扱いだから文部省の諸調査には登場しない。大正八年に幸田たまが神戸湊川の地に三名の生徒で裁縫女塾を開いた。西灘に校舎を新築して昭和三年、甲種実業女学校になり湊川女子高等学校として現代に続く（湊川女子短大併設）。大正十年、姫路市に共愛裁縫女学校が設置された。創立者は摺河《すりがわ》静男で姫路に住む剣道家であったが、国家社会家庭の繁栄幸福の道は女子の啓蒙教育と悟り、裁縫女学校を創立したという。兵庫県播磨高等学校（女子校）として現代に続く。大正十一年、裁縫教師の西田のぶが女子の職業学校として神戸市須磨区に須磨裁縫女学校を創立した。学校法人須磨学園・須磨女子高等学校として現代に続いている。

兵庫県の公立高等女学校と実科高等女学校

さまざまな形態の兵庫県の私立女学校に続いてさまざまな設置形式をもつ兵庫県の公立高等女学校と実科高等女学校をみよう。まず大正十五年における県立高等女学校［表3］、市立高等女学校［表4］、組合立高等女学校［表5］をあげ、次いで大正十五年における町立実科高等女学校［表6］をあげよう。

大正15年　兵庫県公立私立実科高等女学校

［表3］県立高等女学校

設立年	学校名	所在地
明治34	神戸第一高女	神戸市
明治42	姫路高女	姫路市
大正11	伊丹高女	川辺郡伊丹町
大正11	加古川高女	加古郡鳩里村
大正11	社《やしろ》高女	加東郡社町
大正11	龍野高女	揖保郡龍野町
大正11	豊岡高女	城崎郡豊岡町
大正11	柏原《かいばら》高女	氷上郡柏原町
大正11	篠山《ささやま》高女	多紀郡篠山町
大正11	淡路高女	津名郡洲本町
大正12	福崎高女	神西郡福崎村
大正13	山崎高女	宍粟郡山崎村
大正14	神戸第二高女	神戸市

［表 4］市立高等女学校

設立年	学校名	所在地
明治 44	神戸市立第一高女	神戸市
大正 8	尼崎市立高女	尼崎市
大正 10	兵庫県明石高女	明石市
大正 11	神戸市立第二高女	神戸市
大正 14	市立西宮高女	西宮市
大正 14	姫路市立高女	姫路市

［表 5］組合立高等女学校

設立年	学校名	設置者	所在地
大正 12	兵庫県赤穂高女	赤穂郡赤穂町外五ヶ村学校組合	赤穂郡赤穂町
大正 12	北条高女	北条町外十ヶ村組合	加西郡北条町

［表 6］町立実科高等女学校

設立年	学校名	設置者	所在地
大正 8	兵庫県朝来郡生野町立実科高女	生野町	朝来郡生野町
大正 11	兵庫県高砂《たかさご》実科高女	高砂町	加古郡高砂町
大正 12	三田《さんだ》実科高女	三田町	有馬郡三田町
大正 13	三木町立実科高女	三木町	美嚢郡三木町
大正 14	兵庫県小野実科高女	小野町	加東郡小野町
大正 14	兵庫県西脇実科高女	西脇町	多可郡西脇町
大正 14	兵庫県中町立実科高女	中町	多可郡西町

[表 7] 組合立実科高等女学校

設立年	学校名	設置者	所在地
大正 13	兵庫県出石《いずし》実科高女	実科高女組合	出石郡出石町
大正 14	赤穂郡上郡町外千ヶ村 学校組合村尾実科高女	上郡町千ヶ村 学校組合	赤穂郡上郡町

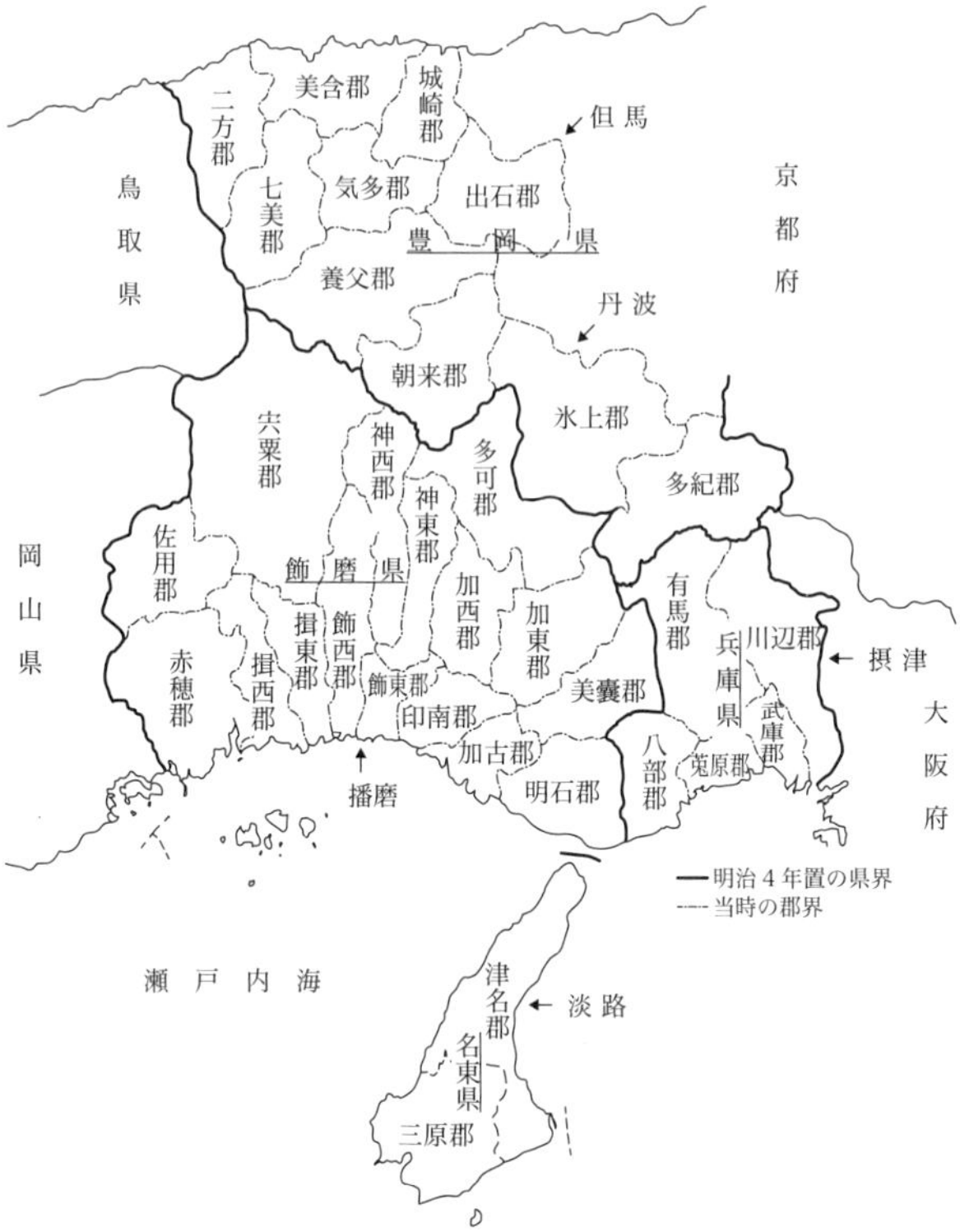

現兵庫県域にあった 4 県の位置図

「兵庫県（第 2 次）付図」寺尾庄八郎、「兵庫県大百科事典」下巻 689 頁

［表3］は大正十五年における兵庫県所在の県立高等女学校一三校である。設置年をみると大正十一（一九二二）年に一挙に八校増設されたようにみえるがそうではない。この八校は大正十一年に兵庫県立高等女学校として設置認可されたが、その前身女学校は数年前から発足しているのである。伊丹高女は大正九年、川辺郡立高女として開校していたものが十一年に県立高女になった。加古川高女は明治四十五年創立の加古川郡立高女が大正十一年に県立高女になったもの、社《やしろ》高女は大正二年、組合立実科高女として設置されたが、間もなく加東郡立に変更、十一年、兵庫県立社高女になった。龍野《たつの》高女は明治四十五年、揖保《いぼ》郡立実科高女として設立したが、大正十一年、兵庫県立高女になったもの、富岡高女は明治四十二年創立の本科実科合わせ持つ城崎《きのさき》郡立高女であったが大正十一年に県立高女になった。柏原《かいばら》高女は明治三十六年の創設で柏原《かいばら》町立女学校と称したが四十一年、氷上《ひかみ》郡立高女になり、大正十一年、兵庫県立高女になった。篠山《ささやま》高女は大正三年、多紀郡立実科高女として創立したが、八年、高等女学校に変更、十一年、兵庫県立高女になった。淡路《あわじ》高女は明治三十六年、組合立として津名郡洲本町に創立したが大正十一年、兵庫県立高女になった。大正十一年において八校の高女が一斉に県立高女に変更になったのは大正十年四月に郡制廃止が告示されたからである（施行十二年四月）。

以上から見えてくるのは大正期における兵庫県の県立高等女学校は明治後期から少しずつ増加してきたが、実科高女が昇格して高等女学校になったものが多いことである。しかしこのことは兵庫県に限らないので以後しばしば述べることになるだろう。

次に［表3］で注目されるのは県立高女の配置状況である。全一三校のうち七校までが大阪湾から播磨灘の沿岸、つまり産業が盛んで人口過密地帯に集中しているのである。前回述べた私立高女の密集地帯と重なる。私立学校は生徒が集まらなければ成りたたないから当然であるが県立学校は全県民を考慮せねばならない。過疎地帯の山陰道には但馬城崎郡の豊岡高女、丹波氷上郡の柏原《かいばら》高女、多紀郡の篠山《ささやま》高女、南海道津名郡の淡路高女、山陽道でも過疎地帯の神西郡福崎高女、宍粟《しそう》郡山崎高女の六校である。表4、5、6、7を合わせてみればさらにその実態がわかる。人口の配分からみれば一応県内全域の教育要求に応《こた》えているとみられるのである。

維新以来、兵庫県は日本一の貿易港・神戸に拠って財を潤《うる》おし、造船の重工業で繁栄した。しかし繁栄の範囲は摂津と東播に限られていた。然るに明治後半期から紡績資本が播磨方面に注がれ、播磨臨海工業地帯が形成された。大正期に高等女学校が播磨一帯にできるのと重なる。人口が増加したからである。東端の尼崎市から西宮市、神戸市、明石市、姫路市と臨海工業地帯の都市には市立高女が林立している［表4］。大正十五年という時点に立つと県立や市立の実科高女がなくなる。それらはみな高等女学校になって新たに町立や組合立の実科高女ができたのである［表6、7］。組合立の学校を説明しておこう。明治十年代、小学校の設置者を新編成の町村にしたが、小さい村ではその負担に耐えられないので近隣の小部落を糾合《きゅうごう》して学校設置組合をつくっ

兵庫県立神戸高等女学校　開校当時の校舎

兵庫県立神戸高等女学校・明治 35 年～ 45 年
入学志願者と入学者数

年次	志願者	入学者
明治 35 年	294 人	90 人
40 年	520	79
45 年	497	120

（『神戸高校百年史・学校編』p219 より）

てもよいとした。それが大正期の女子校設置まで残ったのである。播磨灘沿岸西端の赤穂郡、但馬の山間部出石《いずし》郡などに町村学校組合立の女学校が認められる。

　本県において公立女学校として最初にできた兵庫県立神戸高等女学校について述べよう。当校は明治三十二年の兵庫県会の決議によって始まった。高等女学校令が公布された年であるから全国的にも早期の発足である。兵庫県立神戸高等女学校として三十四年四月、神戸市下山手通の校舎で一年生九三名、二年生四五名で始まった。学校長は永江正直。カリキュラムは同年三月制定の「高等女学校令施行規則」（文部省令第四号）に則《のっと》った。三十六年から修業年限三ヶ年の技芸専修科を付設、一年生三〇名を入学させた。この時、永江校長退職、篠原辰次郎校長に替わる。この第二代校長が当校の校風をつくった。早速始めたのは運動会と音楽会で運動会は日頃練習のダンスや競技、体操等を秋の一日、大運動場で行う。来観者一、〇〇〇人に及ぶ盛会であった。音楽会は独唱、合唱、ピアノ、オルガン、ヴァイオリンの独奏、合奏であった。また遠足とも実地見学ともつかぬが近郊の山を登ったり、マッチ工場や造船場を見学した。校舎の増築改築も行ったが三十五年四月に設備の整った寄宿舎が竣工したので一〇〇人に及ぶ寄宿生活がはじまった。入学志願者は多く、入学試験競争は激烈であった。

兵庫県立神戸高等女学校の発展

大正期、神戸高等女学校は発展の一途を辿った。県立高女にはほかに姫路高女ができたが神戸高女の優位は変わらない。大正三年、第一次世界大戦が勃発《ぼっぱつ》すると日本は勝利者側について神戸は造船その他の戦時産業で好景気に湧き上がった。神戸高女の志願者数と合格者数をみよう。当時、当校の生徒定員は五〇〇名、一学年一〇〇名であるが、常に学年定員の一〇〇名を越えて合格者を決めねばならなかった。神戸とその周辺以外に公立市立の女学校はほとんどなかったから内陸や日本海沿岸方面からの入学者も多かったのであろう。寄宿舎満杯の状況がそれを示す。神戸高女は五年以後、定員を六〇〇→七〇〇→七五〇と年々改正した。大正三年以後三年間と大正九年以後三年間の志願者と合格者をみたものが上の表であるが、定員増加に合わせて合格者をふやしたにもかかわらず志願者はそれを上廻って増加した。この時期は戦後の不況が日本を覆った時期である。兵庫県でも富山県に触発されて米騒動が起り、神戸の大造船所でも大争議があったが円満に解決している。東日本の悲惨な状況と違って兵庫県には活気があった。しかし神戸高女の志願者の増加は十一年の八四六人をピークに減少に転じる。これは十一年に県立高女が一挙に八校増加した効

大正	志願者数	合格者数
3 年	514	126
4 年	422	135
5 年	482	130

大正	志願者数	合格者数
9 年	770	192
10 年	778	200
11 年	846	200

『神戸高校百年史・学校編』による

果であろう。それでも常に合格者の二倍以上の志願者があった。県外からの入学者もあり、兵庫県立神戸高女は神戸周辺の憧《あこが》れの高等女学校であった。

神戸高女の授業については記録が乏《とぼ》しい。カリキュラムは明治三十四年の「高等女学校令施行規則」の「五年制表」、大正九年の「高等女学校令中改正」とそれに基づく「施行規則改正」により五年制体制を維持した。またそれらによって大正十三年、神戸高等女学校に修業年限三年の高等科（国文科、英文科）を設置した。

学校沿革史に授業科目の実践記録は見当たらないが年表にそれが散見される。特に明治末年から大正初期にかけて桑園、苗園、花園、菜園の栽培作業や蚕《かいこ》の飼育が生徒の手によって行われ

た。理科の実験実習である。またマッチ工場やガス会社、造船場の見学も理科学習の一環として行われた。その点、神戸は地の利を得ていたと言える。また大正七年には校舎を改増築して家事博物教室、同標本室、地理標本室、生徒図書閲覧室等を新増設している。教師中心の授業から脱却し、生徒の自発活動を重んじる大正新教育の空気の中で生息していたことは明らかである。

修身や歴史、国語、英語、数学などは閉ざされた教室内でもできぬことはない。しかし西洋式ダンスや行進、また洋式の合唱や合奏が主流になった体操や音楽はせまい教室だけでおさまるものではない。通常の授業で習った芸の成果を披露する運動会や音楽会が学校行事としてはじまった。運動会の演目はくわしくわからないが全員体操や行進、舞踏の外に選手たちによるテニス等の球技の披露や提灯《ちょうちん》競争のような娯楽的なものもあった。西洋式の新しい運動競技の披露という意味もあったのだろう。見物人は常に一、〇〇〇人を超えたという。音楽会については明治四十二年の第二回音楽会全二六演目のプログラムがある。各学年全員合唱のほか、独唱、二部三部四部の合唱があ

神戸高女の基礎をつくった
篠原辰次郎校長

2代　篠原辰次郎校長の略歴
1899（明治22）年　京都府師範学校卒業　1900年8月　福島県第一中学校校長　1913年6月　兵庫県高等女学校校長

和服の制服

り、さらにピアノ、オルガン、ヴァイオリンの独奏、合奏があって多彩である。この外、課外授業として行われた茶道、華道、絵画、書道の公開実習や展示会もあり、授業外の稽古事《けいこごと》も盛大に行われた。

こうした学校行事や課外授業を応援したのが同窓会である。明治三十八年春、第一回卒業生が催したクラスデー会が発端で、翌三十九年には同窓会総会を開き、その年の十二月『同窓会報』第一号を発行した。同窓会はその後も事あるごとに学校の行事や課外授業に参加し応援した。例えば世界大戦がはじまるとわが海軍の将士に慰問袋六〇〇個を調製したり、関東大震災には救助活動として単衣《ひとえ》一〇〇反、単衣三、八〇〇枚、袴二、三〇〇枚を縫い上げたりしたが、これは同窓生の応援あってのことである。同窓会はそのために震災救助バザーを行っている。

近郊の山に登ったり、近くの名勝旧跡への遠足は開校以来、随時行っていたが、第一回の卒業生が卒業直後一泊旅行をした。明治三十八年三月末のことで、これが当校修学旅行のルーツである。四十一年三月、卒業直前の京都方面へ一泊旅行となり、大正十年から卒業学年の秋、東京方面四泊五日の修学旅行になってから以後、行く先を変えての修学旅行になった。大正十二年七月終りの一週間、淡路の江井町に臨海学校を開いて以後恒例化した。いずれも女学校として先端を切ったことになる。神戸高女生の独創性を示すものであった。

当校のこの時期の特色として名士の講演がある。開校間もない明治三十八年四月、本校を会場として兵庫県の第一回教育会議が行われたが、この時、久保田譲文部大臣の講演があった。以後、山川健次郎、新渡戸稲造、菊地大麓、小松原英太郎文相、澤柳政太郎、槇山栄治等の文部省または官立学校校長級の教育関係者が来校して本校生徒に講演した。同じ頃、大阪府立清水谷高女でも同様の名士講演が行われているので（拙著『花ひらく女学校』を参照）、県立神戸高女は大阪府立高女と並んで近畿地方の代表的高女と目《もく》されていたことがわかる。

大正期にも名士の講演が続くが、大正十年五月のデンマーク女性 Estant Celt の「無銭世界一周途次講和」と題する「女子青年義勇団の仕事とその起源」の講話以降、外国人の講演が急増した。第一次世界大戦の勝利で日本の勢威が高まった故だろうか。大正十二年四月には提琴家プルメステル夫妻が来校、十三年四月にはヘレンパーカストの来校となって新教育ダルトンプランの講演が行われた。また、日本郵船に次ぐ日本第二の大阪商船がボンペイ（インド）航路をひらき、香港↓上海↓神戸の航路が開かれたことも影響したのか、東洋の名士の来校が続いた。大正

講演中の孫文

十三年四月の黎元洪元中華民国大総統来校、同年六月、インドの詩人タゴールの来校・講演、同年十一月、中華民国の孫文夫妻の来校と〝大アジア主義〟の演説と続く。

県立神戸高女は発展につれて開校以来の木造校舎が手狭《てぜま》になった。増改築をくりかえしたが、間に合わない。そこで隣地の土地を買っての新校舎建築となった。大正十二年七月、折原兵庫県知事主宰で定礎式を行い、十三年三月、鉄筋コンクリート四階建の新校舎が落成した。総工費四一万七、〇〇〇円余り、ガス暖炉付、水洗便所、合唱のための階段ステージ付講堂、外に雨天体操場もあった。

開校以来、服装は綿服筒袖えび茶袴という一般女学生と変りなかったが、大正九年洋装制服を研究しはじめ、十年代にしばしば制服を変えた。そして昭和の激動期に入るのである。

ここで、大正時代後半から昭和初期にかけて、高等女学校生徒の制服にセーラー服が全国的に普及したことについて、刑部芳則著『セーラー服の誕生』を参考に述べておこう。

高女生の制服については、大正八年から文部省が中心になって行った服装改善運動に、公立の高等女学校が反応して洋装化が勧められた。最初に洋服の制服を制定したのは、私立の山脇高等

完成した新校舎

講堂で雛祭り

制服 1

制服 2

制服 3

女学校である。山脇高女の創設者山脇房子は、大正八年九月、白襟のついた紺サージのワンピースにつばの広い紺の帽子の制服を制定した。和服は着物の長い袖が運動するのに邪魔になり、洋服の方が安く、経済的にもよいからである。着用するかどうかは生徒に任せた。セーラー服を制服に制定したのは、大正十年九月、愛知県の金城女学校が最初である。セーラー服の原型となったのは、同校の校主で事務取扱ローガンの娘たちが来ていたセーラー服であった。

大正十二年、全国の高女は官公私立合わせて四六二校。洋式の制服や標準服を定めたのは一四七校で、その内セーラー服は二八校だけでまだ主流ではなかった。洋装化初期段階では、ワンピース、スクエアカラーの上着、テーラーカラーの上着、ステンカラーの上着などで、大黒帽を被り、ベルトを締めるものが多かった。ところが大正十五年ごろからセーラー服やセーラー服へ改正する女学校が急増した。その理由の一つは、地方の女学校が修学旅行で大阪や東京などを訪れた際に、バスの車掌と間違えられたことにある。生徒たちはこれが悔しくて、帰郷すると「セーラー服に変えてください」と校長に懇願した学校が多かったという。セーラー服ならバスの車掌に間違えられることはないからである。

第三部（五九〇頁参照）で述べるが、大正十年から十三年にかけて東京の乗合バスに「白襟《しろえり》嬢《じょう》」や「赤襟嬢《あかえりじょう》」と呼ばれるバスの女子車掌が登場した。「赤襟嬢」は紺サージのワンピースに真紅の襟の制服に帽子を被り、ベルトを締めた。三越意匠部でデザインされ、オーダーメイドの制服は人気の的となっていたのだが…。女学生はセーラー服の美しいデザイン性が気に入ったとみえる。やがてセーラー服は女学生の象徴となってゆく。

参考文献

八木哲浩・石田善人『兵庫県の歴史』（山川出版県史シリーズ）
鈴木正幸『兵庫県の教育史』（思文閣）
『兵庫県教育史』兵庫県教育委員会
桜井役『女子教育史』
『私学と創立者とその学風』日本私立中学高等学校連合会

『神戸高校百年史学校編』
刑部芳則『セーラー服の誕生』

大正期にいたる熊本県の動向と私立高等女学校

大正十五（一九二六）年の熊本県における公立私立の高等女学校は十七校、公立実科高等女学校八校、計二五校で、九州一円では福岡県の二六校に次いで女学校の盛んな県である。まず九州における熊本県の立ち位置を素描《そびょう》しよう。

熊本県は九州の中央部に位置し、北に福岡県、東北に大分県、東は宮崎県、南は鹿児島県に接し、西は有明海を隔てて佐賀・長崎県と相対している。その地形をみると東の県境は九州山脈の峰々が連なり、続いて阿蘇外輪山の高原台地、さらに低い高原と沿岸平野が広がって有明海に至る。したがって熊本県の河川はすべて九州山脈、阿蘇外輪山を水源として西に流れて有明海に注ぐ。熊本の人々は古来農業で潤《うるお》った。

熊本県は古代律令制で言えば西街道の肥後の国である。武家の世になり豪族が各地をとり合ったが一五八七（天正十五）年、豊臣秀吉によって佐々成政が肥後一国の国守に任命された。しかしやがて破滅させられ、一六〇〇（慶長五）年には肥後五二万石を加藤清正が領することになる。清正死後、細川忠利が肥後五四万石の領主となって以後、明治維新まで細川家が大名として君臨した。天保の大凶作の時、熊本藩は被害が少なく、ために大阪での肥後米は高騰したので熊本藩の上層武士たちは大いに潤《うるお》い、一般庶民と下級武士が困窮した。この時、藩校・時習館出身の一介の学徒・横井小楠が藩政改革を叫んだので多くの藩士から支持された。これを実学党と呼ぶ。ところが同時にこれに反対する学校党が現われ、この二派閥が対立しながら明治維新にもつれ込むのである。

　明治維新の動乱は薩摩、肥前の武士が先頭に立ったが、維新直後の最大の内乱も薩摩で起り、その決戦は熊本城で行われた。肥後人は一心同体にならないお国柄だから官軍と西郷軍にそれぞれ分かれて戦った。熊本城の官軍は善戦し、西郷は故山で自害して、この危機的内乱が終了した。西郷軍の猛攻撃に耐え抜いた熊本鎮台兵勇敢の名は高まり、明治十八年には熊本城に歩兵二箇連隊の陸軍第一一旅団が編成されて九州一円の陸軍の本拠になった。さらに二十一年、熊本鎮台は陸軍第六師団になり、師団司令部の周辺に歩兵、騎兵、砲兵等の連隊が置かれて熊本城は九州一円の陸軍根拠地《こんきょ》になった。日清戦争では第二軍の主力となり、多くの戦死者を出しながらも戦果をあげて凱旋《がいせん》した。次いで日露戦争がはじまると熊本第六師団は六万余の将兵を大陸に送り遼陽《りょうよう》会戦、奉天会戦で戦い六、〇〇〇余りのロシア兵俘虜《ふりょ》を引き連れて凱旋した。熊本県は九州を代表する陸軍県になったのである。

近世熊本藩校時習館で培われた学問好きの伝統は消失したわけではない。維新のはじめ熊本藩の実権は一時、実学党が握ったが、明治二年、総帥の横井小楠が暗殺されると熊本政治の実権は学校党に移り、やがて政府派遣の県令に移る。そして実学党の面々は中央政府で活動したり、あるいはグループの趣旨や名称を替えて活躍するのである。思想・教育の面でみると小楠が暗殺される以前から藩校に替る洋学校ができた。ここから海老名弾正《えびなだんじょう》、浮田和民《かずたみ》、徳富蘇峰ら新しい指導者が排出した。このグループを熊本バンド（隊）という。

政治家との縁《えん》によって政府の高官になり、近代日本の発展に貢献した者も多い。山縣有朋の推挙で頭角をあらわし司法大臣から大正十三年に総理大臣になった清浦奎吾《きようらけいご》を筆頭に中央政界で活躍した熊本県士族も多い。藩校時習館で学んだ井上毅《こわし》は長崎でフランス語を学び上京して司法省に出仕しフランスに留学、帰国後、伊藤博文の下で憲法起草に尽力した。また、法制局長官として教育勅語の起草にも当り、また明治二十六年には第二次伊藤内閣の文部大臣として中等教育案、実業教育案の起草に成果をあげた。明治天皇の侍講、元田永孚《ながざね》も熊本藩校時習館の出身、維新の頃は実学党に傾倒していた。上京して大久保利通の推挙で明治天皇の侍講になり教育勅語の成立に深くかかわった。

大政奉還・廃藩置県からはじまった明治維新の改革で国民は一枚一枚、皮を剥《は》ぐように徳川封建体制の桎梏《しっこく》から解放されるが、この国家体制の大改革に実施者たちは範をヨーロッパの近代帝国にとった。立法、司法、行政、軍事、警察、学校等、形式と外形はすべて欧米風で、権力者が国民に姿を見せる時はヨーロッパ風貴族の正装で髭（口ひげ）鬚（あごひげ）までたくわえた。徳川封建社会の風俗を徹底的に排除したのである。そして万世一系という架空の話をつくり、中国皇帝の箴言《しんげん》（いましめの言葉）を真似た教育勅語とプロシャ式君権主義（欽定《きんてい》憲法）の大日本帝国憲法制定によって明治の時代はそれ以前と全く違った社会、時代となったのである。民主主義国家に生存する現代の日本人からみればわかりにくいだろうが、いたずらに大名家の権威に跪《ひざまず》き、理不尽《りふじん》な仕来《しきた》りに喘《あえ》いだ下級武士や百姓にとって内閣や帝国議会を擁《よう》する天皇制国家はどんなに解放感があったたろう。帝国議会や内閣を通じて人民の声は政治のトップに伝わるという希望があったからである。

佐々友房

中学校の発祥を述べれば現県立済々黌《せいせいこう》高校に繋《つな》がる済々黌があった。創立者は藩校時習館の出身で熊本政界の雄・佐々友房である。西南の役には熊本隊を組織して官軍と戦ったので罰せられて入獄したが、出獄後、同心学舎なる私塾で青少年を教育した。これを明治十五年、大々的な私立学校にしたのが済々黌である。皇漢学や数学・法律などを学ばせるほか撃剣を必修とした。彼を支

内藤儀十郎

持する熊本県人は多く、宮内省より特旨で五〇〇円が下賜されたり、旧藩主・細川家から寄付があった。経営が順調に進んだので熊本市内の法律学校や医学校を合わせて九州学院と改称したが、明治二十六年、もとの済々黌を九州学院から分離独立させ、県費を受けて熊本県尋常中学済々黌としたのである。明治二十年にはすでに熊本に帝国大学の進学資格を持つ第五高等中学校が創立されて熊本は九州の学校の中心県になっていった。

熊本県で最初にできた女学校は熊本市の私立尚絅《しょうけい》女学校である。その発端は明治二十一年開校の済々黌付属女学校である。済々黌校長・佐々友房の妻静子が数人の少女に編物や洋裁を教えたのがはじまりで、佐々や済々黌の教頭格の内藤儀十郎の肝煎《きもいり》で開校、内藤が初代校長になった。開校当初は教員一三名に対し生徒二三名であったが教え方がよいという評判がたち、その年の終りには一〇三名に増加した。教え方というのは従来の個別裁縫教授を排して裁縫教授用掛図を用いて一斉教授をしたことである。これが熊本市民にうけて、生徒は年々増加した。二十四年、済々黌の付属を離れて独立した尚絅女学校となり、二十九年、校名を私立尚絅高等女学校と改称、三十二年には高等女学校令に適格とされた。この年には生徒数三五〇人を超え、熊本県随一の女学校になった。〝尚絅〟は中国の古典・詩経の「錦を衣《き》て絅《けい》を尚《くわ》う」に由来する。絅は麻か木綿の〝うちかけ〟のことで、どんなに華やかな上等な衣装を着ても、その上に〝うすぎぬ〟をはおって慎めという上品さを教えたものである。内藤儀十郎の教えと想う。内藤は大正八年、その生涯を閉じるが、明治四十四年、尚絅高等女学校を財団法人化し、自ら退いて四十五年、熊本中学校教頭の福島綱雄が第二代の校長になった。福島は内藤が創った尚絅の伝統を活《いか》しながら同窓会や県に働きかけて学校の拡張をはかり、大正七年には熊本県が三ヶ年継続五万円の補助金を可決して新校地に新校舎をたてた。私立でありながら県の絶大な援助のもと尚絅高女は熊本県外、特に宮崎県、鹿児島県、長崎県からの入学者が多く〝良家に嫁に行くなら尚絅〟という風潮をつくったと言われる。私立尚絅中学校高等学校（女子校）として現代に続いている。

竹崎順子

明治二十二年、熊本市に私立熊本女学校が開校、創立者は竹崎順子である。順子は一八二五（文政八）年、肥後上益城郡の郷士矢島家の娘として生まれた。妹は矯風会会頭の矢嶋揖子《かじこ》であり、徳富蘇峰・蘆花の兄弟はその甥である。順子一六歳の時、横井小楠の高弟・竹崎茶堂と結婚した。茶堂は私塾日新館をつくり、多くの子どもを教育したが、順子もまた夫を助けて少年青年たちに慕われた。明治十年、夫の茶堂が没した。以後十年、順子は夫の教育精神を慕い続け、明治二十年、順子六三歳の時に友人数人と熊本女学校を発足させた。これを発展させて二十一年、熊本市内に新校舎を建て私立熊本英学校付属女学校としたのである。熊本英学校は男子の学校で福岡、宮崎、鹿児島県から来学者があり英学と漢学を教えたが付属女学校は和漢学と女の手技を教えたのであろう。熊本英学校は二十九年、何らかの理由で廃校になった。女学校にも圧迫があったらしいが順子の必死の願いで存続し二十二年、熊本市に新校舎を建て私立熊本女学校として認可された。校長は海老名弾正で竹崎順子は舎監である。明治三十年に順子は校長になったが彼女は齢《よわい》七三歳。以後、全身全霊を込めて教育に当たったが、三十八年八一歳の生涯を閉じた。大正十年、私立大江高等女学校と改称、戦後は大江高等学校となり昭和二十三年まで続いた。

公立高等女学校の展開

明治三十二年「高等女学校令」が公布されると公立女学校もすぐに始まり、大正期には県域各所に展開した。ここで以下述べる女学校の沿革について本稿末尾の参考文献と［表1］［表2］の参考文献の違いを一言して置く。

［表1］［表2］は文部省の指令によって毎年、府県の学務課がその年の管下高等女学校、実科高等女学校について報告したものである。「学校名」や「所在地」について誤りはないが、「経

[表 1] 大正 15 年における熊本県の高等女学校

1、熊本県立高等女学校

学校名	所在地	経歴
第一高女	熊本市	明治 36 年県立
八代高女	八代郡八代市	明治 36 年郡立、大正 12 年県立
隈府高女	菊池郡隈府町	明治 44 年組合立実科高女、大正 9 年県立高女
山鹿高女	鹿本郡山鹿町	明治 45 年組合立実科高女、大正 8 年県立高女
高瀬高女	玉名郡弥富村	明治 45 年郡立実科高女、大正 12 年県立高女
松橋高女	下益城郡松橋町	大正 7 年郡立実科高女、大正 12 年県立高女
人吉高女	球磨郡藍田村	大正 7 年郡立実科高女、大正 12 年県立高女
甲佐高女	上益城郡甲佐町	大正 9 年郡立実科高女、大正 12 年県立高女
本渡高女	天草郡本渡郡	大正 4 年私立実科高女、大正 9 年郡立に変更 12 年県立高女
阿蘇高女	阿蘇郡宮地町	大正 11 年組合立高女、大正 15 年県立高女

2、熊本市立高等女学校

学校名	所在地	経歴
熊本市立高女	熊本市	大正 11 年設置

3、私立高等女学校

学校名	所在地	経歴と設置者
熊本県尚絅高女	熊本市	明治 21 年設置　尚絅財団
大江高女	熊本市	大正 10 年設置　松本豊
上林高女	熊本市	大正 9 年実科高女、大正 11 年高女 フィリベルト・マテ・ボルジャ
九州中央高女	熊本市	大正 7 年実科高女、大正 9 年高女、佐々布遠
熊本県星山高女	熊本市	大正 9 年実科高女、大正 10 年高女、落水泰任
八代成美高女	八代郡 八代町	大正 10 年実科高女、大正 11 年高女 マリハサル・ガラシュ

[表2] 大正15年　熊本県の実科高等女学校

1、町立実科高等女学校

学校名	所在地	
熊本県宇土宇土実科高女	宇土郡宇土町	大正10年
熊本県水俣実科高女	葦北郡水俣町	大正12年
熊本県上益城郡浜町実科高女	上益城郡浜町	大正14年
熊本県牛深実科高女	天草郡牛深町	大正14年
植木実科高女	鹿本郡植木町	大正15年

2、町村組合立実科高等女学校

学校名	設置者	所在地	
多良木実科高女	多良木村外8ヶ学校組合	球磨郡多良木村	大正11年
阿蘇南部実科高女	白水村外4ヶ村学校組合	阿蘇郡白水村	大正9年
阿蘇北部実科高女	北小国村外1ヶ村学校組合	阿蘇郡北小国村	大正12年

歴」について脱落、消略があるかも知れない。一方、以後述べる各女学校の沿革は昭和六年、熊本県教育会が〝光輝ある肥後文教〟を知るために県が関係する人士を挙《こぞ》ってつくった『熊本県教育史』上・中・下三冊に拠《よ》っている。行政については県庁文書に拠《よ》っているが、教育の実態については各学校の校長、教員、卒業生、県の学務係、市町の学務担当者の報告、回想が多い。よって臨場感を以て読めるのである。

明治三十二（一八九九）年、「高等女学校令」が公布されると県立高女設立の議論が県下有識者間ではじまり、議熟して三十五年秋の通常県会で議決された。即ち「熊本県立高等女学校ヲ熊本市藪之内町ニ設置シ明治三十六年四月一日ヨリ開始ス」（県告示一〇八号）というものである。藪之内町というのは県立熊本中学校がある所で同中学校と同居で開校するという意味である。しかるにそこは、校舎改築の最中だったので急遽《きゅうきょ》、同市南千反田畑町の県立博物館で開校することになった。この建物は米国士官ジェーンズを招いて開校した熊本洋学校の跡である。こうして熊本県立高等女学校は一年遅れの明治三十七年四月から始まった。校長は元県視学・会田由義、教頭・前尚絅校長・浜田松次郎、教員に女高師出身の富田八と上総とみ、大津山ひさ、遠山むつ等を揃えた。三十七年の入学試験は八〇名の募集に対して一五六名、三十八年は二五三人の応募者という盛況であった。三十八年三月、藪之内の校舎が整ったのでそこに移った。南千反畑町の校舎はロシヤの俘虜《ふりょ》将校の収容所になった。

熊本県立高女がはじまった明治三十七、八年は日露戦争の真《ま》っ最中《さいちゅう》である。軍都熊本市に産声《うぶごえ》をあげたこの女学校が拱手傍観《こうしゅぼうかん》するわけにはゆかない。第六師団司令部の出発や隷下聯隊《れいかれんたい》の出征の際には見送りに出たし、戦死者の葬儀にも参列した。会合を自粛《じしゅく》して貯金し国債に応じ戦地の兵士に慰問袋を送った。また毎月一回の講和会のほか戦捷《せんしょう》の挙《あ》がるたびに戦争の概要やその意義、国民の覚悟等を講和した。

県立高女の人気は高く、定員を増加しても志願者は常に定員の三倍ほどになった。学校は市民、県民の要望に応えて補習科（主に女性としての技術教育）、随意科（特定の学科）等を設けたが、それも忽ち一杯になった。随意科の教育学を履修すれば無試験で県下の尋常小学校正規教員になれるとあって、これを受講、一時期六、七〇名もの小学校訓導が卒業生の中から出立したたという。また女子の最高学府といわれた女子高等師範学校への進学者も多かった。このような人気の中で明治末年の四十四年から四十五年にかけて校舎全部を新築することになった。総工費五万一、〇〇〇余円、寄宿舎付、特別教室完備の新校舎が竣工し、大正二年五月新校舎に移った。大正十年三月、熊本市に県立第二高等女学校ができたので、四月から本校は県立第一高等女学校と改称し後年に続く。この頃から当校は自学自習のダルトンプランの実験校として耳目を集め、また科学クラブ活動の活発化や女子テニスの強豪校として有名になった。

熊本県会で県立高女開設の議論が高まっていた明治三十五年四月、熊本市の南方、八代郡《やつしろ》八代町で代陽女子尋常小学校の一部を仮用して八代郡立高等女学校がはじまった。時の八代郡長・広瀬昌柔が文部大臣に当郡女子教育のために郡立高女が必要だという申請書を送り文部大臣の認可を得てはじめた特異な学校である。〃当郡の尋常小学校は学齢児の九七％、高等小学校は四校あるが、満杯《まんぱい》で高等小学教育を阻害する。ゆえに女子教育のために郡立高女をたてたい〃。言外に男子には八代中学校があるが八代郡に高等女学校がないから高等小学校に殺到するのだと言っている。こうして明治三十五年四月、八代町の尋常小学校の一部を仮用して郡立高女がはじまったのである。開校当初財政困難のため全教員が、八代中学校の兼任、校長も八代中学校校長・杉田平四郎が兼務した。同年十一月には新校舎が竣工した。大正十二年、県立高等女学校になり、後年に続く。

明治四十四年、菊池郡隈府《わいふ》町外一一ヶ村組合の隈府実科高等女学校（菊池実科高女ともいう）ができた。この女学校には前史がある。明治の半ば頃から菊池高等小学校では女児が逐年増加したので明治二十八（一八九五）年、男児と分離して高等小学校女子部をつくり、やがて近くに新校舎を建て移転、三十六年には菊池女子高等小学校と改称した。しかるにこの高等小学校にはさらに入学者が殺到するのでそれならば、いっそ各種学校でもよいから女学校にしてしまえということで〝土地の事情に適応する主婦養成の女学校〟という触《ふ》れ込みで四十三年、各種学校〝菊池女学校〟にした。然るに時を同じくして文部省が「高等女学校令」を改正して実科高女ができるようにしたので、それに出願し、四十四年、認可を得て菊池実科高等女学校になった。大正九年、県立高等女学校に変更、後年に続く。

明治四十五年四月、鹿本《かもと》郡山鹿《やまが》町に山鹿町外一七ヶ村学校組合立山鹿実科高等女学校が開校した。同年三月、同学校組合が学校創立を決議し、文部大臣に申請し、許可をとっての開校である。とりあえず同地にある山鹿高等小学校の校舎の一部を充当して開校したが、これには郡内にある山鹿、来民、米野岳、広児の四高等小学校と引き換えに郡内一校の実科高女をつくろうとする遠謀深慮があった。明治四十年の小学校令改正で義務教育が四年から六年に延長されて尋常小学校はすべて六年制になった。同時に高等小学校は二年制になったのである。熊本県鹿本郡をみれば来民町に県立中学校があるが女学校はない。義務教育が六年制に延長されても就学率は九八％で中等教育進学を望む生徒は多い。そこで沼《ぬま》安治鹿本郡長と古関《こかん》郡視学は策をめぐらせた。郡内に四校ある高等小学校はすべて郡内尋常小学校のいずれかに付設し、旧高等小学校の資金と施設を使って実科高等女学校を一校つくるというものである。古関郡視学はこの案を持って上京、文部省高官の了解を得て、ここに山鹿実科高等女学校が誕生したのである。初代校長に古関郡視学が就任した。

明治四十五年四月、開校するや生徒はすぐ集まった。選抜試験の上、一年、二年、三年生に五〇名ずつ配置した。修業年限は四ヶ年である。因《ちな》みに旧高等小学校の三年四年が新実科高女の一年二年生に当る。旧高等小学校時代に殆どの少女が高等小学校に就学していたこの地方では実科高女に通わせるのに痛痒《つうよう》は感じなかったであろう。同年齢の男児のために郡内来民町に県立中学校があると言ったが、そこに入学できない者のために郡は鹿本農学校をつくった。そして実科高女はそれに呼応するかのようにカリキュラムに実習を主とする農業科を加え、同校の特徴とした。その後、大正八年、高等女学校令による高等女学校になって同十二年、熊本県立山鹿高等女学校と改称したが、それまで組合立や郡立等に設置者名称を替えている。このような些細《ささい》な名称にこだわり言い張るのが〝熊本モッコス（頑固者）〟と言われる由縁《ゆえん》であろう。

以上の外に明治末年の四十五年、玉名郡弥富村にできた高瀬実科高等女学校がある。これまで述べた諸学校と同じく、旧制女子高等小学校を母胎として町村学校組合立↓郡立↓県立と設置者を替え、実科高女から高等女学校に昇格する発展道筋を辿りながらカリキュラムや校舎等施設設備を充実し生徒数を増加させてきた。大正期に創立した女学校も同じ道を辿るがその進展の度合いが速くなる。それらの経緯《けいい》は割愛《かつあい》するが、天草郡本渡《ほんど》町にできた本渡高等女学校は趣《おもむき》がやや殊《こと》なるので述べておこう。

熊本県南部の西方、八代海を隔《へだ》てて天草諸島がある。天草島原の乱の本拠地であり、肥後一国を支配した細川氏の所領からもはずされ天領扱いであった。よって細川氏所領の時代に培われた肥後文化と違うところがある。大正元（一九一二）年十月、天草郡本渡町に私立天草養正女学校が設立された。設置者は島の住人・原田理一で私財を抛《なげう》っての美挙である。ところが大正三年六月の台風で校舎が倒壊してしまった。政府に熊本出身者がいてこれを宮内省に告げたところ御内《おない》帑《ど》金が下賜《かし》され原田は大正四年四月、同校を再興し私立天草養正実科高等女学校に改称、組織変更した。当時、天草郡には県立天草中学校はあったが、女学校は一校もなかったので住民たちはこの女学校を応援し、大正九年四月、天草郡養正実科高等女学校に変更した。定員二〇〇名、本科四年制、選科二年制である。大正十二年の郡制廃止により同年四月から県に移管され、熊本県立本渡《ほんど》高等女学校と改称し後年に続いた。

参考文献
森田誠一『熊本県の歴史』（山川出版県史シリーズ）
松本寿一郎他『熊本県の歴史』（山川県史）
『熊本県教育史・中巻』『同下巻』熊本県教育会編
長坂金雄『全国学校沿革史』
『人物を中心とした教育郷土史』熊本県　文部省調査統計編

長野県における公立高等女学校の発祥

本州のど真《ま》ん中《なか》、山また山に囲まれた長野県の高等女学校について述べよう。

まず、長野県の成立を略述すれば明治四（一八七一）年、旧藩を引き継いだ北信濃《しなの》の松代《まつしろ》、飯山、須坂、上田、小諸《こもろ》、岩村田、椎谷の七県が中野県↓長野県（第一次）を合わせて長野県（第二次）になり、西南信濃の松本、高島、高遠《たかとお》、飯田、名古屋（北端の一部）の五県が伊那県及び高山県（飛騨一国）を合わせて筑摩《ちくま》県になった。明治九年、飛騨一国を岐阜県に移し、長野県と筑摩県が合体して信濃一国を県域とする現長野県が成立したのである。

河川の流域に人が住んだ。信濃に水源を発し、日本海にそそぐ千曲《ちくま》川やその支流犀川《さいかわ》、太平洋にそそぐ木曽川、天竜川の四大河川の流域に善光寺、佐久平《だいら》、松本平《だいら》、伊奈平《だいら》と呼ばれる三盆地があり、人々はその大盆地に群がり住んで豊穣《ほうじょう》な土地に変え遂に信濃国を日本一の製糸王国にした。無論、それは一朝にできたことではない。信濃の人々は盆地の各集落がまとまり一つの勢力になると川沿いに他の集落と交渉し、また中馬《ちゅうま》（信濃全域を巡る馬の便）を用いて峠を越え交渉を拡げた。かように信濃の人々は他との交渉、会議という習慣を早い時期から身につけた。明治維新になって最初に住民の意志決議組織（機関）をつくったのは筑摩県の下問《かもん》会議である。筑摩郡の窪田畔夫らの発議にはじまり松本の県庁に福島、飯田の選出議員を集め県の政策や教育等の具体案を述べる会議になった。明治五年学制公布頃からはじまったので府県会の成立より六、七年はやい。旧長野県（筑摩県と合併以前の長野県）では明治九年、長野の師範学校で県第五課（学務課）と中学区長、学区取締、戸長代表、師範学校教員、小学校教員代表による教育会議が開かれた。これをモデルに信濃一国の長野県が成立した後も郡単位に公職の教育関係者が教育会議を開くが、こうなると私学が入り込む余地がなくなるのである。

明治五年八月三日、文部省は「学制」公布と同時にこれまで府県が設けた学校は「一、旦悉く廃止」という布達一三号を出した。これは旧藩校や郷校、私塾、寺子屋等をさしている。ところが旧長野県は故意か誤解かこれを私塾家塾の撤廃として県内に達した（「私塾家塾禁止につき県達」）。これによって信州にあった私塾・寺子屋は逼塞《ひっそく》して全滅する。他県では〝「学制」が示す中学校や外国語学校などすぐにはできない〟と踏《ふ》んで、旧藩校や私塾に寄り添いながらそれを小

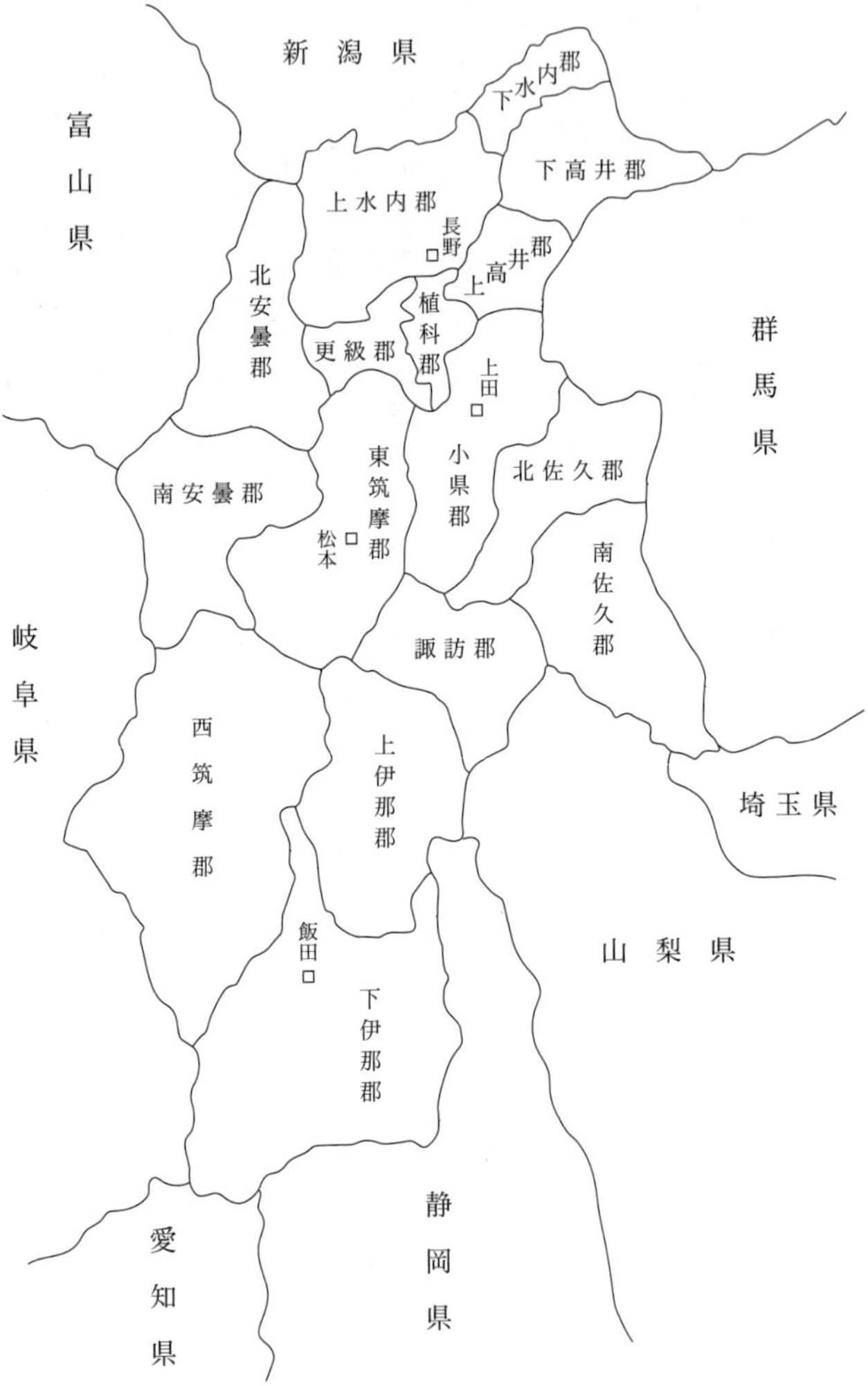
新潟県
富山県
群馬県
岐阜県
埼玉県
山梨県
静岡県
愛知県
下水内郡
下高井郡
上水内郡
長野
上高井郡
北安曇郡
植科郡
更級郡
上田
小県郡
北佐久郡
南安曇郡
東筑摩郡
松本
南佐久郡
諏訪郡
西筑摩郡
上伊那郡
飯田
下伊那郡

明治後期長野県分郡図

学校や中学校、外国語学校に変えてゆくものが多かった。東京府の如きは無数にあった漢学塾を私立中学校に、洋学塾を私立外国語学校に読み替えている。信州の役人はその点、几帳面《きちょうめん》というか融通《ゆうずう》がきかないと言うか杓子定規《しゃくしじょうぎ》的である。長野県の制度としての小学校・中学校・高等女学校は公立学校一辺倒で私学の入る余地がなかったのである。

明治九年に筑摩県の信濃四郡を長野県に編入して信州一国の現長野県が成立した。しかしそれは制度上のことで信州人の心の中には西信・北信・南信、さらに、中信（諏訪平）などの意識が疼《うず》いていた。信州一県にまとまった後も県庁の移転や分県論がその後しばしば繰り返されるのである。そうした中で信州長野県が一つにまとまろうとする運動も起る。明治三十二年につくられた浅井洌作詞の「信濃《しなの》の国」がそれで歌い継がれ、戦後、国体はじめ全国的な体育行事が信州で行われると観衆の信州人が立ち上がってこの歌を斉唱するのである。

一、信濃の国は十州に　境つらぬる国にして
聳《そび》ゆるヤマハいや高く　流るる川はいや遠し
松本伊那佐久善光寺　四つの平《たいら》は肥沃《ひよく》の地
海こそなけれ物さはに　万《よろず》足らはぬ事ぞなき
二、四方《よも》に聳ゆる山々は　御嶽乗鞍駒ヶ嶽《おんたけのりくらこまたけ》

浅間は殊《こと》に活火山　いずれも国の鎮《しずめ》なり
流れ淀まずゆく水は　北に犀《さい》川千曲《ちくま》川
南に木曽川天竜川　これ又国の固《かため》なり
（六番まである）

想うに信州人が個人として、また近隣の人々と協和した意見を主張し、他地域の人々との会議で渡り合うのは彼等の真剣な生き方なのである。東京や京阪神の大都会の住人なら適度に妥協することを彼等は嫌う。個人としての意見を明確に吐き、他者の意見を聞く耳を持っているが、なかなか妥協しない。時期に迫られて一旦妥協しても再燃することもある。困った習性と想うかも知れないが、常に野党の存在意義を認めるのが民主主義の根幹である。私は信州人のこの執念深い性格に敬意を払っている。そういう訳で信州からは清濁併せ呑むような政治家は出ない。一八八〇年代から九〇年代にかけて小学校、中学校、師範学校の教育課程の根幹をつくった伊沢修二や小中師範学校設置の軌道を敷いた辻新次はともに信州人である。二人とも知識才覚が備わった高級官僚であるが政治家ではない。伊藤総理や森文相の政治力のもとで才能を発揮したのである。学問好き思索好き議論好きの信州人からは学者、思想家、教育家が多く輩出するのである。

前《さき》に県の教育会議、各郡の教育会議のことを述べたが、本来、自由意志によって成る私的教員団体も県の統制の強い信濃教育会になる。教育会の淵源は明治十二年から『月桂雑誌』を発行した松本の月桂社であろう。このような自由民権派の教員団体が各地に興って教育会の素地を培《つちか》った。しかるに明治政府は明治十三年、民権運動を弾圧するため集会条例を定めた政治集会に教員や生徒が参加するのを禁止した。長野県は政府の「小学校教員心得」を全教員に配布した。こうした空気の中で十七年、長野教育会ができ、十九年、その総集会で信濃教育会設立を決めた。これを推進したのは県の学務当局で役員の過半数は県官僚であった。信濃教育会は本来、私立教育会であるが、運営の実際は県学務当局が掌握し、これによって行われたのである。

明治維新後に興る信濃国・長野県の教育はこのように県主導のもと、公務員や公立学校教員によってすすめられてきたので私学や私学人の出る幕がなかった。その点福沢諭吉のような啓蒙的洋学者たちによって先鞭《せんべん》をつけられた東京と正反対である。東京は私学の後塵《こうじん》を拝して公立学校ができたのである。

『信濃教育会雑誌』に「長野県下ニ高等女学校ヲ設クルノ私議」が公表され、忽ち県下に女学校論、同設置論が盛んになった。信州人らしく、これからの女性はどうあらねばならぬか、良妻賢母論如何という女性論、女子教育論からはじまり、女学校設置主体は、財源はという現実論にいたるまで議論を闘わし、「高等女学校令」公布の明治三十二年の臨時県会において長野市、松本町、上田町に代用高等女学校をたてることを決議した。代用高等女学校というのはいま直ちに県立高女をたてるのは財政上、無理だから、当該地の郡立、市立、町村立の学校とし県は補助金を与え時期をみて県立学校にひきなおすというものである。すでに二十九年、その含みで長野県立高女ができていた。現実的で周到な信州人の計画らしい。ちなみにこの四都市は千曲川流域の長野盆地（善光寺平）の中心都市長野市、上田盆地（佐久平）の中心都市・上田町、松本盆地（松本平）の中心都市・松本町、そして天竜川沿い飯田盆地（伊那平）の中心都市・飯田町で信州の北から南へ貫く豊かで安定的な街であった。

最初に高等女学校をつくったのは上水内郡の長野町であった。二十八年の「高等女学校規定」（文部省令）が公布されると県内にもりあがった女学校論を背景に町長が知事宛に町立高等女学校設置の稟《りん》議書を提出した。当分の間、校舎は長野高等小学校校舎の一部を仮用して、校長も高等小学校校長が兼任するというものである。前述の三十二年県会における県内四高女設置決議は長野町高女設立に触発され、これをモデルにしたのであろう。三十四年、長野町は長野市に昇格したので長野市立高女になり、四二年、他の三高女ともども県立高等女学校になった。次いで東筑摩郡の松本町に松本町立松本高女ができた。松本町長と松本尋常高等小学校長の推進ではじまったが女学校校舎の位置について町会員と意見が合わず、いたずらに時を費やしたので県知事裁量で校地が定まり三十三年開校した。さらに続いて三十三年、小県《ちいさがた》郡上田町に小県郡立上田高女が、三十四年、下伊那郡飯田町に下伊那郡立高女が設置され、明治四十二年、長野市立高女、松本市立高女、小県郡立上田高女、下伊那郡立高女の四校は一せいに長野県立高女になったのである。

学科編成をみよう。まず県立高女の基準になった長野高女は学科を高等普通科（本科とも言う）と技芸専修科に二分し四年制で「修身・国語・歴史・地理・数学・理科・家事・裁縫・習字・図画・音楽・体操」（高等普通科）、「裁縫ヲ主トシ兼テ修身・国語・家事等ノ学科ヲ授クル」（技芸専修科）とし、さらに各学科目の授業に追いついてゆかれない者のために一、二年生に補習科を置いた。これらは「高等女学校令」第九条、第一一条に示すところである。この学科編成は他の三高女も追従している。ただし学科目については学校により多少の選択がある。長野高女と飯田高女は英語を欠くが、松本高女と上田高女は英語の授業を行った。当時、京浜や阪神のような大都市や仙台、名古屋、広島、長崎のような港町でなければ英語の教師を雇うことは困難であったから女学校に英語科目を置くか置かないかは英語教師を雇えるか否かにかかっていた。高等女学校の開設に当って、いずれも高等小学校の校長や教員の協力を受けている。県立高等女学校になってからもこの協力体制は続いた。

明治四十一年に諏訪郡上諏訪町に町立諏訪高女ができるが、これが長野県高女になるのは大正六年である。

長野県における実科高女と高等女学校の展開

明治末年に長野県の主要都市、長野市・松本町・上田町・飯田町に県立高等女学校がたてられたことを述べたが、この四盆地は古来、善光寺平《だいら》、松本平《だいら》、佐久平《だいら》、伊那平《だいら》と呼ばれた信州人の集落地帯で信州人の気質や文化を育《はぐく》んだ枢要な地域である。以後、大正期における女学校の大展開を述べるが、その前提に明治末年に起った実科高等女学校について述べよう。

すでに日本各地にできつつあった高等女学校と並行して実科高等女学校の設置を審議したのは明治四十三年四月の高等教育会議であった。会議の席上、小松原文部大臣が述べている。

現行の高等女学校は都市にたてられ、上流家庭の女子だけを教える。今後は僻地《へきち》まで女学校をたて、国民すべての娘が通える学校にせねばならない。カリキュラムは家政の科目を多くし、家政科高等女学校にするというものである。小松原文相の趣旨は概ね了承されたが、家政科高女の名称に異論が続出した。そこでこれを実科高女と改めて会議を通過、同年十月の「高等女学校令中改正」（勅令四二四号）で施行された。〝実科〟は明治二十七年六月の「尋常中学校実科規定」（文部省令七号）からとったものである。尋常中学校は高等中学校や専門学校進学のための学校だったのでカリキュラムが進学向きにできていた。しかし実態は進学希望者ばかりでなく、町村の役職者や都市の会社に勤める者が多かったので、進学用の外国語や理数系の学科目ばかりだけでなく、農工商の実務を学ばせる実科課程をつくった。これを実施した学校が実科中学校である。しかし実科中学校は人気がなく、二、三校できたがすぐに絶滅した。

中学校と違って当時の高等女学校には上級学校への受験勉強ということがなかった。東京や関西にいくつかの女子専門学校ができたが高等女学校で受験勉強させるほどの志願者がいたわけではない。よって中学校のような受験勉強の弊害という理由はなりたたないし卒業すればすぐ嫁にゆくというご時勢だから職業上の役にたたないという理由もない。問題は山間僻地にまで女学校をたてるという実科高女の理念そのものにあったのである。すでに先端を切って始めた兵庫県の高等女学校でみたように新式の女学校は施設設備を整えねばならない。洋式音楽にダンスをとり入れた新式体操の稽古場や理科の実験室もつくらねばならないし、名士の講演を聴く大講堂や寄宿舎も建てねばならない。莫大な費用がかかる。また何よりもまず僻地の学校へ喜んでゆく教員がいるだろうか。女子高等師範学校や高等女学校教員養成の女子専門学校もあるが、その卒業生は少ないし、都市の教師にはなっても僻地には行きたがらない。それらを予測しての実科高等女学校であった。即ち、英語や理数系科目をなくし修身・国語・家事裁縫を主とするカリキュラムにしたのである。高等小学校の校舎に間借りしてもよいとしたのは修身や国語の授業は高等小学校の校長や教員に助けて貰えということであるし、家事裁縫は僻地でも格式の高い家があってその妻女が教えられるからである。

［表1］は米田俊彦氏（お茶の水女子大学教授）の『高等女学校関係文部省告示記事要旨一覧』

[表 1] 大正年間：実科高女及び高等女学校設置状況表

新設女学校	所　在　地	沿　革
長野市立実科	長野市	大正 8 年設置
県立飯山高女	下水内郡飯山町	大正 8 年設置
町立須坂《すざか》実科	上高井郡須坂町	大正 7 年設置 大正 11 年長野県須坂高女に変更 大正 12 年組合立に変更 大正 15 年県立に変更
町立中野実科	下高井郡中野町	明治 44 年設置、大正 12 年組合立高女に変更、 大正 15 年県立長野県中野高女に改称
町立松代実科	埴科《はにしな》郡松代町	大正 9 年設置 昭和 3 年松代高女に変更
組合立埴科実科	埴科《はにしな》郡屋代町	大正 9 年設置
県立更級高女	更級《さらしな》郡篠ノ井町	大正 11 年設置、大正 14 年長野県篠ノ井高女と改称
組合立更級実科	更級郡栄村	大正 14 年設置
町立稲荷山実科	更級郡稲荷山町	大正 15 年設置
組合立上田実科	上田市	大正 9 年設置
町立丸子実科	小県郡《ちいさがたぐん》丸子町	大正 14 年設置
町立小諸実科	北佐久郡小諸《こもろ》町	大正 8 年設置
町立岩村田実科	北佐久郡岩村田町	大正 8 年設置、昭和 4 年高女に変更
組合立望月実科	北佐久郡本牧村	大正 15 年設置、昭和 6 年高女に変更
組合立蓼科実科	北佐久郡芦田村	大正 15 年設置
町立野沢実科	南佐久郡野沢町	明治 44 年設置、大正 7 年郡立野沢高女に変更、 大正 9 年南佐久高女と改称、大正 11 年県立に変更、 大正 14 年野沢高女に変更
町立臼田実科	南佐久郡臼田《うすだ》町	大正 14 年設置
町立大町実科	北安曇《あずみ》郡大町	明治 45 年設置、 大正 9 年郡立北安曇野郡大町高女に変更 大正 11 年県立大町高女に変更
県立豊科高女	南安曇野郡豊科《とよしな》町	大正 11 年設置
町立木曽福島実科	西筑摩郡福島町	大正 12 年設置、 大正 14 年県立高女に変更、木曽高女と改称
町立伊那実科	上伊那郡伊那町	明治 44 年設置、大正 7 年郡立に変更 大正 9 年伊那高女に変更 大正 11 年県立伊那高女に変更

(注) 実科は実科高等女学校の略、高女は高等女学校の略。
本表は米田俊彦「高等女学校関係文部省告示記事要旨一覧」による（財・日本史学教育研究所『教育制度等の研究 19』所収）

の「長野県」に拠った。以後の実科高女の説明に『長野県教育史第3巻総説編3』所収の「高等女学校・実科高等女学校」に拠らねばならないからである。本書は昭和四十年代、十数年をかけてつくった労作で収集した各学校の沿革史に拠っている。しかるに学校設置の沿革が文部省の『諸調査』と整合しないのである。学校設置や廃止にかかわる名称、設置者、位置等々は年々の「文部省告示」に拠る以外にない。そこで前記・米田氏の『高等女学校関係文部省告示記事要旨一覧』の長野県『教育制度等の研究（19）平成6年』（財・日本私学教育研究所）によって本稿［表1］をつくったのである。［表1］からまず次のことがわかる。

1、いきなり高等女学校になったのは県立の飯山高女、更級《さらしな》高女、豊科《とよしな》高女の三校だけで他はすべて実科高女から昇格したものである。2、設置者も初期は県立が少なく町立↓町村組合立を経て県立へと上位に移動する。3、女学校の設置順序は北信からはじまり中信に移り最後に南信となるが大正末には信濃全域にゆきわたる。しかも県立の実科高女はなく高等女学校に昇格するときは必ず県立に移管されるのである。

明治四十四年に下高井郡に町立中野実科高女、南佐久郡に町立野沢実科高女、下伊那郡に町立伊那実科高女、四十五年に北安曇《きたあずみ》郡に町立大町実科高女ができるが、この四校は明治四十三年の「高等女学校令改正」に即応したものである。長野県は四十四年、郡視学会議を開いて実科高女の設置方針を協議した。即ち①高等小学校に併置し、修業年限二ヶ年を常態とする。②教職員六人うち校長は高等小学校長兼任、③生徒数七〇人、年間予算二、一〇〇円、④設置区域一、〇〇〇戸以上とした。実際の経費負担は、中野実科は初年度予算一、七八〇円、中野町一戸につき一円、地租一円につき五銭増額。野沢実科は予算一、七五〇円（野沢町費・授業料・郡費補助）とし、大町実科は予算二、七二八円（授業料と大町町費負担）とした。経費の七割以上が教員給料であった。

学校編成をみると初めにできた四校はいずれも高等小学二年修了に接続する二年制課程であったが、その後、一年修了で接続する三年制課程、尋常小学校卒業で接続する四年制課程も現れたが過半は二年制であった。また埴科《はにしな》実科高女のように学科目中一乃至数科目を学修する選科を設けるところもあった。

長野県は実科高女をつくるに当って高等小学校に併設し、高等小学校長に実科高女校長を兼任させることを方針としたので、その後、これが続いた。町立中野実科高女では明治四十四年、中野尋常高等小学校長の丸山久保吉が兼任校長になったが、大正十二年、中野実科が町村組合立下高井高女になるとその専任校長になり、以後昭和三年まで一七年間、校長に在任した。このような長期在任は稀であるが、長野県の実科高女は高等小学校長によって育成されたと言っても過言ではあるまい。しかし実科の教員は一般に見劣りする。無資格教員必ずしも劣等とは言わないが、前に述べたように大正期には中等教員養成がかなり進んだが彼ら彼女らは僻地には行きたがらない。大正四年の調査であるが有資格教員の実科高女における比率は全国で五八、三%、長野県は四一、二%で、有資格教員から忌避されたのである。

教育課程をみよう。長野県は文部省の明治四十四年「高等女学校及実科高等女学校教授要目」に依拠して県の教育課程を定めた。高等女学校は修身・国語・歴史・地理・数学・理科・図画・家事・裁縫・音楽・体操で、英語と体操が随意科目となっている。科目中、四学年合わせて各週授業時間が多いのは国語二一時間と裁縫二六時間である。大正四年には同年の「高等女学校令施行規則」の実科規定に準拠して長野県の高等小学校二年卒業で接続する二年制の実科課程をつくったが、その学科目は修身・国語・数学・家事・裁縫・図画（随意科目）、唱歌（同）、実業（農業・染織）、体操であり二学年各週授業の多いのは裁縫で三六時間。他の学科を圧倒している。因みに長野県の当時の実科高女の裁縫をみると、旧来の和裁技術のほか、ミシン練習をはじめ男もののシャツ、ズボン下とか女性用の簡単服、子ども洋服下着とか、明らかに洋装に対する裁縫の変化が認めらられるのである。

［表1］を見ると実科高女から高等女学校へ昇格するものが多いので実科が衰退するように錯覚するがそうではない。学校数をみると高等女学校は大正六年まで五校であったが、七年から増加して大正末年には一六校、昭和六年には二一校になった。実科高女も明治末年四校であったが大正末年一三校になり昭和六年にも一一校を維持している。生徒数をみると高女は明治末期一、

七〇〇人台であったものが大正末期六、六〇〇人台になり、昭和初期七、六〇〇人台になり、実科高女は明治末期二〇〇人だったものが大正末期一、三〇〇人、昭和になると漸減する。高等女学校、実科高女とともに大正期の長野県では発展維持していたのである。

高等女学校、実科高女ともに生徒の増加傾向が維持されたことについて『長野県教育史総説編』は生徒の汽車通学の例をあげているが私は自転車通学が増《ふ》えたのではないかと思う。自転車は明治初年に西洋から輸入されたが明治四十年頃から会社や商店の業務用になって普及し、大正期に入って大衆化した。大正元年三九万台だったものが大正末年に四〇七万台になり国産自転車業は飛躍的に発展した（吉川弘文館『日本交通史大辞典』）。大正期に私鉄を含めて鉄道網が張り巡らされたが、鉄道網の充実は大都市に密である。これに対し、日本の改良自転車は山間僻地の坂道でも走れる。本シリーズのはじめに私は明治後半期、東京音楽学校に通う女学生が髪をなびかせて自転車に乗る姿を紹介した。大正期、長野県の女学生が広域から通学した一因は自転車通学であったと思う。

参考文献

塚田正明『長野県の歴史』（山川出版県史シリーズ20）
古川貞雄他『長野県の歴史』（山川県史20）

長坂金雄『全国学校沿革史』
『長野県教育史』第1巻総集編1、同第2巻『長野県政史1』総説編2、同第3巻総説編3、同第12巻史料編6、同第13巻史料編7
米田俊彦『近代日本教育関係法令体系』
拙著『明治前期中学校形成史・府県別編1』

山形県の近代化と学校設置事情

これまで畿内京阪神・兵庫県の、九州・熊本県の、そして、中部山嶽地帯・長野県の女学校を考察してきたが、奥羽《おうう》（現東北地方）の山形県をみたい。

奥羽という地方概念ができたのは戊辰戦争で官軍と旧幕府軍が現福島県で激突し、旧幕軍が完敗してからである。勝利した官軍は中通りを堺に海岸浜通りまでを磐城国《いわきのくに》、猪苗代湖周辺の山嶽地帯を岩代国《いわしろのくに》とし、さらに余勢を駆《か》って奥羽山脈以東の太平洋側・陸奥国《むつのくに》を南から陸前《りくぜん》（概ね現宮城県）陸中《りくちゅう》（同岩手県）陸奥《むつ》（現青森県）、奥羽山脈以西の日本海側・出羽国《でわのくに》を羽前（概ね現山形県）羽後《うご》（同秋田県）とした。

羽前には羽後の佐竹家、陸奥の津軽家、陸中の南部家、陸前の伊達家のような大大名が盤踞《ばんきょ》しなかった。鶴岡の酒井家、米沢の上杉家がその地方を長く治めたが羽前国全体には及ばない。よ

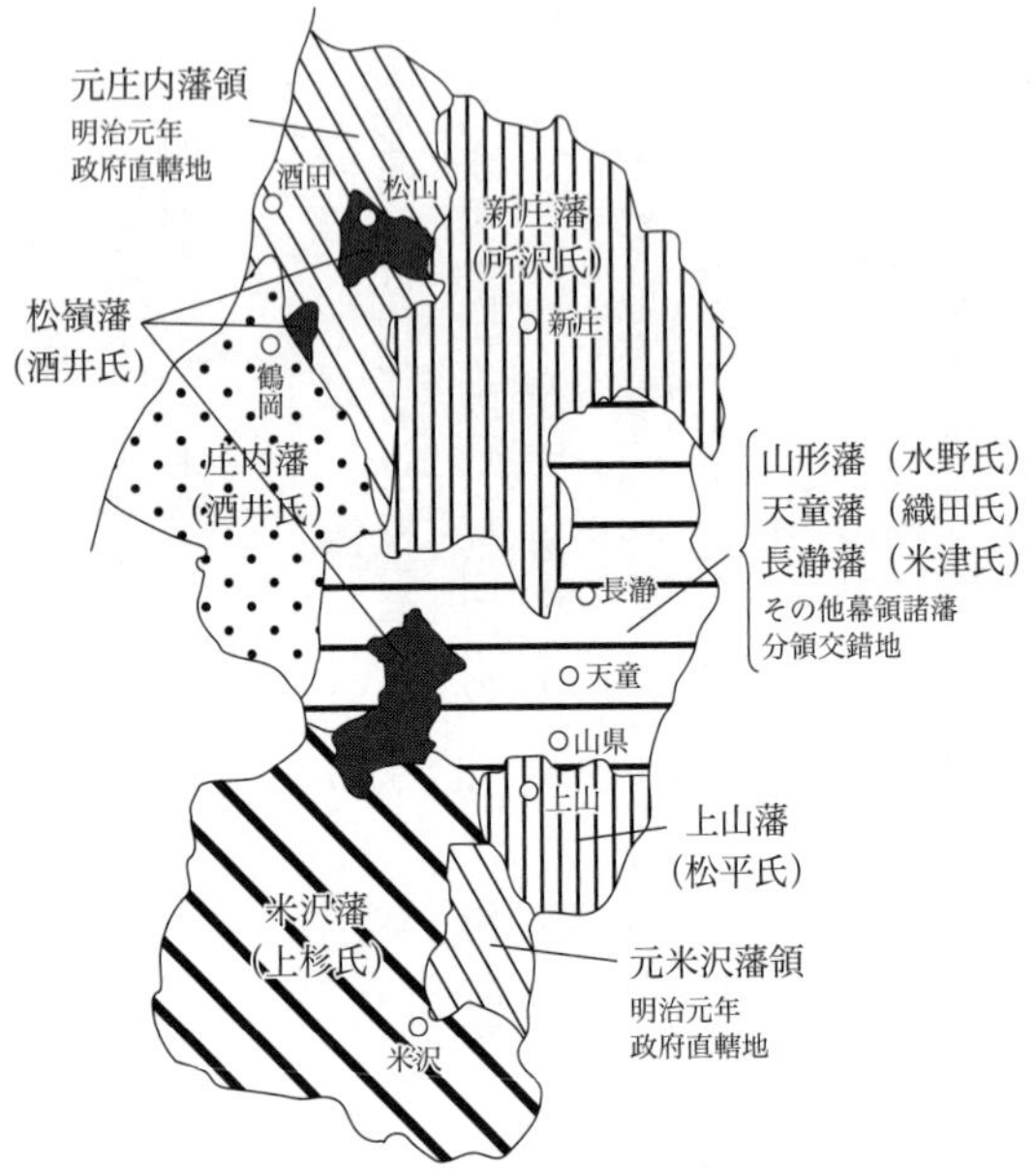

［図 1］幕末・羽前の藩領

誉田慶恩他『山形県の歴史』山川出版 p229

って山形県域は人や物資の動き、経済事情によって以下のように地域化された。○米沢藩領、○上山藩領天童藩領・長瀞藩領　○新庄藩領　○庄内藩領・松嶺藩領・元庄内藩領［図1参照］。

これを基準に戊辰戦争で羽前に侵攻した政府軍は政府直轄の民政局をつくったり、藩を安堵《あんど》（土地所有権を確認する）したり、新県をつくったりして廃藩置県→府県統廃合につなげたのである［表1参照］。近世の幕藩体制期に動揺が多かったため、それが明

［表1］統一山形県ができるまでの行政区画の変遷

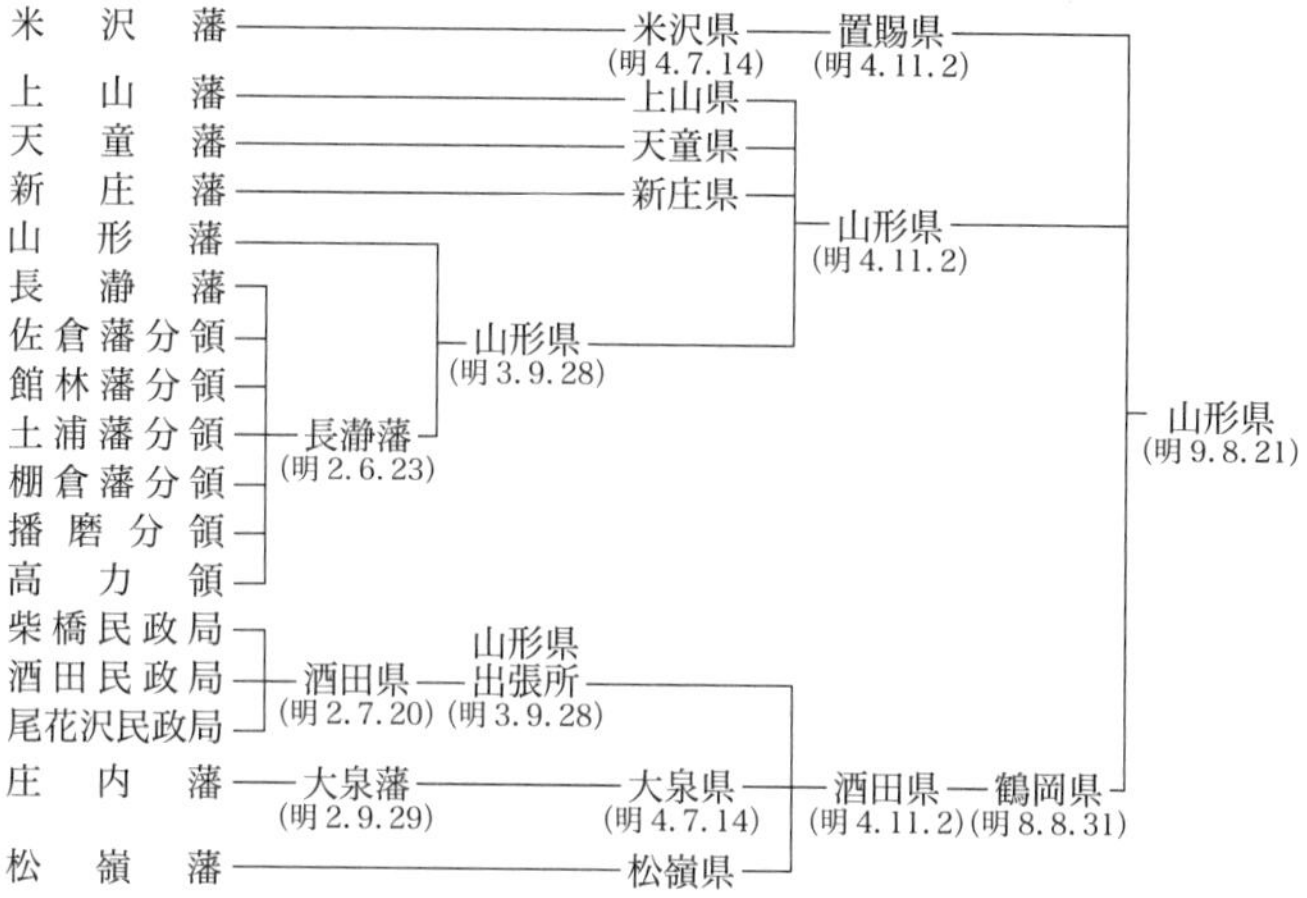

誉田慶恩他『山形県の歴史』山川出版 p228

治初年の府県体制移行にひびいたと言えよう。明治九（一八七六）年八月の第二次府県統廃合で鶴岡県、置賜県、山形県の三県が合体し現山形県になった。

三県合体と同時に鹿児島藩士・三島通庸が第二次酒田県令から山形県令に赴任してきた。以後六年間、福島県令に転任するまで〝土木県令〟として活躍する。三島県令は県郡を旧城下町の山形に定めると県庁を中心に西洋風の勧工場や学校、警察署などの官庁街をつくり、明治十一年、郡制がしかれると県内に一一の郡をおき、モダンな郡役所をつくった。そして大事業・道路開削にとりかかるのである。元来、羽前の地は西は日本海の荒波に、北東南は峨々《がが》たる山脈《やまなみ》にさえぎられ、人々は他国に行くのに難儀《なんぎ》した。ために他郷との交流が滞《とどこお》り、よって経済・文化が立ち遅れた。三島は〝産業経済を盛んにするには人力・馬の背による運搬だけでなく、荷車、馬車の通行可能な道路改修が緊急の要〟と叫び革命的な道路工事をはじめた。

旅人が実際に難儀したのは羽前をとりまく険峻《けんしゅん》な峠道《とうげみち》であった。三島県令はその峠道を避けて隧道《すいどう》（トンネル）を各所につくったのである。これをつくるのに当時、最新式のダイナマイトを使い、磐岩土石を吹き飛ばして完成させた。こうして米沢―福島間の万世大路《ばんせいたいろ》、宮城県に通じる関山街道、秋田県に向かう金山新道、新潟県に通じる小国街道が完成し物資の流通が閉じられた山形の経済は馬車、荷車によって開放されたのである。明治三十年代、遅れた山形の鉄道施設がはじまったのも、トンネルを利用した街道に寄り添えばできると判断したからであろう。

三島県令のこの道路開削事業には七七万二、三〇八円という莫大な費用がかかった。この費額は山形県のほぼ二年間の総予算といわれる。トンネル工事費の大半は国費支弁であったが、道路普請は受益者負担の原則から国庫と民費の半々で人夫も地域に強制割当された。こうしたことから三島県令の道路開削事業は、山形県民の生活に苦渋《くじゅう》をもたらした。明治初年から十数年にわたって庄内地方におこった天狗騒動やワッパ騒動は、道路開削事業で起ったものでなく、三島県令の県政に対する反抗であった。本稿は天狗騒動やワッパ騒動について詳述する意図はないが、これが近世に多発した一揆のような農民の反抗でなく、生活の権利を請願する近代的な社会運動が芽生えたことだと指摘しておこう。

明治十二年、第一回の通常県会が開かれ、十五年から翌年にかけて自由党山形支部、庄内自由党が結成され『両羽日日新聞』が創刊されて山形県政界も近代化された。一方、明治三十年、山形に歩兵第三二連隊が置かれ、同時に奥羽本線着工、年々北に進んで三十六年に新庄まで貫通し、三十七年、日露戦争が勃発《ぼっぱつ》すると歩兵第三二連隊が奥羽本線によって戦場に運ばれた。こうして山形県は大日本帝国の一地方県になったのである。

山形県の近代女子教育史を書くに当って違和感を覚えるのは男尊女卑が生活に根を張っているからではないかと邪推する。文献上、女学校関係は少なく、男子系中等教育関係が圧倒的に多いのである。事実、中等学校、高等専門学校は盛んであったが、女学校の影はうすい。よってまず中学校の発生から述べよう。

県の中央、現山形市にできた山形中学校と県北・現鶴岡市にできた鶴岡中学校、県南・現米沢市にできた米沢中学校は明治初年に産声《うぶごえ》をあげた中学校である。米沢中学校は近世の藩校・興譲館からの継続説を主張しているから考えようによっては発生は近世に遡《さかのぼ》る。まずこの三校について述べよう。山形中学校は明治十五年、山形県師範学校（同十一年創立）に併設された中学科を分離独立させ、師範学校前に道路をへだてて校舎を新築して開校した。十九年、山形県尋常中学校と改称、二十七年、農業専修科を併置、三十年同科を北村山郡楯岡町の郡立簡易農学校に移

［表 2］大正 15 年・山形県立中学校一覧

学校名	所在地	沿革
山形中学校	山形市	明治 17 年　山形中学校として設置
鶴岡中学校	鶴岡市	明治 21 年　県立荘内中学校として設置 大正 9 年　鶴岡中学校と改称
米沢中学校	米沢市	明治 26 年　米沢中学校として設置 明治 28 年　米沢中学興譲館と改称 明治 34 年　県立米沢中学校と再改称
新庄中学校	最上郡新庄町	明治 33 年　山形中学分校として設置 明治 35 年　独立県立新庄中学校と改称
酒田中学校	飽海郡鵜渡川原村	大正 9 年　設置
長井中学校	置賜郡長井町	大正 9 年　設置
寒河江中学校	西村山郡寒河江町	大正 10 年　設置

し、三十四年、山形県立山形中学校と改称し後年に続く。

鶴岡中学校は明治十年、三島県令の命令で鶴岡につくられた県費の鶴岡変則中学校である。しかし十二年には西田川郡立中学校になった。十九年の中学校令改正で一県一校になったため廃校、二十年、西田川郡・東田川郡両郡の有志が協議し基本金二万円を集めて二十一年、私立荘内中学校を旧郡立中学校跡に建てた。二十六年、県立中学校同等の資格を得、荘内尋常中学と改称、三十四年、山形県立荘内中学校と再改称したが、大正九年、県立鶴岡中学校とさらに改称して後年に続く。

その淵《えん》源は遠く藩校にあると主張する米沢中学校は明治四年の廃藩置県の際、藩校興譲館を米沢県学とし、次いで置賜《おきたま》県学としたが、七年、県学が廃止されるに及び旧米沢藩士による協立学校として維持し続け、十九年、中学校令による尋常中学に基づいて教則を改め校舎を新築して米沢尋常中学校と改称、二十八年にはさらに米沢尋常中学興譲館と改めた。山形県は二十六年以後、県費を以て当校経費を補助し続けたが、当校の維持者である士族の有志も学校維持の基金蓄積につとめ三十二年までに基本財産八万円をつくり、これより生じる利息四、〇〇〇円と授業料で学校が維持できる方針を立てた。当校は二十六年、諸学校通則一条によって県費補助の県管理学校になっていたが、三十四年、県立米沢中学校になり後年に続く。三十三年、米沢中学校は最上郡新庄町に分校をつくったが、三十五年にはこれが独立して県立新庄中学校になった。こうして明治後半期に県中央の山形盆地に山形中学、県南米沢盆地に米沢中学、県北新庄盆地に新庄中学、そして県西の豊かな庄内平野に鶴岡中学校の四中学校が出揃ったのである。さらに大正九年、県西北の飽海《あくみ》郡鵜渡川原村に酒田中学校が、県南・西置賜郡長井町に長井中学校が、大正十年には西村山郡寒河江《さがえ》町に寒河江中学校が設置され大正期の終りに山形県の県立中学校は以上の七校になった。郡立や私立中学校は見られない。

長い鎖国から解放されて世界の、特に欧米の文化を積極的に摂取しはじめ、日本中が元気になった明治大正時代に奥羽（現東北）地方の人々は活発さを欠いていた。奥羽の中でも羽前（山形県）は著《いちじる》しい。戊辰戦争の敗北、新政府軍の痛めつけがその理由であろう。中学校、女学校の設置、発展を全国的に調査検討してきた私にはそのように写る。しかし本稿で画いた明治大正期の復興で山形県は経済的に立ち直り、旧時代と違った文化を生むようになった。近代思想・文芸・教育を生み出した山形県人を想い出すままに記そう。私の好悪《こうお》、関心によっているから片寄りは寛恕《かんじょ》願いたい。

まず鶴岡生れの高山樗牛《ちょぎゅう》、仙台の二高から東大哲学科に入学したが在学中、読売新聞の懸賞小説に〝滝口入道の恋〟が当選した。私はその美文調にうたれ、中学三年頃、暗唱するほど読み込んだ覚えがある。米沢からは教育学者の東大教授・吉田熊次、京大教授・小西重直を出している。民法の東大教授・我妻栄も米沢の出身、早稲田大学で教育哲学をはじめた稲毛金七も山形の出身である。

山形県の高等女学校と実科高女の設立過程

山形県の中学校は県の中央・山形盆地に山形中学、県北・庄内平野に鶴岡中学、県南・米沢盆地に米沢中学校が明治十七年から二十六年にかけて次々にできたのであるが、高等女学校も明治三十年から三十四年にかけて庄内平野の鶴岡町と酒田町に鶴岡高女と酒田高女が、米沢市に米沢高女、山形市に山形高女ができた。東京で三輪田高女をつくった三輪田真佐子が『女子の本分』や『女子処世論』を書き、日本女子大学校の創立者・成瀬仁蔵が『女子教育』を書いて世間に喧伝された頃で、大都市にはすでに高等女学校がいくつかでき、文部省が「高等女学校規程」（明

[表 1] 大正 15 年・山形県立高等女学校一覧

学校名	所在地	沿　　革
山形高女	山形市	明治 34 年設置
米沢高女	米沢市	明治 31 年、米沢市立として設置、35 年、県立に変更
鶴岡高女	西田川郡鶴岡町	明治 30 年、町立として設置、35 年、県立に変更
酒田高女	飽海郡酒田町	明治 31 年、酒田町立として設置、35 年、県立に変更
新庄高女	最上郡新庄町	大正 3 年、新庄町立実科高女として設置 大正 8 年、最上郡立、大正 13 年、県立に変更 大正 15 年、高等女学校に変更
楯岡高女	北村山郡楯岡町	大正 10 年、県立実科高女として設置、14 年、高等女学校に変更
宮内高女	東置賜郡宮内町	大正 12 年設置
谷地高女	西村山郡谷地町	大正 10 年、町立実科高女として設置、14 年、高等女学校に変更
長井高女	西置賜郡長井町	大正 10 年、町立実科高女として設置、14 年、高等女学校に変更

[表 2] 大正 15 年・山形県内　町立実科高等女学校一覧

学校名	所在地	沿　革
天童町立実科高女	東村山郡天童町	大正 9 年設置
高畑町立実科高女	東置賜郡高畑町	大正 11 年設置

治二十八年）、「高等女学校令」（同三十二年）を公布したところであった。山形県の高等女学校開校はもちろん、これらの影響を受けている。裕福な鶴岡町と酒田町の女学校ははじめ町立として、士族が多い米沢高女は米沢市立として街の有力者によって設置されたが、県庁所在地の山形高女ははじめから県立高等女学校としてたてられた。そして明治三十五年三月に、鶴岡、酒田、米沢の三校が一せいに山形県立高等女学校になったのである。

鶴岡、酒田、米沢の三高女には共通の特徴があった。第一はいずれも有力な小学校校舎を仮用として開校し、その小学校長が女学校長を兼務したこと。第二は小学校の裁縫教員養成を兼ねた技芸科を付設したことであった。時は、小学校の女児就学率が五〇％になろうとしていた頃で、多少遅れた山形県でも小学校裁縫教員の不足が心配されていたのであった。日本全体が女子師範学校の設置に遅れていたが、奥羽地方は特に遅れ山形県もその例に漏れなかった。高等女学校は小学校の女教員養成としても期待されたのである。こうして山形県の県立高等女学校はその街の有力な尋常高等小学校に寄り添いながら誕生し成長してゆくのである。

明治三十五年三月、山形県は県立高等女学校の学則を制定し、同時に生徒募集を広告した。山形県立高等女学校はすべて本科・補修科・技芸専修科の三科制とする。本科は四年制で高等小学校第二学年修了者が受験できる。補修科は本科を卒業し、さらに学びたいものを受け入れる。当時、高等女学校は落第させないことが暗黙の了解となっていたから学力不足の補習であったと解釈できる。技芸専修科は「年齢満十三年以上ニシテ高等小学校第二学年修了以上ノ学力を有スル者」（第一三条）を入学資格としているから、なにかの事情で高等女学校の入学が遅れた女子に三年間の速成教育を行う課程であろう。家政科的な授業科目が多いから前に述べた小学校の裁縫教員養成を狙ったものとも想う。カリキュラム表をみると本科と補修科の学科目は修身・国語・歴史地理・数学・理科・図画・家事・裁縫・音楽・体操・教育で同じであるが、その各週配当授業時間数は国語と裁縫が圧倒的に多く、本科は国語一、二年六・六、三、四年で五・五、裁縫一、二年で五・五、三、四年六・六である。技芸専修科の学科目は修身・国語・数学・図画・家事・裁縫・音楽・編物・組糸・刺繍《ししゅう》・造花・割烹《かっぽう》・体操であるが、裁縫と編物・組糸・刺繍・造花・割烹に大半の授業時間が割《さ》かれている。一、二、三年間における週間配当時間は裁縫一〇・一〇・九、編物・刺繍・造花・割烹合わせて九・九・八である。

学則制定と同時に生徒募集を広告した。山形高女と米沢高女は本科一年九〇名、二年若干名、技芸専修科二五名、鶴岡高女と酒田高女は本科一年八〇名、二年若干名、技芸専修科は一年二〇名と三〇名である。こうして山形県の高等女学校は明治三十五（一九〇二）年にすべり出したのである。

ここで再び実科高等女学校（明治四十三年十月公布「高等女学校令中改正」）について述べたい。前回は女学校を日本全土に普及させたいという文部大臣の願いからカリキュラムを庶民共通の実益に適応し易くするという考案であったが、今回は僻地《へきち》を抱《かか》える県が実科高女を如何《いか》に利用したかという実態を述べたものである。明治四十三年十月、「高等女学校令」が改正され、実科高等女学校が設置できるようになった（勅令四二四号）。文部省訓令は言う。「近時女子教育ノ進歩ニ伴ヒ実科的各種学校ノ設置ヲ企画スルモノ漸ク多キヲ加ヘントス。然ルニ郡市町村ノ如キ公共団体ニ於テハ之ヲ設置セントスル規定ノ拠ルヘキモノナクシテ不便ヲ威スルコト尠シトセス」。そこでこの度、文部省は裁縫に主を置く実科高等女学校を認め、その学科目を定めたという。授業の大半は裁縫であるが、国語・数学・地理歴史・音楽・体操のような一般学科目もある。修身と国語は特に重んじられて多くの授業時間が割り当てられた。また農村僻地でも設置し易いように高等小学校に併置することもできた。修身や国語、体操などの授業はその教員が担当した。肝《かん》心《じん》の裁縫教師はどうしたろう。共立女子職業学校卒業というような達人が教師になってくれればよいがそうもいくまい。当時、田舎《いなか》では庄屋地主階級の妻女が農家の娘に裁縫を教える慣習があった。日露戦争後は軍人の未亡人が裁縫を教えるという風聞もたっていた。それほど女子教育と裁縫は密着していた。文部省の高官はこのような状況を知っていたのであろう。こうして山形県は実科高女をテコに高等女学校を増殖させることができたのである。

大正三年、最上郡新庄町に町立実科高等女学校が設置された。大正八年、最上郡立高女になり、同十三年には山形県立実科高女になる。大正九年、東村山郡天童町に町立実科高女設置。大正十年、北村山郡楯岡町に山形県立実科高女設置、西村山郡谷地町と西置郡長井町に町立実科高女設置、大正十一年、東置賜郡高畑町に町立実科高女が設置された。しかし大正十四年、楯岡、谷地、長井の三実科高女が揃って高等女学校になり、翌十五年には新庄実科高女も高等女学校になって、大正十五年現在、実科高等女学校は東村山郡の天童町立実科高女と東置賜郡の高畠町立実科高女の二校になった。山形県の大正期十五年間の経済発展と社会の変化が実科高女を駆逐したと思われる。しかし各種学校として、または個人稽古として裁縫が教えられていたことは忘れてはならない。

以上見た通り、山形県の中学校、女学校の設置は各地域の市や郡、或は町村有志の協力によってはじまり、やがて市や郡の経営に移り最後に県の公立学校になるという順序を踏んだものであった。県としての経済的文化的発展の度合《どあ》いが遅く、京浜や阪神あるいは北九州地帯のように新産業による大都会の出現がなかったからであろう。この点、前回述べた長野県に類似しているように思う。西洋人の進入が殆どなかったからキリスト教系女学校もなかったし、それに触発された仏教系や私立の女学校も現れなかった。こうしたことが、長野県と同じように市郡、町村連合立からはじまり県立高等女学校にできあがる公立主義の山形県高等女学校を生んだのである。

第二次大戦後、教育県山形の名を高からしめたのは無着成恭《むちゃくせいきょう》の『山びこ学校』である。これによって生活綴方《つづりかた》を軸《じく》とする北方教育の流れが人々の脳裏に蘇《よみがえ》った。生活綴方教育は弾圧された。教職を追われた村山俊太郎も国分一太郎もともに山形師範学校の出身である。大正昭和初期の新教育の一翼を担った北方教育は関西方面と違い深刻さがただよっている。

参考文献
誉田慶恩他『山形県の歴史』(山形県史シリーズ)
土倉裕二編『山形県教育史』
『山形県教育史資料』第三巻　山形県教育委員会
長坂金雄『全国学校沿革史』(東都通信社)

東京府の高等女学校と実科高等女学校

これまで兵庫県、熊本県、長野県、山形県ととびとびながら高等女学校と実科高等女学校の設置状況を考察してきた。しかし全国に先駆けて各種各様の女学校の雛形を示してきた東京府をとばすわけにはゆかない。東京府は近代日本の文明開花の発信地であり、女学校は文明開花の象徴であったからである。

東京府民が西洋文化を取り入れる勢いは性急で貪欲《どんよく》で衣食住から家庭内の電気技術の端々《はしばし》までに及び、居住地は旧江戸住人の居住地域を越《こ》え拡がった。しかし限界があった。それは三多摩地域で明治二十五年までは神奈川県に属していたのである。その経緯《いきさつ》を略述し三多摩人の気質を素《そ》描《びょう》しよう。

多摩地方は埼玉と並んで徳川幕府の直轄地で世襲の代官によって統治されていた。多摩の郷士は江戸に通いつめ忠誠心が厚かった。多摩出身の新撰組のように東京に進駐した西南諸藩軍に追われて奥羽から蝦夷《えぞ》地に逃げて自滅した者も多い。多摩人一般も新政府になじまず、産物の絹織物も相模《さがみ》を通って横浜港に運ばれたので、東京への親近感は薄れていた。一方東京府は水源の多摩川が西多摩・北多摩を通る。水源を止められたら東京市民は干上がってしまうからこの二郡だけはどうしても東京府に組み入れたい。自由民権の時期になると血の気《け》の多い多摩人が神奈川県の民権論者と組んで神奈川県令に楯突いた。困った神奈川県令は三多摩の東京府編入を政府に頼み込み、衆議院での票決により、かろうじて決裁されて明治二十六年四月から三多摩は東京府に編入されたのである。以後、第二次世界大戦のある時期まで北多摩、西多摩の選挙は猛烈で選ばれた市長、町長、府会議員は東京府会で一目置かれた。三多摩にできた中学校、高等女学校、実業学校の生徒は東京市内の生徒と違ってどこかに野生の臭いをただよわせていた。

東京府の高等女学校、実科高女を書くに当ってその文献、史料について一言述べたい。東京都公文書館（旧都政史料館）所蔵の公文書をはじめ、東大史料編さん所ほか各大学、研究所、書店付属の書庫、旧大名家所蔵の古文書や書籍等、東京には文献が無尽蔵にある。第二次世界大戦の大空襲で丸焼けになったにもかかわらずこれらの文献が揃っているのは戦禍《せんか》の中で図書館、文庫

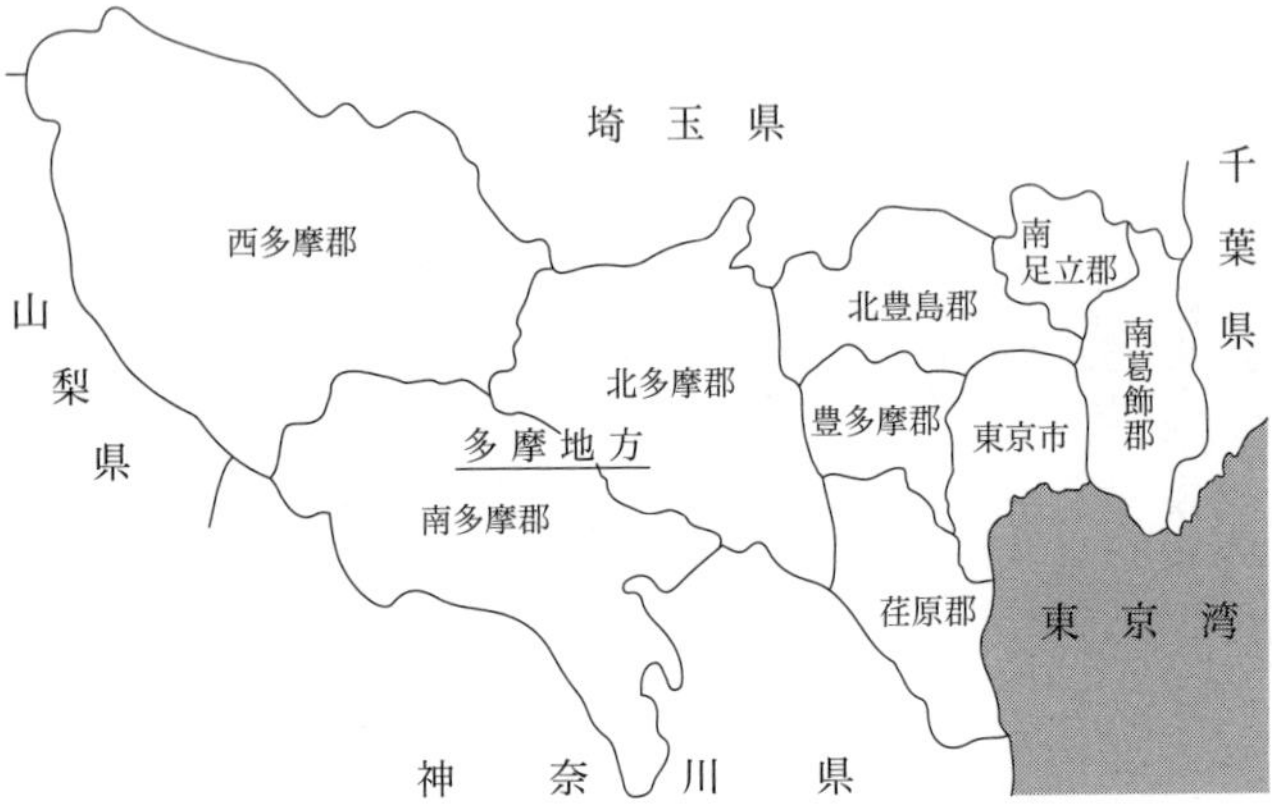

東京府分郡図

の職員が必死にこれらを多摩の山奥に疎開させたからである。私は東京府の古文書をみるたびに文書館職員たちの司書魂にふれて胸に熱いものが込み上げてくる。東京都が刊行した史料集は多いが教育史でみれば『東京都教育史資料大系』全一〇巻があり、このような良質の史料を駆使して編さんした通史に『東京百年史』全六巻（昭和四十七～四十八年・東京都刊）がある。多くの研究執筆者の協力で政治行政、経済産業、社会文化の発達を微細に、かつ巨視的に考慮した名著と言えよう。本稿の東京府の変遷は本書に拠《よ》っている。それから二〇数年たって東京都立教育研究所から『東京都教育史・通史編』全五巻が刊行された。近代教育史各分野の専門研究者の多くが協力した研究書で東京都公文書館所蔵の史料を駆使し従前の研究成果を収めた論文集になっている。本稿は本書通史編二・第四編第二章・高等女学校の発達（執筆者・谷口琢男氏の論文）を要約したものである。参考に提示した［表1］も同書所載のものである。

さて、明治後半期、諸学校令によって小学校・中学校・大学の進学体系が整えられると府立高等女学校設置の動きが府庁内で起った。即ち明治二十一年十二月、京橋区南小田原町の私立工手学校（現工学院大学の前身校）の一部を仮用して東京府高等女学校がはじまったのである。校長は府学務課の大束重善兼任。生徒は忽ち集まり、授業を開始したが府会から経費が差し止められた。窮した大束は「諸学校通則」の定めるところによって浄土真宗大谷派の築地本願寺の資金援助を受け、女学校は東京府の管理学校として継続することができた。

明治三十三年四月、小石川区竹早町にある東京女子師範学校内に東京府第二高等女学校が開校した。第二高女は長く竹早の女子師範と同居することになる。続いて明治三十五年四月、東京府第三高等女学校が麻布区鳥居坂の私立東京英和女学校の一部を仮用して開校したが、三十六年四月から同区の新築校舎で授業を開始した。この三高女は〝浅草の第一、小石川の第二、麻布の第三〟と府下の娘たちの憧れるところになった。

明治四十年に認可され、四十一年四月に開校した府下南多摩郡八王子町の府立第四高等女学校は事情が前記三校と異《こと》なる。その前身は八王子出身の横川楳子の私立八王子女学校であった。横川楳子は東京女子師範学校に学び、同校で教職についたが明治十七年、八王子に帰り一〇人余り

[表1] 大正3年・府下公立私立高等女学校一覧

名　称	位　置	学科	修業年限
東京府立第一高等女学校	東京市浅草区七軒町	本科 補習科	五年 一年
東京府立第二高等女学校	同市小石川区竹早町	本科	五年
東京府立第三高等女学校	同市麻布区北日ケ窪町	本科 補習科	五年 一年
東京府立第四高等女学校	南多摩郡八王子町	本科 実科	四年 四年
市立第一実科高等女学校	東京市下谷区初音町	実科 選科	四年 —
私立麹町高等女学校	同市麹町区麹町二丁目	本科 実科	五年 二年
私立千代田高等女学校	同市同区中六番町	本科 実科 選科	四年 二年 —
私立三輪田高等女学校	同市同区四番町	本科 補習科	五年 一年
私立雙葉高等女学校	同市同区下六番町	本科 補習科	四年 一年
私立九段精華高等女学校	同市同区飯田町	本科 補習科	五年 一年
私立神田高等女学校	同市神田区錦町一丁目	本科	五年
私立仏英和高等女学校	同市同区猿楽町	本科 専攻科	四年 二年
私立日本橋高等女学校	同市日本橋区蠣殻町二丁目	専攻科	五年
私立立教高等女学校	同市京橋区明石町	本科 専攻科	五年 二年
私立東京高等女学校	同市芝区三田四国町	本科	四年
私立聖心女子学院高等女学校	同市同区白金三光町	本科	五年
私立錦秋実科高等女学校	同市本郷区元町	実科 選科	四年 —
私立山脇高等女学校	同市赤坂区檜町	本科 専攻科	四年 一年
私立成女高等女学校	同市牛込区市ヶ谷富久町	本科	五年
私立日本女子大学校附属高等女学校	同市小石川区大塚町	本科	五年
私立淑徳高等女学校	同市同区小石川表町	本科	四年
私立東洋高等女学校	同市同区小石川丸山町	本科	五年
私立京華高等女学校	同市同区原町	本科	五年
私立帝国女子専門学校附属日本高等女学校	同市同区大塚町	本科	五年
私立上野高等女学校	同市浅草区神吉町	本科	五年
私立中村高等女学校	同市深川区東大工町	本科 補習科	四年 一年
私立精華高等女学校	豊多摩郡淀橋町角筈	本科 実科 選科	五年 四年 —
私立帝国婦人協会実践女学校 高等女学部　高等女学校	同郡渋谷町	本科 専攻科	五年 二年
私立帝国婦人協会実践女学校 実科高等女学部　高等女学校	同	実科 選科	四年 四年

(大正3年『東京府統計書』により作成)

[表2]「高等女学校類似」の各種学校

名　称	位置	学科	修業年限	学校長氏名
東京女学館	麹町区三番町	家事、裁縫、英語、其他普通学	二年乃至五年	伯爵　土方久本
女子学院	同二番町	同	三年乃至五年	ミス・ホルセー
東洋家政女学校	神田区北神保町	同	三年	岸辺文雄
頌栄女学校	芝区白金猿町	同	五年	岡見清到
普連土女学校	同　三田功運町	同	二年乃至五年	平川正寿
東洋英和女学校	麻布区東取居坂町	同	五年	エムクレータ
香蘭女学校	芝区白金三光町	同	一年乃至五年	長橋　政太郎
跡身女学校	小石川区柳町	同	五年	跡見花蹊
青山女学院高等普通科	豊多摩郡渋谷町青山南町七丁目	同	五年	アルベルタ・ビースブロールス

（大正３年『東京府統計書』により作成）

の女児に裁縫その他の技芸を教えた。これが私立八王子女学校になった。しかし日清日露の両戦争後、経営が困難になった。八王子町の町長はじめ有力者はこれの維持に努めたが、たまたま東京府が八王子に府立高女の増設の意あるを知り、敷地を八王子町が寄付することを条件に府立第四高女の誘致に成功したのである。

明治四十五年三月、東京市立第一実科高等女学校ができるが、これは東京市立第一女子技芸学校を改組したものである。その前身は日本女子美術学校であった。即ち明治三十六年、東京美術学校の島田友春助教授が芝公園内の一家屋を借りて開いたものだが、その後、移転を重ねて下谷区初音町に移り、四十二年には私立日本技芸学校と改称、四十四年には東京市に移管され、東京市立第一女子技芸学校になったのである。第一と呼称したのは開校に当って尾崎行雄東京市長が〝今後同様の学校を第二、第三とつくる〟と演説したからである。その後、大正四年に、東京市から経費の都合で生徒募集を止められたが、保証人や生徒父兄の熱意で下谷区池《いけ》の端《はた》の忍岡小学校を収容して移転、昭和四年、東京私立忍《しのぶがおか》岡高等女学校に改組された。

参考文献

『東京百年史』第二巻、第三巻
『東京都教育史』通史編第二巻、第三巻

東京府高等女学校の拡充

明治後半期における資本主義の発達、産業の興隆によって大都市化が進み、北九州、阪神、北陸金沢、中京名古屋等に大都市が出現したが、京浜地帯、特に東京府の興隆、拡大の右に出るものはないであろう。一九世紀の終り頃（一八九八年・明治三十一年）の人口は一八七万人余であったが、大正九（一九二〇）年には東京府の人口は約三七〇万人ほどに倍増した。第一次世界大戦の好況の影響であることは間違いないが、東京の文化生活に憧れての上京者が急増したことも考慮せねばなるまい。自然増だけでこれだけの倍増はあり得ない。また想う。〝文化生活に憧れて〟と言ってもピンからキリまであって上京女子でも専門学校に進学して学問や芸術、技術を究めようとする者からカフェの女給やダンサーになって享楽する者、また父親の本社勤務で一家ともども上京移住したまともな少年少女たちがいる。したがって大正期に日本各地から東京への移住者が多かったと言っても千差万別であり、東京が発する文化に吸い寄せられると言っても実際の半面しか言っていないであろう。しかし、全国各地から東京への移住者が多かったことが、東京の高等女学校の入学難の原因であり、東京の高等女学校の特殊性をつくり上げた理由ということはできよう。

本稿も前回と同じく『東京都教育史・通史編三』の「第五編第二章第二節・高等女学校の拡充」（執筆者・湯川次義氏の論文）を要約したものである。大正期の東京に於ける高等女学校と実科高等女学校史について、これほど良質の史料を用い、透徹した教育史観で著述した論文を私は知らない。よってこの論文を要約し私の感想を加える。なお本稿で用いた表も湯川氏作成のものである。

大正期になって最初の府立高女は大正九年多摩郡淀橋町（現新宿）にできた府立第五高等女学校である。次いで大正十二年、芝区赤羽町に第六高等女学校ができた。第五高女開校当時、淀橋町は東京市外であったが、震災後の大東京政策で市内淀橋区になった。東京市民が旧江戸期の市街地から西方の豊多摩郡に浸透し、市街地が拡張したからである。

大正十二年に府立小松川高等女学校ができるが、これは大正五年創立の南葛飾《かつしか》郡立実科高女が昇格したものである。葛飾郡（現葛飾区）は荒川東部の隣接部であったが大正十二年、東京府立小松川高等女学校になり、昭和二年には府立第七高等女学校と改称した。昭和七年の大東京政策に乗って葛飾郡は葛飾区になって現在へ続く。

府立小松川高女と並んで大正十二年にできた府立品川高等女学校もその前身は大正七年創立の荏《え》原《ばら》郡立実科高女↓荏原郡立高女が昇格したものである。荏原郡は葛飾郡と同じく旧東京市の隣接部で神奈川県の東端につながる工業地帯である。人口流入が急であったので荏原郡立高女を大正十二年東京府立品川高等女学校に替えた。昭和二年、府立第七高女と並んで府立第八高等女学校と改称、後年に続く。昭和七年の大東京政策でこの地は品川区になった。

大正十三年、東京市は市立第一中学校（麹町区）と第二中学校（下谷区）と市立第一高等女学校（深川区）をつくった。志願者急増の入学難に対応するためである。市立第一高女を名乗ったのは第二高女の設置を予測したからであろうが、第二の設置は必要なかった。私立高女の増加が、入学難をやわらげたからである。［表1］（次頁）にみる如く、大正十二年、十三年に東京市周辺の郊外に私立高等女学校が続々たてられている。

次に実科高女の設置に移ろう。まず大正期に実在した東京市立第一実科高等女学校から述べる。明治三十六年、芝公園内に創立した私立日本女子美術学校がその前身である。三十九年、下谷区谷中に移転、四十二年、私立日本女子技芸学校と改称、四十四年、東京市に移管されて翌四十五年から東京市立第一実科高等女学校になり、昭和四年には東京市立忍岡高等女学校になって後年に続く。大正八年、東京市郊外の荏原《えばら》郡目黒村に村立目黒実科高等女学校ができたが、その前身は目黒尋常高等小学校に併設された村立目黒女子補習学校であった。大正十一年、目黒町立目黒実科高等女学校になり、十二年の大震災で中目黒の祐天寺内に移転、昭和四年、目黒町立目黒高等女学校になり、後年に続く（『東京府史・行政篇第五』による）。

大正十二年、西多摩郡青梅町に青梅町外六ヶ村組合立実科高等女学校ができた。十四年から東京府の管理に移され三多摩を代表する実科高女として第二次大戦終了時まで存続した。

東京府にはユニークな私立の実科高女があった。一つは大正六年、浅草区教育会によって創立された浅草家政女学校で大正十一年、認可を受けて浅草実科高等女学校になった。下町娘《したまちっこ》の誇る実科高女であり、もう一つは明治四十四年、豊多摩郡渋谷町にできた私立帝国婦人協会実践女学校実科高等女学部である。実践女学校は明治十年代、新時代の社交女性を養成すべく華族女学校をつくった下田歌子が庶民の娘の勤労意欲を引き立てるためにつくった女学校である。明治末年、華族女学校が学習院に合併されて、陸軍大将・乃木希典《まれすけ》が学習院長になったが、頭が固い乃木院長は世情に流れた伊藤博文と下田歌子のスキャンダルを嫌って下田歌子を退《しりぞ》けた。歌子もまた貴族社会が嫌《いや》になって学習院女学部長を辞任し、一転、庶民の娘を教育する実践女学校を渋谷

[表1] 新設私立高等女学校（大正9年～大正14年）

校　名	位　置	設置年月	修業年限
頌栄高等女学校	港区白金猿町	大正 9.4	5年
成蹊高等女学校	北豊島郡高田町	大正 10.2	4年
大妻高等女学校	麹町区上六番町	大正 10.3	4年
日出高等女学校	荏原郡目黒町	大正 11.1	4年
文華高等女学校	北豊島郡巣鴨町	大正 11.2	5年
錦秋高等女学校	本郷区真砂町	大正 11.2	4年
武蔵野高等女学校	北豊島郡龍野川町	大正 11.9	5年
堀越高等女学校	豊多摩郡中野町	大正 12.1	5年
成美高等女学校	豊多摩郡中野町	大正 12.3	5年
小石川高等女学校	小石川区小日向台町	大正 12.3	4年
国華高等女学校	北豊島郡三河島町	大正 12.3	4年
常盤松高等女学校	豊多摩郡渋谷町	大正 12.4	4年
岩佐高等女学校	牛込区天神町	大正 12.4	4年
杉立高等女学校	荏原郡平塚町	大正 13.2	5年
牛込高等女学校	牛込区弁天町	大正 13.2	4年
豊島高等女学校	北豊島郡西巣鴨町	大正 13.3	4年
富士見高等女学校	北豊島郡中新井町	大正 13.3	4年
順心高等女学校	麻布区広尾町	大正 13.3	4年
関東高等女学校	豊多摩郡淀橋町	大正 13.3	5年
潤徳高等女学校	南足立郡千住町	大正 13.2	4年
川村女学院高等女学校	北豊島郡高田町	大正 13.12	5年
向島高等女学校	南葛飾郡寺島町	大正 14.3	5年

に開いたのである（拙著『女学校の誕生―女子教育史散策―』に詳述）。明治四十四年、実科高等女学部を併置、昭和七年、私立帝国婦人協会実践女学校実科高等女学校と改称した（『東京府史行政編第5巻』による）。

首都東京府ならではのことだが、東京には政府直轄の東京女子高等師範学校付属高等女学校（本郷区湯島）と女子学習院（赤坂区青山）があったことを付け加えておこう。

大正期の東京府は人口増加に即応して女学校の増加を企てたがさほどの苦心を強いられなかったのは前述した通り、私立高女が次々にたてられていたからである。都心の麹町区、小石川区、麻布区などにもできてはいるが北豊島郡、豊多摩郡の都西方面に多くの高等女学校ができた。この方面に国鉄、私鉄、電車、バスの交通網がつくられ、この田園地帯が都心に通うサラリーマンのベッドタウン化したからである。

大学・専門学校への進学という命運を持った中学校は五年制であったが、それがない高等女学校は四年制でも五年制でもよかったが実科を除けば公立高等女学校は五年制に統一されていった。しかし私立高女は四年制が多かった。

高等女学校卒業後、さらに学習するために付設課程として高等科・専攻科・補習科の制度があった。高等科というのは大正九年の高等女学校令改正に登場したもので単に高女卒業生の教養を高めるためのものか、男子の高等学校と同じく大学への進学課程（七年制高等学校のようなもの）なのか判然としないところがあった。東京府では府立第一と第三高女がこの高等科をはじめたが、生徒が多くは集まらなかった。次に専攻科であるが、これは一つの学科を深く学ばせる趣旨で官立東京女子師範の付属高女が大正十年に国語、英語、家事の三科目に専攻科を置いた。私立では実践女学校が国文・家政・技芸の三専攻科を置いたが大正十四年設置の専門学校に編入されて終った。さらに山脇高女、真宗本願寺派の千代田高女、成蹊高女なども専攻科を設けたが数年で廃止。専攻科は高等女学校に根付かなかった。補習科と言うのは中学校の補習科と同じで上級学校の受験のための補習である。この時期、女子専門学校が大都会にできつつあったが、男子の高等学校、専門学校の難関入試に比べればたやすいものであったから高等女学校の補習科は必要なかったのである。

教育課程をみよう。大正半ば頃までは明治四十三年「高等女学校令改正」にもとづく教育課程で行ってきたが、大正九年の改正以後、それに基づいて若干の改正があった。改正の要点は従来の修身から体操までの一二科目に加えて新たに教育・法制経済・手芸・実業を追加できることであった。よって府立高女では第三と第四高女が教育を、また第四高女の実科課程が教育と手芸を加え、第六、小松川、品川の三高女が教育と法制経済を加えた。追加科目のうちの教育は現今の「教育学」を教えるものではない。従来の「家事」の中の一内容である「家庭教育」を深化させて〝児童心理〟や〝身体養護（衛生）法〟を教えるものである。手芸は旧来の裁縫と並んで行われていた刺繍・造花・編物等に過ぎない。法制経済は帝国憲法大要の解説をあげているから修身を担当した学校長によって行われたと思う。

想うに大正期の東京の高等女学校生ほど気楽で幸せな生徒はいなかったのではないか。中学生のように上級学校進学受験の心配はない。男子の受験は将来の立身出世がかかっているが、女子は専門学校で専門的技能を獲得してもそれで一生暮らすわけではない。良妻賢母などと言ってもそれはタテマエで前時代の女大学流の固苦しいものではない。専門学校を卒業して結婚し、夫婦共稼《ともかせ》ぎしてもよいし専業主婦になってもよい。大正期の東京の男性は物分《ものわ》かりが良いのである。

このような幸せな結婚は専門学校出身者でなくとも高等女学校卒業だけで充分であった。しかしこの幸せな女学校、女子専門学校の青春を送った女性たちは十年、十数年後に迎える戦争の時代を誰が予想し得たであろう。彼女らは家庭の主婦となり母親となって子どもの成長とともに迫る戦争社会（勤労動員や出征）へ夫や子どもを送らねばならない苦痛を味わうのである。

参考文献

『東京百年史』第四巻
『東京教育史』通史編三
櫻井役『女子教育史』

第二章　女子師範学校の拡充

明治のはじめ、革命的精神の漲《みなぎ》る政府首脳は男女の区別なく児童の小学校への強制就学を実施した。ここに当然ながら女教師の養成という課題が生じた。近世、歌舞音曲《かぶおんぎょく》の芸事《げいごと》女師匠以外にも文字学問の女学者がいたが極くわずかであった。そこで明治の新時代に女教師を養成する女子師範学校を開設することになったのである。

学事は〝まずアメリカから〟の方針に従って、モデルを米国にとり、明治八年十一月、東京女子師範学校の開校式を行った。学制が実施されると各府県でも女教員の養成が必至《ひっし》となり、京都府をはじめ、青森、秋田、千葉、富山、滋賀、高知の諸県でも女子師範学校をつくるようになった。しかしその生徒数は少なく女児の増加に耐えるものではなかった。

封建的な旧体制から抜け出し近代的府県制に移行しようと明治十年代に官民ともに努力を続け、府県制郡町村制と中学・小学校の設置運営を巧みにからませて府県が中学校と女学校を、区町村が小学校を設置運営できるようにしたのである。男子の師範学校と女子師範学校は当面、府県が設置者になった。よって女子師範の教師養成学校たる東京女子師範学校は格上げされて官立高等師範と並ぶ官立女子高等師範学校に昇格されたのである。

大正期・女子師範学校拡充への道程

想うに鳥羽伏見から奥羽・函館まで戦い抜いた革命的維新政権が最初に断行したかったのは国民皆兵の陸軍をつくることと全国民の子どもを小学校に就学させることであったろう。クーデターを想わせるような早わざで廃藩置県を断行するや新政権は直ちに東京・大阪・熊本・仙台に鎮台を置き、六年一月には徴兵令を発した。一方、文部省は廃藩置県の詔書が出た四日目に置かれ、翌五年八月に「学制」が頒布されて「小学校ハ教育ノ初級ニシテ人民一般必ス学ハスンハアルヘカラサルモノトス」（第二一章）とされた。こうして国民皆兵（ただし男性のみ）と小学校義務（強制）教育が始まった。国民皆兵は太平洋戦争終結とともに、雲散霧消したが、義務教育は中学校を加えて九年間に延長され、現在に続いている。この国民の強制参加事業を始めるに当って政府が最初に計画したのは指導者の養成であった。即ち明治六年、陸軍省は士官養成のために陸軍士官学校を開校し、八年、その予科とも言うべき陸軍幼年学校を東京、仙台、名古屋、大阪、熊本の六ヶ所に開校したのである。一方、義務教育を開始した文部省はこれよりも早く、明治五年の「学制」の中で「小学校ノ外、師範学校アリ。此校ニアリテハ小学ニ教ル所ノ教則及其教授ノ方法ヲ教授ス。当今ニ在リテ極メテ要急ナルモノトス。此校成就スルニ非サレハ小学ト雖モ完備ナルコト能《アタ》ハス。故ニ急ニ此校ヲ開キ其成就ノ上、小学教師タル人ヲ四方ニ派出センコトヲ期ス」（第三九章）と記している。いずれも全国民を対象に強制し、しかもこれまでにない欧米流の斬新な軍隊や小学校をつくるのであるから、まずその指導者、教師を養成しようと考えたのは当を得ている。しかしそのような壮大な計画が一朝一夕にできるだろうか。通常の考え方からみれば無理である。しかしそこが革命的政権である。無理であろうとなかろうと先へ進むしかないというのが維新政府の真骨頂であるから以後十数年をかけて試行錯誤《さくご》をくりかえしながら日本流の師範学校制度をつくり上げた。以下、陸軍の士官学校、幼年学校は女子教育史の本稿の趣旨からはずれるから、これを除き、師範学校の形成史を略述しよう。

　文部省は「学制」頒布に先立つ明治五年五月、東京に師範学校を設置し、アメリカ人教師スコットを招聘して授業を開始した。六年には付属小学校を設置、また大阪、宮城、愛知、広島、長崎の諸府県に官立師範学校をたてた。しかしこれらの師範学校はいずれも中途退学者が多く振わなかった。各府県は短期の教員養成所をつくったが、所詮、師範学校の理念に合うものがなく明治十年までに全部閉鎖された。

［表1］明治16年における女子師範学校在籍生徒数

府県	学校名	在籍生徒数	府県	学校名	在籍生徒数
千葉県	千葉女子師範学校	71	京都府	京都府女学校	109
滋賀県	滋賀県女子師範学校	12	新潟県	新潟学校	44
青森県	弘前女子師範学校	42	山梨県	山梨女学校	5
秋田県	秋田女子師範学校	81	岐阜県	岐阜県女学校	20
富山県	富山女子師範学校	55	広島県	広島師範学校	21
高知県	高知女子師範学校	77	鹿児島県	鹿児島師範学校	53

神辺『女学校の誕生』p207-208

明治十二年の「教育令」で「師範学校ハ教員ヲ養成スル所トス」と明示した文部省は十三年の「改正教育令」で公立師範学校が小学校の教員養成をすることを定め、十四年の「師範学校教則大綱」でその教育内容、方針を明らかにした。

この間、各府県は県独自の女子師範学校をたてたり、男子師範学校や女学校に同居させたりしながら女子師範教育をすすめた。しかしいずれもその生徒は微々たるものであった。

明治十八年二月に東京女子師範学校が官立東京師範学校の女子部になった。東京女子師範は特殊な学校だから発生からの沿革を述べよう。明治七年三月、文部省は東京女子師範学校の設置を決定し、本郷湯島（お茶の水）に校舎を建て八年十一月、美子《はるこ》皇后の行啓を得て開校式を挙げた。当初から女子の最高学府であった。九年に付属幼稚園を開設したが、これも日本の幼稚園の創始で全国幼稚園の模範になった。また十五年に付属高等女学校を設置したが、これもまた全国公立高等女学校の模範になった。

明治十八年、文部省御用掛・森有礼が官立東京師範学校の監督になると東京女子師範学校を合併したので東京師範学校女子部になり、十九年の「師範学校令」で女子高等師範学校になった。「師範学校令」は男女それぞれに高等師範と尋常師範学校をつくり、高等師範に尋常師範の教師養成の任を負わせたのである。学制発足以来、小学校への女児就学率はやっと二〇％ぐらいであったが明治十五、六年頃には三〇％に上昇した。東京、京都、大阪などの大都市では女児の就学率が高まって女教員が必要になったからである。こうして女子高等師範学校は女子尋常師範学校の教員養成学校として歩み出したが、女子尋常師範の発展が思わしくなく、低迷するので折しも各地の都市にできはじめた公立私立の女学校の教師に迎えられて高等女学校の教員養成所のように見られた。

明治三十年十月公布の「師範教育令」で尋常師範の名称はなくなり、女子高等師範学校は「師範学校女子部及高等女学校ノ教員タルベキ者」を、師範学校は「小学校ノ教員タルベキ者」をそれぞれ養成する所と定め、高等師範学校と女子高等師範学校を東京に各一校設置して文部大臣の直轄とし、師範学校は北海道および各府県に設置して地方長官の管理においた。しかるにその後一〇年間、即ち明治三十年から四十年の間《あいだ》に小学校の女子就学率が五〇％から九五％に急上昇した。この間の日露戦争という国難に国民全員が一喜一憂し緊張を強いられた時代にもかかわらず――だからこそと言うべきなのだろうか――明治初年以来、低迷していた小学校女児就学率が一気に一〇〇%に近づいたのである。

この事態を受け、文部省は「師範学校規程」を定めた。これによって師範学校は大きく変った。師範学校に本科と予備科（高等小学校より進学）を置き、本科を一部、二部で編成した。一部は予備科を含めて四年間就学、二部は中等学校卒業後、男子一ヶ年、女子一ヶ年乃至《ないし》二ヶ年の就学で卒業というものである。高等小学校経由者より、中学校、高等女学校卒業者を小学校教員の主体にしようとしたのである。

大正期に入り、師範学校問題は有識者、特に文教関係者の間で重要課題となるが、時代的影響で法規で一決できないようになる。一つは日露戦争の勝利に勢いを得た日本が、第一次世界大戦でも戦勝国側について産をなし、各地に資本主義的大文化都市を生み出した。一方、旧来の僻村《へき》の貧困を解決できず、そこへ小学校義務教育が覆《おお》いかぶさり、一人の教師が教える分教場が出現した。政府はこれあるを知って高等師範学校を文部省直轄の官立学校とし、僻地の分教場まで担当する師範学校はすべて府県にまかせたのである。したがって文部省が出す「師範教育令」や「師範学校規程」は師範学校の大筋を示すだけで、細部は現地現場まかせということになった。

第二は大正時代という時代的風潮である。大正の声を聞くや、都会に集《つど》う人々は喋《しゃべ》りまくるようになった。よく言えば人々が各人、自分の意見を持って議論するのだが、議論がさらなる議論を呼んでなかなか決着しない。そういう風潮の下で臨時教育会議（大正六年）や文政審議会（同十三年）が師範学校のことを論じあってもまとまらず地域による例外を認める結果にならざるを得なかった。僻村で一年生から四年生までの男女児童二〇人ばかりを一人の教員が教える分教場の教員養成など現場にまかせる外はないという論法である。

かくして小学校教員養成の師範学校改革は全国一律に行うのではなく、府県の地域の実状によって実施するようになった。しかし基本的な方針としては、明治四十年の「師範学校規程」が定めた中等学校卒業の第二部を主体とする師範学校に移行させていったのである。

昭和六年、第二部の修業年限が二年になって三年制専門学校への昇格が現実味を帯び同十八年の師範教育令の改正によって専門学校程度に昇格、道府県立から官立に変わった。

大正昭和初期は大学、高等学校、専門学校が日本中に増設された時期である。女子の専門学校も各地にたてられたが、現代のような女性解放の時代ではないから男子の専門学校には及ばない。しかし正規の専門学校ではないが女子師範学校は専門学校に準じる高尚な学校と世人が認めた。

女医も女弁護士も稀少、音楽・絵画の芸術家は天才でなくてはなれない。唯一小学校の女教員は日常、町でも村でも見かけるが、特殊な女性でなく、なじめるし知識もある。よって一般家庭の信頼が厚かった。そのような評価が高等女学校の生徒に伝わって、各府県立の女子師範学校への受験生が増加した。男子系の中学生の師範学校受験生が必ずしも成績優秀者でなかったのに対し女子師範の受験生は高等女学校の成績優秀者でなければ合格できなかった。小学校の女教員と女子師範学校は国民の眼には上等な職業、憧れの学校であった。

参考文献

櫻井役『女子教育史』
『学校の歴史第五巻・教員養成の歴史』（第一法規）
新福裕子『女子師範学校の全容』

奈良女子高等師範学校設置

明治三十年から四十年の一〇年間に小学校の女子就学率が五〇％から九五％に急上昇したことが女子師範学校を充実に向かわせる直接の動機であった。さらに明治後半期に現れた小学校の女教員が在地の父母から信頼されたこと。またそれに応じて女教員が女性の智的な高級職業として自覚できたことが女子師範学校を盛んにする動機であった。政府は国民の意識に即応して明治四十年には義務教育を六年に延長し同時に小学校教員養成の「師範学校規程」を制定した。同規程によれば、師範学校生は下記の通り一部生・二部生とし、二部生を本体とした。

一部…高等小学校より進学、予科を含めて四年間
二部…中学校・高等女学校より進学・就業年限一年

ここに於て女子師範学校と高等女学校の生徒を教える女子高等師範学校の増設問題が浮上したのである。すでに東京に女子高等師範があるから、第二女高師は関西に置くとして京都が候補地にあがったが京都の保守的な気風を嫌う者が多く奈良市に決まった。奈良市が新女高師の誘致に熱心だったからである。なに故か、奈良県奈良市の歴史を一瞥《いちべつ》しよう。

明治維新期における奈良県は大阪府とからんで異様な苦悩と変化展開をとげてきた。明治元年一月、鳥羽伏見の戦いに勝利した新政府は薩摩藩兵を奈良に進駐させ、幕府領や寺社を管轄する奈良県を置いた。四年七月の廃藩置県で郡山《こおりやま》藩以下八藩が県になるが同年十一月の府県統廃合で大和《やまと》一国を管轄する奈良県が成立した。しかるに明治九年四月、奈良県は堺県に併合され、やがて大阪府の一部になって摂津河泉・難波《なにわ》人の下で経済的苦労を味わわされた。明治二十一年に至って大和選出の大阪府議員たちによる奈良県再置運動が功を奏し、大和一国の現奈良県が成立したのである。

大和国の村落支配形態は他県と違う。近畿地方では庄屋・年寄・惣百姓（関東で言う名主・組頭・百姓代）の村方三役があって庄屋が村長、年寄が村会幹部、惣百姓が一般百姓の代表で監査

奈良女子高等師範学校本館

役に当るが、大和国奈良県は庄屋と年寄だけで、一般百姓の代表たる惣百姓がなかった。よって村々は村長たる庄屋と庄屋をとりまく数人の年寄によって支配されたのである。彼らは白壁塀の豪邸で暮らし牛馬小屋を抱え込む一般農民とは別の暮らしぶりであった。また寺社参拝人を当て込んで、各地から尾羽打ち枯らした商売人や芸人がまぎれ込んで特種な部落（被差別部落）をつくるようになった。

西北の奈良盆地を抱え込むように山地が拡がる大和国《やまとのくに》は豊かであった。大和の大盆地は古来、上質な米がとれた。よって古代、大和朝廷がここにできたのであろう。近世初めの権力者たる織田信長、豊臣秀吉、徳川家康の三者はいずれも大和国を重視し、自分の一族や信頼できる家臣を大和国に封じている。それら武家の支配者はまた土着の農民支配者たる白壁塀の庄屋層と組んで大和国の産業興隆に尽した。近世を通じて礼装に用いられた麻裃《かみしも》の奈良晒《さらし》や伊丹《いたみ》の酒樽に用いられる吉野杉の材木等の生産が奈良県民を豊かにした。

産業についての知識と並んで大和の人々の文化的教養が高かった。大和猿楽《やまとさるがく》と言われた通り、能楽は大和ではじまったものであるし、大阪ではじまった浄瑠璃芝居にも大和を舞台とする演《だ》し物が多い。能楽の台本を読み謡う謡曲を通じて中世の文学を学び近世の諸知識につなげた奈良の人々は高度な教養人であった。よって明治維新後の学校教育について深い理解を示した。大和国学資金の創設などその好例であろう。

第二女高師の設置が奈良県にきまると県民から二万坪の土地が献納された。それほど県民の誘致意欲は強かった。

しかし、開校が近づくと、女高師の生徒募集は日本全国からの推薦によるから地元奈良県民の女子進学に有利に働かないとの憶測も広まった。これに対する或る県会議員の予測は面白い。〝なるほど女高師への入学に利益はないが、付属高女や付属小学校等ができて奈良県民や奈良市民を喜ばせる〟として付属高等女学校新営費として奈良県から六万五、〇〇〇円、付属小学校新営費として四万一、〇〇〇円、付属幼稚園費として一万二、〇〇〇円を奈良県から寄付を求めた。奈良県人らしく知恵の回る行動である。

明治四十一（一九〇八）年三月、勅令第六八号により奈良女子高等師範学校が設置された。翌四十二年一月、文部省視学官・野尻精一が校長に就任。奈良女高師は開校に向かって動き出す。野尻精一は姫路に生まれ、姫路藩校好古堂に学び、明治六年上京、東京湯島の共慣義塾で英語を学び、官立東京師範学校卒業後、山形県師範学校長などを歴任した後、ドイツに留学、ベルリン

野尻　精一　校長

大学、ライプチヒ大学などで教育学を学んだ。帰国後、高等師範学校教授、東京師範学校長などを勤め、明治三十年、文部省視学官となり教育界に重んじられていた。

野尻校長は就任後直ちに女高師開校に向かって活動をはじめた。一つは国費三二万円余を以てする女高師本館の建築並びに奈良県及び奈良市寄贈の一〇万円余を以てする付属諸学校の建築。他の一つは有力な教授や付属諸学校主事（校長代行）の招聘である。これらは追い追い宣べることとして、焦眉《しょうび》の急は女高師の諸規則、とりわけ入学者選抜規則は早急につくらなければならなかった。なんとなれば師範学校は必然的に卒業後、都市のみならず僻地僻村まで赴任せねばならず、それを見込んで府県内各地から推薦する仕組みをつくる。よって師範学校の教師を養成する女子高等師範学校の生徒は日本全国各府県からの推薦ということになる。野尻精一校長は早速「奈良女子高等師範学校入学者選抜規則」をつくった。

第一条　本校ニ入学スル者ハ師範学校及高等女学校（修業年限四年以上）ノ優等卒業生又ハ当該学年内ニ卒業スヘキ優等生徒ニシテ地方長官ヨリ推挙セラレタル者タルヲ要ス

付属高等女学校

第二条　師範学校又ハ高等女学校ノ優等卒業者又ハ優等生徒ト認ムヘキ者ハ資性善良操行端正ニシテ其学業成績本科最終学年及其前学年ニ於テ其学級ノ及第者中首位ヨリ数ヘテ卒業者ニアリテハ全員ノ四分ノ一、生徒ニアリテハ全員ノ六分ノ一ニ至ルマテノ順位ニ在ル者トス
第三条　学校長ハ毎年推挙生地方別定員ヲ定メ之ヲ各地方長官ニ通知スヘシ
第四条　学校長ハ推挙生中ニ就キ地方長官ヨリ送付シタル推挙書、人物考定書、卒業成績表及履歴書並学科及学資ニ関スル志望ヲ参按シテ入学セシムヘキ生徒ヲ選抜ス

こうして書類上で選抜した志願者を本校においてさらに体格検査と口頭試問により入学決定したのである。一方、さらに重要な「奈良女子高等師範学校規則」は「第一条　本校ハ女子師範学校、師範学校女子部及高等女学校ノ教員タル者ヲ養成シ兼ネテ普通教育及幼児教育ノ方法ヲ研究スルヲ以テ目的トス」として単なる教員養成学校でなく、普通教育幼児保育の研究所であることを闡明《せんめい》にした。

付属幼稚園

教官陣営としては兵庫県明石女子師範学校長・藤堂忠次郎を教授に、付属小学校主事に木下武次を招いたりして有能教授陣を構成した。

明治四十一年二月、総工費三二万円余の女高師本館着工、次いで本館を正面にした左の一号館、次いで右の四号館、本館裏側の二号館、三号館が着工された。一方、第一回の入学試験が新校舎完成を待たずにはじまった。四十二年二月、生徒八〇名を募集することを各地方長官に通知、一五六名の薦挙があったが八三名を学校長が選抜、この八三名を体格検査、口頭試問の結果、七七名を合格として入学を許可した。新校舎はまだ完成していなかったが、四号館をかりの寄宿舎として全員が寄宿し、四月二十九日、入学式を挙行、五月一日から授業を開始した。

参考文献

『奈良女子大学六十年史』

『奈良女子大学百年史』

奈良女子高等師範学校の教育

官立の帝国大学や高等学校は新国家に重要な政府の行政や企業の幹部を養成する学校だから政府はこれを貴重に扱ったが、府県の師範学校は市町村立小学校で全国民の子どもを指導する教員を養成する学校だから文部省が重要にとり扱った。その重要な師範学校の教員養成をする高等師範学校について文部省が神経をとがらせたのは論を俟たない。奈良女子高等師範学校の新設に伴って明治四十二（一九〇九）年三月、女子高等師範学校規程が改正され、東京女高師には「文科」「理科」「技芸科」が置かれ、奈良女高師には「国語漢文部」「地理歴史部」「数物化学部」「博物家事部」が置かれた。東京女高師の場合は時の校長・高嶺秀夫の意を受けたものであり、奈良女高師の場合は野尻精一校長の意を受けたものであった。

そもそも日本の師範学校は「学制」公布以前から発足したが、いきなりアメリカの Normal School の真似をしたり、旧来の漢学塾と洋学塾の学習をしたり定見がなかった。明治十年代第二次教育令の頃から新しい小学校、中学校のイメージで「小学校教則綱領」「中学校教則大綱」をつくり、カリキュラムの全体像がわかるようになった。それを受けて明治十九年の「師範学校令」が公布され、尋常師範学校・高等師範学校の教則（「学科及ビ其ノ程度」）が明らかになったのである。しかし本来、カリキュラムは児童・生徒の学習すべき内容と順序を示したプログラムであって原則的には一人の教師が全科目を教えるものと思われていた。音楽や体操は新しい特殊な技術であったから音楽学校卒業の教師に出張して貰ったり、陸軍の兵式体操教師を雇ったりしてその場を凌《しの》いできたのである。小学校の場合はそれで間に合ったが、中学校の場合、音楽・体操以外はすべて一人の担任教師が教えるというのは無理がある。よって英語や数学等を外国人教師や日本人教師に担当させて凌《しの》いできたのである。明治十九年の「高等師範学校ノ学科及其程度」（文部省令一七号）は「男子師範学科ヲ分チテ理化学科、博物学科及文学科トス」（第二条）となっていて理化・博物・文学、三科別々の学科目が並べられていた。しかし実際には生徒増加、学校増加のため、教員の需給が追いつかず、一人の正規教員が体操、音楽以外の全教科を受け持つことが明治末期まで続いていたのである。女高師は学科の分科はなく女子師範学科という単一コースであった。よって明治四十二年の女高師改正において東京女高師が文科・理科・技芸科の三科制に、奈良女高師が国語漢文部、地理歴史部、数物化学部、博物家事部の四部制度になったことは画期的なことであり、女高師が女教師という専門家を養成する高等教育機関になったことを示すものであった。

奈良女高師の学科課程をみよう。新入生はまず四ヶ月間、予科の授業を受けねばならない。学科目は修身・国語・漢文・外国語・数学・習字・図画・音楽・裁縫・体操の一〇科目である。予科が終ると本科の四専修課程に入る。以下に四専修別に履修学科目をあげるが四専修共通の学科目として先に修身・教育学・外国語・音楽・体操の五科目をあげておこう。

国語漢文部…国語・漢文・歴史・習字
地理歴史部…地理・歴史・国語及漢文・法制経済
数物化学部…数学・物理・化学・手工
博物家事部…植物・動物・生理及衛生・鉱物及地質・家事・物理及化学

以上のほかに次の選択科目が置かれ、生徒は〝長ずる所に従い〟その一科目を選択できるようになっていた。

本科四専修共通選択科目…図画・音楽・裁縫・手芸・体操及園芸

漸く発展の兆《きざ》しが見えはじめた明治末期の女子師範学校及び高等女学校の専任教員養成の教育課程として優良な出来映《ばえ》と思う。

奈良女子高等師範学校は校則の第一条に女子師範と高等女学校の教員養成をするという目的規定に続いて「兼テ普通教育及幼児保育ノ方法ヲ研究スルヲ目的トス」（第一条）としている。この目的条項に合わせて大正二年から卒業生を対象とする一ヶ年乃至二ヶ年の研究科を設けた。①

研究科生は校長が指定する教官の指導により研究に従事する。②学費として毎月一五円支給、③研究の成果を認めた時に研究証明書を授与するというものである。

奈良女高師研究科の発案も野尻校長だったと思う。野尻校長は開校と同時に茶話的研究会を計画し、毎週水曜日にこれを開催したので水曜会という名で研究会を実施した。そして毎回の研究発表や議論、談話は「水曜会記事」として記録に残したのである。

奈良女高師の研究対象は女子師範や高等女学校が関係する普通教育や幼稚園の保育であった。よって奈良女高師は研究の媒体としての付属高等女学校、付属小学校、付属幼稚園を本校開校と同時につくった。まず付属高女からみれば、はじめは市内の県立奈良高等女学校をそれに当てるつもりであったのだが、付属高女は女高師構内にたてるべきだとの意見により、急遽《きゅうきょ》変更、新舎落成後、県立奈良高女の生徒四一六人を付属高女に移し奈良高女を廃校にした。付属小学校は奈良市が奈良女高師の敷地内に新築、寄付することになり、開校の年の七月完成、尋常小学校六ヶ年四六四人と高等小学校二ヶ年七二人を収容して開校した。付属幼稚園は、はじめ奈良市が女高師の敷地内に園舎を新築し、寄付する予定であったが、予定が変更され、奈良市東向町にある市立第三尋常小学校朝日分教場の建物を寄付し、敷地も女高師に寄付することになった。付属幼稚園は大正元（一九一二）年十一月からはじまった。

大正五（一九一六）年、付属実科高等女学校が設置された。日露戦争後の女児小学校就学者の急増を認識した文部省は地方都市向きの女学校を構想した。当時の女子は男子が親元から離れて立志勉学するのと反対に、嫁にゆくまで親元で養育されるのが習慣であった。そのための学校には数学だの物理化学や漢文、英語だのはいらない。忠孝礼儀作法を教える修身と国語の学習、あとは女の務めである家事・裁縫を教えればよい。こうして高等小学校との併設も認められた実科高等女学校が誕生したのである（明治四十三年十月「高等女学校令中改正」）。しかし実科女学校は進展しなかった。第一次大戦に利を占めて資本主義が高揚した日本は都会の西洋化が進み、衣食住全般にわたって変化した。また国鉄・私鉄を問わず交通機関が発達したので農村・漁村の娘たちの都市との行き来も容易になり古風の実科高女は嫌われて次第に衰弱衰微してゆくのである。

さて話を奈良女高師付属の実科高女設置に戻そう。大正五年になると女高師の卒業生のうち何人かが実科高女に就職した。そこで急遽付属実科高女設置の議が興り、奈良市立実科高女を廃して政府に移管し、生徒全員を収容することにした。こうして本科一八〇名、補習科二〇名の奈良女高師付属実科高等女学校が成立し大正五年五月開校したのである。

ここに於て奈良女高師は付属高女、付属実科高女、付属小学校、付属幼稚園を擁する一大学園になった。しかし不思議なことに付属女子師範学校がないのである。校則第一条に「本校ハ女子師範学校、師範学校女子部及高等女学校ノ教員タルベキ者ヲ養成」と明記しているにもかかわらず、付属女子師範がないのは何故か。当時、奈良市内に明治三十五年創立の奈良県女子師範学校があったが、奈良女高師との交流は文献上、みられない。県立奈良女師の付属女学校化はできなかったのであろう。推測されるのは奈良女高師卒業生の行動である。大正八年、奈良女高師創立一〇周年の祝賀会があり、同窓会による「創立記念誌」が発行されたが、そこに同校卒業生の就職先が示されている。それによると師範学校二九名に対して高等女学校二三五名、実科高女五四名で奈良女高師の卒業生の殆どは高等女学校、実科高女の教師になり、女子師範の教師になるものは少なかったのである。想うに大正期の明るい開放的な空気を吸った奈良女高師の生徒たちは封建臭が漂《ただ》よう農漁村を抱《かか》え込む県立女子師範よりもハイカラな都会の高等女学校に就任したかったのであろう。

大正三年三月、文部省令五号により「女子高等師範学校規程」が改訂された。この規程は東京と奈良の女高師共通の改訂である。まず予科・本科の別がなくなり一律四ヶ年就学で学科は文科・理科・家事科の三科とするが、家事科はその学科目の違いにより一部二部に分けることができるというものである。三科の学科目をあげよう。修身・教育・外国語・家事・音楽・体操は三科共通であるからこれを除くと下記のようになる。

文科…国語・漢文・歴史・地理

理科…数学・物理・化学・鉱物及地質・植物・動物・生理及衛生・図画及手工
家事科…理科・裁縫・手芸・手工・園芸・図画・国語・数学

なお、家事科は一部二部制採用により、第二部は理科と園芸を抜いて家事専用となった。

大正三年の改革で注目すべきは新たに「選科」を設けたことである。一般生徒と同じ時期に受験し、在学期間は二年から四年、文科・理科・家事科三学科の中の一科目について学習できる。自由な学習研究のための制度である。けれども全学科の中で修身・教育・家事の三科目は必修義務がある。しかし教職義務はないという自由な制度であった。こうして奈良女子高等師範学校は日本の Liberalarts の最高学府になったのである。

大正八年十二月、修業年限一ヶ年の保姆《ほぼ》養成科を付設した。奈良女高師は創設以来、付属幼稚園を設置、運営し、女高師生徒に実習を課してきたが、それは高等師範生の教養の一つとして保育技術を学ばせたのであって保育の専門家を養成したもの

［表1］大正期における高等女学校の増加

年　次	学校数（校）	生徒数（人）
明治42（1909）	178（100）	51,781（100）
大正3（1914）	214（120）	72,140（139）
大正8（1919）	274（158）	103,498（200）
大正13（1924）	576（324）	246,938（428）
昭和4（1929）	757（425）	339,669（656）

『学制八十年史』所載の統計によってつくる。
（　）内部の数字は指数

ではなかった。しかるに明治後半、日清戦争後一〇年間に女児小学生が急増したのと並んで幼稚園が急増したので保姆養成が焦眉《しょうび》の急になったのである。

さらに臨時教員養成所の付設がある。［表1］に見る如く、大正期における高等女学校の増加は著しく奈良女高師が創立された明治四十二年から一〇年後には学校数で一・五倍、生徒数で約二倍、二〇年後の昭和四年には学校数で四倍強、生徒数で六・五倍にまで増加したのである。この状況に適応すべく大正十一年、東京高師、広島高師、奈良女高師、東京音楽学校が各校独特の学科目による修業年限二年の臨時教員養成所を開講したのである。奈良女高師は数学科と理科の二学科であった。なおこれ以前にも東京帝国大学や東京外国語学校を巻き込んだ臨時教員養成所が、これ以後、京都、東北、九州帝大、官立高等学校等に付設された臨時教員養成所が続出するのである。

本稿を終るに当たって、奈良女高師独特の〝全寮制自炊〟を述べたい。当時の師範学校はいずれも全寮制であるが奈良女高師ほど徹底した自炊全寮制は他に例がない。奈良女高師の寄宿寮は五寮二二舎からなっていた。一舎が寮生活の単位で一二〜一四、一五人の生徒が居住する。彼女たちはこの単位で独立の家事、生計を営んだ。各舎はいずれも畳敷き、一舎ごとに玄関・自習室兼寝室を三室、食堂・炊事場・洗面整髪室・洗濯・風呂場があった。この一舎に学科・学年・出身地の異なる女生徒が混在し、互に切磋琢磨、長短相学び相補うのが理想とされた。この寄宿寮は自学自習の立場から炊婦その他の使用人を一切置かず、すべて寮生の自働自炊によって舎内一切のことを処理したのである。上級生の指導、地方生活文化の交流などが巧みにおこなわれ、将来大家族の主婦になっても家族の生活を豊かに衛《まも》れるように想われる。

参考文献

『奈良女子大学六十年史』『奈良女子大学百年史』

岡山県と愛媛県の女子師範学校

明治三十年の「師範教育令」に「師範学校ハ北海道及各府県ニ各一校若クハ数校ヲ設置ス」（第二条）、「師範学校ハ地方長官ノ管理ニ属ス」（第三条）、「師範学校ノ経費ハ府県税又ハ地方税ノ負担トス」（第四条）とある。女子師範学校もすべて府県立学校であるから以下、奈良女高師以西のいくつかの県立女子師範と東京女高師以北のいくつかの県立女子師範学校の発達を述べよう。

まず、山陽道の岡山県と瀬戸内海の中央・燧灘《ひうちなだ》をはさんで向かい合う愛媛県の二県を考察する。

岡山県の南端を東西に拡がる岡山平野は関東平野、濃尾平野に次ぐ平野で中国山脈から流れる吉井川、旭川、高梁川による人が住み易い沖積平野である。よって古代・吉備の国に人々が集《つど》い水稲耕作が盛んになって文化が進み、大和の国と対峙した。北方の山地では製鉄がはじまり南方の瀬戸内海沿岸で製塩が進み、やがて米のほかに麦、野菜や製鉄品も刀剣、火箸、鼎《かなえ》等の生活必需品が多くつくられた。中世には魚座、鋳物座などの市座が繁盛し、海運をつかって中国や朝鮮との貿易にまで進んだ。近世になると銅も発掘されて鉄山師、銅山師と呼ばれる事業家が現われ豊富な資金を持つ大地主になった。また山地の平坦部は牛の放牧に適し、田畑での犂《すき》の普及とともに牛の需要が高まり酪農家が現れた。また海岸近くの塩田も大規模になり富裕層が増大した。

次に女子師範学校と関連が深い高等女学校、実科高女についてみよう。明治三十三年、岡山市に県立岡山高等女学校が設置されたのを皮切りに、津山町、高梁町に県立高女が設置され、以後、大正末年までに町村立一二校、町村組合立一一校の計二六校の公立高等女学校が岡山県内に張り巡らされた。これに対し私立高女は岡山市内に四校と県南西の浅口郡に一校できただけである。実科高女に至っては町立二、組合立一、私立四の計七校で久米郡、小田郡など辺鄙《へんぴ》な地にあった。他県に比べて女子教育は見劣りがする。しかし小学校の就学率は男女とも上位につくものであった。このように近代初頭、明治大正期の岡山県は農工商に実力実績のある庄屋層が文部省の指示のもとに近代学校制度をつくり上げたのである。

明治十九年の「師範学校令」公布以後、昭和初年あたりまでの岡山県女子師範学校の動向をみよう。明治十八年に岡山県は師範学校と中学校を合併した岡山学校をつくったが、「師範学校令」が公布されると中学校を分離して岡山尋常師範学校とし、二十年、女子部を置いたが二十八年、廃止した。明治三十五年、恐らく小学校女児就学が上向きになったためであろう。岡山市の県立岡山高等女学校内に岡山県女子師範学校が設置された。総工費三万八、〇〇〇円余をかけた新校舎は普通教室三棟、音楽教室、生徒控所、寄宿舎、食堂、倉庫各一棟、付属建物八棟を備えた大建築であった。同年、最初の入学試験をしたが募集人員一学年三〇名のところ、志願者一五三名であった。授業科目は修身・国語・漢文・歴史・地理・数学・理科・家事・習字・図画・音楽・体操で修業年限三ヶ年。最初の校長は富津亀三郎、教師は専任教師の外、同居の県立岡山高女の教員が兼務で授業した。明治四十四年、同居していた県立岡山高女と分離して旧藩時代の関谷黌《しずたにこう》跡地に校舎を新築し移転した。これを機に岡山県は明治四十年の「師範学校規程」に準拠した新しい小学校教員像を目指して女子師範学校を営む。それは一部二部制と言われるもので、一部は高等小学校から進学する生徒を予備科本科含めて四年修学、二部は高等女学校から進学する生徒は一年または二年の修学で将来、二部生を本体にするというものである。［表1］は大正年間及び昭和四年までの岡山女子師範學校一部生、二部生別、入学者と志願者数を現したものである。大正四年から三年間、一部生の入学を止めたのは、この時期、女子師範廃止の世論があったためとされているが根拠が薄い。大正末年から昭和初年にかけて女子師範進学の志望者が急増していたことがわかる。なお、岡山女子師範に限らず女子師範一般に言えることだが大正期から欧米流のスポーツが盛んになり、各種スポーツ選手が出現し、また修学旅行として朝鮮満洲旅行が行われたことを指摘しておこう。

瀬戸内海をはさんで岡山県の対岸愛媛県に移る。

［表1］大正・昭和初期
岡山県女子師範学校入学者数

年度	第一部		第二部	
	志願者	入学者	志願者	入学者
大正 2	37	9	70	30
3	69	35	56	29
4	0	0	61	34
5	0	0	63	27
6	0	0	75	18
7	181	40	66	32
8	143	40	77	40
9	125	40	60	32
10	178	40	136	75
11	213	43	141	60
12	216	40	208	77
13	491	79	260	77
14	106	78	261	79
15	199	75	126	38
昭和 2	166	80	121	41
3	201	80	149	40
4	232	77	166	38

新福裕子『女子師範学校の全容』p799 より引用

まず庶民の力の源泉である伊予・讃岐の産業を一瞥《べつ》して置こう。農業はさて置き、地の利や温暖の気候を受けてこの地方には近世さまざまな産業が興った。まず製紙業があげられる。宇和島藩領山間部に特産の楮《こうぞ》と櫨《はぜ》があり、これを利用して製造したのが仙貨紙《せんかし》で良質厚紙なので広く帳簿、経文、合羽、包み紙等に用いられた。宇和島藩は仙貨紙の生産販売を独占し、その生産者を優遇した。これに倣って大州藩の半紙、西条藩の奉書などが繁盛した。各藩もみなこれに倣《なら》い在地の庄屋層と結託《けったく》して事業を起こし利益を独占した。大州藩領・宇和島藩領の木蝋《もくろう》、同じく鯛縛網漁、いわし網漁、松山藩、今治藩領の製塩業、松山藩の製瓦業、伊予結城《ゆうき》、伊予絣《かすり》、伊予木綿《もめん》の名で呼ばれた今治・松山藩域で生産された織物等、みな藩と庄屋層の共同経営で在地の労働力を結集しての大企業になった。これらの産物は瀬戸内海の舟運で各地に運ばれるが、とりわけ商都大坂に直行したものは大利益につながった。別子銅山の如きは当初から天領（幕府直轄地）だったから、いきなり大坂の銅商住友（当時は泉屋）の稼業請負《うけおい》ではじまり大をなした。

このように伊予国↓愛媛県は藩と庄屋層が結託して産業をもり立て利益を得た。廃藩置県後も両者の関係はしばらくよかったが、いわゆる三新法後、県会が開かれ、地方税がゆきわたると県会を牛耳《ぎゅうじ》る庄屋層の議員たちの発言、意見が強くなり、相対的に士族の活動は鈍《にぶ》くなったのである。これに加えて二〇世紀初頭に起こった日露戦争は日本人が始めて経験した総力戦で戦は軍人や兵士がするものという常識をくつがえした。戦場で戦うのは軍人兵士だけでなく戦場に食料武器弾薬を輸送する者、国内の工場でそれらの必需品を作る者等、まさに総力戦の観を呈した。殊に従軍看護婦の登場には肝を潰《つぶ》したであろう。女性までが戦場に出征するこの近代総力戦を。この時期、教育界では良妻賢母論が白熱していたが、そのような空論をよそに女性の社会進出は決定的になったのである。こうして明治末年から女性の社会進出の一環として高等女学校への進学が顕著になった。愛媛県の場合でみよう。

明治三十四年創立の県立松山高等女学校を筆頭に松山城北高女・今治高女・宇和島高女・大州高女・西條高女・周桑高女・宇摩高女・八幡瀬高女・東宇和高女の県立一〇高女が愛媛県の主要都市に並び、さらに済美高女（社団法人・松山市）・山下高女（財団法人・北宇和郡吉田町）・第二山下高女（財団法人・西宇和郡吉田町）・今治精華高女（中野賢照外五名・今治市）の私立四高女が大正年末までにできた。実科高女は新居浜郡新居浜町立新居浜実科高女と今治《いまばり》市の私立今治実科（校主・玉井高助）・松山市の私立崇徳実科（校主・伊藤善行）の三校のみである。他府県と同じく高等女学校に昇格する前身として前述の高女も多く実科であったが、大正十五年時点で多くが高等女学校に昇格していたのである。このように大正末年に中等教育を志した階層はもはや士族平民の意識なく実際生活の必要上進学する風潮に変わってきたと言えよう。こうした変化を踏まえた上で、愛媛県女子師範学校の動向をみよう。

愛媛県の師範学校は明治初期からあるが、その変遷が複雑だから明治二十一年、愛媛県が現地

［表2］大正・昭和初期
愛媛県女子師範学校入学者数

年度	第一部		第二部	
	志願者	入学者	志願者	入学者
大正 2	91	40	23	19
3				
4	62	40	0	0
5	148	38	22	22
6	153	40	0	0
7	144	40	38	19
8	88	40	0	0
9	71	40	60	36
10	136	40	74	40
11	191	42	89	41
12	190	40	107	42
13	165	40	115	41
14	67	40	207	80
15	102	40	260	80
昭和 2	102	40	258	80
3	125	41	301	80
4	152	41	456	65

新福裕子『女子師範学校の全容』p879より引用

域に定着した時期から記せば県庁所在地の松山に愛媛県尋常師範学校と女子部ができていた。四十三年、この女子部が女子師範学校に昇格し、温泉郡三津浜町に校舎を新築して移転した。入学希望者は県内郡市長の推挙で学校長が選定した。女子師範への志願者が増加した時期を大正期から昭和四年までと仮定して［表2］をみると大正九年からの一〇年間が安定して増加したといえよう（空欄や0記号は原資料の欠損か）。

大分県と鹿児島県の女子師範学校

九州は古代律令の頃、南海道《なんかいどう》と呼ばれていた。北方に朝鮮半島から支那大陸が拡がり、島嶼《とうしょ》を伝ってその文化が受容できたし、東・瀬戸内海を通って畿内に入り、大和朝廷と結んで文化交流もできた。西南に無数に点在する島嶼を利用すれば南シナ海方面の文化にふれることもできただろう。彼らの足は舟であった。それ故か、古来、九州の人士は一衣帯水の日本列島各地に出没し、とりわけ近世以後、権力と文化の中心地・江戸東京に現れて活躍するようになった。本稿で大正期の女子師範学校の興隆を述べるに当って九州各県の中から事例として性格がかなり違う大分県と鹿児島県をあげよう。

まず明治初年、廃藩置県による幕藩体制から府県体制への変わり方が以下のように違う（「表1」参照）。大分県域は豊後《ぶんご》一〇郡と豊前《ぶぜん》の下毛郡、宇佐郡であるが、まず明治三年までに幕府領や各藩の預《あずか》り地が日田《ひた》県になり、次いで豊後の岡藩以下七藩が四年七月、一斉《せい》に県になり、十一月大分県に統合された。旧豊前国一円は小倉《こくら》県域になっていたが、九年には豊後の福岡県に合併しそのうちの宇佐《うさ》・下毛両郡が同年八月、大分県に編入されて大分県域が確定した。

一方、南端の鹿児島県域の薩摩藩は明治二年一月、長州・土佐・肥前の藩主とともに藩主が率

〔表 1〕大分県成立表

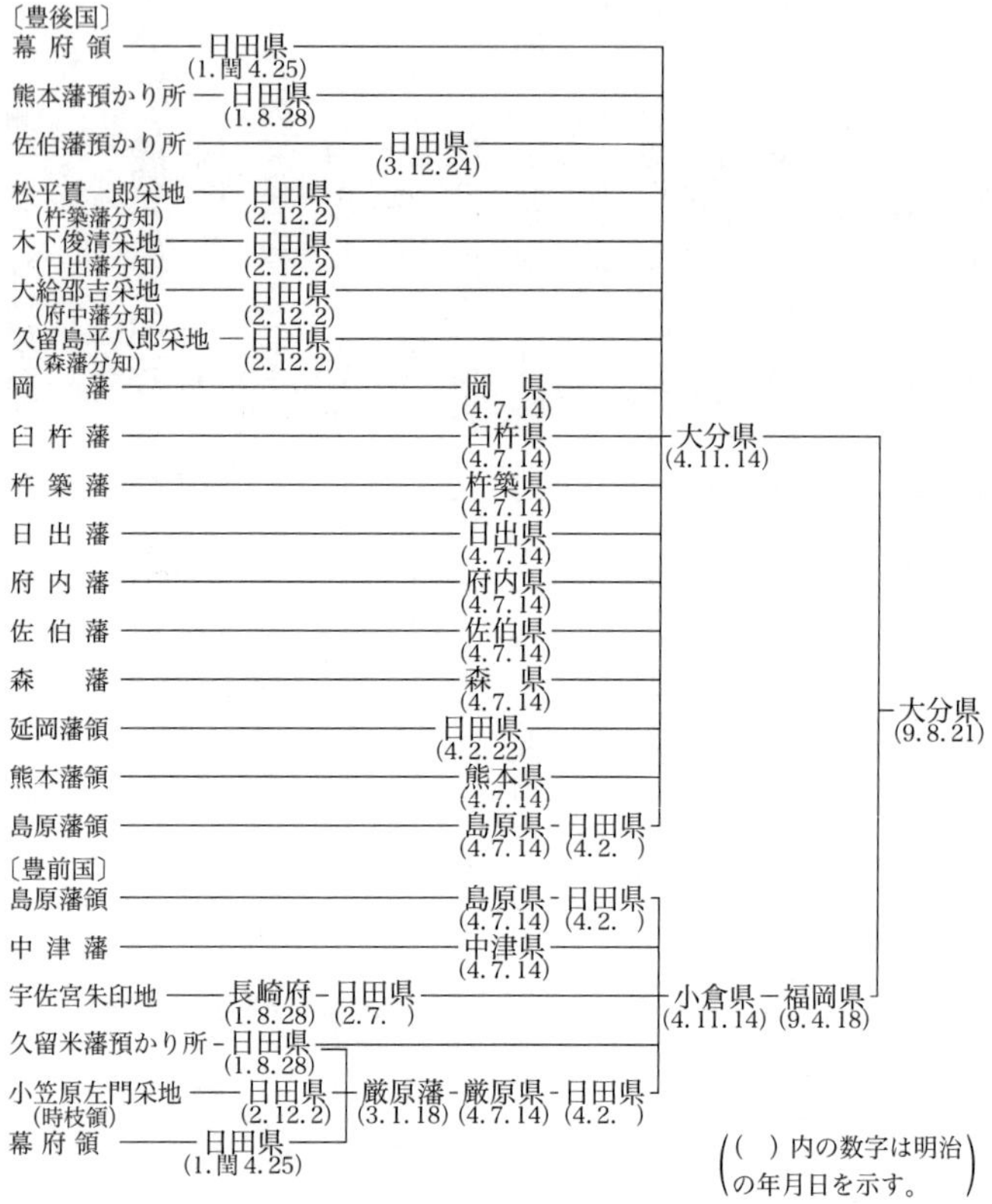
〔豊後国〕
幕府領 ― 日田県 (1.閏4.25)
熊本藩預かり所 ― 日田県 (1.8.28)
佐伯藩預かり所 ― 日田県 (3.12.24)
松平貫一郎采地 (杵築藩分知) ― 日田県 (2.12.2)
木下俊清采地 (日出藩分知) ― 日田県 (2.12.2)
大給郘吉采地 (府中藩分知) ― 日田県 (2.12.2)
久留島平八郎采地 (森藩分知) ― 日田県 (2.12.2)
岡藩 ― 岡県 (4.7.14)
臼杵藩 ― 臼杵県 (4.7.14)
杵築藩 ― 杵築県 (4.7.14)
日出藩 ― 日出県 (4.7.14)
府内藩 ― 府内県 (4.7.14)
佐伯藩 ― 佐伯県 (4.7.14)
森藩 ― 森県 (4.7.14)
延岡藩領 ― 日田県 (4.2.22)
熊本藩領 ― 熊本県 (4.7.14)
島原藩領 ― 島原県 (4.7.14) - 日田県 (4.2.)
大分県 (4.11.14)
〔豊前国〕
島原藩領 ― 島原県 (4.7.14) - 日田県 (4.2.)
中津藩 ― 中津県 (4.7.14)
宇佐宮朱印地 ― 長崎府 (1.8.28) - 日田県 (2.7.)
久留米藩預かり所 - 日田県 (1.8.28)
小笠原左門采地 (時枝領) ― 日田県 (2.12.2) ― 厳原藩 (3.1.18) - 厳原県 (4.7.14) - 日田県 (4.2.)
幕府領 ― 日田県 (1.閏4.25)
小倉県 (4.11.14) ― 福岡県 (9.4.18)
大分県 (9.8.21)
( ) 内の数字は明治の年月日を示す。

藩県の沿革（『大分県史　近代篇 I』による）

先して領土（版）と人民（籍）を返上（版籍奉還）したから鹿児島藩は旧藩領域をそのまま継承して薩隈二国と日向《ひゅうが》の一部と奄美諸島を直轄し、さらに琉球《りゅうきゅう》国を属国として支配した。明治四年の廃藩置県では薩隈日三国にあった鹿児島県以下七県が廃止され、新たに鹿児島県の都城《みやこのじょう》、美々津《みみつ》の三県が置かれた。鹿児島県の管轄地域は旧藩領のうち薩摩一国と大隈国のうちの熊毛《くまげ》・駄謀《ごむ》・大島《おおしま》三郡のほか琉球国を含めて三五万石であった。明治五年五月、都城から大隈国の始良《あいら》・菱刈《ひしかり》の両郡を割いて鹿児島県にあわせ、九月、琉球国を分離した。異同が激しくみえるが、本来の薩摩・大隈二国、石高三九万石に蟠踞《ばんきょ》したのである。

大分女子師範学校（大分市長浜町）

　両県のお国柄《くにがら》をみよう。一六世紀・別府湾に面する現大分市あたりに大友宗麟《そうりん》なる大名がいた。豊前・豊後・筑前・筑後・肥前・肥後六ケ国の守護大名を兼ねた武将であるが、一五五一年にシャビエルを招きキリスト教の布教を公許し保護してから教会やコレジョ、育児院病院などが建てられキリスト教が栄えた。府内の外港、沖の浜には天文・天正期、明《みん》船やポルトガル船が入港、南蛮貿易で栄えた。戦国大名であるから大友氏もしばしば合戦し、当時から戦闘に長《た》けた薩摩の島津氏と矛《ほこ》を合わせたが、戦闘一点張の島津氏と違って大友氏のやることは文化的、思想的、学問教育的な志向が脈《みゃく》打っていた。

幕藩時代になると豊後の地は小藩分立し、また幕府領や諸藩預《あずかり》地に侵食《しんしょく》されて統一性がなくなるが、各小藩が独自の藩校をつくり、各地の私塾、郷校、寺子屋も盛んという稀にみる教学盛んな状況が出現したのである。数多くの漢学塾の中から〝豊後三賢〟と言われた三浦梅園、帆足《ほたり》万里、広瀬淡窓をあげると共通の教育観が窺《うかが》える。それは師が教え諭《さと》すのではなく、生徒が寄宿生活を通して修養する〝君は川流《せんりゅう》を汲め我は薪《たきぎ》を拾《ひろ》わん〟という気風であった。豊前中津藩士・福澤諭吉が日本の近代学校制度に私学を位置付けた偉人であることは論を持たない。大分県における近代学校の開始は福澤諭吉の大分《おおいた》小校で、これから興す義務教育の小学校教師を養成しようとするものであった。しかし、修業期間はわずか二ヶ月である。これでは新制義務教育の小学校教師を養成することはできない。よって、明治七年、新生小学校に合わせて師範学校伝習所とし、八年には付属小学校を設置した。ところが九年二月伝習所が火災により焼失したので十月、新校舎を設け、大分県師範学校と改称したのである。しかるに小学校令下の就学率は低く、やっと五〇%を超える程度であった。当県の女児は子守や家事手伝い、賃労働に従っていたからである。男子の大分中学校は早くも明治十八年に発足し、中学校令の施行で県立大分尋常中学校になり、三十年には杵築《きつき》、臼杵《うすきね》、竹田の三町にその分校ができ、さらに中津尋常中学校ができたのに女学校は三十三年、大分町に大分県高等女学校がやっと開設する有様であった。

明治三十年、師範教育令が公布され、児童就学率の上昇にともない師範学校の拡充につとめたが、女子師範学校の設置が本格的になったのは女児就学者が急増した明治四十年代になってからである。大分県女子師範学校を明治四十一年、大分市の県立大分高等女学校に併設した。そして、四十四年、市内長浜町に校舎を新築移転したのである。四十五年には付属小学校もできた。[表2]に見る如く大正七年以後、志願者が急増したが、女教員の不足が慢性化したので大分県教育会付属臨時教員養成所を女子師範に付設して尋常小学校教員を養成した。女子師範の学科課程は明治四十年の「師範学校規程」の通りの修身・教育・国語及漢文・歴史・地理・数学・博物・物理及化学・裁縫・図画・手工・音楽・体操。大正時代以後は他の女子師範学校と同じく運動競技、故郷《ふるさと》研究が盛んで、また朝鮮支部方面と首都東京への修学旅行を行った。

鹿児島県の教育をみよう。薩摩藩は城下に住むエリート武士層と農村に蟠踞《ばんきょ》する郷士層と農民の三者が住み分けていたので概ね明治年間は鹿児島市街の士族の学校と郷士由来の〝郷中《ごじゅう》教育〟(武術偏重)が盛んで、農村に住む平民は殆ど無学であった。それでも市街や町に住む平民児童で小学校に通う者があったから本県の明治十年における義務教育就学率は二三%である。これは全国平均三四%に及ばず青森県に次ぐ下位二番目であった。女児の就学率が特に低かったが、そ

［表 2］大分県の女子師範学校の入学者数

年度	教員数		第一部		第二部	
	男	女	志願者	入学者	志願者	入学者
明治 40	1	1	111	40		
41	3	2	83	30	15	15
42	6	3	79	37	—	—
43	9	3	95	38		
44	10	5	86	40	—	—
45	10	6	113	40		
大正 2	9	5	105	40		
3	9	5	91	40		
4	8	5	82	40	17	34
5	7	4	93	38	—	—
6	7	4	65	39	—	—
7	8	4	160	40		
8	8	5	145	80	56	32
9	10	5	132	40	38	16
10	11	7	174	79	63	39
11	12	9	219	80	100	38
12	11	8	224	80	122	40
13	12	6	240	80	128	40
14	12	6	379	159	236	49
15	13	8	222	78	91	39
昭和 2	12	6	240	80	128	40
3	19	6	198	80	100	39
4	17	7	251	76	159	40

新福裕子『女子師範学校の全容』より

れでも明治三十年ころから女児の就学率が上昇し、三十四年には全体の就学率は九〇％を超えた。このように鹿児島県は明治前半期、小学校義務教育の就学率が極めて低かった。しかるに教員養成の師範学校は明治の始めから開設されていた。即ち明治八年、鹿児島市街の中心、東千石町の天文館跡に小学正則講習所ができて、翌九年十月に鹿児島女子師範学校と改称したのである。

「学制」に師範学校の規定はないが、第四〇章で「小学教員ハ男女ヲ論セス年齢二十歳以上ニシテ師範学校卒業免状或ハ中学免状ヲ得シモノニ非ラサレハ其任ニ当ルコトヲ許サス」としているし「着手之順序」で「速ニ師表学校ヲ興スヘキ事」として教員養成が急務であることを表明している。万事、新政府の命令を尊重する士族優先の鹿児島県が市街地に率先、師範学校をたてたのである。

明治中期、小学校就学率の上昇に伴って明治二十四年、尋常中学校が設置された（のち県立第一中学校と改称）。次いで三十年、姶良《あいら》郡加治木町に尋常中学第二分校（のち県立加治木中学校）が設置された。いずれも士族の子弟が就学し、平民の生徒は極めて少なかった。鹿児島の中学生は軍学校に進学する者が多く、特に鹿児島一中卒業生の海軍兵学校進学率は全国随一だという世評があったことを私は記憶している。明治三十四年に再興された第七高等学校造士館も特異な学校である。その淵源は十七年、旧藩主島津忠義の寄付金によって創立したもので、二十年、文部省の管理下で鹿児島高等中学造士館になった。その後、島津の財政事情で一時廃校になったが、三十四年、第七高等学校造士館として再興した。生徒は鹿児島県の士族で帝国大学に進学した。

このように男子尊重の鹿児島県であったが明治三十五年になると鹿児島市加治屋町に県立第一

高等女学校が、四十五年、姶良郡加治木町に町立加治木実科高女が設置された。恐らく士族の娘が進学したのであろう。こうした状況の中で女子師範学校だけが、明治後半期から昭和初年に至るまで比較的健全に発展したのである。

明治八年頃、鹿児島城下東千石町天文館跡に女子用の小学正則講習所ができ、翌九年、鹿児島女子師範学校と改称したが、西南戦争で一たん閉校した。十一年頃から復興しはじめ十三年十一月には鹿児島師範学校男子教場、女子教場、二十年には男子部・女子部と改称、三十一年には師範教育令による鹿児島師範学校になり四十三年、男子部と分離して鹿児島県女子師範学校になった。女子師範学校になってからの初代校長は木下竹次で、その実践的教育法は広く知られたが、女子師範をはじめるに当って同時にできた県立第二高女を同一校舎で同一教職員の指導で営んだことが注目される。大正時代に盛んになるスポーツ競技の際も、女子師範と第二高女が一体になった。〝女師二高女〟の名で出場し、強いので対抗女学校からしばしば異議が出たが、〝女師二高女〟のスポーツ出場は止めなかった。

鹿児島県女子師範には身体を鍛《きた》えるという確固たる方針があった。その鍛錬法は〝一七里遠足〟と言われるもので、毎年五月、本校から国分《こくぶ》市にある八幡神社までの往復一七里（六六キロ）を二日がかりで往復するものである。落伍者は途中、汽車での帰宅が許されるが、卒業までに完歩することが期待された。この長距離遠足の準備として毎年十二月に行われる八時出発午後五時帰校の中距離遠足があり、さらに毎学期行われる二時間ほどの市内城山《しろやま》登山があった。こうして足腰を鍛えて卒業までに国分市八幡までの一七里遠足を完歩する事が求められたのである。また同校には日本陸軍に憧れる、或いは憧《あこが》れるように仕向けられた風習《ふうしゅう》があった。寄宿舎での生活は起床から食事、就寝まで合図はすべて陸軍式のラッパの響きによった。毎年三月の陸軍記念日には校旗を先頭に全生徒が鹿児島連隊の練兵場で分列行進を行った。市民は〝女子師範〟をもじって〝女子士官学校〟と称したと言う。前に鹿児島の中学生が海軍士官に憧れて、海軍兵学校への進学率が日本一高かったことを述べたが、鹿児島県女子師範の生徒が陸軍に憧れて戦前日本の一つの気風をつくったようにも思われる。ともあれ当県唯一の鹿児島県女子師範学校は生々発展して昭和の世を迎えた。［表3］にみる如く常に多くの志願者の中から選抜された優秀女子が生徒になり次代を背負う小学校児童の女教師になって活躍したのは喜ばしい。当県女教師のエリート性は［表3］によれば大正十二年以後の第二部において著《いちじる》しくなったと思われる。学科課程については師範学校の場合、文部省指定を遵守《じゅんしゅ》しているから本稿ではとりたてて述べなかった。

［表 3］鹿児島県女子師範学校入学者数

年　度	教員数		第一部		第二部	
	男	女	志願者	入学者	志願者	入学者
明治 43	13	4	100	40	26	11
44	17	8	101	40	19	14
45	20	3	81	40	13	7
大正　2	16	8	74	40	—	—
3	18	6	54	35	30	15
4	16	10	63	38	38	27
5	15	13	122	36	42	28
6	24	12	127	36	47	25
7	10	12	167	40	46	37
8	13	12	135	40	33	28
9	9	11	164	40	24	19
10	10	10	235	39	45	29
11	8	6	248	40	63	38
12	8	5	308	40	101	40
13	10	5	297	40	135	80
14	9	6	108	40	312	120
15	16	3	190	40	294	110
昭和　2	21	3	189	40	264	103
3	19	3	154	41	320	99
4	17	3	186	40	333	103

新福裕子『女子師範学校の全容』より

参考文献

新福裕子『女子師範学校の全容』
長坂金雄『全国学校沿革史』

鹿毛基生『大分県の教育史』
豊太寛三他『大分県の歴史』
原口泉他『鹿児島県の歴史』
井原政純『郷学・小学校の設立基盤と地域社会』
篠田弘・手塚武彦『学校の歴史・5・教員養成の歴史』

福島県と秋田県の女子師範学校

九州の大分県と鹿児島県から東北の福島県と秋田県へ跳ぶ。現在の東北地方を戦前は奥羽地方と呼んでいた。陸奥《むつ》の国（太平洋側）、出羽《でわ》の国（日本海側）と通称していたからである。福島県は江戸東京からみて陸奥の国の入り口に当るから明治維新の奥羽掃討対戦で惨憺《さんたん》たる目に会った。これに対し秋田県は出羽の国の奥座敷のような位置にあったから一滴《いってき》の血も流さず平和裏《り》に事を運び賞典禄《しょうてんろく》まで受けている。

まず福島県から述べよう。同県成立までの苛烈《かれつ》な戦闘、悲惨な被占領体験は述べられないが一瞥《いちべつ》しよう。この地方は奥羽と関東の関門に当るから幕府は備えとして信頼できる家門や譜代大名を配していた。中でも会津藩は幕末の争乱中、常に徳川家の中核として新政府軍に最後まで抗戦したことで知られている。両軍の戦闘は慶應四（一八六八）年五月にはじまり、白河城争奪戦、磐城《いわき》平《たいら》方面攻防戦の後、中通り《なかどお》（白河―郡山―福島）、浜通り《はまどお》（太平洋沿岸）に沿って新政府軍優勢のうちに進み、明治元（一八六八）年九月の会津開城で終了。この間、背信行為や単独和睦があって、この地方の戦後処理は複雑である。戦闘で城地が壊滅した藩がある一方、嘆願が功を奏して安堵《あんど》された藩もあった。

新政府は局地戦が終ると枢要な地に民政局を置いた。まず磐城に平《たいら》民政局、次いで会津に若松民政局（明治元年）、そして中通りの南北、白川民政局と福島民政局（明治二年）を置いた。若松・福島・白川の民政局は明治二年中にそれぞれ若松県、福島県（第一次）、白河県になったが、福島民政局管内にあった二本松藩、平民政局管内にあった平《たいら》、泉、湯長谷《ゆながや》の三藩は県にならず藩のまま、明治四年の廃藩置県を迎える。このように盤磐《ばんがん》地方（磐城《いわき》、岩代《いわしろ》）の諸藩は戊辰戦争の推移に従って新政府民政局の支配を受けたり藩に復活したり、県になったりしたのである。

さて、明治七（一八七四）年、当時磐前《いわさき》県の区長であった河野広中《こうのひろなか》は福島県で最初の民会（府県議会、市町村議会の前身）をつくった。丁度《ちょうど》同じ頃、江藤新平が佐賀の乱を起こし、板垣退助が立志社を結成するなど、これから長期にわたって展開される自由民権運動の幕が切って落とされたのである。このように民権の主張は西国南海の地に多いが、東北地方のとば口・福島県で民権の声があがったことは特筆すべきであろう。しかも西南地方の民権論者はすべて士族で中央政府（国会）の民権議員を目標にしたのに対し、福島県の民権論は地方議会（府県会、町村会）の民選議員を目指す所に新鮮さがあった。しかし、一足飛びにそのようにはゆかず、民は民でも豪農層による民会であったから豪農民権運動と呼ばれるようになった。主謀者・河野広中も郷士と呼ばれる豪農の一人であった。とかく理屈っぽい士族民権に比べて実利実益に向かう豪農民権の方が政府の閣僚や地方の豪農層には理解し易かったであろう。

こうして豪農層を主とした民権運動が起こりはじめたその矢先、強権的な三島通庸《みちつね》が福島県令として乗り込み、民権派の幹部を逮捕《たいほ》する福島事件を起こしたのである。三島県令はみずから招集した県会にまったく出席しないので河野広中らの自由党員は県令が出ない議案をすべて否決して対抗した。道路県令の異名《いみょう》がある三島は会津若松を基点に北は米沢、西は新発田《しばた》、南は日光に抜ける会津三方道路開鑿《さく》を認めさせ、激しい代夫賃取立てと強制労働による道路建設工事を強行した。これに対して猛然たる反対運動がおこったので三島県令は県官や巡査を送り込んで暴力を加え、反対の指導者を逮捕した。これに抗議する農民は弾正《だんじょう》ヶ原で大集会をおこない喜多方《きたかた》警察署を包囲した。そしてこれに怯《おび》えた警察官が遂に抜刀して農民にきりかかるという大惨事になり、多くの農民が逮捕された。一方、その時、福島町の自由党本部に集っていた河野広中以下の自由党幹部も国事犯として逮捕された。これらを一括して福島事件とか喜多方事件と呼んでいる。このように三島県令や警察側は河野広中をはじめとする自由党幹部らを憎悪《ぞうお》を以て遇《ぐう》したが、漸く盛んになりつつあったジャーナリズムは全く違った。河野広中以下六名の自由党幹部は東京の石川島監獄に収監されたが、この六名は錦絵に「顛覆六家撰《てんぷく》」として描かれ、民衆の絶大な人気を博した。国会開設や憲法制定を控え、内外の評判を気にし始めた中央政府の政治家は自由党の動きやそれに対する官憲の態度に神経をたてたろう。

福島県の信夫《しのぶ》郡と伊達《だて》郡は古くから蚕種紙、繭《まゆ》、生糸、絹布の生産で知られていた。明治のはじめ頃、イタリア・フランスの蚕種業がビールス病によって大打撃を受けたので日本の蚕種がさかんに輸出されるようになった。明治九年の生産高二万八、三五三枚のうち、一万九、一七一枚が輸出された。しかし明治十年を境に輸出は減少に転じ、明治二十年代になると数千枚に激減した。以後、蚕種業は劣ろえる一方で回復することはなかった。福島県の農業は米麦家畜の一般農業で特筆するものはない。

次に出羽《でわ》国・羽後《うご》の秋田県をみよう。羽後は二〇万石の佐竹家・秋田藩が盤踞《ばんきょ》し、その南に亀田藩、本荘藩があった。佐竹家も関ケ原合戦後の国替えで常陸から移された外様大名であるが、他の大名も奥羽外からの入部者が多い。出羽の国の戊辰戦争は羽前《うぜん》の庄内藩と羽後の秋田藩の戦いであった。出羽国の諸藩は奥羽列藩同盟に加盟したものの日和見《ひよりみ》的な藩が多かった。その中でひとり旗織《きしょく》を鮮明にして新政府軍に対峙したのが庄内藩であった。これに対し秋田藩は鎮撫《ちんぶ》総督の命を受けて庄内追討の軍を出した。両軍の戦いは慶応四年七月にはじまり、庄内軍が新庄、横手を奪って秋田に迫る勢いをみせたが、会津が落城し米沢藩が降伏した明治元年九月になると政府軍が集中的に庄内を攻撃したので庄内藩は降伏した。庄内藩には賠償金七〇万両が課された。官軍に組した秋田藩には賞典禄が与えられた。戦後、庄内藩に酒田民政局、旧幕府領に柴橋と尾花沢の民政局ができたが明治二年七月、これらを合わせて酒田県（第一次）をつくった。次いで三年九月、村山地方に散在した各藩の飛地と酒田県を合わせて山形県（第一次）がつくられた。この間、在来藩はすべて安堵《あんど》され、四年の廃藩置県を迎えて、米沢県、上山県、天童県、新庄県、大泉県、松嶺県が成立した。羽後の四藩は新政府の手入れがない。明治二年五月、秋田藩は久保田藩と改称、四年廃藩置県を迎えて秋田県、本荘県、矢島県、亀田県、岩崎県になったが、十一月、これらを合わせて現秋田県が成立したのである。

秋田県産業の主体は当初から農業で、その主体は米であった。しかし秋田米には入梅期に腐敗する難点があった。これらを克服するために各地の農会は研究を重ね大正期には陸羽《りくう》米としての商品化に成功した。林業も一部、秋田杉の名で売られていたが、古くから知られていたのは〝燃える水〟と言われた石油である。八橋、泉、濁川《にごりがわ》、小国などの油田が開発された。秋田県は秋田県なりに豊かに暮らせる目処《めど》がついたと言えよう。

両県の女子師範学校の状況を福島県から述べよう。

福島県に「師範伝習校」がはじまるのが明治九年、女子部が創設されたのが明治二十年で他県に比べて早い。まず本県の特殊な成立事情を述べよう。明治九年八月、福島県・磐前《いわさき》県・若松県が合体して現代に続く福島県になったのだが、中通り《なかどお》（旧福島県域）浜通り《はまどお》（旧磐前県域）、会津《あいづ》（若松県域）の通称はその後長く続き、県民全員に影響する師範学校設置も明治前期は福島第一号師範学校（福島）第二号師範学校（若松）、第三号師範学校（平）と県内三方面につくらねばならなかった。

明治十一年に発足した福島師範学校は、「師範学校令」の制定により明治二十年、福島尋常師範学校と改められ、二十一年、就業年限三ヶ年、定員二〇名の女子部が併設された。その後、校舎や寄宿舎の新築、学科課程の改定があり、高等女学校卒業生を入学資格とする第二部の設置など女子師範の重要性が認められつつ大正期に入る。大正十二年福島県師範学校は男子校と女子校を分離することになって福島県師範学校は新校舎に移り、旧校舎に福島県女子師範学校が創立されたのである。昭和十七年、県立師範学校は官立に移管されて専門学校なみに昇格、男子部・女子部が復活、戦後の学制改革により福島大学学芸学部となり、昭和四十一年から福島大学教育学部となって現在に至る。

『福島県女子師範学校沿革誌』は生徒数の変遷が欠けているので、ほぼ同時期にできた『福師創立六十年』にある「卒業生一覧」によって明治大正期の卒業生数を観た［表1］。明治末年から大正期にかけての約一〇年間、本科第二部の女子卒業生数が全部落ちているのは本書編集上の手違いと思うが、これまでみてきた西国の女子師範に比べて卒業生が少ない。女教員養成に厳選過ぎたか、もともと志望者が少なかったのか今後の課題である。けれども本書『福島県女子師範学校沿革誌』でみる限り、学習はもとより、訓育、体育、寄宿舎生活等すべてにわたってすぐれた教育を行ってきたと想われる。秋田県の女子師範学校を述べる前に関連する女学校をみるとそ

［表1］福島県師範学校卒業生数

明治大正年	卒業生数			
	本科一部		本科二部	
	男子	女子	男子	女子
明 42	32	27	40	
43	32	29	39	
44	34		79	
大　1	70	24	75	
2	66	24	66	
3	58	36	59	
4	63	36	56	
5	60	38	37	
6	63	34	32	
7	66	36	29	
8	73	33	29	
9	72	35	26	35
10	55	35	27	31
11	74	35	27	37
12	69	36	31	42

明治年	卒業生数	
	男子	女子
21	21	
22	24	
23	25	
24	17	17
25	30	
26	23	16
27	32	17
28	27	
29	28	12
30	28	24
31	29	
32	33	17
33	23	28
34	33	27
35	31	28
36	35	28
37	32	25
38	32	25
39	28	30
40	34	25
41	32	28

『福師創立六十年』による

の設置は寥々《りょうりょう》たるもので明治年間を通じて明治三十四年創立の秋田県立秋田高等女学校只《ただ》一校であった。しかし明治末年に至り、小学校就学率が秋田県でも九五％を超えたので高等女学校設立が識者の間で話題となった。しかし施設設備の関係から設置し易い実科高女設立となり、大正二年、横手、大館、大曲町にそれぞれ町立実科高等女学校が設置されたのを皮切りに同三年、能代港町、五年小坂町、七年湯沢町、九年本荘町、土崎港町、十四年増田町、十五年花輪町にそれぞれ実科高女が設置された。しかしこれまで見た如く実科高女に満足する者は少なく次々に高等女学校に昇格していったのである。

さて、秋田県の女子師範学校である。戊辰戦争で官軍側について戦った秋田藩は新政府側の威を借りて男尊女卑の当地流の教育論をぶちまくって新政府派遣の県令たちの顰蹙《ひんしゅく》をかった。以後、男女平等の観念から女子教員養成がはじまったが、これが県内各地に浸透《しんとう》しはじめると逆に保守層から排斥《はいせき》されるようになった。それほど当時の秋田県は男尊女卑の観念がつよかったのである。しかし明治前期、各地で女学校や女教員養成がはじまると男尊女卑の障壁《しょうへき》にぶつかるので、政府は暫《ざん》を以て処する方針に変え、旧思想、旧習俗と妥協しつつ女子教育を進めることにした。明治後半期の文部省法令を熟視すれば了解できる。

ところが秋田女子師範学校の独立は意外に早かった。即ち明治十三年五月、秋田西根小屋町に校舎を新築、開校して十四年公布の「師範学校教則大綱」にもとづく教育課程をおこなった。十九年「師範学校令」が出たので秋田尋常師範学校と改称、女子師範は尋常師範の女子教員養成部、三十年には「師範学校令」によって秋田師範学校を改称した。明治四十年十二月、校舎の一隅から出火して校舎は一夜にして焼失した。県は従来の男女師範同居の方針をかえて男子師範学校を南秋田郡旭川村に女子師範を従来の秋田市西根小屋町に新築することにした。明治四十一年九月、新校舎が完成したので秋田県女子師範学校として再出発することになった。本校は明治十三年の発足以来、付属小学校があったが、四十四年、再出発を機に付属幼稚園も加え、女教師養成としての満を期した。明治四十三年から高等女学校卒業生を生徒とする第二部制がはじまった。女子師範学校の訓育方針として各人が良教師であると同時に良妻たれというモットーを掲げた。また体育として放課後の合同体操や薙刀《なぎなた》を果したが校友会活動では特に柔道を奨励した。大正元年には講道館の師範が来校し、大正七年には講道館館長・嘉納治五郎がきて乱取りを見せるなど本格的なものであった。秋田県女子師範学校の志願者・入学者数は［表2］の通りで厳しい選抜が行われたようである。

昭和十八年、男子と女子の両師範学校は再び統合され専門学校程度に昇格して官立秋田師範学校男子部女子部になった。昭和二十年一月から女子部生徒会員が群馬県小泉の中島飛行機製作所に勤労動員された。本科二年生は三月卒業したが、他は終戦後、秋田に帰った。昭和二十四年から男子部女子部合併の共学になり、本科は男子部校舎で、予科は旧女子部校舎での授業となり、

[表 2] 秋田県の女子師範学校の入学者数、在校生数と卒業生数

	教員数		第一部		第二部		専攻科		在校生数			卒業生数		
	男	女	志願者	入学者	志願者	入学者	志願者	入学者	第一部	第二部	専攻科	第一部	第二部	専攻科
明治 13	1	3							15			15		
14									49					
15	13								56			13		
16	9								81			14		
17	9								69			31		
18	6	5							37			28		
19	27	4							33			16		
20	11	1							25					
21	10	1							25					
22	14	1							23					
23	12	0							26			27		
24	12	1							21			14		
25	13	3							35					
26	16	2							22			11		
27	15	3							37					
28	16	3	51	20					36			12		
29	15	3							51			0		
30	15	3							34			15		
31	14	2	62	22					36			16		
32	15	3	62	20					56			0		
33	17	1	81	20					57			17		
34	18	2	96	30	ヨビ (103)	ヨビ (35)			70			21		
35	19	1	0	0					82			18		
36	17	2	122	35					94			29		
37	20	2	135	35					98			25		
38	20	2	136	32					94			29		
39	19	2	130	32					92			33		
40	21	2	125	35					93			29		
41	22	1	109	35					97					
42	7	3	106	32					123			29		
43	7	3	119	40	21	21			133	20		30	20	
44	8	3	119	40	12	12			138	12		30	12	
45	6	4	145	40	20	18			147	18		29	18	
大正 2	7	7	116	40	17	17			156	16		38	16	
3	8	5	76	40	19	17			156	17		39	17	
4	9	6	77	38	28	19			150	19		38	19	
5	9	4	93	37					144			34		
6	9	4	89	40					148			37		
7	8	4	75	40					147	72 (2 年)		34	35	
8	9	6	87	39					150					
9	8	5	85	40	28	20			146	20		34	20	
10	7	5	105	39					148			35		
11	10	4	133	41	68	42			150	42		33	42	
12	9	4	300	160	67	36			153	34		38	34	
13	10	2	369	40	67	31			153	31		37	31	
14	11	3	182	40	128	52			193	52		36	50	
15	0	3	242	40	79	34	21	19	193	34	19	37	37	19
昭和 2	13	4	242	40	142	40	7	7	194	40	6	37	40	6
3	11	4	199	40	162	40	4	4	194	40	4	41	40	4
4	10	4	198	40	176	40	6	4	189	40	4	32	40	4

新福裕子『女子師範学校の全容』より

二十六年三月、最後の卒業生を出して終った。さらに昭和二十四年六月新生秋田大学が開学すると師範学校はその学芸学部になり、さらに教育学部になって現代に続くのである。

参考文献

新福裕子『女子師範学校の全容』
『福師創立六十年』
『福島県女子師範学校沿革誌』
『福島県の歴史』（山川県史7）
『秋田県教育史』五・通史編一
『秋田県教育史』六・通史編二
『秋田県の歴史』（山川県史5）

第二部　女子の高等教育・専門学校

女子の高等教育は、明治三十年代に女子英学塾、東京女医学校、日本女子大学校などの設立を機に開花するが、制度上当初は各種学校であり、明治三十六年の「専門学校令」により、漸次専門学校に昇格した。

明治四十四年九月、女性による女性のための文芸誌『青鞜《せいとう》』が平塚らいてうら日本女子大学校の卒業生たちを中心に創刊された。らいてうの創刊の辞「元始女性は太陽であつた。――青鞜発刊に際して――」や、巻頭を飾った歌人与謝野晶子の「山の動く日来《きた》る」で始まる詩「そぞろごと」によって、『青鞜』は一大センセーションを巻き起こした。「家」に縛り付けられ、窮屈に感じていた女性たちが目覚め、らいてう自身も意図していなかった女性解放運動に強い影響を与えた。

大正二年、東北帝国大学が三人の女子の入学を認めた。『東京日日新聞』は三月二十一日、「此七月から日本女子教育界未曽有《みぞう》の事が起る」と報じた。高等教育を希望する女性にとって、新たな時代の幕開けを予感させる吉報であった。文部大臣・高田早苗が「教育調査会」に提案した「大学令要項」で、九割がた女子大学の制度化が認められるはずであった。しかし、それに取って代わられた「臨時教育会議」が出した結論は「女子の大学は時期尚早」であった。

しかし、三女子の帝大への入学をきっかけに、特に第一次世界大戦後、女子の教育要求は高まった。大正六年に三九五校であった高等女学校（実科高等女学校を含む）は、昭和十一年には九八五校となり、約二、五倍に増え、特に大正後半期の伸びが顕著であった。それに伴って、高等教育機関として専門学校令による女子専門学校が続々と開校された。

第一章では背景として、女子の高等教育論争――臨時教育会議と、東北帝国大学の女子学生への門戸開放について、第二章では明治期に女子の高等教育を始めた特色ある女学校について、第三章では大正期・昭和初期に創立した女子の専門学校について述べていこうと思う。

第一章　女子の高等教育論争――臨時教育会議と東北帝国大学の女子学生への門戸開放について

教育調査会から臨時教育会議へ

教育調査会の設置

日清戦争（明治二十七〜二十八年）後、産業が活発になり、社会は専門的・修養的な教育を受けた指導者を多数必要とした。そこで文部大臣の諮問機関「高等教育会議」で、高等学校が帝国大学の予備門化して狭き門となっていること、帝国大学卒業までに年限がかかりすぎることなど、高等教育の学制改革が検討されていたが、大学のレベルを下げるべきではないとする帝国大学の反対が強く、改革は進まなかった。

大正二年二月、山本権兵衛内閣の文部大臣に就任した奥田義人は、同年六月、官僚や帝国大学関係者等を中心とする「高等教育会議」を廃止して、広く政界や実業界、私学界から選任する文部大臣の諮問機関として「教育調査会」を設置した。主要課題は帝国大学以外に官立の単科大学、公・私立大学の制度化承認問題の審議であった。同年十月、委員の日本女子大学校校長・成瀬仁蔵、早稲田大学学長・高田早苗、実業家・渋沢栄一によって「女子高等教育に関する建議」

案が提出された。女子大学の制度的承認と女子専門学校の拡充を国家に求めるものであった。以後、教育調査会、臨時教育会議で議論された内容を、女子高等教育について詳述された湯川次義著『近代日本の女性と大学教育』教育機会開放をめぐる歴史」を参考に概略しよう。

「女子高等教育に関する建議」　この建議は〝時勢の進歩に応じて、女子本来の任務を全うし、国家社会の一員である人格を修めて実績を挙げるために高等教育の必要がある。〟と前書きし、大正二年十月、女子大学と女子専門学校の制度を提案した。

一、女子大学は、単科及び綜合の両制を採る。修業年限は三箇年もしくは四箇年とする。入学資格は五箇年程度の高等女学校卒業者及び之と同等以上の学力を有する者。

二、女子専門学校は、家事料理裁縫手芸、農芸商業、美術音楽等に領域を広げる。修業年限は二箇年ないし三箇年。入学資格は四箇年程度以上の高等女学校卒業者及び之と同等以上の学力を有する者。女子大学に付設する。

というものである。この建議案は、女子大学を制度化し、その入学資格を五箇年程度の高等女学校卒業者とした点で、二年後に可決される「学芸大学校」案と同じ考えを基本としていた。しかし、その後付託された特別委員会では全く歯牙《しが》にもかけられず、大正六年六月にまとめられた

『教育調査会経過概要』では文部大臣への建議事項に加えられていない。成瀬らの建議案は決議されなかったようである。

大正三年七月、菊池大麓（枢密顧問官）は、〝中学校本科又は補修科から進入する学校はすべて大学校とする。高等学校を廃止して学芸大学校に改編し、専門学校も学芸大学校にする。〟という「学芸大学校」案を教育調査会に提出した。さらに菊池は四年六月、渋沢栄一、嘉納治五郎（東京高等師範学校校長）、鵜沢総明（明治大学教授）、成瀬仁蔵、高田早苗ら一一人の賛成者を得て「大学制度等ニ関スル建議書」を提出した。その第一項「中学校卒業生及同等以上ノ学力アルモノヲ収容シ四ケ年以上ノ教育ヲ施ス学校ハ大学ト為スコトヲ得ルコト」が教育調査会総会で可決された。つまり中学校を卒業した者が四年間学ぶ所を大学とすると決定したのである。

高田早苗「大学令要項」で女子の大学教育の制度化を構想

大正四年八月、大隈内閣改造に伴い文部大臣に就任した高田早苗は、同年九月「大学令要項」を教育調査会に諮《はか》った。四年六月に教育調査会総会で可決された菊池の「学芸大学校」案を基に、「公・私立の大学を認めて四年制とし、高等学校を廃止して中学校もしくは五年制高等女学校の卒業生を大学に受け入れ、大学には研究科を付設して学術研究をも行わせること」を骨子とした。

「大学令要項」は一八項目からなり、八番目の項目で、大学ニ入学スルコトヲ得ル者ハ中学校若ハ修業年限五箇年ノ高等女学校ヲ卒業シタル者、又ハ文部大臣ニ於テ之ト同等以上ノ学力ヲ有スルモノト指定シタル者タルコト（傍線筆者）

とした。大学入学資格に、〝五年制の高等女学校卒業者又は同等の学力を有する者〟を入れ、文部省が初めて女子の大学教育の制度化を構想したのである。

高田の構想は、女子の大学教育を法令に定めて制度化し、女子大学の制度と男子大学における門戸開放の両方を承認することにあった。高田は文部大臣に就任する前に早稲田大学学長在任のまま、大正三年四月十一日から約七ケ月間、秘書の橘静二と、欧米旅行の経験がある衆議院議員・実業家増田義一とともに欧米各国を視察した。高田が東京専門学校創立以来三〇年、学苑の経営に尽力したことに対する校友会からのプレゼントであった。シベリア経由でベルリンに到着し、ロンドン、パリなど大学中心に巡遊していたところ、第一次世界大戦の勃発《ぼっぱつ》（一九一四年七月）に遭遇し、スイスからかろうじて再度イギリスに渡った。その時の印象が『早稲田大学百年史』（第二巻）に記されている。

さて、一行がロンドンを再訪してみると、かつての面影は跡形も見られない。通過してきたパリと同様、ロンドンでも、支配人から給仕に至るまで、また自動車の運転手も残らず女性に変っており、徴兵制が布かれていないイギリスでは、カーキ色の軍服を着た義勇兵が公園や空き地で教練を受けているのがしきりに目についた。

男性は義勇兵となり、それまで男性が担っていた仕事を女性が担うようになっていたのである。戦争が女性を社会に押し出し、世の中の様相が一変したのである。

それまでもヨーロッパ各国で男女が一緒に教育を受けている様子を目にしていたが、その後アメリカに渡り諸大学の女子学生の多さに驚いた。特にシカゴ大学では六、〇〇〇人の学生の半分が女子であるということを聞いて、唖然《あぜん》としたという。意気盛んな国は女子教育が盛んである。女子教育が国家の盛衰や文明の進退に関わると高田は悟った。こうして提議した「大学令要項」であった。

女子高等教育に対する教育調査会委員の反応

三土忠造（衆議院議員）や加藤弘之（東京帝国大学総長・枢密顧問官）は、〝大学の門戸開放は認めるが、女子大学設立は時期尚早。〟と反対意見を述べた。また、「学芸大学校」案の提唱者であったにもかかわらず菊池大麓は、〝私立の女子大学設立は禁じないが、国家としては特設する必要なし。女性の大学教育は十分な研究を要する。〟と反対の意向を示した。

一方、賛成論として、鎌田栄吉（慶應義塾塾長）は、〝文部省の意向は女子大学の他に男女混合教育をも認めたものと思考する。西欧では男女混合教育は弊害よりも有利なりとするのが定論。男女両性ある時は、自重心を起こし、放漫にながるるを防ぎ良習慣を作る。社会において男女の交際を許し、学校において許さないのは矛盾撞着《どうちゃく》したことで混合教育を許すことは至当。〟と述べた。成瀬は、〝女子教育発達の結果大学教育も受けさせねばならないことは先進各国が認めている。日本女子大学校でもいままでに一、五〇〇余の卒業生を出し、女医学校や女子高等師範等を卒業した多くの人々が教育、実業その他あらゆる方面に活動し、今日の日本を形づくっている以上国家に須要であるかないかは明らかである。〟と述べた。

「大学令要項」から「五箇年ノ高等女学校」が削除される

大正四年十月一日の教育調査会総会で、三土忠造の質疑、文部次官福原鐐二郎の答弁により、〝国家が女子大学を設ける意思はなく、既設私立女子高等教育機関を女子大学と承認してもよい。〟というのが文部当局の意向であることがわかった。ところが、総会審議の後、「大学令要項」はすべて「大学令制定ノ件ニ関スル特別委員会」に付託されることになった。特別委員会は四年十月六日から十一月三日まで五回にわたって審議が行われた。その途中十月二十二日の特別委員会で女子の大学教育問題を議論し、入学資格規定案から「若《モシク》ハ修業年限五箇年ノ高等女学校」の字句が削除されてしまったのである。女性の大学教育問題は付則として扱うという含みを残したものの、女子の大学での高等教育は遠のいてしまう。

初めて女性の大学教育の制度化を織り込んだ高田の「大学令要項」は、菊池の「学芸大学校」案を基盤にしていたので、総会で多数の支持を得られるはずであった。しかし、貴族院選出や枢密院関係の委員の反対があり、また帝国大学側からも不備を指摘する意見があった。十一月三日の特別委員会で「大学令要項」の審議が終了した。目的規定が「大学ハ高等ノ学識及品格ヲ備ヘ社会ノ指導者タルヘキ須要ノ人材ヲ養成シ及学術ノ蘊奥ヲ攻究スルヲ以テ目的トスルコト」の傍線（筆者）部分が「国家ノ須要ニ応スル学術技芸ヲ教授」と修正された。学芸大学校的な規定が退けられ、帝国大学令と同様の目的とされたのである。

大正五年六月の教育調査会総会で、高田提案の「大学令要項」は議題にもかけられなかった。しかも前年十一月三日の特別委員会議決の審議延期が申し合わされた。新たに「帝国大学改正案等調査特別委員会」を設置して、「参考として現在内外教育制度ヲ統計的に調査スル」旨の申し合わせを行った。高田案の「大学令要項」は棚上げにされたまま、時間が経過する中で、大隈内閣は元老らの圧迫により総辞職に追い込まれた。高田案をつぶすための一連の動きだったように推測される。五年十月、寺内正毅内閣が組織され、学芸大学校案や高田案に反対だった岡田良平が文部大臣となった。岡田はさっそく「教育調査会」の廃止に取り組み、翌年九月、新たに内閣総理大臣の諮問機関として「臨時教育会議」を設置した。女子の大学教育問題は再度同会議で審議されることになる。

臨時教育会議設置の背景　大正三年八月、欧州で起こった第一次世界大戦（一九一四年七月～一九一八年十一月）に日本は連合国側として参戦した。軍需産業や輸出産業などあらゆる産業が急激に発展し、日露戦争後不況に陥っていた日本を一時的に救ったものの、政治・経済・社会・文化の方面に大きな影響を及ぼした。列強国の仲間入りをした日本は、中産階層の増加とともに高等教育への進学希望者が増大した。

一方、戦後、欧州の経済状態が復活すると輸出の停滞から再び不況に陥り、物価は高騰し、労働者の生活は困窮した。大正七年七月、富山県魚津町で漁師の妻たちが米の高騰に怒り、米の積み荷作業を拒否したことから始まった米騒動が全国に広がった。それをきっかけに日本の社会運動・労働運動が起動していく。欧米での戦中・戦後の女性の活躍や地位の向上が、世界的なデモクラシーの高まりとともに、日本の女性観に大きな影響を与えた。また、大戦中に起こったロシア革命（一九一七年三月）の影響で流入した社会主義思想は政府の指導層に危機感をもたらした。教育制度の改革が急がれた。

第一回全国高等女学校長協議会　大正六年十一月、第一回全国高等女学校長協議会が三日間に

わたって開催された。これは自主的な会合で全国から一六三人の校長が集まり、第一次世界大戦後の影響を憂え、「時局並ニ戦後ノ女子教育」を審議した。高等女学校の修業年限は五年を本則とすること、理科思想の強化や体育の改善、女子の高等教育の途を一層広くすること、すなわち専門教育の拡充、帝国大学の門戸開放などが建議案に盛り込まれた。現場の教員たちはいち早く時局の変化を察知している。その一部は臨時教育会議に盛り込まれた。

臨時教育会議の設置　政府は、日本固有の国体思想を培うために、学制を改革して明治五年以来の教育制度を完成しようと企てた。それが臨時教育会議である。大正六年九月、内閣総理大臣の諮問機関として臨時教育会議（大正六年九月二十一日～八年五月二十三日）が設置された。総裁に平田東助（貴族院議員）、副総裁に久保田譲（枢密顧問官）、委員に関係各省次官・文部省直轄学校長・私立学校長・陸海軍関係者・貴衆両院議員・枢密顧問官・財界人など三六名、幹事四名から構成される多彩な顔触れであった。しかし、それまでの「教育調査会」と比べると進歩的な考えを持つ人々や実業家、私学関係者が除かれた。

大正六年十月一日、臨時教育会議開会の演説の中で、内閣総理大臣寺内正毅は〝…国民教育の要は徳性を涵養し智識を啓発し身体を強健にし以て護国の精神に富める忠良なる臣民を育成するに在り。〟と、教育の目標を述べ、「護国の精神に富んだ忠良な臣民の育成」がねらいであると明言した。

『読売新聞』は、一一回にわたって高田早苗（貴族院議員）や鎌田栄吉などの臨時教育会議への要望を連載した。『国民新聞』は、「女子の大学教育――時勢の進歩を認めるか認めぬか――」という記事を掲載し、政府が明確にすべき方針を指摘した。『東京朝日新聞』は、社説で「現大戦の訓《おし》へたる欧米婦人の現状に鑑み、幾分の進歩的考慮を女子大学教育問題の上に致さんことを切望す」と論じた。このように多くの新聞は、教育調査会から引き継いだ臨時教育会議に、時代の進展に応じた女子高等教育の方向性が示されることと期待した。

臨時教育会議は、三〇回の総会が持たれ、小学教育、高等普通教育、大学教育および専門教育、師範教育、視学制度、女子教育、実業教育、通俗教育、学位制度の九つの問題が諮問された。この中の「女子教育」、特に女子の高等教育について概略しよう。

女子高等教育論争

女子教育について審議されたのは、大正七年九月十七日の第二三回総会と、同年十月二十四日の第二五回総会の二回である。女子の高等教育について最も熱弁をふるったのは、成瀬仁蔵であった。第二三回総会で、成瀬は臨時教育会議のために執筆した『女子教育改善意見』を各委員に配布し、女子の大学教育の必要性を長時間にわたって力説した。『女子教育改善意見』は、「一、女子教育問題研究の態度」「二、女子の人格教育と良妻賢母主義の教育」

など八項目から構成されている。〝第一次世界大戦後世界各国で女性問題を重視し始めた現状から、我が国においても科学的基礎の上に立って、女子教育について研究すべき時である。女性の社会進出に伴い、職業に従事する女性の指導者となる修養を備えた女性が必要である。国家の発展のためには善良剛健聡明達識の国民を教育する妻・母を育成することが国家的要件である。〟という考えを前提として、特に「六、女子高等教育の可能力」と「七、我が帝国は今後如何なる女子大学を要するや」を中心に論じた。

成瀬の意見に全面的ではないが、賛成の意を表したのは嘉納治五郎と鵜沢総明であった。嘉納は〝「堅実ナル日本ノ国民精神ヲ本トスル」高等女学校専攻科以上の高等教育機関を設けるべきとするが、それには女子高等師範学校をあてればよい。〟と、国家的視点からその必要性を主張した。大学レベルの教育については東北帝国大学のように女性が入学する途が開けていればよいと述べた。鵜沢は、〝高等教育は単なる職業教育としてではなく、「女トシテノ教育、人間トシテノ教育」で、根底に国家を置くべき。〟と主張した。

成瀬の建議に対して反対したのは、江木千之（貴族院議員）で〝女子教育は虚栄心を増長させる。実生活に役立つ科目だけで十分である。女子の死亡率が高いのは教育のせいである。〟と、女子教育は健康に有害として反対した。関直彦（衆議院議員）は〝高等教育を受けた者は父母に対する孝が欠如し、思想が危険である。先祖崇拝、神や仏に対する信仰など宗教的観念を涵養することが大切。良妻賢母が必要。〟と反対意見を述べた。

主査委員会の設置　成瀬の意見を支持する委員は少数であった。より詳細な審議を行うために「主査委員会」が設けられた。委員長に小松原英太郎（枢密顧問官）、委員に澤柳政太郎（帝国教育会会長、成城中学校校長）、阪谷芳郎（貴族院議員）、成瀬仁蔵、江木千之、関直彦、三土忠造、水野直（貴族院議員）、湯原元一（東京女子高等師範学校校長）の八名が指名された。主査委員会の議事録は残されていない。『教育時論』などの記事によると、三回にわたる主査委員会の結果、「今日の女子教育制度は敢て不可なしと雖《いへど》も其内容に於ては我国の家族主義を一層徹底せしむるの必要を痛切に感ずると共に一面時勢の進運に伴ひ其教育程度を相当高むるの必要ありと云ふにあり」という家族主義の強調と、教育程度を高める必要という答申になった。成瀬の女子大学構想とは程遠い結果である。答申原案を作成する小委員会が設けられ、江木、澤柳、三土、湯原、成瀬が指名された。七年九月二十七日、小委員会を開き、七項目からなる答申案を起草したが、三十日、主査委員会が開かれ、教科目の選択範囲の拡大などを求める一項を追加し、八項目とした。

臨時教育会議第二五回総会における主査委員会の答申案の審議　大正七年十月二十四日、第二五回総会で八項目からなる答申案と希望事項、それぞれの答申理由について、小松原英太郎が説明し、審議された。以下に海後宗臣編『臨時教育会議の研究』・諮問第六号・女子教育に関スル件（伊勢田燿子著）」を参考に八つの答申項目を記そう。原文は漢字カタカナ表記だが、読みやすいように漢字平仮名表記にし、適宜濁点・句読点・ふりがなを施した。

一、女子教育に於ては、教育に関する勅語の聖旨を十分に体得せしめ、殊に国体の観念を鞏《きょう》固《こ》にし、淑徳節操を重んずるの精神を涵養《かんよう》し、一層体育を励み、勤労を尚《とうと》ぶの気風を振作し、虚栄を戒め奢侈《しゃし》を慎み以て我家族制度に適当するの素養を与ふるに主力を注ぐこと。

二、高等女学校に於ては、実際生活に適切なる知識能力の養成に努め且つ経済衛生の思想を涵養し、特に家事の基礎たるべき理科の教授に一層重きを置く事。

三、高等女学校及実科高等女学校の、入学年齢、修業年限、学科課程等に関する規定を改正して、一層地方の情況に適切ならしむること。

四、高等女学校卒業後更に高等なる教育を受けむとする者の為には専攻科の施設を完備し、又必要に応じて高等科を設置するを得せしむること。

五、高等女学校の教科目は成るべく選択の範囲を広くし、最も適切なる教育を施すこと。

六、高等女学校長並教員の待遇を高め、優良なる人物を招致すること。
七、女子に適切なる実業教育を奨励すること。
八、以上の外高等普通教育改善に関する第二回答申に列挙したる事項は、大体に於て女子教育に関しても同様必要あるものと認む。

希望事項

女学校の校長及視学委員には学識経験に富める適量の女子をも任用するの途を講ぜられむことを望む。

理由書について補足しよう。一、は女子教育全般についてで、すべて旧来の国体及び家族制度の維持を主張している。そして二、三、五、七項において、高等女学校・実科高等女学校の方向づけをしている。特に高等女学校が形式に流れて実状に合っていない傾向がある。入学年齢、修業年限の伸縮や学科課程の選択を広げるなど改善して、実科高等女学校のようにその地方の実情に合わせて運用する。経済・衛生の思想、家事と関係が深い理科に重点を置き、節倹・貯蓄の思想を涵養する。女子が諸種の職業に従事すると家族制度の破壊につながるので、職業教育よりは、農村や商工業地などその土地に適する実業科（養蚕・養鶏・蔬菜《そさい》栽培・商業・工業など）を加味した普通教育を授け、主婦・母としての心得を授け、国体の観念をも涵養する。徳育をおろそかにしないように注意することなどを述べている。中流家庭の生活改善を念頭に置いた方針である。

女子高等教育論争のゆくえ

議論の中心は、〝高等女学校卒業後の専攻科と高等科を設置する〟という趣旨の第四項を削除するかどうかであった。

第四項に強硬に反対したのは、山川健次郎（東京帝国大学総長）であった。山川は、〝今日高等女学校は何百という数になり、高等女学校卒業でなければ婚姻しないというような流行になって、女子を圧迫している。女子は弱いので、さらに至る所の高等女学校に専攻科や高等科を置くことになると、中産階級、知識階級の娘に一層圧迫を加え、婚期が遅れ、妊娠率を低くし、女子の死亡率を高めるというような我が民族にとって甚《はなは》だ不利益なことを起こす。〟と反対意見を述べ、答申案から第四項を削除する動議を提出した。高木兼寛（東京慈恵会医院医学専門学校校長）も、女子高等教育と健康問題との関連を調査する必要があるとし、第四項に難色を示した。

これに対して、成瀬仁蔵や鵜沢総明が反論した。成瀬は〝近来我が国における女子の死亡率の増加が女子の教育に起因するということは信じることができない。しかし女子教育が女子の健康状態に良くないという事実が現れるのであれば、どのように女子の生活を改善すべきか、救済策を考えるために女子の教育を徹底するほかない。〟と主張した。鵜沢は、〝女子教育と教育方法を混同して健康と結びつけると、教育そのものを阻害する事になり、世界の大勢に遅れる。〃と警告した。

江木千之は〝今日の女子教育は虚栄などから高い教育を望む一種の流行であるから、高等女学校を置くにとどめて、その上の教育を受ける所がないと、宗教家や外国人の手に移るという兆候もあり、甚だ憂うべきことになるため、第四項を除きたいのは山々だが、高等科を存しておくことに賛成する。〃という消極的に賛成する意向を述べた。江木の発言は、この大正七年四月にやっと開学にこぎつけた東京女子大学（後述）を念頭においたものであろう。同大学は「専門学校令」によって、六つのキリスト教系宣教局の共同経営で設立された女子の高等教育機関であった。江木のように国体維持のためにはやむをえないという消極的な理由で高等科の設置を承認する委員が少なくなかった。議論の結果、修正を加えず本案が可決された。

政府・文部省の意図は、文部大臣岡田良平が〝一般女子の教育は高等女学校程度で満足してよいと思っている。しかしなおそれ以上のものを設けるならば、専門職業学校というような特種の学校を私設するのはよいが、女子の高等普通教育の機関を官設にすることは不可能の事である。〃と述べている点に示されている。国の基本方針は、女性の役割を家庭に限定し、従来の家族制度と社会秩序を維持・強化することにあり、女子高等教育問題は慎重に対処すべきとしてとらえられていた。これは多くの臨時教育会議委員に共通するものであった。

第二五回臨時教育会議の答申に対する批判　臨時教育会議の答申は、国体観念の強化、女子大学制度は認めず、高等女学校に高等科を設け、女子の高等教育を完成させるべきとしている。十月二十六日『大阪毎日新聞』は〝女子教育改善案、凡常を免れず、蓋《けだ》し帝国の国情、幼稚なる女界、之を然らしむるか。〟と批判した。十月二十七日の『大阪朝日新聞』も〝これでは女子教育の改善でもなく、従来の不完備を補ってもらいたいというに過ぎぬ。〟と痛烈に批判した。また、同紙は〝会議の議員に官等勲位の上級者、実業界の老成人、政党員の古株のみが挙げられて、実際の教育学的智識を具備する少壮の学者や、教育の実務に当たれる現在の校長教師の代表者を加えていないことが臨時教育会議の欠点。教育会議其のものの組織が間違っている。〟（畑中理恵著『大正期女子高等教育史の研究』より）と指摘した。女子教育に関しては特に進展は見られなかった。

「大学令」「高等学校令」が公布される　臨時教育会議の答申を受けて、大正七年十二月、「大学令」「高等学校令」が公布され、八年二月には「帝国大学令」が改正された。その「大学令」による学部への入学資格は、〝大学予科を修了した者、高等学校高等科を卒業者した者、又は之と同等以上の学力があると認められた者〟としている。従って女子については、男子の高等学校のような大学への連絡機関も設けずに、専攻生・聴講生・選科生などの入学に限って容認しようとしたに過ぎなかった。

臨時教育会議は大正八年三月二十八日の第三〇回総会をもって閉会となった。同会議の答申は、男子の高等教育に関しては大いに進展が見られた。高等学校（修業年限三年）の第一学年に中学校第四学年修了者を入学させ、帝国大学卒業までの教育年限を一年短縮させることとした。これまでは官立に限られていた高等学校を、公立・私立の設置も認め、尋常科四年・高等科三年の七年制高等学校の設置を認めることとした。大学に関しては、綜合制を原則としながらも単科制も認め、官立の他、公立・私立の設置も認めることになった。大正八年度から十三年度の間に、高等学校・高等専門学校の新増設、単科大学への昇格等、高等教育機関の拡張計画が実施された。私立専門学校の大学への昇格は、大学令による厳しい条件下、大正九年から十三年までの間で一九校が実現した。

諸大学の女子受け入れ状況　こうした状況下いち早く女子に門戸を開こうとした私学があった。慶應義塾大学部は、大正八年八月、「大学令」による大学設立認可申請を行うに際して、大学予科入学資格者として「高等女学校卒業者」の一項を入れた。また、早稲田大学は同年九月、学部の第二次入学資格者に「専門学校卒業者」の一項を入れて大学設立認可申請をした。女子の入学を認める含みがあったと考えられる。しかし、結局は文部省の指導により、認可されるためには両大学ともそれらの一項を削除しなければならなかった。『東京朝日新聞』（大正八年十月三日）は、松浦鎮次郎専門学務局長の「省議として決ったのではないが、自分としては予科程度（十七八歳から二十歳位迄）の男女学生が席を列べる事は大いに問題だと思ふ。…」という言葉を伝えている。大学ならともかく、大学予科時代の共学には反対であった。こういう考えが政府や文部省の大半を占めていたのであろう。

官立大学でも正規の「学生」としてではなく、「生徒」としてではあるが、女子の入学を認めるものもあった。大正八年十一月、京都帝大医学部が選科生として二名の女子に入学を許可した。同九年九月、東京帝大文学部に、男女聴講生五四名中三二名の女子が入学を許可された。最年長は四九歳。ちなみに中條百合子（後の作家宮本百合子）は履歴の選考で不許可となった（『東京日日新聞』大正九年九月十日）。翌年同大学医学部薬学科で、学費を学校で支弁する専攻生として女子一名が入学を許可された。

大正期に女子を正規の「学生」として入学を認めたのは、同志社大学、東北帝大、九州帝大の三大学であった。しかし、いずれも第一次入学試験に欠員があった場合に限る第二次試験入学資格であった。同志社は、十一年四月から同志社女学校専門部の英語科卒業生を入学資格として男女共学を実行し、十二年四月、四名の女子が文学部に入学した。海老名弾正総長の〝女子の地位を向上し政治上の権利を獲得させるにはどうしても女子に高等教育の必要がある。大学程度の修学には男女共学を最も便利とする。〟（『読売新聞』大正十一年三月十五日）という男女平等の思想に基づくものであった。十二年、東北帝大は新設の法文学部と理学部において、十年ぶりに女子の学生としての入学を再開し、理学部に三名、法文学部に二名が入学した。十四年四月、九州帝大は法学部と農学部に女子の入学を認め、法学部に二名の女子が入学した。

臨時教育会議後の女子教育の扱い　大正九年七月、「高等女学校令」の改正が行われた。第一条の目的が「高等女学校ハ女子ニ須要ナル高等普通教育ヲ為スヲ以テ目的トシ特ニ国民道徳ノ養成ニ力メ婦徳ノ涵養ニ留意スヘキモノトス」とされた。明治三十二年発令の勅令に「特ニ」以下の傍線（筆者）部分が加えられ、国体観念が強調されたのである。第九条では「修業年限ハ五箇年又ハ四箇年トス但シ土地ノ情況ニ依リ三箇年トナスコトヲ得」となった。明治四十年に四箇年・五箇年に整理されたものが、三箇年も認めるとされた。入学資格は尋常小学校卒業者であるが、三箇年の場合は高等小学校卒業者が入学資格となる。高等女学校を卒業し、さらに高等教育を望む者のために、第十二条ノ二で「高等科、専攻科又ハ補習科ヲ置クコトヲ得」とした。高等科（二年又は三年）は「精深ナル程度ニ於テ高等普通教育ヲ為スモノトス」とし、男子の高等学校に準ずるものという趣旨で設置されたが、大学入学資格が与えられるわけではなかった。

このように政府や文部省が女子の高等教育に対して頑なであったのは、参政権をはじめとする女性の諸権利を認めようとしない方策と同一のものが根底にあり、日本固有の家族制度を守るために、女性の教育を男性と同様にすることはできないという基本政策が存在していたからである。

明治四十四年に小学校義務教育の就学率が九八％になり、上級学校への進学希望者が急増した。当初上流階級の女子が対象であった高等女学校が中流階級の女子もその対象となったことで、実生活にそぐわない高等な授業内容を授けていることへの批判があった。また、明治末期から興隆した社会主義思想や、平塚らいてうらの文学雑誌『青鞜』がきっかけとなって盛んになった女性解放運動、第一次世界大戦後に世界的に広がったデモクラシーの波に乗って起こった『新婦人協会』の設立と婦人参政権獲得運動、個性を尊重する自由主義的な「新教育運動」など、新たな潮流に危機感をもった政府役人らの保守的思想が根強かった。

大正九年ごろから十五年にかけて女子に大学の門戸が開かれたといってもその大半は聴講生や選科生など、「生徒」としてただ学習を認めているにすぎなかった。試験を受けて学習の成果を確認する機会も与えられなかった。十五年時点で、三七大学中で学部「学生」として認めているのは前述した三大学だけで、それも第二次試験など限定されたものであった。欠員がなければ受験の機会さえなかった。そして、一〇大学で「生徒」として認めているにすぎなかった。制度上や大学の設備環境など女子への配慮のなさに女子の不満も多く、大正十四年四月の「全国女子学生聯盟《れんめい》」結成と連動して、教育機会均等を求める振興運動へと発展していく。

とはいえ臨時教育会議は、女子と大学教育との関係について、初めて政府の諮問《しもん》機関によって答申としてまとめられ、方針が示された点において史的意義として認められる。そして大正十一年ころから限定的ではあるが、女子に大学への門戸開放が容認され始めたのである。

東北帝国大学の女子学生門戸開放について

帝大初の女子学生入学

前述したように、大正二年、東北帝大に三名の女子が入学した。帝国大学では初めてのことで、新聞等で大きく取り上げられた。女子の高等教育機関への入学が閉ざされていた時代なので、「我が国女子教育史上特筆大書すべき出来事」などと、女子教育関係者は活気づいた。しかし、それもつかの間、文部省や大学内部から反対の声があがり、この年以後、大正十二年まで十年間、正規の学生としての女子の入学はない。なぜそのような結果になったのか。そのいきさつを『東北大学百年史』、湯川次義著「『近代日本の女性と大学教育』教育機会開放をめぐる歴史」などを参考にして述べよう。

明治四十年六月、東北帝大を仙台に設置する勅令が公布され、理科大学を新設することに決定した。理科大学教授陣に十名が内定し、校舎建設など準備が整うまでの間、その多くが約四年間ドイツを中心とする欧州へ留学した。四十四年三月、澤柳政太郎が東北帝大初代総長に就任し、同年九月、東北帝大理科大学入学式が挙行された。入学者は数学、物理学、化学合計二五名。高等学校（旧制）のほか、専門学校、高等師範学校卒業生など多様な人材に門戸を開いた。

理科大学が設置された明治四十四年ごろは、全国的に理科大学が不人気であった。東京帝大では法科・工科・農科・医科の卒業生は増加傾向であったが、理科は横ばい状態であった。京都帝大では、医科大学を除いて入学者が定員に満たない状況が続いていた。こうした状況を踏まえて東北帝大では、入学資格について、高等学校卒業者以外にも受験機会を与え入学者を確保する戦略をとった。いわるゆ「傍系入学」である。そのことが当時の新聞『河北新報』には「東北理科大学門戸開放」と記され、この「門戸開放」が東北帝大の特色のようになった。この「傍系入学」を元に、大正二年、帝国大学で初めて女子三名が入学を許可された。化学科に黒田チカ、丹下ウメの二名、数学科に牧田らく一名である。しかし、その背景は入学者確保という現実的な理由があり、東北帝大の理念や学風としての処置ではなかった。澤柳総長は、明治四十四年九月、第一回入学式宣誓式において、

理科大学の声価は第一回の卒業生に依って、大体評価せらるゝものなれば、特に大なる覚悟を要すべきことなり。又門戸開放の結果として高等学校以外の学校より入学したるもの多数あり。門戸開放に就いては大に世間の賛成を得つゝあれども、此方法の果して適当な

るや否やは結果の良否に依らざるべからず。良否の判定はいふまでもなく第一回の入学に依て決するものにして、社会の大に注視しつゝあるところのものなれば、これ亦充分自重して学業に勉励せんことを希望するものなり。

（『東北大学百年史』三より）

と、訓辞した。高等学校以外からも入学者がいることから第一回の入学生により今後この方法の良否が判断されるので、勉学を励ましたのである。こうした考えの元に、翌大正二年、第二回の入学試験で、女子四名の受験を認め、うち三名が合格、入学の許可は澤柳が決定した。ところが、澤柳は、同年五月、京都帝大第五代総長に任じられ、同年五月九日、東北帝大第二代総長に広島高等師範学校校長であった北条時敬が就任した。澤柳が、京都帝大総長着任後の大正二年八月に行った講演記録によると、女性三名の入学許可は、傍系入学を認めた規程を根拠としたもので、女性の高等教育を大いに奨励するわけではないが、拒否する理由はなかったからと述べている。

澤柳政太郎の女子高等教育観　では、澤柳が女子高等教育に関してどのような見解を持っていたのかみよう。澤柳は、総長就任前の文部次官時代、明治四十年六月、日本女子大学校の「毎月会」で、女子の専門教育、即ち職業的教育換言すれば学術技芸を要する教育は果たして必要でありましょうか。…我が国の高等教育も早晩女子の為めに其の門戸を開かねばなりませぬ。しかしそれ等は一般女子に必要といふのではなく、独立しなければならぬ不幸の女子の為めに必要なのであります。…

（湯川次義著『近代日本の女性と大学教育』教育機会開放をめぐる歴史」より）

と、職業教育としての女子高等教育は疑問であると述べている。また、女性の大学教育は「特別の機関は不必要で、男子と同じ学校でやればよろしい」と、女子大学の制度化ではなく既設大学の門戸開放で解決すべきとしている。

「毎月会」は日本女子大学校が、女子の高等教育に関心のある人々の意見交換を行う目的で、明治三十九年七月から大正元年十一月まで九回開催した。主催者の同校校長の成瀬仁蔵は、女性の特殊性能素質を伸ばせる女子大学の制度化の必要性を最も強く掲げていた。むろんこの時の澤柳の「不幸の女子の為めに云々」発言に対して、席上の西園寺公望や慶應義塾塾長の鎌田栄吉が反論している。

澤柳は、海外の教育事情に通じていた。アメリカで一八三三年に共学制のカレッジが設立されたのを初めとして、フランスでは一八六一年に、イギリスでは一八六九年に、ドイツでも一九〇〇年にそれぞれ女性を学生として入学を認め、門戸を開放した。このような一九世紀半ば以降の欧米先進国の動向をとらえた上で、先の「毎月会」での「早晩女子の為めに其の門戸を開く時がやってくる」という考えを抱いていたと思われる。そして現行法規上に女子が大学其の他高等学校に進入することを禁ずる規定はないと認識していた。規定の裏をかいくぐって、入学者確保という現実的な思惑とともに、東北帝大の女子門戸開放につながったといえよう。

東北大学に入学した三名の女子学生　では、東北大学に入学した初めての女子学生三名を記そう。

黒田チカ・東京女高師理科卒業後、同校の助教授、当年二九歳
牧田らく・東京女高師理科卒業、数学研究科出身・授業嘱託、当年二四歳
丹下ウメ・日本女子大化学科出身・同大学助手、当年四〇歳

黒田チカは、当時東京女高師の助教授で、二九歳であった。化学科教授である平田敏雄と東京帝大より講師として招聘《しょうへい》されていた長井長義の助手的な仕事に従事していた。長井はまた、東京女高師で数学研究科を修了し、同校で授業嘱託をしていた牧田らく二四歳を東北帝大に進学させる意向であった。大正二年五月六日に中川謙二郎東京女高師校長から澤柳総長に牧田と黒田の入

学可否の照会がなされ、また、同じく長井が長年指導し、中等教員検定試験に合格し、日本女子大化学科の助手を務めていた丹下ウメが受験することになった。このように女性の東北帝大受験には、長井長義が深くかかわっていることがわかる。

当時東京女高師校長の中川謙二郎は、女子教育の振興に尽力し、大学入学の資格のある者には門戸を開放すべきことを説いていた。長井は明治四年第一回海外留学生としてドイツ留学し、明治十七年帰国後、東京帝大教授となり、後に日本女子大で家庭化学を教授し、東京女高師へは中川のすすめで大正元年より講師として務め、長年のドイツ生活をもとに女性の教育に尽力していた。

東北帝大受験の流れ　大正二年六月二十三日の『官報』に東北帝大の第二次入学志願者を募集する広告が掲載された。願書締め切りは七月三十一日で、「体格検査、入学試験並びに選抜試験」は八月八日から順次行うなどと記されている。八月六日付『東京朝日新聞』や『東京日日新聞』など各紙は四人の女性が志願したことを報じた。このような状況の中で、文部省は試験開始翌日の八月九日、専門学務局長松浦鎮次郎名で、東北帝大総長北条時敬に女性の取り扱いを照会した。

理科大学志望者中数名の女子が出願していると聞き及ぶが、試験の上「撰科」に入学させる見込みか。元来女子を帝国大学に入学させることは前例がないことで、非常に重大な事件であるので詳細を聞きたい。

（湯川次義著『近代日本の女性と大学教育』教育機会開放をめぐる歴史」より）

というものである。大学側は、しばらく正式な回答を出さなかった。入学試験を行い、『官報』に合格者が登載され、事態が決着した後の二十五日になって総長が出頭し、事情を説明した。ここに大学側の女子への開放に対する意向が表れている。

黒田、丹下、江沢は八月八日〜十日にかけて、牧田は八日〜十二日にかけて、体格検査・入学試験・選抜試験を受けた。四〇名を超える受験生の中で、黒田、丹下、牧田の三名が男性三五名とともに本科生として合格し、江沢は不合格となった。大正二年八月十六日の『東京朝日新聞』はじめ、各新聞が大々的に取り上げた。松浦は、〝今回東北大学に女子を入学させたのを見て、各大学にも出願すれば皆女子を入学させるもののように解するのは早計である。帝国大学の学則は男子を目標としている。女子を入学させようとするなら、特にその意を明らかにする必要がある。〟〝今回の志願者は皆教員なので、男子と競争して勉強するのは教育のために喜ばしい事であるが、一般の女子が最高学府に向かうのは利害得失について深く研究を要する。〟などと学則の解釈として述べた。結局文部省は三女子の入学を「例外」として処理しただけで、女子の大学教育を制度的に承認したわけではなかった。文部省の政策的支持がなく、大学内でも反対の意見が高まったため、その後東北帝大の正式な学生としての女子の入学は途絶える。

東北帝大女子入学に対する世間の反応と三女子の功績　東北帝大の女子門戸開放に関して、女子教育関係者の中でも棚橋絢子（私立高等女学校校長）や嘉悦孝子（私立日本女子商業学校創立）は、家族主義的な性別役割の考えから女子の大学教育までは必要ないと述べている。しかし、新聞各紙や雑誌『太陽』などは、女子大学生の誕生を歓迎し、東北帝大の門戸開放に賛辞を贈る一方、保守的に傾く文部当局の対応を批判するものが多かった。また、婦人問題との関連でとらえるものもあり、『大阪毎日新聞』（大正二年八月二十二日）は「女子の覚醒向上の思潮は滔々《とうとう》として抑ふべからず」、同日付の『婦女新聞』（六九二号）は「全婦人界の慶事」などと評価している。

文部当局の「三女史が卒業の暁には、理学士の称号を与えるか否かは決定していない」などという冷ややかなコメントをよそに、牧田と黒田は順調に三年後の大正五年七月に卒業した。丹下は病気のため一・二年次に休学し、大正七年七月に卒業した。卒業後**牧田**は、東京女高師講師となって復帰したが、八年に結婚し、九年に離職した。**黒田**は、東北帝大大学院に進み、副手を務めながら研究を続け、二年後に大学院を修了し、七年、東京女高師教授に就任した。昭和四年、東北帝大から理学博士の学位を受けた。丹下は、卒業した七年九月、東北帝大大学院に進学し、修了後は応用化学教室の助手を務め、研究を続けた。十年から文部・内務両省の命令により米国に留学し、スタンフォード大学、コロンビア大学、ジョンズ・ホプキンス大学大学院で研究を続け、Ph.D.（学術博士）を取得した。五十四歳であった。約八年間に及ぶアメリカ生活を終えて、昭和四年に帰国、翌五年日本女子大教授に就任する傍ら、理化学研究所の鈴木梅太郎博士の研究室で主にビタミンB２の研究を続け、昭和十五年、「ビタミンB２の複合体の研究」で東京帝大から農学博士の学位を授与された。いずれも世間の期待に応えて、素晴らしい業績を残したといえよう。

大正二年の三名の女子学生入学に関しては、女性のほうから熱烈な受験希望があったわけではなく、女子の高等教育を賛成する指導教授らの熱心な勧めによるものであった。また、事前に、澤柳から文部当局にも相談がなされていたものと思われる。しかし、世論の反響があまりにも大きかったため、また、保守的な陣営の女子の高等教育不要論、良妻賢母論に終始する陣営に圧されて、文部当局も制度化を禁じ、特例として処置するに至った。

ともあれ、三女子の帝大への入学は、大学の厚い壁に風穴を開ける快挙であった。これをきっかけに、女子の高等教育機関としての専門学校や高等女学校の高等科が増設されるようになったのである。

参考文献

湯川次義『近代日本の女性と大学教育』教育機会開放をめぐる歴史
畑中理恵『大正期女子高等教育史の研究』―京阪神を中心にして―
『早稲田大学百年史』第二巻
中嶌邦、遠藤明子、亘理淑子他『大正の女子教育』日本女子大学女子教育研究叢書5
中嶌邦『成瀬仁蔵』吉川弘文館　２００２年３月
永沢道雄『大正時代』光人社　２００５年11月
海後宗臣編『臨時教育会議の研究』
『学校の歴史』第一巻　学校史要説　仲新・持田栄一編集　第一法規
『学制百年史』資料編　文部省
『新聞集録大正史』第一巻・第九巻　大正出版社
『東北大学五十年史』下
『東北大学百年史』通史一、三、六
「東北大学創立一一五周年・総合大学一〇〇周年記念事業特設サイト」
　歴史編　東北大学の誕生　https://115anniv.tohoku.ac.jp/history/history01.html
『桜楓新報』第８１４号　日本女子大学教育文化振興桜楓会発行

第二章　明治期に女子の高等教育を始めた特色ある女学校

日本初の音楽家・音楽教員の養成校――東京音楽学校

東京音楽学校の前身、音楽取調掛《とりしらべがかり》の設置　東京音楽学校は、明治二十（一八八七）年十月、「音楽取調掛」を改称し、東京府下谷区上野公園地（現東京都台東区）に設置された官立の音楽専門学校で、現在の東京芸術大学音楽学部の前身である。音楽家と音楽教員を養成する日本最初の学校であった。文部省編輯《へんしゅう》局長伊沢《いさわ》修二が校長を兼任した。明治期の官立学校は教員も学生も男性が多かったが、東京音楽学校は男女共学で女性の方が多く、生徒も教員も女性の活躍がめざましかったので、女学校ではないが、ここで述べることにする。

明治五年、政府は「学制」を制定し、小学校・中学校に音楽の授業を定めたが、指導する教員もいなく、内容も定まっていなかった。「学制」は、オランダやフランスの学制を参考にしたが、国情が日本とは違っていた。西洋ではキリスト教が普及しており、賛美歌を通して歌が生活に密着している。しかし、日本で歌といえば田植え歌や馬子唄などの労働歌か、わらべ歌や民謡、寺院の儀式などで歌われる声明《しょうみょう》や和讃《わさん》くらいであった。しかも廃仏毀釈《はいぶつきしゃく》で寺院は荒廃していた。政府は師範教育を急いだ。八年七月、信州高遠藩出身で、愛知師範学校校長に就任した伊沢修二と慶應義塾の高嶺秀夫、同人社の神津専三郎の三名が師範学科取り調べのために、監督官の目賀田種太郎他の八名とともに米国へ派遣された。

伊沢はマサチューセッツ州立ブリッジウォーター師範学校に入学した。ほとんどの学科で中以上の優秀な成績をおさめた。しかし、音楽はドレミの音程がどうしてもとれなかった。そこでボストンで音楽の初等教育家として著名だったルーサー・ホワイティング・メーソンの元に毎週金曜日に通いレッスンを受け、卒業までにはどうやら音楽を習得することができた。そして、情操教育に音楽が非常に大切だと思った。

伊沢は目賀田との連名で文部大輔田中不二磨宛に調書を出し、音楽教育の調査と研究のため、音楽取調掛の開設を主張した。十一年五月に帰国した伊沢は、翌十二年三月、東京師範学校校長に就任。同年十月、音楽取調掛が文部省用地内に設置された。伊沢が音楽取調御用掛を兼務する。伊沢は文部卿《もんぶきょう》寺島宗則に宛て「音楽取調に付見込書」を提出した。その概要は、

伊沢修二
(『図説近代百年の教育』より)

西洋の童謡と日本の童謡には共通する想いが述べられているものが多い。西洋の童謡その他箇

L. W. メーソン
(『東京芸術大学百年史』より)

単な歌を集めて、日本語の歌詞をつけ、歌曲を作る。そのために西洋音楽に詳しい者と日本音楽に詳しい者を採用して考究し、協議折衷して新曲を作る。それらの普及と、国民音楽を興隆させる人材を養成する。
(『東京芸術大学百年史』東京音楽学校篇第一巻参考)

このように伊沢は西洋音楽と東洋音楽の折衷案をとることを掲げた。

そして、西洋音楽教育の専門的な指導者として、恩師メーソンを招聘《しょうへい》した。メーソンは十三年三月に着任し、音楽取調掛内での授業や唱歌教材作りのほか、東京師範学校と東京女子師範学校で唱歌教育を始めた。同年五月、アメリカよりピアノ一〇台、英語版バイエル教則本二〇冊を含む楽譜や図書類が到着。メーソンは帰国する十五年夏まで、日本への西洋音楽の移入を熱心に指導した。同年六月、教員として、山勢松韻(琴)、稲垣千穎《ちかい》(国文学者)、柴田清熙《きよてる》(国文学者)、内田弥一(英学者)を雇入れた。

伝習生として、邦楽に習熟している者で、西洋音楽を学びたい者を三〇名以下で募集した。男子九名、女子一三名の二二名が入学した。一二歳から四四歳の主婦までさまざまであった。官立学務局内では「男女教場を同じくすべからず」という規則に反するのではないかという意見が出された。しかし、島田三郎文部省内記所長は〝伝習志願人が少ないので、別時間又は別教場にすることはできない場合もあるだろう。席を区別して教授する等のことは伝習方主任者の心得に任せるべきである。〟という見解を述べ、男女共学を許可した。この中に宮内庁雅楽部伶人八名が含まれていた。

明治十三年十月、伝習生への授業が始まった。邦楽に熟達している者を募集したため、彼等の進歩はめざましく、一年足らずのレッスンで管弦楽法、オルガン・ピアノの調律技術、和声学を習得し、作曲まで手がけるようになった。メーソンは、伝習生の指導のほかに、東京師範学校、同付属小学校、東京女子師範学校、同予科、同付属小学校及び幼稚園、学習院等で唱歌教育を行った。十四年二月、第二回伝習生一二名が入学した。メーソンが多忙になったため、第一回伝習生の中村専、雅楽伶人の東儀彭質、上真行《うえさねみち》、辻則承《のりつぐ》、奥好義《よしいさ》が助教として一部を担当した。

伊沢を中心に音楽取調掛の教員が協力して急ピッチで唱歌教育に必要な歌集や掛図が作成された。歌曲編纂《へんさん》事業として、十四年九月『唱歌掛図初編』、同年十一月『小学唱歌集初編』『唱歌掛図初編続』が文部省から出版された。この『小学唱歌集初編』に、スコットランド民謡に日本語の歌詞（稲垣千穎《ちかい》作詞）を付けた「蛍（の光）」や、ドイツ童謡に日本語の歌詞（野村秋足作詞）

を付けた「蝶々」など、今も歌い継がれている曲が含まれている。こうして地方の師範学校へ唱歌教育の普及が行われていった。

音楽取調成績報告演奏会　明治十五年一月三十・三十一日、上野公園の昌平館で「音楽取調成績報告演奏会」が朝野の名士の臨席のもとに行われた。伝習生によるピアノ、東京師範学校付属小学校生徒の単音唱歌、東京女子師範学校生徒と音楽取調掛助教員及び伝習生合同の複音唱歌、本邦の俗楽などの演奏が行われた。これが和洋雅俗の諸楽を一場に演奏した最初である。特に「和様折衷の音楽」箏・三味線・ピアノのアンサンブルの見事さは、米国留学から帰国し、実業家・益田孝の妹として招待された永井繁子（後述）も引き込まれるものを感じたという。

十五年三月、永井繁子が音楽取調掛に採用され、ピアノ指導および唱歌の楽曲分析を担当した。同年七月、メーソンは米国で著述した出版物を改訂するために、一時休暇を願い出て帰国の途についた。メーソン自身は戻ってくるつもりであったが、月給二五〇円という俸給が音楽取調掛の年間予算の四〇％超の高額だったことや、ピアノの指導は永井や他の助教員ができるようになったため、政府は翌十六年三月一方的に解雇した。ちなみに永井の月給は三〇円だった。

ところが十六年から女子の入学が禁じられてしまう。官立の教育機関で男女共学が許されていないから、男女どちらか一方にするようにという文部省の命令であった。将来国家のために役立つのは男子であるという考えから、女子を締め出すことになった。在学中の女生徒については、優等の者六名が見習生を命じられた。女生徒募集の廃止は、二十年三月まで続く。しかし、在校生の約半数は女子であった。

明治 18 年 7 月　音楽取調掛全科第 1 回卒業生（前列左から市川道・遠山甲子・幸田延）と伝習生。後列右から 4 人目瓜生繁子（『東京芸術大学百年史』より）

十八年二月、文部省の所属となり、「音楽取調所」と改称され、七月、上野東四軒寺跡（現在の理化学博物館）へ移転した。同年七月二十日、第一回全科卒業生三名、幸田延《こうだのぶ》、遠山甲子《きね》、市川道の卒業式が挙行され、卒業証書が付与された。伊沢音楽取調所所長の報告、森有礼文部省御用掛の式辞、伯爵《はくしゃく》大木喬任《たかとう》文部卿の祝辞が述べられた。続いて演奏会が行われた。この時卒業生三人のピアノ独奏を指導したのは、瓜生《うりゅう》繁子（旧姓永井）であった。これら卒業生三名および加藤精一郎を助手に採用。同年十二月、再び「音楽取調掛」に改称された。

幸田延、遠山甲子、市川道の三名は、職業音楽家として十分な実力者となり、取調掛が学校に昇格するにふさわしい水準に達したことを示した。十九年十一月、伊沢は同僚らとともに、文部大臣森有礼宛に「音楽学校設立ノ儀ニ付建議」を提出した。概略しよう。

> 教育には身体の強健、知識の増長とともに心情の養成が大事である。心情を高尚にするには音楽と図画の力を借りるのがよい。本邦及び西洋の音楽を考査して佳良の楽曲を選定し、音楽生徒を養成し、一個特立の音楽学校となるべき時期が熟した。しかし、音楽その他の優美に属する芸術を授け、実地の演技に堪える人物を養成する所は全国中まだ一つもない。これは我が国民の一大不幸であり、社会の欠典というべきである。今我が文部省は音楽学校を設立し、優等の芸術家を養成し、最良の音楽を拡張普及する責任を担わなければ、将来我が国の開明進歩を妨げる憂いとなるであろう。
>
> （『東京芸術大学百年史』東京音楽学校篇第一巻より）

このような主旨が綴られていた。この建議書が採納され、音楽取調掛は翌二十年十月四日、勅令第五一号、文部省告示第九号をもって、東京音楽学校と改称され、初代校長に伊沢修二が任命された。文部省直轄の音楽学校の誕生である。

東京音楽学校誕生　明治二十（一八八七）年十月、文部省より官制の改正が公布された。

第一条　東京音楽学校ハ文部大臣ノ管理ニ属シ音楽師マタハ音楽教員タルヘキ者ヲ養成スル所トス

東京音楽学校と名称も改まり、音楽の専門家または音楽の教員を養成する機関として独立した。二十年四月から女子の入学が復活した。女子に音楽教育は適しており、かつ必要であるという見解からである。伊沢校長は、二十年の年報で、特立の音楽学校にふさわしい校舎と、演習場の建築が必要なことを報告した。

二十二年一月、東京音楽学校規則が制定された。学科は、次のようである。

予科…修業年限一年
本科…師範部（修業年限二年）、専修部（修業年限三年）
選科…洋琴（ピアノ）、風琴（オルガン）、ヴァイオリン、唱歌の内一～三科目を選修する。
研究科…本科専修部を卒業してなお学術を精究する者対象。

入学試験科目は、「体格」身体健康、「学力」高等小学校卒業以上もしくは之と同等の学力、「唱歌」唱歌集初編卒業以上、「英語」綴字、読法、文法であった。

二十一年の生徒総数は四七名。その内訳は、研究生七名、専修部三年生四名・一年生一二名、師範部一年生九名、予科生一五名であった。

東京音楽学校の様子　音楽の専門機関となった東京音楽学校は、二十一年十一月、オーストリア人のオルガニスト、ルドルフ・ディートリッヒを迎えた。ディートリッヒは、ピアノ、ヴァイオリンも巧みで、管弦楽法にも熟達していた。このディートリッヒが幸田延のヴァイオリンの才能を見出した。また、ディートリッヒは、延のレッスンに同行した妹幸《こう》の手を見て、〃この子はヴァイオリニストにすると良い〃と言った。これが後のヴァイオリニスト安藤幸誕生のきっかけとなる。延は十八年七月に音楽取調所を卒業し、研究生であり助手も務めていた。二十二年四月、延は第一回文部省音楽留学生として、アメリカ・ボストンへ留学。翌二十三年一旦帰国の後、オーストリア・ウィーンへ五年間留学する。延の留学は、果たして日本人が音楽家として世界に通用するかどうか、期待がかかっていた。

伊沢校長の念願がかなって、二十三年五月、東京音楽学校の新校舎が落成した。東四軒寺跡から上野公園元西四軒寺跡（現在地）に移転した。敷地面積約七、一一八坪、木造二階建、校舎面積約三八二坪。二階中央に講堂を兼ねた音楽用のホール奏楽堂が備えられた。奏楽堂は、音響学者上原六四郎による音響設計で、音響効果が非常に良好と西洋人からも賞賛された。後に滝廉太郎がピアノを弾き、山田耕筰《こうさく》が歌曲を歌い、三浦環《たまき》が日本人で初めてオペラを演じた奏楽堂は、東京音楽学校のシンボルとなり、現在も上野公園内に移設され、コンサートなどで活用されている。

明治二十三年十一月二十九日、第一回帝国議会開院式が行われた。同日午後二時より、帝国議会開院の祝賀音楽会が奏楽堂で催された。約八〇〇名の来会者一同が「君が代」を二回合唱し、この日のために作曲された「帝国議会開院之児歌」を、東京府下九つの小学校生徒約一〇〇名が合唱した。全国から募集した優秀な歌詞に、東京音楽学校教授の上真行が作曲した「帝国議会開院之頌第一」が東京音楽学校生徒によって合唱され、祝賀会を締めくくった。このように東京音楽学校を上げて帝国議会開院を祝った。

明治23年5月新築の東京音楽学校校舎
（『東京芸術大学百年史』より）

東京音楽学校廃止論　ところが、それから一ケ月も経たないうちに、二四年度予算を審議していた予算委員会で、経費削減を理由に五つの官立高等中学校、女子高等師範学校とともに、東京音楽学校廃止の声が上がったのである。〝一年間に一万円余りの大金を投じて音楽学校を維持させる理由は何か。文部省は教育を知育・徳育・体育の三部類に分けると聞くが、音楽は何の部類に属するのか。〃などという愚問を発する議員もいた。『大日本教育会雑誌』第一〇二号（明治二十四年一月）は、情操を豊かにする音楽の効用を掲げ、〃東京音楽学校は、音楽教員を養成し、各学校に音楽教育の普及を図っている。教育音楽上の趣味を高尚にするよう図っている。東京音楽学校は必要である。〃などと説いた。「百聞は一見に如《し》かず」と、二十四年三月、議員の東京音楽学校参観が実施され、種々の楽曲の演奏と伊沢校長の説明が行われた。最後に邦楽の代表曲の一つ『六段』が山勢松韻の箏、原如童《じょどう》の尺八、遠山甲子のピアノの和洋楽器により見事に演奏された。伊沢校長はじめ音楽学校関係者らの尽力と世論に助けられ、立憲自由党が音楽学校の廃止を主張したが、改進党が原案に修正を加えても存続させるべきだという方針を出し、なんとか存続が決定した。

それから三ケ月後の二十四年六月十二日、大木喬任文部大臣就任の披露宴の席で、伊沢は〃文部省は教育事業の統一を欠いている。〃と文部行政を批判した。翌十三日、伊沢は、音楽取調掛設置以来心血を注いできた東京音楽学校の校長非職を命じられ、十四日辞表を提出した。伊沢を慕う音楽学校の教職員・生徒たちは文部大臣に陳情したが受け入れられなかった。東京音楽学校は、国家財政の経費削減という名目で、二十六年九月から東京高等師範学校付属校に格下げとなり、縮小された。その後伊沢は、台湾教育や吃音《きつおん》・聾啞《ろうあ》者の矯正事業などに生涯を捧げた。明治三十年、貴族院議員に推薦された。

東京高等師範学校付属音楽学校　東京音楽学校は、明治二十六年九月、東京高等師範学校付属音楽学校となり、校長は嘉納治五郎、上原六四郎が主事となった。二十七年六月、規則改正が行われ、入学試験科目は読書、作文、算術、英語訳読、唱歌の五科目となった。二十八年十一月、幸田延がウィーン留学から帰国して教授に任じられ、ピアノ、ヴァイオリン、独唱歌、和声学を担当した。二十八年四月、日清講和条約が調印され、勝利が確定すると、再び芸術文化振興に人々の目が向けられるようになり、音楽学校独立の世論が高まった。三十一年五月、明治政府のお雇い外国人でロシア人のラファエル・フォン・ケーベル博士をピアノ教師として招いた。ケーベル博士は、明治四十三年三月まで約一二年間勤務し、我が国のピアノ演奏術を開拓した。そのケーベル博士が渡辺龍聖校長に、〝幸田延をピアノの先生に〟と言った。ヴァイオリンは妹の幸にゆだねることにし、延はピアノ科教授になった。欧米に留学した最初の日本人ピアニストである。延は、作曲の滝廉太郎、声楽の柴田環（後の三浦環）、ベートーベンの演奏者として評価が高かったピアノの久野久子らそうそうたる音楽家を育てた。

東京音楽学校の発展、再び独立する　明治三十二年四月、高等師範学校付属音楽学校は、東京

明治30年代の東京音楽学校管弦楽・合唱部員と
3外国人教師。指揮ユンケル、その手前ケーベル。
（『東京芸術大学百年史』より）

音楽学校と改称され、五年半ぶりに独立し、渡辺龍聖が校長となった。四月二十一日、再独立を祝って、美子《はるこ》皇后を迎えて御前演奏が行われた。幸田延は教授、妹の幸田幸は研究生で、姉妹によるバッハの「ふたつのヴァイオリンのための協奏曲二短調」を演奏した。これはバッハ曲の演奏史に残るものであった。この時、ケーベル博士と合奏したアウグスト・ユンケルも、その後一三年半にわたりヴァイオリン、管弦楽、合唱などの教師として尽力する。ケーベル、ユンケルらとともに、ドイツの音楽を体系的に学んできた幸田延が中心となって音楽家養成が本格的になる。

三十二年六月、幸田幸のドイツ・ベルリン留学が決定した。この時、候補者が幸の他に三名いた。小山作之助、島崎赤太郎、滝廉太郎である。女子に国費をかけて留学させても帰国後指導者になれないから、男子を優先すべきだと論じるジャーナリズムもあった。大衆紙として人気の高い『萬朝報《よろずちょうほう》』は〝当然滝廉太郎が推挙されるところ幸田幸が選に入ったのは、姉幸田延教授の身びいきによるもの〟と報じた。この報道に驚いたのは、幸の留学決定を心から祝福していた滝廉太郎であった。滝も翌三十四年四月に、島崎赤太郎は三十五年に留学する。
三十三年九月、後にオペラ歌手として著名になる柴田環が本科声楽部に入学。三十四年三月、滝廉太郎作曲の「荒城の月」「箱根八里」等を含む『中学唱歌』が出版される。三十七年、後に作曲家・指揮者として大成する山田耕筰が予科に入学。東京音楽学校は明治三十年代の隆盛期を迎える。

規則改正　三十三年九月、規則が大改正された。従来の学科を廃止し、予科（一年）、本科（三年）、研究科（二年）、師範科及び選科を設置した。本科を声楽部、器楽部、楽歌部とし、師範科を甲種（修業年限二年、中等学校教員養成）と乙種（修業年限一年、小学校教員養成）とした。

学科目は、以下のようになる。

予科………倫理、唱歌、ピアノ、楽典、写譜、国語、英語、体操、方舞（スクウェアダンス）。課外に漢文を置く。

本科声楽部…倫理、独唱歌、諸重音唱歌、ピアノ又はオルガン、和声学、楽典、音楽史、音響学、楽式一班、審美学、歌文、外国語、体操、方舞。

本科器楽部…声学部の「独唱歌」「ピアノ又はオルガン」に代わって「器楽」が加わり、その他は声楽部に同じ。

本科楽歌部…声楽部の「独唱歌」に代わって、支那（現中国）詩文、西洋詩文、歴史が加わり、その他は声楽部に同じ。

随意科として、教育学及び教授法を課し、課外学科として、生理学、心理学、楽器構造法及び調律法を置く。

甲種師範科…倫理、唱歌、ピアノ又はオルガン、楽理、和声学、音楽史、詩歌評釈、教育学、教授法、英語、体操、遊戯、諸礼。

乙種師範科…倫理、唱歌、オルガン、楽理、唱歌解釈、教授法、体操遊戯、諸礼。


三十四年、師範科の入学年齢をこれまでの「二五歳未満」から「一七歳以上」とした。三十五年四月、甲種師範科に一学年三〇名を上限として官費生徒を置いた。三十七年二月、女子高等師範学校校長高嶺秀夫（夫人は音楽取調掛一期生の中村専）が音楽学校校長を兼任した。高嶺は明治八年七月に伊沢修二らと師範学科取り調べのために米国に派遣された一人である。甲種師範科も官費生徒の定員を六〇名に倍増し、本科の学科目中に、保護科目を置き、クラリネット、フルート、チェロ、バスなどの管弦楽器を学修する者に、学資を支給するなど改正を行った。三十七年本科を卒業した柴田環は研究科に進み、唱歌の授業補助をする。「春がきた」や「桃太郎」などの作曲者として知られるオルガニスト岡野貞一も授業補助を務める。

四十年六月、北海道事務官湯原元一が校長に任じられ、邦楽の調査を督励する。四十一年、長年貢献した幸田延がジャーナリズムのバッシングに遭い、四十二年九月辞表を提出せざるをえなくなった。四十三年二月、制服を定め、男子は所定の制服制帽、女子は質素な和服に袴着用となる。四十四年、本校敷地内に女生徒の寄宿舎が新築された。東京音楽学校は何度か学則を改正しながら、戦後の学制改革により東京芸術大学音楽学部へと継承され発展していく。

明治・大正・昭和初期に活躍した音楽家を点描しよう

幸田延は、明治四十二年九月退職。一年間のヨーロッパ遊学の後、四十三年八月帰国し、以後個人音楽教室を開くなど在野の音楽家として活動する。「上野の女王」と言われ、主任教授で従五位にも叙せられている延の勢力を快く思わない一派が内部にあったのであろう。東京女子師範学校付属小学校時代に、唱歌を教えにきたメーソンの勧めで音楽取調掛の伝習生となった。ディートリッヒにヴァイオリンの才能を見出され、ケーベルにピアノの道を勧められた。延は、いずれの指導者の期待にも応えられる豊かな才能を持っていた。昭和十二年、洋楽関係者として、また、女性として初めて、兄で作家の幸田露伴とともに帝国芸術院会員に選ばれた。

妹の**幸田幸**は、ヴァイオリンを専攻し、成績優秀で、明治二十九年特待生として東京音楽学校本科卒業。研究科に進み、三年間修了後、選ばれて三十二年にドイツへ留学した。三十六年帰国後、東京音楽学校教授となり、学内オーケストラのコンサート・ミストレスも務めた。三十八年、英文学者の安藤勝一郎と結婚し、四男二女（一女は夭折）を育てながら、昭和七年依願免官となるまで、二十九年間活躍した。その後も講師として昭和十七年三月まで多くの音楽家を育てた。同年十一月、帝国芸術院会員、昭和三十三年、女性として初めて文化功労者に選ばれた。

作家幸田露伴、ピアニスト幸田延、ヴァイオリニスト安藤幸、兄妹三人がそろって芸術員会員という、まことに稀有《けう》な才能揃《ぞろ》いの兄妹である。

草創期に活躍した永井繁子

永井繁子は、東京音楽学校の前身、音楽取調掛時代の草創期に活躍した。繁子は、明治四年、満十歳で津田梅子、山川捨松らと欧米視察の岩倉使節団とともに、米国留学をした五人の少女の一人である。帰国後文部省音楽取調掛に採用され、さらに女子高等師範学校の教授となるなど、約二〇年間仕事と家庭を両立させたいわばキャリアウーマンの先駆けである。

繁子は文久元年三月二十日（一八六一年四月十八日）、佐渡奉行属役益田鷹之助の七人兄弟の四女として江戸本郷猿飴横町（現文京区本郷）に生まれた。繁子は五歳のとき、幕府の軍医永井玄永の養女となる。留学は長兄益田孝の勧めであった。孝は二八歳で三井物産の社長となり、私財を投じて『日本経済新聞』の前身『中外物価新報』を発行した人物である。

繁子は、コネティカット州フェアヘイヴンのジョン・アボット家に寄宿した。アボット家の娘エレンが私立学校アボットスクールの校長だった。アボットスクールで、代数、古典、近代語、歴史などの他に、選択科目でピアノや歌を習ったらしい。また、エレン・アボットから聖書について学び、日曜日には教会へ通い、留学中にクリスチャンになった。

繁子は、明治十一（一八七八）年九月からヴァッサーカレッジの音楽科（三年制）でピアノを学んだ。同大学は、現在は共学となっているが、女子大学では最初に音楽科を設けた音楽教育のパイオニアであった。ここでピアノや、音楽理論、和声学などを学んだ。在学中の三年間に大学で催された二〇回以上のコンサートを聴き、繁子自身も六回出演している。

瓜生繁子（旧姓永井）
（生田澄江著『瓜生繁子』より）

繁子は、梅子や捨松より一足先に、明治十四年十月帰国した。日本を離れて十年の歳月が流れていた。帰国した時はただ「猫」という一語を記憶していただけだった。兄の孝が通訳をした。翌年の十五年三月、音楽取調掛に採用された。年俸三六〇円を受け、ルーサー・ホワイティング・メーソンの助手を務め、新曲や学校唱歌の和声づけを行った。まもなくピアノ教師第一号となり、週三回（四五分）のピアノの教授を新学期から開始した。十五年夏に一時帰国し、そのまま十一月に政府から解雇されたメーソンに代わって繁子が中心となってピアノ指導をすることになる。

繁子に遅れること一年、明治十五年十一月、津田梅子はアーチャーインスティテュートを、山川捨松は繁子と同じヴァッサーカレッジの本科（四年制）を卒業して帰国したが、日本語が不自由な二人には適当な仕事がなかった。二人はしょっちゅう繁子の家で愚痴をこぼしていたという。捨松は一年後、陸軍卿大山巌《いわお》と結婚し、上流階級の夫人の立場を活かして、梅子の学校の支援をする。梅子は、華族女学校や女子高等師範学校で英語を教えながら、再度米国留学し、三十三年、女子英学塾（現津田塾大学）を創立する。繁子もまた梅子の学校に協力した。

繁子は、日本語が不自由でも通じる「音楽」を専攻したことが幸いした。音楽学校の窓の下を通ると、「ワン・ツー・スリー」と英語で手拍子をとる大きな声が聞こえたという。十五年十二月、米国留学中にアボットスクールの同級生を通して知り合った加賀・大聖寺藩士族の瓜生《うりゅう》外吉と結婚。外吉は十年にアナポリス海軍兵学校に入学し、繁子と同じ十四年に卒業した海軍士官であった。明治四十年に男爵を授けられ、大正元年海軍大将に昇級する。

メーソンが去った後、繁子は雅楽部伶人の奥好義《よしいさ》、辻則承らとともにピアノの指導にあたった。十八年七月二十日、上野公園内文部省新築館に於いて、音楽取調掛の第一回卒業式と卒業演奏会が行われた。繁子は、卒業生幸田延、遠山甲子、市川道のピアノの独奏と合奏の指導をした。繁子はこの年の三月七日に第二子を出産しており、ゆっくり産後の休養をとる暇もなく、それぞれ三名にふさわしい選曲と指導にあたった。十九年十月、東京高等女学校（後の女子高等師範学校付属高等女学校）が設立されると、同校の教諭を兼務し、音楽の他、西欧的マナーや英語を担当した。その二ケ月後には第三子を出産している。

明治二十年十月、音楽取調掛が東京音楽学校に昇格した。初代校長となった伊沢修二は、単なる教師養成機関ではなく、パリのコンセルヴァトワールのような芸術家養成の機関への移行を考えていた。二十一年、オーストリア出身のルドルフ・ディートリッヒが来日したのをはじめ、以後のお雇い外国人は、ヨーロッパからの著名な音楽家で占められるようになる。繁子が米国で身に着けた教養としての音楽が限界にきたことを悟る。

明治二十三年、東京高等女学校が新設の女子高等師範学校に吸収されると、繁子は同校教授に就任し、奏任官四等、正七位、年俸二四〇円となる。翌年には東京音楽学校でも教授となり、小学校教員の初任給が年俸六〇～七〇円であった時代に、年俸四二〇円となる。当時の日本女性で一番の高級取りであった。

明治二十四年一月、帝国議会の予算委員会で、経費削減を理由に起こった東京音楽学校存廃論争がきっかけとなり、同年六月伊沢校長が東京音楽学校免職となった。同年九月、繁子は夫が駐在武官としてフランスへ赴任することになったのを機に、無我夢中で十年間勤めた東京音楽学校辞任を決意し、十二月に辞表を提出、二十六年四月免官となった。草創期の音楽学校ではただ一人の女性教授の地位にあった。

明治三十五年十二月、繁子（四二歳）は第七子出産を控え、女子高等師範学校を退職する。繁子は教職から去った後、夫とともに、緊張しつつあった日米関係の打開と日米親善に尽くし二度渡米した。心労から病に陥った外吉の看病に明け暮れた繁子が癌《がん》を患い、昭和三年十一月三日、六七歳で夫に先立った。

国に恩を還すという使命感とキリスト教の信仰に支えられ、約二〇年間仕事と家庭を両立させ、三女四男を出産し育てた。東京音楽学校でピアノを教え、ピアニスト幸田延に手ほどきをした。幸田延が滝廉太郎や山田耕筰を教えた。滝廉太郎が三浦環にピアノを、幸田延が三浦環に声楽を教えた。草創期を支えた瓜生繁子は、明治の東京音楽学校隆盛期の礎となったといえよう。

大正時代に世界を舞台に活躍した「お蝶夫人」——三浦環《たまき》　東京音楽学校出身で、大正から昭和の初めにかけて世界を舞台に活躍した三浦環について述べよう。環は、オペラ『マダム・バタフライ』の「お蝶夫人」がその代名詞のようになった日本人初のオペラ歌手である。

環は明治十七年二月、現在の東京都中央区で、日本初の公証人の父柴田猛甫《たけとし》と母登波《とわ》の娘として誕生した。父は芸事が好きで、環に幼少のころから日本舞踊や長唄、琴を習わせた。三十年、東京女学館に入学。二年生の九月、東京音楽学校を卒業した新任の杉浦チカが〝あなたは生まれながらの才能がある。上野の音楽学校に入って勉強なされば、きっと日本一流の声楽家になれます。〟と、勧めた。環はその時初めて音楽家になる決心をした。しかし、父は〝女学校を出ればお嫁にいくもの。琴や長唄などはお嫁入りの資格として習うものだ。音楽家などは西洋の芸者じゃないか。〟と、許さなかった。そんな父を〝環さんは音楽家としての天分を持っている。この天分をいかさないことは日本の文化の損失である。〟と、杉浦チカが説得した。それでは父が選ぶ婿と結婚するなら許そうということになり、入学直前に陸軍軍医で一二歳年上の藤井善一と内祝言を済ませた。学校の規則は未婚者でなければならなかったため、本科を卒業するまで柴田環で通した。

自転車美人　環は明治三十三年九月、満一六歳で東京音楽学校に入学した。夫藤井は単身任地の天津（現中国）に赴いた。自宅の芝から上野まで、まだ電車がなく、環は父が購入してくれたイギリス製の赤い自転車で通った。そのころ自転車は高級品で、まして女性が自転車に乗るなどは考えられなかった。環は前髪を赤いリボンで結び、紫の矢絣の着物に海老茶の袴、靴をはいて自転車で通った。新聞が「自転車美人」と書きたてた。上野山下の三枚橋あたりには大学生が見に来た。付文《つけぶみ》をする学生、恋わずらいをして死ぬ若者も出る始末。中には〝女のくせに生意気だ。闇の夜に気をつけろ。〃という脅しの文もあった。音楽学校の男子生徒や隣の美術学校の生徒がいたずらで道を横一列になって通せんぼし、環が精養軒のわきの溝に落ちると、手をたたいて大笑いする。そんないたずらの餓鬼大将が後の作曲家山田耕筰《こうさく》だった。三十六年『読売新聞』に連載された小杉天外の小説『魔風恋風』の冒頭、主人公の初江が赤い自転車に乗ってさっそうと登場するシーンは、この三浦環がモデルという。

環は四年間特待生であった。ピアノは当時楽壇随一の天才といわれた滝廉太郎に、声楽は初め幸田延に学び、次にお雇い外国人教師のヴァイオリニスト、アウグスト・ユンケルに学んだ。幸田もユンケルも声楽の専門家ではなかったため、環は発声法を自分で工夫し、声帯を無理しない方法を会得した。これによっていつまでも美しい声で歌えるのだと自負していた。ユンケルにヴァイオリンも学んだ。滝は二二、三歳の長身の美青年で、「荒城の月」や「箱根八里」の懸賞曲によって名声はとどろいていた。自伝『三浦環』によると、滝は環を非常に可愛がってくれ、滝から求婚されて、すでに結婚していることを言えず困ったという。環は三十六年七月、本科二年生の時、東京音楽学校奏楽堂で催された日本人の手による初めてのオペラ『オルフォイス』公演で主役に抜てきされるなどすでに頭角を現していた。

三十七年、音楽学校本科を卒業すると研究科に進み、並行して月一二円で授業補助として声楽を教えた。三十八年一月、婚姻届けを出し藤井環となった。夫も東京勤めとなり、家でも弟子を取り、四、五〇人が習いにきた。やがて夫が仙台へ転勤となった。夫は環も同行して世話女房になってくれることを望んだ。環は〝自分は東京で音楽をやりたい。自分が精進して音楽を究め、西洋で認められれば、日本文化を高めることになる。〟と、藤井には一人で仙台へ行ってくれるように頼んだ。藤井は〝妻と芸術家の立場は両立しない。お前が、こんなに有名になるとは思わなかった。幸い子供もないから別れよう。〟と、理解を示してくれ、四十年に離婚した。環は同年六月助教授となる。

この別れた夫の誘いで雨夜の靖国神社で会い、富士見町のお茶屋で一夕を過ごしたことが、環をつけねらっていた新聞記者に人違いされて不倫事件として報道された。これが元で、環は四十二年九月、足掛け三年勤めた東京音楽学校を辞任した。この環のスキャンダルは、恩師幸田延が監督責任を問われ東京音楽学校を去る一因となる。環は、この時人違いされた遠縁の三浦政太郎（後にビタミンCを発見した医学博士）と大正二年に再婚する。

オペラ歌手としてデビュー　明治四十四年三月、帝国劇場が開場すると、歌劇部のプリマドンナとして活躍するが、環の名声が上がるのは、主に大正期、欧米においてである。大正三（一九

「お蝶夫人」に扮した三浦環
（吉本光明編『三浦環』より）

一四）年、夫政太郎とともにドイツに留学。しかし、第一次世界大戦の勃発《ぼっぱつ》で、ロンドンに移動した。そのロンドンで思わぬチャンスをつかんだ。世界的な指揮者ヘンリ・ウッド卿の教えを請いに訪ねた折、後の英国首相ウィンストン・チャーチルの母親が居合わせた。その婦人の依頼で、同年十月、ロンドンのアルバート・ホールで歌うことになった。吉本光明編『『三浦環』お蝶夫人』によると、国王・女王はじめ、大臣や各国大使公使が貴賓席に並び、聴衆二万三、〇〇〇人、オーケストラ三〇〇人、コーラス一、〇〇〇人、指揮はヘンリ・ウッド卿という大舞台で、振袖に日本髪を結い、歌劇『リゴレット』の一節と日本の「さくらさくら」「ほたる」を歌い大喝采を浴びた。そして、大正四（一九一五）年五月、ロンドン・オペラハウスで、環はまだ聴いたことも見たこともない『蝶々夫人』を歌うことになった。〝ヨーロッパ風の先入観で汚されていないからこそ独自の工夫ができる〟と言われ、環は自身で工夫を凝らして歌った。この時子供のころに習った日舞や長唄、琴の素養が生きて大成功を収め、翌朝目が覚めると大芸術家となっていた。

これがきっかけで、大正五（一九一六）年夫とともに米国に渡った。一九一八年には日本人で初めてニューヨークのメトロポリタン歌劇場に迎えられ、一九三〇年まで、一五年間南北アメリカを中心に『蝶々夫人』を歌い続けた。一九二二年のローマ公演を観た作曲者プッチーニから、〝あなたは世界にたった一人しかいない、最も理想的な蝶々さんです。〟と褒められたという。環の活動は欧米を中心にエジプト、ロシアなどほぼ全世界に及んだ。一九三五年イタリアのパレルモで『蝶々夫人』出演二、〇〇〇回を達成した。

「お蝶夫人」誕生

昭和十年十一月、永住を決意して帰国。国内でオペラの出演やレコーディング、『蝶々夫人』を含む独唱会を開き絶賛された。翌十一年六月、東京の歌舞伎座でイタリア語による『蝶々夫人』公演に二、〇〇一回目の出演をした。太平洋戦争の激化から十九年三月末、母とともに山梨県山中湖畔に疎開。終戦後、日比谷公会堂において、シューベルト作曲の歌曲『冬の旅』や『美しき水車小屋の乙女』の独唱会を開いたり、NHKの依頼で録音を行ったりした。膀胱《ぼうこう》がんを患い一人では歩けない状態だったが、弟子に支えられながら舞台に登場し最後までプリマドンナとして歌い続けた。二十一年五月二十六日満六二歳で死亡。遺言により富士山の見える山中湖岸に近い寿徳寺の母が眠る墓に葬られた。

東京音楽学校の恩師幸田延とその妹安藤幸は、姉妹そろって芸術院会員に選ばれた。しかし、二〇年間世界各国でオペラ歌手として活躍した環には、音楽学校からも日本政府からも何の栄誉も与えられなかった。これが環の寂しさだった。米国人伴奏者のアール・フランケッティとの仲や、夫三浦政太郎の急死の知らせにも、ホノルルにいた環は帰らなかったことなど、奔放で情熱的な環の行動は再三世間を騒がせた。そうしたことが原因であろうか。昭和三十八年、環がお蝶夫人に扮した銅像が長崎市のグラバー園に建立された。平成八年に建立されたプッチーニの銅像と隣り合わせに長崎港を見下ろしている。それがせめてもの慰めであろう。

明治時代に開設された他の音楽学校

明治三十六年、現在の品川区豊町に、音楽遊戯協会講習所が、東京音楽学校教授だった山田源一郎によって創立された。日本初の私立の音楽教育の学校である。音楽教育の発展と幼稚園教諭養成を目指した。三年後、「女子音楽学校」と男性のための「日本音楽協会」の二つの学校になり、昭和二年に日本音楽学校となったが、平成二十二年に廃校した。

明治二十一年、相愛女学校（大阪府）が創立され、西本願寺第二一代宗主明如の妹大谷朴子が初代校長となった。ここに三十九年、大阪女子音楽学校（現相愛大学音楽学部）が増設された。神戸女学院音楽科とともに関西地域の音楽学校の嚆矢《こうし》である。

明治三十九年、神戸女学院（後述）に音楽科が新設された。音楽科普通科（五ケ年）と音楽科師範科（三ケ年）が設けられ、四十二年、専門学校令による音楽部となる。関西唯一の音楽専修学校であった。

明治四十年東洋音楽学校が鈴木米次郎によって、現在の千代田区猿楽町に創設された。現東京音楽大学である。歌手の淡谷のり子や作曲家船村徹、タレントの黒柳徹子らを輩出した。

参考文献

『学制百年史』文部省
『創立五十年記念』東京音楽学校
『東京芸術大学百年史』東京音楽学校篇第一巻・第二巻
唐沢富太郎『図説近代百年の教育』
生田澄江『瓜生繁子』もう一人の女子留学生
萩谷喜子『幸田姉妹』洋楽黎明期を支えた幸田延と安藤幸
木村毅『海外に活躍した明治の女性』
吉本光明編『三浦環』お蝶夫人
瀬戸内晴美『お蝶夫人』

女子が学べる唯一の女子美術専門学校

私立女子美術学校のはじまり

明治三十四（一九〇一）年四月、私立女子美術学校は、「私立

学校令」に準拠し、東京市本郷区弓町（現東京都文京区）に開校した。学制上は各種学校に分類される。三十三年十月、藤田文蔵、横井玉子、田中晋、谷口鐵太郎《てつたろう》の連名で、東京府知事あて設立願を申請し、認可された。美術を専門に教授し、技術家及び教員養成を目的とする専門教育機関である。

明治三十年代、近代日本の女子高等教育機関が本格的に発足する。三十三年七月女子英学塾、同年十二月東京女医学校、三十四年四月日本女子大学校が相次いで創設された。しかし、美術の専門教育機関は女子に対して門戸が開かれていなかった。東京にあった官立の東京美術学校（明治二十二年二月開校）は、男子のみの学校であった。私立女子美術学校は、近代的職業への女性の進出の気運が高まりつつあった時代、女子が美術を専門に学べる学校としてスタートしたのである。

普通科は、小学校高等科卒業者を入学資格とし、正科として日本画科・西洋画科・彫塑《ちょうそ》科・蒔《まき》絵《え》科・編物科・造花科・刺繍《ししゅう》科のうち一つの科を志望する。そして、それぞれに専門科目が配される。副科として修身科・読書科・作文科・習字科・算術科・家政科・裁縫科等が教授される。

高等科は、本校の普通科を卒業した者もしくは高等女学校卒業以上の者を入学資格とし、正科として日本画科・西洋画科・彫塑科・図按《ずあん》科があり、副科として倫理科・教育科・国語科・数学科・外国語科・美術史科・美術解剖科が教授される。

このように入学資格及び教授内容から、普通科は高等女学校に、高等科・研究科は専門学校とほぼ同等のレベルをもつものであった。この女子が学べる美術学校を開校するにあたっては、創立の中心となった横井玉子にある想いがあった。

横井玉子の想い　玉子は、嘉永七（一八五四）年九月、熊本新田藩家老原尹胤《まさたね》の次女として、江戸藩邸内で誕生した。明治元年、一四歳の時、藩主とともに家臣一同、熊本高瀬（現熊本県玉名市）に移る。同三年、熊本洋学校で、アメリカから招聘《しょうへい》されたL．L．ジェーンズの英語の授業を、廊下で聴講した。女子とともに学ぶことを拒否する男子が多かったからである。しかし、ジェーンズ夫人から西洋料理や洋裁を教わり、新しいアメリカ文化と出会う。五年、玉子一八歳で横井左平太と結婚した。

横井玉子
（『女子美同窓会の歴史』より）

左平太は、幕末の思想家・開国論者横井小楠《しょうなん》の甥で、小楠の養嗣子となった。小楠は、慶應二（一八六六）年四月、左平太を弟とともにひそかに渡米させた。だが、明治二年一月、小楠は尊王攘夷《じょうい》派の刺客に暗殺されてしまう。左平太は航海術、政治、法律を学び渡米六年後に帰国し、原玉子と結婚した。間もなく新政府から渡米を命じられ、二年後の八年六月帰国し、元老院権少書記官となったが、すでに肺を病んでいた。夫の看護のため玉子は上京するが、左平太は同年十月、三一歳で死去した。わずか三年間の結婚生活、しかもそのうちの二年間左平太は米国にいた。実質一年ほどの結婚生活であった。

二一歳で未亡人となった玉子は、義母つせ（小楠の妻）に仕えながら、裁縫、料理、茶道、作法などあらゆる女性の技芸を修めた。十二年、玉子は芝教会でワデル牧師により受洗する。十四年、小笠原家の高等女礼式を卒業。義母つせの妹矢島楫子《かじこ》の紹介で、十八年、築地の新栄女学校に奉職し、事務監督及び礼式、裁縫の教鞭《きょうべん》をとった。楫子は、十年、米国長老教会経営の新栄女学校の舎監兼教諭を務め、十三年から同じ長老会の桜井女学校の校長を務めていた。玉子は十九年、東京師範学校女子師範科で高等裁縫と高等女礼式の教授資格を取った。そして、二十二年、新栄女学校と桜井女学校が合併して女子学院（院長矢島楫子）となり、玉子は礼式、裁縫、洋画、割烹《かっぽう》の授業を担当し、寄宿舎の舎監も兼任する。後に、玉子が女子学院を辞めた時、代わりの教師は三人必要になったほどだったという。

明治十九年、矢島楫子が東京婦人矯風会を設立すると、玉子は会員として叔母を助け、婦人の議会傍聴禁止に対する反対（二十三年）、男子に対する姦通《かんつう》罪制定の請願（二十六年）をはじめ、婦人の地位向上と社会改良のための運動に加わるようになる。また、玉子は美術に対する趣味が深く、本多錦吉郎、浅井忠など当時第一線で活躍中の西洋画家について油絵、水彩、デッサンを学んだ。三十二年、黒田清輝ら西洋画家の団体「白馬会」に入会し、洋画を研究する。

ところが、三十三年九月、新栄女学校から通算一六年間勤めた女子学院を辞し、女子美術学校設立に乗り出す。その理由はあまりよくわからない。以前アメリカから帰国した夫佐平太から、アメリカのフィラデルフィアには女子だけが学ぶムーア美術学校があると聞いたことがあった。それが脳裏にあったのかもしれない。義父横井小楠、叔母矢島楫子など、周囲に教育家が多かったことや、東京婦人矯風会の活動などが影響したとも考えられる。何よりも玉子自身若くして未亡人となり、自活しなければならなかった。義母から教わった技芸の数々、それをもって叔母矢島楫子が引き上げてくれたから教員として立つことができた。楫子はかつて酒乱の夫の悪癖に疲労し、末子を連れて家出し、後に離婚した経験を持つ。それだけに若い未亡人の姪玉子のことを気にかけてくれたのであろう。そういう自身の経験や叔母の苦労から、いざというときの自立独立の手立てとして、女性の専門の技術家や教員を養成する学校設立を思い立ったのではなかっただろうか。

女子が学べる美術の学校を創りたいという想いが募った玉子は、かつて絵を教わり、東京美術学校教授となっていた浅井忠に協力を求めた。しかし、浅井はフランスに留学してもう一度絵を学び直そうと考えていた。そして、東京美術学校教授藤田文蔵を推薦した。やがて藤田の協力を得て、女子美術学校のスタートとなる。

明治期の美術界　明治維新以後、伝統ある美術工芸品が二束三文で売られ、日本画家や金工家、漆工《しっこう》家など伝統的工芸家の生活は逼迫《ひっぱく》した。後に、明治の画聖と崇められる狩野派の画家橋本雅邦は、明治四年ごろ、やむなく海軍兵学寮の製図の仕事をしていたという。江戸時代、幕府や朝廷の御用絵師として日本画の狩野派や土佐派が権勢を誇った。しかし明治維新により幕府おかかえの狩野派などの画壇も勢力を失い、漢学との結びつきが強い南画（文人画）のみが新政府の高官などに好まれ生き残った。

一方、西洋画の研究は、安政三（一八五六）年、幕府が洋書の翻訳や洋学の研究所として設置した蕃書《ばんしょ》調所《しらべしょ》に絵図調方（一八六一年画学局と改称）が置かれ、西洋画の研究と教育が行われていた。明治維新により閉鎖となり、新政府が引き継ぎ、大学南校となる。明治五年八月の学制制度以後、小学校・中学校・大学校など諸学校に図画が教科として設定された。新政府の欧化政策により、明治初期は西洋画が盛行し、幕末の開成所で画学を学んだ者や、民間の西洋画塾や工部美術学校で学んだ者たちが図画教員となった。

西洋美術教育中心の工部美術学校設置　明治九年、政府は工部大学校の付属機関として、工部美術学校を設置した。日本最初の美術教育機関であるが、西洋美術教育のみが行われた。芸術のための美術というより、近代化に必要な建築などの図面を描く工業技術者養成の意図が強かった。美術はイタリアを範とすることとし、画学科にA．フォンタネージ、彫刻科にV．ラグーザ、予科の基礎教育担当に建築家J．カペレッティの三人のイタリア人教師が招聘され、西洋画の各塾から六〇数名、内女子六名が入学した。

日本画と西洋画、女子も受け入れる京都府画学校　明治十二年、関西では公立の京都府画学校（現京都市立芸術大学美術学部）が設立され、十三年七月一日、京都御所の一隅を借りて開校した。東宗（大和絵の土佐派、円山派など）、西宗（西洋画）、南宗（南画、文人画）、北宗（雪舟、狩野派などの和風の漢画）の四科を設けた。工部美術学校が西洋美術のみを取り入れたのに対して、京都府画学校は、西洋画をも含めて伝統の日本画のすべての領域を教えようとした。さらに京都府画学校は、女子の教室も設けていた。一年弱の在籍であったが、明治二十年、後に女流日本画家として注目される上村松園が入学している。

フェノロサ日本美術を称える　明治十三、四年ごろから美術界の流れが大きく変わった。そのきっかけとなったのは、お雇い外国人A．フェノロサが十五年の第三回観古美術会に招かれ、〝絵の良し悪しは妙想が顕れているかどうかで決まる。洋画よりも日本画の方が絵画理論上優れている。工人の啓蒙と新図案創作で輸出が拡大できる。〟などと講演したことが「美術真説」として和訳され、全国に頒布されたからである。これが大きな影響を与え、国粋美術が重んじられる風潮が起こり、今度は西洋画が排斥される。十四年の第二回内国勧業博覧会では、西洋画の出品が盛んで日本画は沈滞していたが、それ以後の展覧会は、西洋画は出品さえ拒絶されるまでになった。そして、十六年一月、工部美術学校は閉鎖された。

フェノロサは、明治十一年に来日し、東京大学で哲学、政治学、理財学（経済学）などを講義した。東京大学でフェノロサに学び、英語が堪能だったことから助手となった岡倉天心はフェノロサと、十九～二十年、文部省図画取調掛委員として欧米視察を命じられた。帰国後の報告は〝ヨーロッパの美術家に、西洋美術を学ぶことは日本美術の自殺であると言われ、東洋美術を基本に西洋美術の長所を取った美術教育をすべきであると確信した。〟というものであった。

東京美術学校設立、西洋画科設置されず　明治二十年十月、勅令により図画取調掛を改めて東京美術学校が設立された。二十二年二月開校、日本美術の伝統に根差した教育を行うことを目的として、日本画、木彫、彫金、漆工の四科が設置された。しかし、西洋画科は設置されなかった。二十三年十月から岡倉天心が校長に就任した。後に日本画の大家となる横山大観、下村観山、菱田春草らを輩出する。フェノロサは二十三年七月で契約満了となり、帰国。ボストン美術館の日本美術部学芸員として活動する。

西洋画の画家ら、美術会を結成する　一方、明治十七、八年ころ、フォンタネージの教えを受けた工部美術学校出身の小山正太郎、浅井忠、松岡寿ら一一人は、「十一会」を作り、美術研究に励んだ。二十一年、松井昇、本多錦吉郎、高橋源吉らをも集めて「明治美術会」を起こし、二十二年、不忍の馬見所で展覧会を開いた。以後、毎年展覧会を開き、西洋画の大団体となる。

こうした西洋画家たちの活動によって、明治二十九年五月、東京美術学校に西洋画科が設置された。岡倉天心はフランスから帰国した黒田清輝を中心に、久米桂一郎、浅井忠らを教授とした。同年九月、黒田清輝、久米桂一郎らは「明治美術会」を脱退し、「白馬会」を結成した。女子美術学校を創立した横井玉子は、本多錦吉郎と浅井忠に水彩画と油絵を学び、三十二年に「白馬会」に入会した。

明治三十一年、東京美術学校の内紛で、岡倉天心は校長並びに帝国博物館美術部長を辞任。橋本雅邦、横山大観らも辞職し、「日本美術院」を発足する。三十四年、小山正太郎らの「明治美術会は」解散。欧米から帰国した満谷国史郎、吉田博、中川八郎らが、三十五年一月、「太平洋画会」を創立した。明治後期の西洋画界は、東京美術学校系の「白馬会」が官派、「太平洋画会」が民派として対抗し、二大潮流となった。

　玉子が女子美術学校の創設を思い立ったころは、日本の伝統的絵画や木彫などが主流となっている美術界に、西洋画が勢いを巻き返してきていた。正規の美術学校としては、官立の東京美術学校と公立の京都市美術工芸学校（旧京都府画学校、二十七年八月改称）があるのみであった。女子が美術を学ぶとすれば、私塾しかなかったのである。

女子美術学校創設の協力者——藤田文蔵

　女子美術学校（以下、女子美と表示）創設のメンバーであり、初代校長を務めた藤田文蔵は、文久元（一八六一）年八月、因幡国（現島根県）邑美《おうみ》郡《ぐん》湯所邑で漢学者の三男として誕生した。小学校教員をしたあと、明治七年上京。十年一七歳の時、藤田家の養子となり、新栄教会で受洗した。同年末、養父らは牛込キリスト教会を設立した。同年末、工部美術学校へ入学し、イタリア人ラグーザに師事して、十五年同校彫刻科を卒業。二十四年東京美術学校講師、三十三年同校教授となった。

藤田文蔵
（『女子美同窓会の歴史』より）

藤田は牛込教会の長老であった。横井玉子が勤める女子学院の寄宿生は毎日曜日牛込教会や麹町教会に礼拝に行き、オルガン演奏など日曜学校の手伝いをしていた。女子学院舎監の玉子は、藤田を教会長老の敬虔《けいけん》なクリスチャンとして見ていた。その藤田が東京美術学校の教授であった。以前に絵を教わっていた東京美術学校教授の浅井忠の推薦もあり、玉子は改めて校長として協力を求めたところ、藤田は玉子の女子美設立に賛同した。

玉子が新栄女学校に勤めていたころ、叔母で同校舎監兼教諭の矢島楫子に巌本善治を紹介されたことがあった。巌本は『女学雑誌』を主催し、明治女学校の教頭をしていた。巌本から〝各家庭の充実が国を豊かにする。それには家庭内の美術が重要である。美術には音楽、彫刻、詩歌、小説、演劇、建築など生活を豊かに楽しくするものはすべて含まれる。〟という持論を力強く述べられ、玉子の心にしみ込んでいた。そして女子美を設立するとき、〝裁縫や手芸、編物、料理など生活を豊かに充実させるものはすべて含まれる〟という信念となった。

本郷弓町で女子美術学校開校　女子美は、石川県旧大聖寺藩主前田利鬯《としか》子爵邸内の桜林を借り、そこを拓いて校舎を新築することになった。校地（東京市本郷区弓町一丁目一番地）は、地所総坪数一八六坪、木造二階建、一階は五教室、教員室、応接室、事務室、使丁室の計五六坪、二階は六教室、講堂の四九坪であった。

明治三十四年四月一日入学式が挙行された。名称は私立女子美術学校、校長は藤田文蔵。学科は日本画、西洋画、彫刻、刺繍《ししゅう》、蒔絵《まきえ》、編物、造花、裁縫の八学科。各学科は本科普通科、本科高等科、選科普通科、選科高等科の四つに分かれていた。教員は、磯野吉雄（西洋画）、島田友春（日本画）、藤田文蔵（彫刻）、土岐栄子（裁縫）、岩村透（美学・西洋美術史）、紀淑雄（日本美術史）、谷紀三郎（外国語）、尺秀三郎（教育）らであった。

この時代の女学校としては珍しく、校章が藤田校長の手で定められた。形は八咫鏡《やたのかがみ》で、その中央に教員用は紫、学生用は白色で「美」という文字が刻まれた。この校章は現在も使用されている。当時は、学生用には白・紫・赤の房をつけて科別を表した。明治三十五年第一回卒業生足助恒の回想で、開校当初の様子をみよう。

入学したとき西洋画の生徒は十五名ほどで、その頃は本郷の弓町に学校がございました。当時はいまとちがい女の子が油絵をしたいというと両親は勿論、親類縁者総出で反対し、女がペンキ屋になるのか、ときつく叱責《しっせき》されたものでした。…西洋画の先生は上野美術学校出身の磯野吉雄先生で、学校での授業は皆熱心で、一生懸命にデッサンをし、あこがれの油絵をうれしそうに描いたものです。材料は日本にありませんでしたので、全部フランス製でした。一番困ったのは、風景写生に出かけると、子供といわず大人までもの珍しそうにぞろぞろとついてきて囃《はや》し立てることでした。大隅先生が可愛そうにお思いになったのでしょう。三井家のお庭なら人が来ないからそこで写生をするように、と交渉してくださいましたので一同助かりました。

（『女子美術大学八十年史』より）

1917年頃のデッサン風景
（『女子美同窓会の歴史』）

美術好きの生徒を集めるために、三十四年夏、女子美術協力会を設立し、同年秋、第一回展覧会を開催した。美術及び美術工芸に関する女子だけの結社は珍しく、三十四年十一月二十八日『東京日日新聞』は、

…従来の諸会といへども固より敢て展覧会に女子の出品を拒めるに非ず。然れども常に其一隅に雑陳せられて光彩甚だ顕著ならず、…芸術中細謹縝密《しんみつ》の趣味に至りては、男子よりも寧ろ女子にして始めてこれを発揮することを得べきものあらんをや。

（『女子美術大学八十年史』より）

と評価した。これまでの展覧会では、女子の作品は片隅に雑然と陳列されて、光彩がきわだっていなかった。細かく丁寧な手芸等の制作は男子より女子の方が優っている。今後女子の芸術の才能が開花することを予感させられると好意的であった。

このように順調に滑り出したかに見えていたが、危機は早くも開校年の秋に訪れた。最初の入学生が少なく、経営は非常に困難であった。玉子も藤田も経済的援助を求めて学校の外を駆けまわる日々であった。資金の不足、経理上の不手際から内部対立を生み、開校半年で一大窮地に立たされた。この窮地を救ったのが、順天堂医院院長佐藤進夫人の佐藤志津であった。藤田と玉子は発起人を辞任し、志津に発起人の権利を一任した。共同経営としてスタートした私立女子美術学校は、三十五年一月をもって佐藤志津の手に移った。

女子美術学校校主――佐藤志津　志津は、嘉永四（一八五一）年十二月、下総（現千葉県内）にある西洋医学の病院佐倉順天堂・佐藤尚中《たかなか》の長女として誕生。五、六歳の時漢籍と国学を、九歳の時から穴沢流の長刀を学び、一二歳の時免許を得る。幼児期、成女期を通して、当時の一般武士が受けた教育のほか、点茶、琴曲、手芸、礼法など淑女としてのあらゆる修業を積んだ。聡明で、すべてのことにおいてその奥義に達した。その後も、書、禅、謡曲を学び、生涯自身の修養に努めた人格者であった。しかし、自ら学校事業を起こして、日本女性の教育事業を手掛ける

佐藤志津
（『女子美同窓会の歴史』より）

という積極的な考えを持っていたわけではなかった。玉子から女子美術学校の窮状を救ってほしいと訴えられ、玉子の情熱を感じて、この仕事に一生を捧げようという決意を固めたのである。親戚の大多数から反対され、後に女子美術学校の第三代校長となる夫、当時順天堂医院院長であった佐藤進でさえも反対した。

志津は、崩壊寸前の学校を引き受けて、立て直しと発展の方策に思案する日々が続いた。経営を引き受ける条件として、玉子も藤田も、志津の指揮下でいつまでも本校のために勤めることとした。従来の組織そのままで、毎日のように志津、玉子、文蔵など教職員の首脳が運営方針を協議した。校長は藤田が引き続き務めた。しかし、最終決裁は志津が行なった。最後は自分が責任を取るという覚悟であったのだろう。

志津が校主になったことで、しだいに入学を希望する生徒が増えて、校舎増築の計画を立てることになった。生徒四〇〇名、寄宿舎六〇名を収容できるように拡張し、明治三十五年度中に完成した。三十五年四月一日、第一回卒業証書授与式が挙行された。菊池大麓文部大臣が臨席し、本科普通科計一四名に卒業証書が授与された。本科普通科は、修業年限四年であるが、入学以前の学歴と技術に応じ一年の修学によって卒業と認定された。

同年四月二十五日、志津は、駒込の自邸に職員を招き盛大な園遊会を催した。秋には全校生徒を自邸の菊見会に招いたり、正月や夏期休暇には帰省しない寄宿生を別荘に招いたりして、生徒との交流の機会を作った。生活を通して個人的教育にも心を配った。こうした志津の配慮により、職員、生徒、卒業生を一体とする家族的な明るい校風が培われていった。

三十五年九月、蒔絵科は希望者が少なく休科となる。造花、編物科に修業年限二年、尋常小学校卒業を入学資格とする別科が置かれた。別科は、作品の製作を目的とし、材料は本校から交付され、授業料、校費、学費は一切免除された。上級学校に行けない女子に、技術を身に着けて自活できる道を用意したのであろう。三十九年までは三月と十月の末日に、年二回の卒業式を行った。

横井玉子の死　明治三十五年十二月三十一日、玉子が順天堂医院で佐藤進・志津の手厚い看護のもと、親族、学校関係者に見守られ、寄宿生たちの讃美歌の合唱のうちに永眠した。享年四九。一月四日、谷中の斎場にて葬儀。一月八日、校葬が行われた。三十三年九月に胃癌が判明したが、周囲の人々には話さず、女子美術学校設立後、病をおして舎監を務め、経営難を打開するために奔走した無理がたたり、三十五年冬病状が急変した。その遺言に、〝屍体《したい》を解剖に付し、遺骨は教授用として美術学校内に存置す可きことを以てす〃とあった。死んでも何かの役にたちたいと願った玉子の気丈な性格がうかがえる。解剖は執り行われたが、遺骨は遺言をまげて谷中霊園の横井時治（左平太）の墓に葬られた。

三十六年三月二十八日、第三回卒業証書授与式を挙行し、総理大臣桂太郎夫妻、清浦奎吾司法大臣の臨席のもと、日本画三名、西洋画二名、造花五名、編物四名、刺繍一二名、裁縫一七名、合計四三名という多くの卒業生を送ることができた。

美術学校とはいえ、生徒数は裁縫科が最も多く、次いで刺繍科が多い。玉子の「美術には家庭を充実させるものすべてが含まれる」という信念が受け継がれていたのであろうが、「女子学生堕落問題」が取りざたされ、三十二年には文部大臣樺山資紀から、「賢母良妻」としてふさわしい女学生に教育するように、各学校で取締を強化するようにと訓示が出されていた。そうした世情も反映しているのだろう。

佐藤志津が第二代校長に就任　明治三十七年一月、藤田校長退職。一月二十八日付佐藤志津が第二代校長に就任した。志津は、校長としての校務のほか、修身、作法、講話を受け持ち教壇に立った。さらに寄宿舎に宿泊してたびたび生徒と寝食を共にした。学校内の結束を固めるために、つつじが咲く四月や菊が咲く秋に、駒込の自邸に在校生と教職員を招いて交流をはかった。

志津は人に会うたびに学校の教育方針や授業内容を話し、生徒集めに努めた。やがて、政財界で活躍する人たちの子女の応募が増えた。慈善団体で一緒に活動している毛利安子公爵夫人ら多くの女性たちが協力してくれた。志津の幅広い交遊関係の中で、志津の上品な人柄や女子美の個性的で自由で家族的な校風を慕い、入学を希望する生徒が増えていった。

学則改正　明治四十年四月、学則を改正した。

第一条　本校ハ女子ノ徳性知識を涵養シ兼テ女子ニ適当ナル優美ノ芸術ヲ教授シ内ニ在リテハ良妻賢母タリ外ニ処シテハ文明ヲ裨補スルノ技術家及教育家タルモノヲ養成スル所トス

第二条　本校生徒定員ヲ六百五十名トス

第三条　本校ハ左ノ八分科ヲ置ク
日本画、西洋画、彫塑、蒔絵、刺繍、編物、造花、裁縫

第四条　本校ハ附属トシテ料理科ヲ置ク但シ其ノ規則ハ別ニ之ヲ定ム

それぞれ本科・選科（普通科三ケ年・高等科二ケ年）、研究科一ケ年が置かれている。但し、刺繍・編物・造花・裁縫科の選科普通科は二ケ年、編物・造花・裁縫科の選科高等科は一ケ年、編

物科には速成科五ケ月、編物・造花科には別科二ケ年が置かれた。まさに「良妻賢母」としての教養を養う上に、優美な芸術を学び、文明を裨補《ひほ》する技術家及び教育家として職業婦人への道を提示したものといえよう。入学金二円、授業料は本科・選科ともに、普通科は一ケ年二四円（毎月分納）、高等科・研究科は三〇円、宿泊料一ケ月七円であった。

三十五年三月第一回卒業生から四十二年四月の第一四回卒業生まで、いわゆる弓町時代は、選科や速成科も含めて総卒業生九七九名、そのうち裁縫科が五五、八％、刺繍科が一三、四％、造花科が一三、〇％、日本画科が九、三％、編物科が五、七％、西洋画科が二、六％、彫刻科が〇、二％である。裁縫科が六割近くを占める。この時代の世間が女子に対して求めているものを象徴している。

出火で校舎焼失　明治四十一年十月十三日午後六時五〇分ごろ、三階裁縫科教室から出火し、校舎・寄宿舎の大半を焼失した。寄宿生一三〇名は順天堂医院に避難し無事だった。石膏《せっこう》像も標本類も、裁縫科の豪華な重ねの衣裳類や、翌日表装屋に送る予定だったできあがったばかりの刺繍科の人物や風景の生徒作品が灰になった。

裁縫科の主任が責任を感じて辞職を願い出たが、霞ヶ浦の別荘から急遽《きゅうきょ》上京した志津は、落ち着いた態度で、「何事も天命です。人事を以て致すことではありません。しかしこれからの始末は一人ではできません。一同心を合わせ、努力して、この取返しをつけていただきたいと思います。」というだけで、責任を問うことはなかった。

西洋画の教員で幹事の磯野吉雄の采配、努力により、約一週間で焼け跡に仮校舎が出来上がり、授業は平常に戻った。志津は、現地から五〇〇メートルほど北の本郷菊坂本妙寺の中に土地を借り、新校舎建築計画を立てた。これまでも夫が院長を務める順天堂医院からたびたび資金援助を受けていたので、「順天堂付属女子美術学校」などと皮肉られた。しかし、志津は「医学も美術も人を癒すもので、人間の根幹を扱う世界です。」と、むしろ光栄だと喜んだ。

夫や親戚《しんせき》、周囲の人々は、この火災に懲りて志津は学校経営から手を引くだろうと思っていた。しかし、志津は、知人縁者を説いて出資金、寄付金を募り、自分の手回りの調度や衣類までも売却して新校舎建築費用にあてた。「志津校長は自分の着物を脱いで学校に着せた」と言う人もあった。夫の進は京城（現韓国ソウル）に滞在中であったが、志津の変わらない情熱を知り、これを機に本心から援助するようになった。四十二年四月一日、まだ壁の乾かない新校舎で、卒業式と記念展覧会を行い、弓町時代最後の卒業生一八四名を送り出した。こうして菊坂の女子美時代へと発展する。

菊坂の女子美　明治四十二年七月、女子美は本郷区菊坂町八九番地（現文京区本郷）に移っ

菊坂校舎
（『女子美術大学八十年史』より）

た。新校舎は、校地六一四坪、建坪一五四坪、総三階建、講堂も含めて二一室となった。寄宿舎も総三階建で計三六室あり、洗面所、食堂、炊事室、浴室などが付属していた。この設計は、四十二年三月の卒業式を行えるようにするために、志津の娘婿の真水英夫に依頼した。真水は順天堂医院建て替えの時の設計図を応用し、正味四ケ月で校舎の中心部を完成させた。そのため新校舎は、順天堂本館とそっくりだった。志津は順天堂と女子美は姉妹校だと思っていたので満足だった。

新校舎移転に先立ち、四十二年二月二十六日、学則の一部変更を申請した。

定員九〇〇名。本科普通科への入学資格を尋常小学校卒業程度とする。本科普通科及び本科高等科の修業年限をそれぞれ四ケ年、三ケ年に延長する。別科の修業年限を三ケ年とする。師範科を新設する。

授業料は、普通科三三円六〇銭、高等科三九円六〇銭に増額する。定員を増やし、授業料を上げて、新校舎建築費用等に充てたいと考えたのであろう。この学則は、昭和十年杉並に移転するまで二五年間使用された。新校舎が完成し、学びの環境が整い、大正時代になると生徒たちの活躍が盛んになり、さまざまな博覧会に出品し、表彰されるようになる。そして、「菊坂の女子美」と愛称されるようになる。

生徒の活躍　大正三年三月、大正博覧会に出品し、賞状及び銀牌《ぎんぱい》を受けた。同年六月、天皇皇后行幸の際には献上品を御嘉納され、編物科の製作品を皇后陛下がお買い上げになった。同年十一月、パナマ運河開通を記念してサンフランシスコにおいてパナマ・パシフィック国際博覧会が開催されることになり、文部省から製作品を出品するように指示を受けた。文部省から補助金が下付され、出品の結果、金牌と賞状を得た。この時の出品作品には富士山を刺繍した額、乱菊模様のクッション、切ばめ模様の着物を着せた人形、端館紫川、益田玉城両教員及び栗原玉葉の日本画、石川節の洋画などがあった。

女子美術学校付属高等女学校開校　大正四年二月、隣接した旧私立工科学校の校舎を購入し、同年四月、付属高等女学校を開校し、佐藤志津が校長に就任した。翌五年二月、付属高等女学校を私立佐藤高等女学校（以下、佐藤高女と表示）と改称した。同年五月、戸野みちゑが校長に就任する。

四年三月、刺繡・造花両科の高等師範科卒業生に対し、手芸科中等教員無試験検定の資格が付与され、職員生徒一同歓声を上げて喜んだ。当時、手芸科の中等教員無試験検定の資格をもつ学校は、女子美のほかには、実践女学校専門部と共立女子職業学校の二校のみであった。しかし、もっとも多くの卒業生を出している裁縫科にこの特典が認められなかった。そのため、裁縫科普通科の入学生の数は次第に減少していった。

そこで、佐藤高女に実科を付設して、女子美の刺繡、造花、編物各科の普通科を廃止し、吸収することにした。日本画、西洋画の普通科は性質上、一般の実科の内容と一致するものではなく、女子のための絵画学校は唯一であったので、この両科だけは普通科を存続させた。経営が苦しく、どんなに周囲が廃科を主張しても、どんなにこの両科を希望する生徒が少なくなっても、この両科だけは廃科にしなかった。それは横井玉子、佐藤志津の強い信念であった。

財団法人私立女子美術学校の組織変更、志津の死

大正六年二月、校舎・学校財産のすべてを寄贈し、佐藤志津の個人経営から、財団法人私立女子美術学校に組織変更した。理事長に佐藤進が就任、志津が佐藤高女名誉校長となる。七年五月、志津は、永年教育に従事し、多くの功績を挙げたとして、帝国教育会から表彰された。私立女子美術学校、佐藤高等女学校の生徒数は次第に増え、毎年赤字続きだったが、前途に明るい希望が持てるようになった。

そんな矢先、この二、三年来健康状態があまりよくなかったところに、七年冬から大流行したスペイン風邪にかかり、八年三月、志津は死去した。享年六九。病床で最後まで学校のことを気にかけていたという。教職員生徒の悲しみはたとえようもなかった。

八年五月、夫の佐藤進が第三代校長に就任した。同年九月、私立女子美術学校を女子美術学校と改称した。十年三月、裁縫科高等師範科卒業生に念願の中等教員無試験検定資格が付与された。同年七月、校長佐藤進死去。佐藤達次郎が校長に就任した。十三年十二月、日本画・西洋画科高等師範科卒業生に中等教員無試験検定資格が付与された。

女子美術専門学校への昇格と和田への移転　大正十二年九月一日に起こった関東大震災では、幸い軽微の損害で済んだ。しかし、大正末期には菊坂校舎は建築後二十年を経過し、修繕箇所が増えるようになった。女子美と佐藤高女の生徒一、五〇〇名を収容するにはあまりにも狭かった。このころから別に校地を探して新校舎を建設しようという考えが起こった。

各種学校としての女子美は、昭和二年二月、高等教育の「専門学校令」による認可を文部大臣に申請し、昭和四年六月、認可を受け、女子美術専門学校に昇格する。その申請のために、昭和二年ごろから校外に校地を探し始めていた。三年六月、和田堀の内村に四、七七四坪の校地を購入し、専門学校の申請書に新校舎建設計画を織り込んだのである。四年十一月、師範科卒業生に中等教員無試験検定資格が付与された。

昭和十年、女子美術専門学校は、東京市外豊多摩郡堀の内村和田（現在地の東京都杉並区和田一―四九―八）に移る。佐藤高女は菊坂に留まるが、二十年三月、空襲で菊坂校舎は全焼し、和田の女子美術専門学校校舎で授業を継続する。二十四年、学制改革により女子美術大学を発足する。佐藤高女は、佐藤中学校、佐藤高等学校を経て、二十六年、女子美術大学付属高等学校、同中学校と改称し、現在に至る。

女子美術学校・女子美術専門学校の主な指導者、卒業生――西洋画科

西洋画科の主な指導者と卒業生を紹介しよう。東京美術学校西洋画科で黒田清輝に指導を受けた**磯野吉雄**が、創立時から大正五年まで在籍し、女子美の西洋画科教育の基礎を作った。明治四十一年の出火で校舎が全焼した際、一週間で仮校舎を確保し、授業再開に尽力した人物である。

大正五年、磯野の後任に**岡田三郎助**が就任した。岡田は明治二十九年に黒田清輝とともに「白馬会」を創立し、同年東京美術学校西洋画科助教授に就任した。翌三十年、西洋画研究としては

第一回の文部省留学生として渡仏した。三十五年に帰国し、東京美術学校教授となる。昭和十四年に没する前の十二年まで二〇年以上にわたって女子美の西洋画科で指導し、多くの画家を育てた。普段の指導は第一回卒業生で教員となった**足助恒**が行い、岡田は週に一度か月に一度来校して指導した。学生の思い出によると来校の日は決まっておらず、学生たちは待ち遠しく思っていたという。

女子美の西洋画科は、磯野吉雄や岡田三郎助によって基礎が築かれた。それは東京美術学校の教育方法に影響を受けたものであった。彼らの薫陶を受けた卒業生らによって多くの女性洋画団体が結成された。亀高文子が創立メンバーになった「朱葉会」（大正七年）、三岸節子・甲斐仁代・深沢紅子らが創立した「婦人洋画協会」（大正十四年）。他にも三岸がかかわった「女艸会」や「七彩会」などがある。そして戦後昭和二十二年に「女流画家協会」の結成に実を結ぶ。三岸節子・森田元子・桜井悦らが中心となった。また、第一期生の足助恒や、途中編入であったが岡田三郎助門下の森田元子ら西洋画科卒業生から母校の教授となる者が出た。

西洋画科の卒業生で、現在も注目される作品を残した**丸木俊**を紹介しよう。丸木俊（旧姓赤松）は明治四十五年、北海道で誕生した。昭和四年、女子美術専門学校西洋画科に入学。八年同師範科西洋画部卒業。卒業後千葉県の小学校代用教員となる。昭和十二～十三年、一等通訳官油橋重遠の子の家庭教師としてモスクワへ赴任した。昭和十四年第二六回二科展に初入選。十六年七月丸木位里と結婚。十七年から絵本『ヤシノミノタビ』（文・丸山薫）や児童書『カモメサン』（文・石川光男）などの挿画を多数手がけている。昭和二十年八月、原爆投下後に夫の実家の広島にかけつけ、惨状を目撃し、一ケ月滞在した。水墨画家の夫とともに二十五年から「原爆の図」を共同制作し、出品、展覧会などを開く。昭和二十八（一九五三）年、世界平和評議会より国際平和賞を夫とともに受賞した。丸木俊、位里夫妻は「原爆の図」第1部「幽霊」から第15部「長崎」まで三〇年以上描き続けた。その他、「アウシュビッツの図」「沖縄戦の図」、「足尾鉱毒の図」など、戦争や公害の惨状を訴える夫婦共同制作を発表し続けた。昭和四十二年埼玉県東松山市に原爆の図丸木美術館開館。平成七（一九九五）年、ノーベル平和賞にノミネートされた。位里は平成七年没、享年九四。俊は平成十二年没、享年八七。

女子美術学校・女子美術専門学校の主な指導者、卒業生――日本画科

日本画科の主な指導者と卒業生を紹介しよう。創立当初、日本画科の指導は、**島田友春**が担当した。島田は、山口県出身で、安田老山に山水画を学び、老山病死後、河鍋暁斎に入門した。明治二十二年東京美術学校に入学。二十七年卒業。三十一年東京美術学校助教授に任じられ、日本画の教育にあたった。三十四年四月、私立女子美術学校で東京美術学校と兼任で日本画を担当した。同年十一月、女子美術協会（女子美とは別の組織）理事として、広範囲に女子の美術向上に尽力した。同協会主催の展覧会に女子美の生徒作品を出品させ、積極的に世に出す努力をした。三十五年十一月、突然学校を去ることになり、恩師河鍋暁斎《かわなべきょうさい》の娘である河鍋暁翠《きょうすい》に後を託した。

河鍋暁翠は、明治元年十二月に河鍋暁斎の長女として誕生した。本名は豊。父は、狩野派の大家で、幼いころから手本を与えられ手ほどきを受けた。暁斎の死後、二十二歳で独立し、独自の制作をはじめ、暁斎の未完成作品を完成させた。明治三十五年十一月頃女子美に迎えられた。暁翠は独立した女流画家が珍しい時代に、日本画家として活動した女性の美術学校教授第一号である。暁翠の影響か、教え子には教職に就いた者が多い。明治二十九年日本美術協会に入会。閨《けい》秀《しゅう》画家として安定した評価を得た。

日本画科の卒業生で、死後もなお注目されている**片岡球子**を紹介しよう。片岡球子は、明治三十八年札幌市で誕生。大正十二年女子美術学校の日本画科に入学。十五年日本画科高等科卒業。数年後、横浜市の小学校教師となる。帝展に三度落選。片岡の絵は個性が強く、作品をゲテモノと称する人もいた。そんな片岡を小林古径は「ゲテ物と本物は紙一重の差です。…そのゲテモノを捨ててはいけない。…あなたの絵を絶対に変えてはなりません。…」と、激励した。昭和五年院展に「枇杷」が初入選。三十年女子美術大学日本画科講師となり、三十五年助教授、四十年教授となり、四十一年まで務めた。四十一年以降、京都の等持院の足利一族の木彫像を最初に作品にした「面構《つらがまえ》」や、「富士山」シリーズは、高い評価を得た。五十七年日本芸術院会員。六十一年文化功労者となる。平成元年文化勲章を受章した。女性画家としては、上村松園、小倉遊亀に次いで三人目の受賞である。平成二十年没。享年一〇三。

西洋画科・日本画科の救世主──赤沼八重　赤沼八重は、女子美術学校創立以来、最も多くの卒業生を輩出した裁縫科の基礎を築いた教員で、四十数年間勤務し、「女子美の裁縫の祖」と言われる。関東大震災後、大正十二年十月の理事会で、学校の財政的基盤を確立するために、日本画科と西洋画科を廃止することが決定された。学生数が比較的少ないにもかかわらず、講師やモデル、写生材料等費用は他の裁縫手芸関係の学科に比べて多くかかりすぎたからである。

ところがこの決定に反対したのが、西洋画科の教員でも、日本画科の教員でもない、裁縫科主任の赤沼八重であった。十一月はじめ、赤沼は日本画科、西洋画科の教員と協議し、その他の教職員も生徒も、絵画科廃止決定取り消しのために、校長宅や理事長宅を訪れて陳情を続けた。理事会に欠席した東京美術学校校長でもあった正木直彦にも働きかけた。そしてついに十二月、理事会を動かし、決定をとりやめ、両科の存続が決まった。

赤沼は「女子美から画をなくしたらただの裁縫学校になってしまう。特色ある女子美でなく、佐藤志津先生の意志に反してしまう。画の中にある裁縫科が魅力あるのだ。」と言ったという。「画の中にある裁縫科が魅力あるのだ」は至言である。〝どんなに経営が苦しくても日本画科と西洋画科は廃止しない〟という志津の強い決意を熟知していたのだろう。こういう学校を愛する教員がいたことが、今日の女子美の発展につながった大きな理由であろう。赤沼は絵画科の救世主と言えよう。

今もこの地球上に女子の美術大学は二つしかない。アメリカ・ペンシルバニア州フィラデルフィアにあるムーア美術大学と、日本の東京にある女子美術大学だけである。女子美術大学には二人の親がいる。産みの親が横井玉子で、育ての親が佐藤志津である。二人の親がいなかったなら今日の女子美はなかった。大学にとって二つの星である。

（山崎光夫『二つの星』より）

参考文献

『女子美術大学八十年史』
『女子美術大学・女子美術大学短期大学部の歴史』
『女子美術教育と日本の近代』女子美一一〇年の人物史　女子美術大学歴史資料室編
『女子美同窓会の歴史』
山崎光夫『二つの星』横井玉子と佐藤志津　女子美術大学建学への道
石井研堂『明治事物起原』
『旧工部大学校史料・同附録』

『百年史』京都市立芸術大学
『東京芸術大学百年史』東京美術学校篇第一巻
金子一夫『近代日本美術教育の研究』明治時代

女子体操教育のさきがけ――東京女子体操音楽学校

女子体操専門教育のはじまり

明治三十五（一九〇二）年五月十日、東京市小石川区上富坂（現東京都文京区）に、各種学校として、私立東京女子体操学校が設立された。女子が学べる最初の体操学校だった。設立者は山崎周信、賛助員に子爵松平直敬、伯爵北大路実信、跡見花蹊など三十三名を得てスタートした。後に日本における最初の女子体育大学となる現在の東京女子体育大学の前身である。

明治二十八年一月に発令された「高等女学校規程」の学科目の体操は、一年生から四年生まで週三時間、五、六年生は週二時間普通体操と遊戯を行うことになっている。しかし、女らしさが求められた当時において、実際には女子の体操などほとんど顧みられていなかった。ところが、二十七年七月に始まった日清戦争での死者の九〇％近くが病死であったことから、日清戦争勝利後、体育及び学校衛生重視の風潮が高まった。強健な国民を養成するためには、母となる女子の体操を振興し、心身ともに健康な女子の育成が必要となった。産業が伸び、小学校の就学率、女子の女学校への進学者が次第に増えた。三十年代に入ると、女子体操に関心が持たれるようになり、女子の体操教員が求められた。

明治三十五年四月、山崎周信は、東京府知事に「学校設立願」を申請した。設立の目的を、「女子師範学校、高等女学校、女子小学校の女子体操教員を養成すること」とした。そして学校規則の第一条に「本校ハ体操専門ノ学科術科及女子必須ノ学科ヲ教授シ女子体操教員ヲ養成スル所トス」と掲げた。課程は、六ケ月履修の本科と無期限の研究科の二科で、一六歳から三〇歳まで、七五名を募集した。本科の入学資格は、小学校准教員免許保持者、高等女学校三年級修業者、教職経験者及び同等の学力を有する者とした。研究科の入学資格は高等小学校卒業者とした。開校式は予定より一ケ月余遅れて、三十五年六月八日に挙行された。開設時の校舎は、独逸《どいつ》神学校を午後だけ三〇円で借りたものであった。

同年十月十八日付で東京市小石川区茗荷谷町九四番地に移転した。同年十一月二十二日、私立東京女子体操音楽学校として、学校名に「音楽」を加え、学則の変更願を提出し認可された。木造平屋建瓦葺《かわらぶき》二三坪五合の校舎は、監督・高橋忠次郎の自宅であり、約二〇〇坪の運動場はその庭であった。主な変更点は、設立当初の本科を体操科と音楽科に分け、二科を兼修できるようにしたこと。研究科は本科を卒業し、さらに高度な学術・技芸を研究する科とした。入学資格として、三〇歳未満などの制限を削除して入学しやすくし、定員を一五〇名に倍増した。

学科目について、体操科は、倫理、教育、生理、解剖・衛生、体操、舞踏・遊戯で一週授業時数　合計三二時間。音楽科は、倫理、教育、家政、音楽、遊戯で一週授業時数　合計三一時間。

体操科は、普通体操一二時間、舞踏・遊戯一〇時間というように術科の時間数を増大した。音楽科は、音楽を一八時間、遊技を八時間学ぶ。この時代に音楽を学べる学校は少なかった。随意科として生花・茶・礼法が置かれたが、琴は土曜日の午後に教授するようになった。親族が直接監督するものに限り通学も可としたが、原則全寮制となった。寄宿料は半年六円、食費は五〇銭。

開設一年後、体操科と音楽科に加えて数学科の教員を養成すると謳《うた》い、保育も学べるとするなど、あれこれ苦慮したが、それでも生徒は集まらず、大正十一年四月に郊外の北多摩郡武蔵野村吉祥寺（現武蔵野市吉祥寺）に移転するまで、一一回もの移転を繰り返し、その都度学則も変更している。移転は主に資金不足による経営難のためであった。当時はまだ女子が体操教師になることが受け入れられない社会であり、教科としての体操の評価が低かった。東京女子体操学校創設の実質的な指導者である高橋忠次郎も、設立にあたって賛成する者は一人もなく、〝女子が体操の教員となっても雇う所がないだろう。金銭を損耗するだけだからやめたほうがいい。〟と忠告を受けたという。初期の生徒数は、三十五年十二月の第一期生一五名、三十六年六月の第二期生は四名、同年十月の第三期生は一一名、三十七年四月の第四期生は一七名が予定されていた。

募集定員の一五〇名には程遠い人数であった。

明治期の近代体育教育事情　近代体育の本格的な出発は、明治十一年十月、文部省が設置した体操伝習所に始まる。文部省は、明治五年に発布した「学制」以来、知的偏重によって生じた身体的欠陥を防ぐため、海外より体操に通じた学士を招く計画を立てた。文部大輔・田中不二麿は、十一年九月、アマースト大学出身で、ハーバード大学で医学を修めた医学士ジョージ・アダムス・リーランドを招聘《しょうへい》した。文部省は十一年九月六日付で体操取調掛を設け、伊沢修二（二一九頁参照）を主幹に任命した。伊沢は急ぎ「新設体操着手方按《ほうあん》」をまとめ、若者の体力向上のために体操の指導者養成が必要なことを述べ、伝習所開設の必要性と運営方法等を具体的に示した。こうして十一年十月、神田一ツ橋に体操伝習所が開設され、伊沢と通訳官・坪井玄道が協力した。

リーランドは、日本の学校を視察した結果、器械を使うドイツ式の重体操より、米国の医学士ダイオ・ルイスの「新体操」から引用した徒手体操、木亜鈴《もくあれい》、球竿《きゅうかん》、木環《もっかん》、棍棒《こんぼう》などの軽手具を用いる軽体操が適するとした。学生生徒の健康保持を目的とした体操である。後に普通体操と改称され、明治三十年代前半まで学校体操の主流となる。体操伝習所は、十八年十二月、東京師範学校付属体操伝習所となり、十九年四月、高等師範学校体操専修科に引き継がれ、廃止された。

開設期間中に総数二三五名の卒業生を出し、十九年にはほとんどの府県に体操教員が配置された。

リーランド帰米後、通訳官であった坪井玄道が伝習所の中心教員となった。玄道は、リーランドの通訳を命じられ、リーランドの理論や技術の紹介、体操用語の翻訳を行っているうちに、自身が体操に熱心になり、体操教師となった。リーランドの軽体操を指導し、戸外遊戯を併わせた体育論を構築した。伝習所廃止後は、高等師範学校で体操を担当する。この坪井に影響を受けたのが高橋忠次郎であった。

明治十五年六月、体操伝習所からリーランドの講義と教授内容が『新撰体操書』と『新制体操法』として刊行された。整頓《せいとん》法、身体矯正術、徒手体操、亜鈴体操、女子亜鈴体操、棍棒体操、二人球竿体操で構成されていた。リーランドの軽体操は、軽手具を用いて手足や胴体を動かし、姿勢を美しくするのがねらいであった。

十六年改正の徴兵令は、官公立の中学校・師範学校卒業者に対し、在学中に歩兵操練科を履修することを条件に在営期間の減免を認めた。そのため、十七年ごろから各県の師範学校や中学校で歩兵操練科が実施され、小学校高学年においては隊列運動が課された。十八年、森有礼が初代文部大臣に就任し、富国強兵政策を教育面から推進した。十九年、「学校令」の公布により、学校体育は正課の「体操科」として確立された。国家主義的傾向が次第に強くなり、男子には普通体操と兵式体操を並行した学校体育が形成されていく。

しかし、実際には実学や知育が重んじられ、依然として体育軽視の思想が強かった。二十年、高等師範学校体操専修科が休止された。体育指導体制の後退を危惧《きぐ》した陸軍退役下士官の日高藤吉郎が、二十四年八月、東京市牛込区に、体育の啓蒙《けいもう》普及を目的として「日本体育会」を設立した。二十六年には体操教員養成の場として飯田町に日本体育会付属体操練習所を設置した。これが現在の日本体育大学の前身である。三十二年に高等師範学校体操専修科が再開されるまで、講演会や幻燈会の開催、体育雑誌『文武叢誌《そうし》』の発行など体育啓蒙活動を行い、体育指導を牽引《けんいん》していく。

女子の体育事情　明治三十二年九月、井口《いのくち》阿くり（三〇二頁参照）が女子体育研究のため、文部省からアメリカ留学を命じられて渡米し、ようやく女子の体育に関心が持たれるようになる。三十二年、女子高等師範学校（以下、女高師と表示）校長に就任した高嶺秀夫は、将来丈夫な日本人を産み育てるためには女子の体を健康にしなければならない、そのためにも女子の体育は重要と考え、女子体育を教授できる人材を探していた。そして、山口県の私立毛利高等女学校で教頭・舎監を務めていた井口に白羽の矢を立てた。

三十四年の「高等女学校令施行規則」第一三条で、〝女子の体操は身体を均斉に発育させて礼容を整えることや、精神を快活にし、規律の順守、協同を尊ぶ習慣を養うことを目的とする〟とされた。三十六年三月の「高等女学校教授要目」では、さらに具体的に示された。週三時間の体操科は、普通体操（準備、整容、呼吸、矯正、徒手、亜鈴）と遊戯（行進運動及び遊戯）が二対一の比で課せられることになった。教授上の注意として、〝体操はなるべく女教員に教授させる〟としている。また、過度の運動や女子の月経期及び不衛生な環境の下における運動を制限し、〝衣服、殊に帯袴《はかま》の仕立方着方に留意し、四肢の運動はもちろん、呼吸及び血液循環が自在になるようにする〟という配慮がなされている。

明治三十六年二月、井口が三年半の留学を終えてアメリカから帰国した。それに合わせて女高師に国語体操専修科が新設され、井口が教授となり、女子体操教員の養成が始まった。さらに同年四月、日本体育会付属体操練習所が女子体操指導者養成を目的に、女子部普通科を、翌三十七年女子部高等科を設置した。こうして、ようやく女子の体育教育が緒に就いた。しかし、女高師でさえ、「体操専修科」とせずに「国語体操専修科」としたのは、体操だけの学習では修養上欠けるところができることと、体操の免状だけでは就職に不利だからである。当時はまだ体操の地位が低く、体操のみの女子教員養成は難しかった。日本体育会女子部も長く低迷が続く。

東京女子体操音楽学校草創期の様子　体育の発達が富国強兵の基礎である。男子の体育は奨励されているが、女子の体育は置き去りにされている。女子教員が渇望されている。こういう時勢をとらえて、明治三十五年五月、我が国最初の女子体操教員養成機関として、東京女子体操学校が開設されたのであった。同校第三期生・崎田かしく（旧姓佐藤）の語るところにより、初期の学校の様子をみよう。三十六年三月から三十七年六月ごろ、麹《こうじ》町区富士見町（現千代田区九段北）時代のことである。

麹町の学校は、個人の家を改造したもので畳敷きでした。建物も庭もとても狭くて九段坂上の小学校を借りて、そこでやっておりました。…徒手や球竿、棍棒体操などの普通体操は、体育会から来られた先生がたから教えられましたが、棍棒は少々つらかったと思います。また小沢卯之助先生からは薙刀体操を、井口あくり先生からはスウェーデン体操の手ほどきをうけました。音楽は菊池、鈴木という先生でしたかしら。行進曲などピアノを少し習いました。…可児先生からはワルツなどの舞踏や行進遊戯を、生徒が少なかったのでそれこそ手をとって教えて頂きました。そのころ高等遊戯と申しておりましたが、高橋先生からはテニス、ピンポン、パチンコ（投球盤）、バスケット、ホッケーなどのスポーツも教えられたと記憶します。ホッケーは九段の小学校でやりました。

（『藤村学園七十年の歩み』より）

九段坂上の小学校を借りて、普通体操・遊戯を中心にさまざまな種目の技術習得に取り組む様子がうかがえる。米国留学から帰国したばかりの井口阿くりがスウェーデン式体操を教えている。可児徳《かに》によるワルツ指導などもほほえましい。

設立者・山崎周信については資料が乏しく、明治三十一年四月ごろから東京市牛込区赤城尋常高等小学校准訓導として教鞭《きょうべん》を執り、三十四年十月退職した程度しかわからない。三十七年三月二十九日付、設立者の地位を高橋忠次郎に譲る。

設立時から監督として事実上中心になって指導していた高橋忠次郎は、明治三年三月、宮城県にて誕生。十七歳で上京。二十二年十月、私立の東京体操伝習所と東京唱歌専門学校で体操や唱歌を修めた。同年同月東京府において、小学校教員体操科検定試験に合格。二十四年六月、東京府教員速成伝習所に入所し、二十五年十二月卒業。以後、尋常師範学校尋常中学校高等女学校普通体操科教員免許状、尋常師範学校尋常中学校兵式科教員免許状を取得した。二十七年五月、高等師範学校付属音楽学校体操科講師、三十年六月、香川県師範学校助教諭兼書記、三十二年六月、日本体育会付属体操練習所教員などを勤め、三十三年十二月、当時体操教育界の第一人者であった坪井玄道が欧米留学のため、後任として女高師体操科講師となる。

高橋忠次郎
（東京女子体育大学・短期大学図書館所蔵）

三十三年八月二十一日付、「小学校施行規則」第一〇条に、尋常小学校では遊戯の上に普通体操、高等小学校では普通体操と遊戯を授け、男児には兵式体操を加えることが掲げられた。これにより児童教育において遊戯が必要であるという遊戯論が流行した。三十四年三月、中学校令及び高等女学校令施行規則において、中学校では普通体操と兵式体操、高等女学校では普通体操と遊戯を課すとされたことも追い風となった。

三十四年、高橋が中心となって、日本遊戯調査会を再開し、同年九月、『遊戯雑誌』第一号を発行した。遊戯研究の流行と女子の体育教育の活発化が見られるようになる。三十三年から三十五年にかけて遊戯関係書の出版は毎年約二〇種にのぼった。高橋も『音楽応用女子体育及遊戯法』『実験普通遊戯法』などを著した。三十四年夏、東京において行われた四つの女子体操講習会の中で、日本遊戯調査会主催の遊戯講習は一五〇余名の参加があった。女高師講師の高橋忠次郎と東京音楽学校教官の山田源一郎の、バイオリンやオルガンの演奏に合わせて踊る舞踏的遊戯が最も人気を集めた。そうした遊戯流行の好機をとらえて、三十五年五月の東京女子体操学校の開設に踏み切ったのであった。

日暮里村に移転　移転の八回目、明治三十八年八月、北豊島郡日暮里村一〇八八番地妙隆寺（俗称花見寺）境内に移転し、四年近く落ち着く。敷地は一、〇九一坪で、それまでと比べるとかなり広くなった。翌三十九年二月、妙隆寺住職福田観学を設立者に加え、建坪二〇六坪の教室と寄宿舎の改築にとりかかった。前校地下谷区中真島町時代の三十七年ごろに学則の一部が改正された。三十八年七月頃に印刷されたものによると、「第一条　本校ハ体操音楽専門ノ学術術科及ヒ女子必須ノ学科ヲ教授シテ女子体操音楽教員タラント欲スルモノヲ養成スルヲ以テ目的トス」とある。設立当初の目的に戻り「女子必須ノ学科ヲ教授シテ」が再度謳われ、学科目では国語と家政が加わった。この頃の女子教育に良妻賢母が掲げられた社会情勢を鑑みて変更したものであろう。

学科は、本科、別科、選科、研究科の四科となった。本科は、女子師範学校、師範学校女子部、高等女学校教員を目指す者。別科は、小学校の体操音楽科教員を目指す者及び、文部省教員検定受験準備をする者、もしくは健康保全志望の者。選科及び研究科は、殊に志望する科目を専攻する者。

以下に、本科の学科・術科・随意科の科目をあげよう。数字は一週間の時間数である。

学科…倫理1　教育2　国語2　家政1　生理3　体操理論1　音楽理論1　和声学1
術科…体操13　遊戯6　音楽7　合計38時間
体操…普通体操、瑞典《スウェーデン》式体操、薙刀《なぎなた》体操

遊戯…児童遊戯、高等遊戯、室内遊戯、舞踏
音楽…単音唱歌、複音唱歌、楽器使用法
随意科…生花、抹茶、琴、礼法、漕艇《そうてい》（ボート）、自転車、乗馬

学科と術科合わせて一週間に三八時間とはすさまじい。別科の学科は、本科の科目の家政と和声学を除くとした。流行しだしたスウェーデン式体操を取り入れ、随意科に漕艇、自転車、乗馬など当時としては目新しい科目が設置された。

本科生の入学資格は、一七歳から三六歳までの高等女学校卒業者か尋常小学校本科教員及び尋常小学准訓導を三年以上勤めた者などで、制限を設け、設立当初の資格に近くなった。別科生は、高等小学校卒業程度とした。本科も別科も六ケ月の履修、定員は一五〇名との従来通りであった。選科と研究科の資格、履修期限は特に設けていない。

新たに生徒心得十項が設定された。〝教育勅語の奉体、校則の厳守、教職員への敬意と服従、日本女性としての心構え〟など、日露戦争中の時代状況が反映されている。

校長は当初、子爵松平直敬が務めたが、三十七年には校長欠員となり、設立者高橋忠次郎が監督（校長補佐役）を兼ねる。教員は、可児徳、太田勘七、山本祐吉、藤村トヨら十二名。藤村は高橋の女高師講師時代の教え子であった。賛助者に矢島楫子（女子学院院長）、三輪田真佐子

（三輪田高等女学校校長）、西沢之助（日本女学校校長）など女子教育の錚々《そうそう》たる実力者を加え、〝各地師範学校中学校高等女学校教師及び貴顕紳士百余名を数える〟と謳った。賛助会を立ち上げ、会長の高橋を筆頭に、競技部（谷口謙造）、演奏部（太田勘七）、舞踏部（山本祐吉）、談話部（藤村トヨ）、通信部（大島スミ）の五部を設け、卒業生七五名を地方通信員に委嘱して、月刊機関雑誌を配布するとした。こうして基盤を固め生徒募集体制に梃《てこ》入れをした。

しかし、一期生（明治三十五年十二月）から六期生（明治三十八年七月）までの卒業生数は、明治四十一年四月の公文書では一二八名で、各期平均二〇数名である。かなり経営困難だったことが察しられる。こうした学校経営難の最中、創立以来学校の運営や教育に尽力してきた高橋が、三十九年十二月、体育研究のため渡米した。そして、再び日本に帰ることなく、米国で亡くなってしまう。高橋渡米の背景に何があったのであろうか。

明治三十年代後半の学校体育事情

明治三十年代後半期の学校体育は、普通体操、スウェーデン式体操、兵式体操、遊戯、スポーツなどが入り混じって混乱状態であった。三十五年、医学研究で渡米していた川瀬元九郎が帰朝し、日本体育会でスウェーデン式体操の効果を提唱し、指導にあたった。続いて三十六年二月、文部省初の体育研究留学で渡米していた井口阿くりが帰国し、女高師国語体操専修科教授になり、スウェーデン式体操は万能であるとして積極的に普及していった。当時は、普通体操が体操伝習所以来二五年間にわたり学校体育を統一してきた。児童の体格姿勢の矯正と体力の自然増進に一定の効果が上がったが、形骸化《けいがいか》していた。普通体操を普及した坪井玄道も三十三年から三十五年にかけてイギリス、ドイツ、フランスに留学して帰国すると、スウェーデン式体操を従来の連続体操に加味し、美容術矯正術として妥協する状況になっていた。

このような体操教育を統一しようと、三十七年十月、文部省は体操遊戯取調委員会を設け、現状分析と対策を立てさせた。委員長・澤柳政太郎をはじめ、三島通良、坪井、井口ら八名を任命した。何回も検討を重ね、翌年十一月の報告で、普通体操を「各個演習」（スウェーデン式体操）と、「連続体操」（スウェーデン式体操と普通体操の併用）に分け、選択の自由を認めるとした。学校体操を統一することはできなかったが、以後スウェーデン式体操が主流となる。

スウェーデン体操は、十九世紀初めにスウェーデン人ペール・ヘンリック・リングによって創案された。解剖学・生理学・物理学の見地から考えられた合理的な体力養成運動である。教育体操、医療体操、兵式体操、芸術体操の四つを柱として構想されていた。リング亡き後、スウェーデン王立中央体操研究所が引き継ぎ完成させ、欧米各国で導入された。後に後継者によって、形式的、ドリル的な体操を中心とするものに変容していった。川瀬や井口によって日本に移入されたアメリカ経由のスウェーデン式体操は、変容した後の体操で、律動性に乏しく、面白味に欠けた。

日露戦争に勝利した直後の日本は、国家主義の絶頂期を迎え、富国強兵の機運に乗じて、体操界も遊戯教材などを軟弱とみる傾向となっていた。高橋忠次郎が先導してきた体操と音楽を合わせたリズミカル運動は体育的運動ではないと、非常な圧迫を受けた。恩師の坪井も「噫《ああ》、時勢である」とつぶやいて第一線から退いてしまう。このような状況の中で、高橋は渡米を決意したのだった。

東京女子体操音楽学校廃校の危機

高橋が渡米中、学校は廃校寸前に追い込まれる。高橋はこれまで、校長の席をふさわしい人物が現れるまではと空席にしていたが、渡米直前に自身が校長になることを承知した。舞踊担当の山本祐吉を校長代理として後事を託して出発した。しかし、高橋が不在になると生徒はさらに減少し、学校運営は経済的に行き詰まり、器具までが競売にかけられた。四十年四月から義務教育年限が六ケ年に延長され学校体系の整備が急速に進んだ。四十年から四十一年ごろ東京府は、無数にあった各種学校を整理し、一定の基準に達しない私立各種学校を大量に淘汰《とうた》した。四十一年二月、東京女子体操音楽学校は、四十一年三月限り閉鎖すべしという命令が下った。この最大のピンチを救ったのが、かつて高橋の教えを受け、同校の教員となっていた藤村トヨである。

藤村トヨらは女子体育専門の学校の希少価値と女子体操教員への教育界の需要を強調し、必死の陳情をした。トヨの女高師時代の恩師町田則文や坪井玄道らが、東京府学務課長御園生金太郎を説得してくれた。その結果、高橋校長の留守をあずかり、女子の体操教員を養成するということで、学校の閉鎖命令を取り消し、トヨに再興存続させることが認められた。そこへ四十一年二月一日付で、シアトルの高橋から辞意を表明する二枚の委任状が届いた。設立者の変更と校長の後任を藤村トヨに委任するという書面であった。そこで四十一年三月、渡米中の高橋校長が帰国するまでの暫定的措置として、トヨは東京女子体操音楽学校の校長になった。

規則改正——高等専門教育をめざす　トヨは明治四十一年二月三日、校長名義で規則改正許可願を申請し、三月二十日認可された。全十章（三三ケ条）からなる改正学則は、従来の学則体系に沿いながら、生徒心得、寄宿舎心得などの細目も盛り込んだ画期的なものであった。

大きな改正点は、第一部を修業一ケ年と倍増したことである。第一部は、女子師範学校、師範学校女子部、高等女学校の体操遊戯及び音楽科教員に必要な学科と術科を教授し、文部省検定受験の予備教授をするとした。第二部は、従来通り修業六ケ月で、本科と研究科とした。本科は、小学校の体操遊戯及び音楽科教員を養成。研究科は、本科卒業生で、さらに女子師範学校・師範学校女子部・高等女学校の体操遊戯及び音楽科教員を目指す者に、本科の課程以上の学科及び術科を教授するとした。

学科では従来の教科に国語と家政を復活させ、英語（随意科）を加えて時代の要望にも応え、教育、生理、家政、体育原理は一週間に一回斯道《しどう》の大家を招いて課外講演を開くと謳った。第一部の入学資格を〝女子師範学校、師範学校女子部、修業四年以上の高等女学校卒業者及び尋常小学校准教員以上の免許状を有する者〟というように、専門学校の入学資格と同程度とするなど、全体に内容を高めた。高等専門教育をめざしたといえよう。

また、学校規則の第一条「本校ハ女子ニシテ体操遊戯及音楽科教員タラントスル者ヲ養成スルヲ以テ目的トス」というように「遊戯」の二文字を加えたことが注目される。体操遊戯取調委員会報告では、体操と遊戯の比率を二対一とした。しかし、トヨは、一三時間あった体操を一〇時間に減らしたが、遊戯はそのまま六時間を保持した。日本遊戯調査会のリーダー高橋が遊戯の比率を増すべきだと主張していたのを尊重したのだろう。高橋が広めた体操と音楽を合一し女子にふさわしいリズミカル運動を引き継ぐ学校としての意志表示がなされているといえよう。しかし、経営上の苦難は、大正十一年四月、吉祥寺に移転するまで十数年続く。

東京女子体操音楽学校の救世主――藤村トヨ

トヨは、明治九年六月、香川県綾歌郡坂出町で、父藤村九平、母タネの長女として生まれた。タネは後妻だったため、先妻の子が四人いた。父は

徳清寺で静養するトヨ
（東京女子体育大学・短期大学図書館所蔵）

富裕な商人で、母タネは学問好きな女性であった。母は、四、五歳ごろからトヨに寺子屋などで漢学を学ばせた。八歳から坂出小学校に通うが、先妻の子供たちも実家の兄も、女子に学問は不要としてトヨの勉学に理解を示さなかった。そのため母はトヨら実子五人を連れて別居した。以後、トヨの学問中心の生活となる。

トヨは小学校卒業後、坂出町の私立済々学館に入学した。この頃から勉強のしすぎで体をこわしていた。二十八年四月、香川県立師範学校に入学した。しかし、一年後病気のため退学。三十二年四月上京し、女高師本科理科に入学。しかしまた、二年後病気のため退学。同年四月十七日から同校理科三年選科生として通学を許されるが、五ケ月後、余命半年と診断されて退学し、帰郷する。恩師となる高橋忠次郎は、三十三年十二月から女高師の講師となっていた。したがってトヨが高橋に学んだのは、三十四年四月に退学するまでの数ケ月である。トヨは郷里の親戚の徳清寺で死を覚悟して静養をする。しかし、そこで奇跡が起こった。三十四年十一月、綾歌郡国分高等小学校代任訓導を命じられ、綾歌郡の各小学校の生徒大運動会で体操・遊戯の指導を依頼された。三ケ月にわたる練習をするうちに、余命半年と診断されたトヨ自身の身体が健康になったのである。そして、三十五年十月、香川県立丸亀高等女学校教員に転じる。

このように病気のため学業をしばしば中途退学し、郷里で療養しながら小学校で普通体操や遊戯、ダンスを教えているうちに健康を回復するということを繰り返している。母も知育徳育に偏った家庭教育を反省し、以後一家全体が体育に熱中し、トヨの体育教育を支援する。夕食後は妹たちも一緒に家中で運動して、藤村家はさながら室内運動場のようであったという。妹エイも体育家になり、後にトヨの跡を継ぐ。

トヨ自身が『学校体育』八号の「私の歩んで来た道」で語ったところによると、明治三十年代半ばごろは、「女子の体操の先生は、お転婆か低能で他の学科を修業する能力のないものだと下視された」（『藤村学園七十年の歩み』より）時代であった。しかし、トヨは、一時死をも覚悟した病弱な体を、体育運動で元気になり命を拾ったので、その恩に報いようと決心した。三十六年元旦、最も好きだった数学理科の書物やノートを焼き払った。

明治三十六年一月、香川県師範学校卒業生の有志が高橋忠次郎を迎えて、遊戯講習会を高松市で開いた。トヨはそこで高橋と再会した。翌年三月、香川県立丸亀高等女学校を退職し、高橋の勧めにより東京女子体操音楽学校に奉職した。生理解剖や体育原理などを担当した。トヨ二八歳であった。同年十一月、文部省教員検定試験に合格し、師範学校女子部と高等女学校の体操科免許状を取得した。並行して私立日本女学校体操理科数学講師を兼ねる。また、結婚して家庭を持ち、医師の妻と、教員の仕事との両立に悩む。四十一年、学校廃止の危機に遭遇し、母と相談の結果、家庭を捨て、学校の救済に力を注ぐことを決意する。

大正二年、渡米中の高橋は盲腸炎が原因で客死する。享年四三であった。三二歳のトヨに設立者と学校長の重責がのしかかった。明治四十一年三月、トヨは高橋校長が帰国するまでの暫定的な校長としてスタートしたものの、破れ借家に資産もなく、最も衰微した時は生徒わずか六名になった。トヨは他校の講師などを勤め、給料を学校の経営に投入してしのいだ。大正二年三月卒業の第一八期生吉井定枝（旧姓富田）の語るところを『藤村学園七十年の歩み』から紹介しよう。妙隆寺とは別の日暮里村一〇五四番地時代の学校を初めて訪れた時の印象である。

…朽ちかけた木の門を入ると正面辺りに何か一本の木が玄関をかくしており、入ると両側に下駄箱がありました。一見五、六十年も経った旅館の跡ではないかと思ったほどです。来意を告げて正面玄関から二階に上ると、廊下を右へ二間ほどのお部屋に藤村先生が待っていて下さいました。お顔は整った知識人らしいお方で、笑顔でよく来た、明日からいらっしゃい、との事で、それだけでした。私は実のところ心がはげしく動揺しました、これが学校であるのかと…。

吉井はとても学校とは思えないぼろ学校に失望する。しかし、保証人である伯父の忠告でとにか

く一週間だけ授業を受けてみようと入学する。すると、

外見とは違って授業は熱心でした。藤村先生は徒手体操のほか、筋肉がどこから出てどこにつながりがあるかなど、着物を脱ぎ上半身裸かになって懸命に教えてくださいました。

と、印象が変わる。高等師範学校の山口酉三郎や可児徳に原理や実技を、巣鴨病院院長の森田正馬に心理学を、岩波茂雄に国語漢文を、立松房子に声楽を学んだと続く。学校はみすぼらしくても、内容は情熱があったと卒業生は語っている。

東京女子体操音楽学校再興への道　藤村トヨは坪井玄道と高橋忠次郎が築き上げた「リズミカルな普通体操・遊戯」の流れを受け継ぎ、井口阿くりが提唱したスウェーデン式体操に対抗した。トヨは三十七年、文部省主催の井口のスウェーデン式体操の講習を受けている。一日は受けたが翌日からは病気届を出して見学した。息がつまって非常に苦しかったからだ。他にも見学の生徒が多数いたという。「呼吸つめ体操」と多くの人が呼んだスウェーデン式体操は、人体の自然にさからい、かえって健康を損なう一因となると批判した。トヨは『女性美』八巻一号に「私の六十年の念願」の中で、

…瑞典《スウェーデン》式体操は、発達した青年以上には良い運動であるが、児童や女子には堅過ぎたり要領を失し易い運動である。当時瑞典式に熱中した者の中には肋膜炎《ろくまくえん》、女子には婦人病を起した者が少なくなかった。

（『藤村学園七十年の歩み』より）

と述べている。トヨは、新入生に初めての授業で、

あなた方は体操と音楽の先生になられる方々ぜ。体操の時間は大切な人様のお子の命を預かる時間ぜ。スウェーデン式体操のような「人殺し体操や自殺体操」をやらせないように責任をもって教える覚悟ぜ。

（大正八年三月卒業佐藤たけ談より『藤村学園七十年の歩み』所収）

と、方言まじりで熱く語った。スウェーデン式体操は「人殺し体操・自殺体操」と強調するその言葉に生徒たちは目をみはったという。

大正時代から昭和の終戦前の体育界は、東京高等師範学校及び東京女高師教授の永井道明がスウェーデン式体操を基本にまとめた「学校体操教授要目」（大正二年公布）が基調となる。女子体育界では、明治四十四年、東京女高師教授の井口阿くりが二階堂トクヨ（四一六頁参照）にバトンタッチして、スウェーデン式体操が主流となっていた。トヨが守ろうとする普通体操・遊戯

は時代遅れとみなされる傾向にあった。時流に逆らうからか、思うように生徒が集まらず、経営難が続いた。この苦境から脱するための一つの方策として、大正三年二月、家政科を加設する学則改正を願い出たが、本来の目的に沿わない、校名を変更しない限りは認められないと東京府庁内務部に認可されなかった。

藤村トヨの挑戦

そこで、トヨは、独自の方法で学風を作っていく。女高師時代の恩師町田則文の〝経営の中心は、よい卒業生を出す事が主だ。門戸は張るに及ばん。意見は新聞雑誌にどしどし出せ。日本ばかり見て居ては見識が狭くなる。万事現代に甘んじてはならん。進歩的でなくてはならん。〟という助言を受け止めて、地道に基礎から人材育成を続けようと決意した。

学校経営の傍ら、女子の体育教育研究のために全国視察を断続的に行い、寸暇を縫って、東京市内の私立女学校講師を務め、女医の資格を取るために吉岡弥生の東京女子医学専門学校にも通った。トヨは一五歳の時医学を志し、東京の済生学舎に入学しようとしたが、病弱のため断念した経緯があった。そうした多忙の中でトヨは、寮の女中や炊事婦を一切廃止して、生徒二〇人の炊事を一人で行った。生徒たちは、はじめは炊事を嫌がったが、三ケ月後には手伝うようになり、六ケ月後には生徒だけで食事作りをするようになった。炊事場の働きは体育運動にも勝ってトヨを健康にした。これに自信を得て、自炊の家庭的な作業をさせることで自立の精神を養わせることにした。全寮制で暖かい家庭的な雰囲気の中で、厳しく、一年間ほとんど無休で勉学させた。何よりトヨ自身が共に学ぶ姿勢を常に見せた。

明治末期から二〇年間にわたり国内視察旅行を続け、全国の銭湯や女学校の寄宿舎の浴場を見学して、日本女性の体型を調べ、女性の衣裳《いしょう》に伴う帯紐《ひも》の弊害を指摘した。従来の和服は、胸と腹を帯紐で締め、重なる襟で首を抑えるため、猫背や内足で首を前に突き出してうつむいて歩く姿勢になっていると指摘した。帯紐で締め付けない改良服を提案し、自ら着用した。大正二年七月、大正博覧会衛生部に改良女学生服装及び小学校生徒服装を出品し、東京府より褒状を受けている。

改良運動服で行う棍棒体操
（東京女子体育大学・短期大学図書館所蔵）

改良服の必要性を強調し、「本校生徒ハ体育上衣服改良ノ率先者タル可シ」という条文を明治四十一年改正の学則に生徒心得として加え、生徒にも考えさせた。食生活の改善や靴、下駄など生活素材の中に体育改善の手がかりを発見し、確かな理論と足と目でとらえた実証的な藤村体育学を確立していく。こうした私塾的な教育により、質実剛健で礼儀正しく育った卒業生は、少数ながらも卒業前に全国の諸学校から採用の申し込みがあったほど、教員として評判が良かった。

トヨは、大正三年三八歳で入学した東京女子医学専門学校に六年間通った。残念ながら卒業者の名簿にトヨの名前を確認できないのだが、体育研究の学理的、実践的基礎を確立するために、医学の知識や経験を授業に生かした。夜に東京女子医学専門学校の死体解剖に生徒を連れて行き、実体と模型を通して医学や解剖、心理などの学科を行った。その頃の卒業生は、得がたい体験であったと言う。

大正八年に学則を変更し、修業年限を二年に改め、前後二期に分けた。夜学部を設けて、学力体力ともに堪えられる者に限り、夜学部を兼修させて一年で卒業可とした。貸費生の規定を設け、学資の乏しい生徒を育成する道を開いた。こうしたトヨの努力が徐々に実を結び、大正半ばごろから入学生が増え、校舎も狭くなり、吉祥寺に移転（大正十一年四月）する計画を立てることになる。大正十年三月、第二七期生二七名を送り出した翌月、第二八期生七七名が入学した。三倍近くに増えた。

東京女子体操音楽学校が専門学校の申請を行うのは、それから約二〇年後の昭和十八年である。トヨがそれまで専門学校昇格に乗り出さなかったのは、〝卒業後や就職において、体操科は他の学科よりも身体の動きに変化を生じやすいため、一年間修業を短くし、その代わり塾風教育、少数精鋭主義で確かな人物修養と成績が認められるようにし、三年の専門学校に劣らないだけの実績をあげる方針を取ったから〟(「十年計画の第二回目の欧州視察の所感」『藤村学園七十年のあゆみ』より)という。名よりも実を重視したということであろう。二年間で、三年制の専門学校と同等の力があることを世間に認知させるために、大正十四年一月、中等教員無試験検定認可申請をし、わずか一ケ月後の同年二月に認可され、同年三月の卒業生から適用されたのである。女子に良妻賢母であることを求めるのが主流であった時代、二十歳前後の女子にとって一年修業期間が長くなるのは大きな問題であった。事実、専門学校に昇格すると入学者が減少してしまうという学校があった。

ともかくもトヨは、伊沢ヱイ、近沢よね、藤村亀之丞の弟妹らと力を合わせて、大正後期から昭和にかけて藤村カラーを創りあげていく。昭和二十五年短期大学への改組、三十七年には日本初の女子体育大学開校となる。こうしたトヨの功績を称え、二十六年、財団法人東京女子体育専門学校は、学校法人藤村学園へ組織変更し、トヨが理事長に就任する。

体操服の洋装化が女学生の制服洋装化に影響か　藤村トヨも井口阿くりも、二階堂トクヨも取り組んだ体操服の問題に触れておこう。体操の普及にあたっては服装が問題であった。男子の体操は早くから洋服で行われていたが、女子の体操は和服で行われていた。和服は長い袖や裾《すそ》が動きを妨げた。リーランドの体操理論をまとめた『新撰体操書』(明治十五年)の挿絵に、男性は洋服、女性は和服の下にシャツを着て体操する姿が描かれている。リーランドの理論を継承した坪井玄道がまとめた『普通体操法』（明治二十年）の挿絵には、女性もワンピースのような洋服で体操する姿が描かれている。欧化主義時代を反映するものであろう。

明治三十年前後から女学生の間に流行した袴《はかま》は、体操の授業に好影響を及ぼした。華族の子女が通う華族女学校や、上流階級の子女が多く通う跡見女学校の生徒が着用していたため、上流階級へのあこがれからか、一般の女学生の間にも流行し、海老茶袴《えびちゃばかま》は女学生の代名詞のようになった。三十二年二月、「高等女学校令」が公布され、同年四月、女高師付属高等女学校で袴の着用を規定した。丈夫な国民を産み育てる女性の健康な体づくりに体育が重視されるようになったからである。袴を着用し長い袖に襷《たすき》を掛けて行う体操は、足が出ることを気にせずできるようになったと当時の女学生は喜んだ。左右に分かれる改良袴も考案されるようになる。

井口は、三十九年七月、体操遊戯取調委員会のメンバーと共著で『体育之理論及実際』を出版した。その中で、アメリカの体操学校で着用されていた上衣をセーラー式、下衣を膝《ひざ》下までのブルマースとした体操服を推奨した。ブルマ

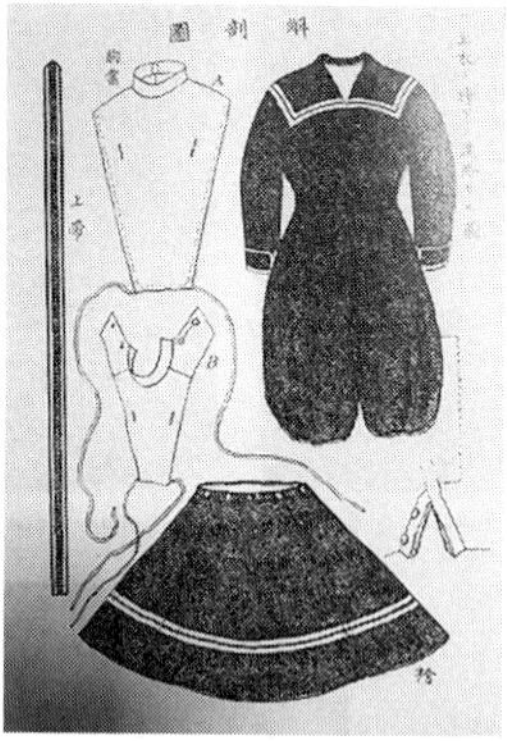

井口阿くりが米国から持ち帰ったブルマース型の運動服（『写真でつづるお茶の水体育110年』より）

ースを袴に取り換えれば学校での平常服としても着用できた。

藤村トヨは、明治末期から大正初めごろ、運動服として、上衣は筒袖、下衣は膝下までの長さの袴や、膝下までのズボン式のもの、また、上衣はセーラー式で下はふくらはぎあたりですぼめた井口提案のブルマースに似たものなどを使用させていた。

東京女高師の井口の後を引き継いだ二階堂トクヨは、イギリス留学で学んだキングスフィールドカレッジの体操服チューニック（四三三頁参照）を着用させた。簡単な襞《ひだ》があるジャンパースカート風のものである。大正七年創立当初から体操科を担当した東京女子大学の学生にも着用させ、大正十一年に自ら創設した二階堂体操塾の生徒のユニフォームにした。

女子体操界のパイオニアたちが苦心した体操服の洋装化は、やがて大正期の女子生徒の制服の洋装化を推進し、特に大正中期から昭和にかけて流行するジャンパースカート型やセーラー型の制服へ少なからず影響を与えたのではないだろうか。

女子体操界の先駆者——井口阿くり　井口阿くりは、明治三年十一月、現在の秋田県秋田市で、父井口糺と母ミヱとの間に九人兄弟の四女として生まれた。父は旧久保田藩士であった。十八年、秋田師範学校女子教員養成部高等師範科に入学する。二十一年、秋田県知事から同級の茂木チヱとともに特撰生として推薦され、高等師範学校女子部（二十三年女子高等師範学校となる。現お茶の水女子大学）に無試験で入学を許可された。二十五年卒業。同校付属小学校訓導、翌年同校付属高等女学校助教諭を経て、明治三十年、山口県の私立毛利高等女学校が開校されるにあたり、教頭、教諭、寄宿舎の舎監として奉職する。三十二年、二十九歳の井口は文部省より教育学研究のため、三年間の米国留学を命じられた。我が国最初の体育に関する留学生である。

井口は、三十二（一八九九）年九月、マサチューセッツ州のスミス・カレッジに入学し、生理学と体育学を専攻した。翌年九月、ボストン体操師範学校に入学。同校の校長エイミー・モーリス・ホーマンズは、アメリカにおいて、スウェーデン体操の実践的指導を最初期に行った一人で、当時最もハイレベルの女子体育教師を養成していた。井口はここで体操科、医術体操科、運動理論学、舞踏、遊戯法、解剖学、生物学、心理学、教育学などを学んだ。スウェーデン体操のみならず、ダンスや、バスケットボールなども学び、三十五（一九〇二）年五月、トップクラスの成績で同校を卒業した。同年七月、ハーバード大学のサマースクールで体操の講習を受講し、九月から十一月までアメリカ東部主要都市を巡回し、ヨーロッパを経由して明治三十六年二月に帰国した。

井口阿くり
（『写真でつづるお茶の水体育110年』より）

女高師では、井口の帰国に合わせて、国語体操専修科（修業二年）を新設し、教授に任命した。三十六年五月、女高師国語体操専修科に二一名が入学した。井口は以後八年間、四十四年まで四期にわたって八八人の卒業生を送り出した。また、日本体育会体操学校、東京音楽学校などの体操指導や公私の講習会の講師も務めた。井口は、三十六年三月十五日の帝国教育会主催の講演で、「女子の体育について」述べ、〝体育教育の目的は身体・精神両方の発達である。体操・遊戯を管理する学校と衣食住・衛生面を管理する家庭との協力が必要である。服装の改善、体操場の施設の改善、女子教員奮起の必要性〟などを主張した。

それまでの普通体操に比べると、肋木《ろくぼく》の懸垂などに代表されるスウェーデン式体操は厳しかった。しかし、前述（二八七頁参照）したように、三十八年十一月、体操遊戯取調委員会以後、スウェーデン式体操が我が国の体育教育の主流となる。米国留学から帰国後、スウェーデン式体操は万能であるとして、講演や講習会で精力的に普及活動をする井口の存在は大きかった。

明治四十二年二月、文部省の留学生として三年余米欧留学していた永井道明が帰国した。日露戦争開戦時、陸海軍が即戦力となるよう学校体育において実際的な教練を要求した。軍部が学校教育に介入してきたのである。そこでその推進者として選ばれたのが永井であった。帰国後永井は高等師範学校と女高師の教授となった。本場スウェーデン王立中央体操学校で一年間学んだ永井に対し、アメリカ経由のスウェーデン式体操を学んで教授する井口の立場が次第に弱くなっていく。四十四年七月、井口は結婚を機に女高師を退職し、二階堂トクヨにバトンタッチする。

井口は、テニス観戦で知り合った藤田積造と結婚し、サンフランシスコ、台湾、ロンドンなどの海外生活を経て、大正十四年四月から東京高等実習女学校の校長を務めるが、昭和六年三月、帰宅途中脳溢血《のういっけつ》を起こし、死去する。享年六一。文部省や女高師校長の高嶺秀夫の期待に応えて、スウェーデン式体操を導入し、普及させ、セーラー式の上衣にブルマースの体操服を提案した等の功績は称えられよう。明治四十二年には、宮内省御用係となって、皇女二人に体操の指導もした。時代の求めにも応じつつ、日本女性改造に向けて尽力した女子体操界の先駆者であった。

参考文献

『藤村学園七十年の歩み』
『藤村学園八十年のあゆみ』
『藤村学園１００年のあゆみ』
『学制百年史』文部省
『学校法人日本体育会　日本体育大学　八十年史』
『日本近代教育史事典』平凡社
『二階堂学園六十年誌』
『二階堂学園90年―学園は今―』
『お茶の水女子大学百年史』

『写真でつづる　お茶の水体育110年』
難波知子『近代日本学校制服図録』

高等専門学部を設けた実践女学校

華族女学校教授として、明治天皇の内親王の養育係として、上流階級の子女教育に携わっていた下田歌子が、庶民の子女を教育する女学校を創った。私立実践女学校及び付属慈善女学校、女子工芸学校である。明治三十二年五月、開校式が東京市麹《こうじ》町区元園町で行われた。明治四十一年に設置される「高等専門学部」が、実践女子専門学校の前身となる。

創立者下田歌子の経歴と明治前期の教育活動については、本シリーズ『女学校の誕生』に詳しい。明治二十六年九月、四〇歳前の歌子は、華族女学校教授在任（学監は辞任）のまま、常宮《つねのみや》・周宮《かねのみや》の内親王御用掛として、英国王室の王女教育と欧米における女子教育の視察研究を命じられて渡欧した。この英国留学が実践女学校、女子工芸学校創設の動機となるのである。

下田歌子英国へ留学　歌子は、明治二十六（一八九三）年九月十日、横浜港を出発した。一ケ月余りパリに滞在した後、十二月上旬、英語を学ぶためにロンドンのミス・キヌヤード女史の私立女学校に入学した。間もなく、東洋への造詣《ぞうけい》が深く、来日経験もある上流階級のサムエル・

ゴルドン夫人と知り合った。二人は意気投合し、歌子はロンドン中央街にある夫人の邸宅に寓居《ぐうきょ》するまでになった。ゴルドン夫人を通して英国上流階級の人々と交流もできるようになった。ゴルドン夫人は一日も早くヴィクトリア女王に拝謁することを勧めてくれたが、謁見はすぐにはかなわなかった。青木周蔵駐英公使の協力が得られなかったのだ。青木公使は欧化主義者だが、歌子は国粋派。しかも平安時代の女官の正装で謁見しようとしていたため、事が運ばなかったのである。一ケ年の留学期限が迫る中、歌子は焦った。

しかし、歌子は、ヴィクトリア女王への謁見の機会を待ちながら、英国の王族や貴族、一般の女学校などを視察した。英国の王女たちは、自ら子女の衣服を裁縫したり、病気の時も自ら看護したりして、決して子女の教育を人任せにはしない。一三、四歳の王女が、ロンドン市中の女学校で一般の女生徒とともに衛生・生理の授業を受けたりもする。ある伯爵家では子女たちが、乗馬をしたり、ボートを漕《こ》いだり、花を摘んだり、愛馬に馬草を与えたりして、野外で健康な体づくりと合わせて知徳の観念を養成させていた。留学の第一の使命である英国の王女・貴族の子女教育についての視察は十分にできた。

ゴルドン夫人に同行して、公爵ポートランド夫人邸などを訪問し、それら貴婦人の紹介で、欧州各国の上流階級の視察も可能になっていた。しかし、肝心の女王への謁見がかなわない。歌子は上官の佐々木高行に、二、三年の留学延期を願い、命を賭《と》して使命を全うしたい旨を再三手紙で訴えた。佐々木もいろいろと苦慮するが、日清戦争勃発《ぼっぱつ》の恐れがあることや、宮内省の要所にはキリスト教信者が多く、国粋派の歌子の勢力が強まるのを嫌う連中が多かったため、下手に動けなかったようだ。

歌子は佐々木では埒《らち》が明かないのを察知して、首相伊藤博文に直訴した。すると伊藤から歌子に朗報が届いた。〝宮内大臣に歌子留学一年の延期を依頼し、大臣が承知した〟という内容である。こうして半年の延期が二回許された。渡英して一年七ケ月、明治二十八（一八九五）年五月八日、ようやくバッキンガム宮殿で、ヴィクトリア女王への謁見がかなった。その背景には、前年二十七（一八九四）年七月、日英通商航海条約が調印されたことや、二十八年四月、日清戦争が日本の勝利となったことなどが幸いした。

ヴィクトリア女王に謁見かなう

華やかに装った馬車が百数十両バッキンガム宮殿へ向かう。歌子も馬車を宮殿へと走らせた。約束の時刻がきて、官人から下田歌子の名前が朗々と呼ばれた。この瞬間、心がときめいた。女王は在位五六年、七〇歳を過ぎても白髪で気品があり、国民の尊敬を集めていた。歌子は日本の誇りを身に着けて拝謁したい思いから、王朝時代の女官の袿《けい》袴《こ》を着用した。袿袴とは小袖・袴《はかま》・袿《うちき》の構成で公家装束である。歌子の姿を、ロンドン・タイムス紙などが「戦勝国の女性の伝統の正装」として大きく取り上げた。歌子は留学一年半余で身に

桂袴姿の下田歌子
（明治 41 年の写真）
（『下田歌子先生伝』より）

つけた英語で、戦争のこと、日英条約のこと、東洋の婦道のことなどを奏上した。女王は歌子に非常に興味を持ち、その後も歌子をウインザー宮殿に招き談話したという。

謁見がかない、夏が訪れる前にロンドンに別れを告げ、フランス、ベルギー、イタリア、オーストリア、ドイツを回り、再びイギリスからアメリカ、カナダを訪れ、明治二十八年八月二十日横浜港に帰着した。

『泰西婦女風俗』出版　歌子は帰国して五年後の三十二年七月、実践女学校の開校に合わせるかのように『泰西婦女風俗』を出版した。留学中に観察した欧米諸国、特に英国の上中流階級の官私立女学校、大学等の教育、家庭のありさまや子女の教育について詳細に記述している。女子の教育について、

女子高等教育の進歩は、疑ひも無く社会の程度をして高からしめしに相違無く、又、各職工業、美術等の増進は、其女子が独立の生計を営み、又、其良人を助け、子女を教育するの裨

補となり、下等貧民に在りては、漸次、彼等が飢寒の辛苦を離れて、自活の道を計るを得ること多き（後略）

女子高等教育は社会の程度を高め、実業教育は女子の独立生計に重要であると述べている。上流階級の女子は早く嫁ぐ者が多い。下層階級の者は自活しなければならず、小学校を終えると職に就く。学校教育を最も長く受けるのは中流階級の女子である。彼女らは教員や医師、著述家、新聞・雑誌記者等をめざす。実利実益を重んじる英国では、文学でさえ風雅の教養としてではなく、世に立つことを願って学ぶ。さらに、欧州諸国の女性も子女たちも体格が優れている。知育、徳育とならんで、体育を重んじるべきだと歌子は思った。

歌子の胸に、中流以下の一般女性の教育への情熱がこみあげてきた。こうして三十一年十一月、歌子は華族女学校学監、内親王御用掛という重責にある中、帝国婦人協会を組織して、広く一般女性の教育をめざし、実践女学校の創設を準備する。

実践女学校、同付属慈善女学校、女子工芸学校、同付属下婢《かひ》養成所発足　明治三十二（一八九九）年五月、実践女学校、同付属慈善女学校、女子工芸学校、同付属下婢養成所が発足した。実践女学校が、「高等女学校令」による高等女学部と実科高等女学部として認可されるのは四十四年三月である。歌子は、前年三十一年十月、その母体となる「帝国婦人協会」の設立を計画し、自ら「主旨」を起草して広く呼びかけた。同年十一月、会則その他を定めて会長となった。この協会の目的に、女性の徳・智・体の向上が謳《うた》われている。この目的を達成するために、教育門・文学門・工芸門・商業門・救恤《きゅうじゅつ》門の五つの事業部門を掲げた。そして教育門として実施されたのがこの四つの学校であった。呼びかけから発足まで七ヶ月という短期間に進められた。その行動力には目を見張らされる。

五、〇〇〇字余りの「帝国婦人協会設立の主旨」の要点を示そう。

女性は、その資質から、家を治め風習を正しくし、国の風紀を善美なものにするのに大きな影響力を持つ。それゆえ、広く日本女性の淑徳を高め、女性たちが地位や資格を問わず、だれとでも交友することが必要である。女性は実利実益に疎く、地位は低く、賤業《せんぎょう》に就く女性が風儀を乱し、国の体面を汚している。職工や電話電信の技手、看護人など女性を必要とする社会になりつつあるのに、その供給に応じる準備ができていない。社会風教の原点は女性にある。国家発展の基礎は女性のめざめを促すための大衆女性の教育に帰する。

（『下田歌子先生伝』より）

欧米の教育事情を視察してきた実感をもって、女性の進出を必要とする社会の変化に応じるために、大衆女性の教育が急務であるという歌子の力強い文章は、人々の心を動かした。
帝国婦人協会は、皇族を総裁として、名誉会員（寄付金五〇〇円以上）、特別会員（寄付金五〇円以上）、通常会員（毎月金二〇銭以上）を求め、その会費や寄付金、生徒の授業料で運営するという計画であった。歌子会長の下に、岩波澄代、河野関子、松方保子の三理事、財務主幹・森清右衛門、財務顧問・森村市左衛門ほか、評議員・顧問として、歌子が華族女学校や宮中奉仕を通して知遇を得た上流階級の面々が名を連ねた。実践女学校は、女性改良運動の一環として着手された教育事業であるところに特色がある。この四校のうちの実践女学校と女子工芸学校は何度かの学則改正を経ながら、現在の実践女子大学の基礎となった。では、草創期の実践女学校の様子を述べよう。

草創期の実践女学校　明治三十二年五月、東京市麹町区元園町二丁目四番地（現千代田区一番町）の元海軍予備校の校舎を借用して開校された。校舎はお粗末で、卒業生の追憶記によると、〝形ばかりの門、塀があるのは正面だけ。冬はすきま風や雪が廊下から教室に流れこみ、雨の日は廊下を行き来するとしぶきで校服が濡《ぬ》れた。一方は小路から丸見えで、夏は蒸し暑く硝子戸を開けると、子守や腕白小僧、内儀さんや豆腐売りの爺《じい》さんまでが教室を覗《のぞ》く。〟という有様だった。

生徒数は、五月開校当初四〇数名、翌三十三年、七〇余名、三年後の三十五年末は二五〇名と短期間で飛躍的に増加した。

「私立実践女学校規則」に、「本校は本邦固有の女徳を啓発し、日進の学理を応用し、勉めて現今の社会に適応すべき実学を教授し、賢母良妻を養成する所とす」という目的が掲げられた。入学資格は、「品行方正身体強健にして高等小学第二学年を修了せるもの、若しくは其れに相当せる学力を有する者」。修業年限は、本科五年。本科を卒業した者に二、三の学科を学ばせる専修科（二年）と、一、二の学科のみを履修する別科（五年）を設けた。入学資格と修業年限からすると男子の中学校と同レベルを目指したと言えよう。

学科課程は、

一・二年…修身・読書・地理・算術・理科・家政・裁縫・図画・習字・外国語（随意）・音楽・体操の一二科目

一年週二八時間、二年週三〇時間

三～五年…修身・読書・歴史・算術・理科・家政・裁縫・図画（随意）・習字（三年のみ）・外国語（随意）・音楽・体操の一二科目　週三〇時間

文部省が二十八年に公布した「高等女学校規程」は、尋常小学校四年卒業を入学資格とし、修業年限六ケ年で、一ケ年伸縮できた。それまでの「読書」科が「国語」科となった。実践女学校の場合、学科名は「読書」のままであるが、五年間の合計時間数が二八時間と多く、「読書」を通して歴史・地理・しつけなど諸事万端を教え、「本邦固有の女徳を啓発」するという目的を達成しようとしたのだろう。また、「裁縫編物」が六時間、「裁縫刺繍《ししゅう》」が一二時間、他に「家政」に一一時間を充て、礼式、家政簿記、家内衛生、衣食住、育児が設定され、洗濯・割烹《かっぽう》・挿華が随意科であった。「賢母良妻を養成する」という目的に適った課程が周到に設定されている。これは欧米視察で、衛生面や育児など女性が子女の教育に力を注いでいたことを参考にしたものであろう。

別科は本科の学科の内で授けられ、専修科は本科の学科の高尚なものを授けるとある。但し、修身は必修科とした。

四月一日始まりで、翌年三月三十一日終了とする三学期制であった。授業料は、

本科一・二年…一・二学期各四円、三学期三円　(年間一一円)
三〜五年…一・二学期各六円、三学期四円五〇銭　(年間一六円五〇銭)
別科外国語…一・二学期各二円、三学期一円五〇銭
その他の科目…一科目毎　一・二学期各一円二〇銭、三学期九〇銭

専修科…一・二学期各七円、三学期五円二五銭

当時学校名は、国名、地名、創立者の名前を用いるのが多かったが、「実践」すなわち「学問を実際に役立て実行する」という概念を校名にしたのは珍しい。英国の実利実益を重視する精神と、歌子が学んできた儒教（陽明学）の「実践躬行《きゅうこう》」の精神を取り入れたものであろう。

女子工芸学校　帝国婦人協会が開校したもう一つの私立女子工芸学校について述べよう。女子工芸学校規則第一章第一条で、「本校は女子に適当なる工芸を授け併せて修身斉家に必要なる実業を修めしめ能く自営の道を立つるに足るべき教育を施す所とす」と目的を掲げた。

入学資格は、尋常小学四年の課程修了、もしくは同等以上の学力を有する者。ただし、別科生は特に入学資格を問わないとした。当初の募集定員は三三六名（本科三〇〇名、別科三六名）で、実践女学校の二倍であった。開校当初は二〇数名であったが、一年後には裁縫科一三三名、編物科二八名など合計二一二名となった。

三学期制で、修業年限は、本科及び別科は三年、専修科は二年。本科生は規定の学科及び術科の二～三科を修める。別科は生徒の希望の術科を一科以上三科まで履修する。専修科は本科の卒業生にさらに一、二の学科を専修させる。修身は本科及び別科を通じて必修とした。別科生の入

学資格を特に問わないのは、間口を広げて少しでも多くの女性に術科を身に着けてほしいという考えであろう。

毎週学科授業時間は一〇時間、術科と合わせて二六時間。学科は、修身・読書・算術・理科（二、三年）・地理（一年）歴史（二年）・家事（三年）。術科は、裁縫・編物・刺繍・造花・挿花・図画・押絵・速記・看病法・割烹・写真術。

「裁縫」は各学年とも週に一〇時間で、小裁・中裁・本裁の衣服から袴、羽織、被布、帯、外《がい》套《とう》、洋服までおよそ衣服に関するすべての技術が学べる。また、「刺繍」も各学年とも週に八時間、平縫から友染縫、両面縫まで多種の技術を習得できる。在籍数は裁縫科が最も多く、三十六年には七三％になる。看病法や写真術など珍しい学科も設置している。本科・別科ともに必修の修身、読書（国語）等の学科で日本女性の徳性を磨き、術科で技術を身に着け、実生活に必要な実業を学ぶとともに、自営の道を立てられるように配慮された教科課程であった。

下田歌子の先見性――「実科」のさきがけ　明治三十年代半ばから新聞・雑誌が書きたてた影響で、「女学生＝お転婆・生意気・性的奔放」などの風評が沸き起こった。文部省は、これまでの良妻賢母主義教育が成功していないという非難の解決策として、四十三年、「高等女学校令」を改正し、実科の設置及び実科高等女学校の設置を認め、高等女学校の二分化を図った。「実科」

のねらいは、家事・裁縫に重点を置いて、「簡便であってしかも家庭婦人としての実生活にただちに応ずることのできる教育」（『学制百年史』）にあった。女子工芸学校は、修身斉家に必要な実業とともに経済的自立のための工芸を身に着けることを謳っている。まさに「実科」のさきがけといえよう。以下、下田歌子の教育実践を検証しよう。

実践女学校付属慈善女学校と女子工芸学校付属下婢《かひ》養成所（夜学）　欧米諸国で、下層階級の女性の教育に上流階級の女性たちが協力するのを目にした歌子は、「実践女学校付属慈善女学校」と「女子工芸学校付属下婢養成所」を設置した。慈善女学校は、孤児などの孤独貧困女性を対象とし、修業年限三年、教材用具一切を貸与又は授与し、修身・読書・算術・地理歴史・習字など週一七時間学ばせる。職業を授けた場合は、応分の配当金を授与して貯蓄させ、自活の助けとさせようとした。入学定員二〇名でスタートしたが、希望者が少なく、二ケ年で閉校した。

下婢養成所は、雑用をする下女等に、六ケ月の修業年限で、修身・読書・礼儀作法・料理・裁縫等必要な教育を施そうとした夜学であったが、開校以来一人の入学者もなかった。授業料が一ケ月五〇銭、受験料が一円であった。授業料の貸与や受験料の免除もしくは還付の制度を設けてはいたが、すでに他人の下婢である者は、雇主の承諾が必要なことなどが障壁となったのであろう。いずれも下層階級の女性が卑業に陥るのを救いたいという歌子の悲願であったが、同じ敷地内で中流階級の女性と下層階級の女性を学ばせることは難しかったようだ。

清国留学生部　明治三十七年十一月、歌子は清国留学生部を開設した。日清戦争後、清（現中国）は、さらに欧米列強国から租借され、苦しめられるようになった。三十四年、父兄とともに来日した一人の清国女学生の入学がきっかけで、翌三十五年、四名が入学を希望してきた。日本語ができなかったため、「清国女子速成科」を設け、歌子はじめ数名の教員が支那語（中国語）を学習して対応した。

三十七年七月、二名が卒業を迎え、歌子は「…貴嬢方のお国を師と仰ぎ、大いに啓発された事に対する御恩報じの一端…」と、父祖三代儒教を拠り所としてきた者の恩返しとして、清国女性を教導したい思いがあったと述べた。清国での歌子の評価は高く、三十七年十一月、二〇名の女子師範生の留学希望があった。そのため赤坂区桧《ひのき》町に洋館を借りて、清国留学生部を開設した。しかし、四十一年、西太后逝去。日本は四十三年八月韓国併合を断行。清国は留日学生官費支給制度を廃止。四十四年十月十日、辛亥革命勃発を機に清国留学生は相次いで帰国した。三十七年～四十四年の清国留学生部卒業生は合計九二名であった。

教科書の編さん　また、歌子は教科書の編さんに意欲的だった。明治三十五年八月、『新撰女子国文教科書』十巻を大日本図書株式会社より出版した。翌三十六年三月、「高等女学校教授要目」が公布され、各学科目の詳細な教授内容が示されると、『新撰女子国文教科書』を訂正再版し、三十六年十一月、検定に合格した。高等女学校及び師範学校女子部等の国文科用に編さんしたのである。一～四巻までは卑近簡易の文で、言文一致体のものも必要とすることから自身の文章を集めた。五～一〇巻は、現今及び近世の文、保元・平治以降のわかりやすいものも少し取り入れた。「教育勅語」の主旨を涵養《かんよう》するように編さんしたことを緒言で明らかにしている。

『新撰女子国文教科書』より以前、歌子は二つの教科書を手掛けている。一つは、華族女学校の生徒に和文の法則を理解させるための『和文教科書』一〇巻である。『徒然草』、『十六夜日記』、『土佐日記』、『竹取物語』などから抄出された和文で、軍記物などは入っていない。歌子が女子学生に最も教えたい平安・鎌倉時代の歌文中心であった。もう一つは、二十年秋に完成した『国文小学校読本』である。一の巻下では、欧化主義時代を反映して日本語と英語が併記された。たとえば、「をとこ」の下に（Man）、「をんな」の下に（Woman）などと記されている。歌子はこの読本を全国の小学校に採用させたかったが、不採用になった。当時言文一致の運動が起こっていたにもかかわらず、二の巻以下が雅文体であったこと、英語の扱いが実情に合わなかったことなどが理由であるという。この他にも歌子が深く関わった修身用の教科書『国のすがた』（二十年三月出版）がある。

海老茶袴《えびちゃばかま》の考案　明治三十二年、歌子は、実践女学校と女子工芸学校を開校するにあたり、校内で着用する「授業服」（後述）を考案した。この頃はまだ「制服」を定めている女学校はなかった。しかし、三十年代、着物に〝海老茶袴〟を着用するスタイルが流行し、女学生の代名詞のようになった〝海老茶袴〟とは、海老茶色の無地の布地で仕立てられたスカート状の女袴で、歌子が考案したといわれる。裾を長く引く〝裳裾《もすそ》〟姿は高貴な方々の前では恐れ多いとして、宮中で女官が着用する緋袴《ひばかま》と男性貴族が着用する指貫《さしぬき》とを折衷して考えた。十八年十月、華族女学校開校時、歌子は「服装の心得」で袴着用に靴を履くことを定めた。縞《しま》の袴は男性のようでふさわしくないため、縞を除いて色目地紋は随意としたが、生徒には海老茶色が好まれたようだ。表《おもて》衣《ぎ》や髪型も随意で、西洋服でもよかった。

三十二年四月、女子高等師範学校付属高等女学校では、袴着用を定めた。女学生の丈夫な体づくりに必要な運動に便利だからである。官立の高等女学校が袴の着用を実施したことで、地方の女学校にも急速に普及した。しかし、女高師付属高女生の回想によると、規定されるより前、三十、三十一年ごろから、生徒たちは自主的に呉服店で海老茶の袴をこしらえており、三十二年中には海老茶袴を持っていない人がいないくらいだったという。髪型は、洋装奨励時代に西洋上げ巻の「束髪」が流行し、和装に戻っても髪型は束髪が主流で、それにリボンをつけるなど装飾を楽しむ女学生が増えた。いつの世も流行に敏感な女学生の心理が窺《うかが》える。

授業服の考案

　このような状況下、歌子は、校内で着用する「授業服」を考案したのである。その意図は何であったのだろうか。「私立実践女学校規則」第二四条は服装について、

　本校生徒衣服の地質は表着羽織被布及び衿は必ず綿布たるべし、若し已むを得ざるときは麻布、フランネルも毛繻子《けじゅす》、セル等の類の中成る可く質素なるものを用ふべし
　毛髪其他の装飾衣服の色模様縞柄等は、決して華美艶麗に流る可らず
　授業中は必ず本校規定の授業服を用ふべし（授業服は本校に備へたる雛形につきて見らるべし）但し着袴は各自の随意たるべし

と規定した。表着や羽織は綿などのなるべく質素な素材を選ぶこと、毛髪その他の装飾は華美艶麗に流れないこと、授業中は規定の授業服を用いること、袴の着用は各自の随意であるとした。中流及び下層階級の女子の教育をめざした同女学校は、生徒の家庭の格差が大きいことを配慮して、校内で着用する「授業服」、つまり校内での制服をデザインしたのである。英国で視察した女学校ではたいてい一定の制服を着用していたことにヒントを得たもの

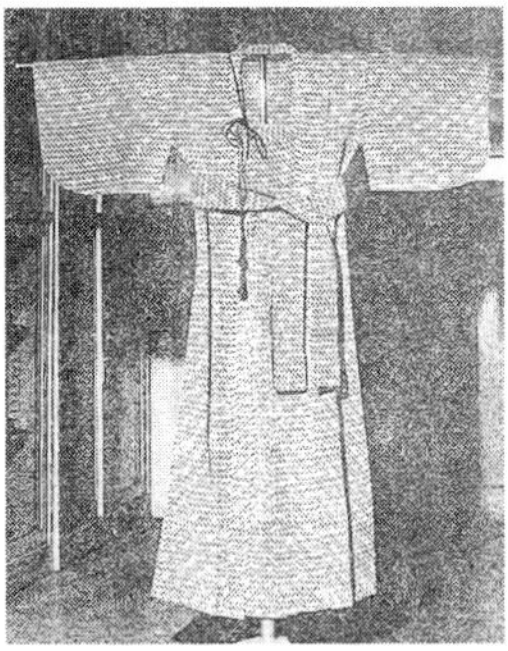
下田歌子考案の授業服（校内服）（実践女子大学図書館所蔵資料）

であろう。

「授業服」は、上下につながったワンピース型で、各自の衣服の上に着用させた。袖は筒袖または短めの元禄袖。下半身は袴のように襞《ひだ》をたたみ、共布のひもで腰もとを締めて前結びにした。生地は晒《さら》さない三河木綿にこまかい黒の矢絣《やがすり》を布の両面から型染したものである。衿飾りに紫の細い打紐《うちひも》を回して結んだ。のちに専門部が紫、高等女学部が緑、というように区別することになった。この授業服は、在校生が毎年新入生のために縫って贈るならわしとなり、大正十一年の校服改訂まで続いた。女学校の姉妹愛が感じられる。

揶揄《やゆ》され嘲笑《ちょうしょう》される女学生――制服の制定へ

しかし、こうした歌子の思いとは離れて、〝海老茶袴〟の流行がやがて女学生受難を巻き起こす。『二六新報』は「女学生腐敗の真相」という記事を一ケ月以上連載した。これに拍車をかけたのが、小杉天外の『魔風恋風』(明治三十六年)と小栗風葉の『青春』(明治三十八年三月〜三十九年十月)である。どちらも『読売新聞』に連載された小説で大変な人気になった。『魔風恋風』は、「デードン色の自転車に海老茶の袴、髪は結流しにして白いリボン清く…」と主人公の女学生萩原初野が〝海老茶袴〟姿で颯爽《さっそう》と登場する。どちらも女主人公は恋に落ちたがゆえに悲惨な運命をたどる。

『滑稽《こっけい》新聞』は、しばしば女学生の風刺画を掲載したのみならず、明治三十九年三月二十日から「蝦茶《えびちゃ》式部心得百条」を上・中・下三回にわたり掲載した。「一、散歩は必ず〝兄さん〟と共にすべし」などと女学生を揶揄する箇条が上げられ、エスカレートしていく。女学生かどうか判別されるのが海老茶の袴だったので、才女の誉れ高い紫式部ならぬ堕落女学生を揶揄して「海老茶式部」と呼ぶようになった。

このように新聞に報道されることにより、女学生すなわちお転婆、生意気、性的奔放という印象が持たれた。こうした風潮を看過できないとして、文部省は、全国の高等女学校長に「学生の風紀を振粛」するよう内訓を出した。各女学校では、学校外での取り締まりを強化し、自校の生徒を判別するために、バッジ、バンド、袴のラインなどの徽章《きしょう》を付けさせるようになった。女高師付属高等女学校は、三十五年、袴の腰に佩用《はいよう》するバンド型の徽章を考案した。跡見女学校は、海老茶袴が減少し、紫袴を着用する女学生が増えたため、他校との差別化をはかり、大正四年、平常服に紫紺色の木綿地の上衣を制服とした。こうして女学校の制服が始まったのである。

渋谷村常磐松《ときわまつ》へ移転

明治三十四年三月、女子工芸学校が最初の卒業生八名を送り出した。翌三十五年三月、実践女学校が第一回卒業式を行い、一八名を送り出した。全国から入学を希望してくる者も増え、寄宿舎の増設が必要となった。三十五年秋、元園町の仮校舎が生徒を収容しきれなくなっていたところに、暴風雨で校舎が大破した。そのため豊多摩郡渋谷村の常磐松（現

明治36年初めて渋谷常磐松に新築した思い出の校舎
（『下田歌子先生伝』より）

在の渋谷区東一丁目一番地）に移転を決めた。ここは、元皇室御料の乳牛飼育場で、宮内省常磐松御料地付近一帯であった。この土地の二、〇〇〇坪を一〇ケ年借り受けることを願い出た。交通は不便で、十八年に日本鉄道が赤羽・品川間を開通した時、中間駅の一つとして渋谷停車場があったにすぎなかった。昼間でも人声を聞くことはまれな所とはいえ、広大な御料地を一ケ年二〇円で借りることができたのである。天皇皇后両陛下の信任を得、内親王御用掛でもあり、宮中に絶大な勢力を持つ歌子だからこそであっただろう。

　三十六年五月、常磐松の木造二階建新校舎開校式が挙行された。実践女学校の総生徒数は、三十六年度一八四名、移転直後の三十七年度は一八〇名とわずかに減少した。しかし、三十八年度からは二五九名と急激に増加し、四十年度には三三〇名になった。一方、女子工芸学校の総生徒数は、三十六年度二二三名、移転直後の三十七年度も二四二名と増えたが、三十八年度二一七名、三十九年度一八八名と減少した。しかし、清国留学生部を開設するなど、実践女学校と女子工芸学校の経営はほぼ順調であった。

学習院女学部長辞職

歌子は明治三十九年四月、廃止となった華族女学校に代わって、学習院に統合された学習院女学部長に就任した。同年十二月、正四位に叙された。実践女学校と女子工芸学校の校長であり、民間女性として最高の地位を得ていた。ところが、四十年十一月、二三年間上流階級の子女教育に携わってきた歌子が、年度の途中に学習院女学部長の職を解かれることになった。三十九年二月の新聞『日本』によると、歌子は、年に総額五、〇〇〇円くらいの、最も高額を稼ぐ女性として衆目を集めていた。そんな歌子が一転して誹謗《ひぼう》中傷の的となった。その直接の原因となったのは、明治四十年二月二十三日、『平民新聞』第三三号「妖婦《ようふ》下田歌子」の連載予告から、同年四月十三日第七五号までの記事である。発行部数を伸ばすために下田歌子をターゲットにしたようだ。歌子の「余が辞職の顛末《てんまつ》」（『下田歌子先生伝』）により概略すると、

三十九年三月、内部改革の必要性から、田中光顕宮内相より突然華族女学校の廃止と学習院女学部への統合を言い渡され、十数人の教官整理を命じられた。この時、田中宮内相は、自分が当局にいる限りはどのような誹謗讒口《ざんこう》があっても心配することはないと保証した。ところが、翌四十年十月、『投書があって、世間の事には院長（乃木希典四十年一月就任）が心を痛めている。院長の十分な信用が得られないところに長く留まるのはいかがなものか』と、辞任をすすめた。昨年、教官整理を迫った時との非常な違いに不快感を覚え、このよう

な長官のもとに長くいるべきではないと辞職を決意した。

というのである。「世間の事」とは、『平民新聞』の攻撃に関する世間の反響をさすのであろう。これについて歌子は、〝解雇した華族女学校の元教官らが団結して、新聞に自分を誹謗したのではないか。あるいは、生徒や父兄に直接に間接に自分の悪口を告げて、妨害したのではないか。〟と記している。

四十年十一月二十五日の『報知新聞』にも「学習院女学部長　下田歌子突如辞職　憶測さるゝ其の原因の諸説」と題して二、三〇〇字余りの長文が掲載された。〝歌子女史には女学部長を校長の位置に変えようという下心があった。言動が円満でなく敵があった。乃木院長は女史の後任は男子でもよいという考えを持っていた。〟（『新聞集成明治編年史』第十三巻より）などが書かれている。軍人である乃木院長と対立があったのであろう。

しかし、このような騒動の後、歌子の宮中奉仕時代の上官であった佐々木高行侯爵が、四十二年三月、実践女学校・女子工芸学校創立満十周年記念式典の折、八〇歳の高齢にもかかわらず出席し、歌子について弁明した。

…喬木《きょうぼく》に当る風は強き為であろうか、女史は実に敵の多い人で、常に世間から、随分手痛き攻撃を受けて居られるけれども、私共は人が何といおうとも、新聞が何を書こうとも、女史に対して一点の疑念をも挟まない。妻も娘も同様に女史を信じている。…自分は何と告げられても女史を全く信頼して、大切な内親王殿下の御教育を一任していた。内親王もご成人されて深く女史を信任されている。…

（『下田歌子先生伝』より）

と、歌子の人格を保証する言葉を述べた。佐々木侯爵はこの翌年に死去した。

学習院女学部長辞職の褒美であったのか、明治四十一年四月、従三位という民間の女性としては最高の地位に叙せられ、多くの女性のあこがれの的になりながら、多くのジャーナリズムの攻撃の的になった。では、その後の歌子の教育活動を述べよう。

財団法人私立帝国婦人協会実践女学校申請、高等専門学部設置　歌子は、学習院女学部長を辞任して、実践女学校の運営に専念することにした。明治四十一年四月、これまでの女学校と工芸学校を合併して、「実践女学校」と校名を統一した。さらに「実践女学校中等学部」と改称し、その上に、修業年限二年の「高等専門学部」として、家政科及び技芸科を設けた。同年七月、「財団法人私立帝国婦人協会実践女学校」として学校の組織再編を申請し、同年九月、文部大臣から許可された。歌子は全財産を寄贈し、理事に就任した。財団法人の目的を「本邦固有ノ女徳ヲ啓発シ日進ノ学理ヲ応用シ勉メテ現今ノ社会ニ適応スヘキ学芸ヲ教授シ良妻賢母ヲ養成スルニ在リ」とした。また、四十一年四月、実践女学校付属幼稚園を開設し、歌子が園長に就任した。

明治四十三年、「高等女学校令及同施行規則」の改正により、実科高等女学校の設置が決まると、四十四年、高等女学部、実科高等女学部、高等技芸部の三部に再編した。

高等女学部は、本科生（修業五年、定員五〇〇名）のほか、本科及び同程度の女学校卒業生を収容する家政専攻科（修業二年、定員三〇名）と技芸専攻科（修業二年、定員二〇名）から成り、「女子に須要なる高等普通教育を施す所」とした。高等女学部の学科目は、修身・国語・英語・歴史・地理・数学・理科・図画・家事・裁縫・音楽・体操・教育・手芸の一四科目、家政専攻科は、修身・国文・家事の三科目、技芸専攻科は、修身、技芸の二科目となっている。

実科高等女学部（修業四年、定員三〇〇名）は、「家政に関する学科目により生活上適切なる高等普通教育を施す所」とした。学科目は、修身・国語・歴史・数学・理科及家事・裁縫・図画・体操・手芸の九科目で、入学資格は尋常小学校卒業者としたが、尋常小学校の課程を終えていない生徒に対して、学力検定による入学の道を設けた。下層階級の子女をなんとか引き上げたいという思いからであろう。

高等技芸部（修業二年、定員一〇〇名）は、「女子に必要なる専門の技芸を授くる所」とし、四ケ年程度の実科高等女学校の卒業生を入学させるとした。学科目は、修身・教育・体操・技芸の四科目からなり、技芸は、裁縫・造花・刺繍・押絵・編物の五分科を置き、二科を必修とした。

高等女学部の家政専攻科の家事（週二九時間）、技芸専攻科の技芸（週三三時間）、高等技芸部の技芸（五科合計週三〇～三一時間）は、週時間数の大半が家事・技芸に充てられており、この頃の歌子の主張、〝…女性めいめいが自分で働くこと、働かねばならぬと信ずること、そういう頭の生徒を作っていくことが急務と思う。…女子が女子らしい本当の仕事、たとえば裁縫、刺繡、料理などの方面で、女子の実力を養う。いわゆる「新しい女」を作る前に、「古い女」を完全なものに作り上げるのが本当の教育だと信じる。〟（報知新聞社記者磯村春子氏の下田歌子訪問記録『今の女』大正二年刊行に収録）を如実に示す学科課程である。

大正九年の学則改正

大正デモクラシーの動きに伴い、自由教育運動の流れが起こり、国民の教育要求が高まってきた。高等女学校は大正の初めに比べ、特に後半にかけて全国で二倍以上の勢いで急増した。それに伴い、私立の女子専門学校も次々に開校された。こうした風潮を受けて、高等女学校卒業生のために設置された専攻科は、大正九年、学則を一部改正し、新たに国文専攻科を設け、家政専攻科・技芸専攻科の三部とし、修業年限を三ケ年に延長した。歌子の、技芸を身に着けて自活するという教えを受けて、特に女子工芸学校の卒業生に技芸科教員を志望する者が多かった。教員志望の強い者は、東京女子高等師範学校や日本女子大学校、津田英学塾などに再入学する傾向があった。そのため、実践女学校でも中等教員無試験検定の認可を受けられるように改正する必要があった。

国文専攻科は高等女学部卒業生の他、修業年限五年の高等女学校卒業生を入学させた。家政専攻科と技芸専攻科は高等女学校・実科高等女学部卒業生及び同程度の女学校卒業生の入学を認めた。翌十年三月、家政専攻科卒業生に「家事科」、技芸専攻科卒業生に「裁縫科」の無試験検定資格が許可された。ただし、付帯条件として、「大正十二年三月以後の卒業生に限る」とあった。これは家政・技芸専攻科に実科高女卒業生の入学を認めたことが不都合とされたようだ。四年修業の実科高女は、学科程度が低いとされた。そのため、九年・十年度に実科高女から入学を認めた家政・技芸専攻生の救済措置として、十年四月、修業年限三ケ年の高等師範部（裁縫科・手芸科）を設けて編入させ、学科程度を高めるようにはかった。高等技芸部は十年三月、廃部とした。大正十三年には英文専攻科が増設された。

専門学校令による実践女学校専門学部発足　大正十四年四月、専門学校令による実践女学校専門学部となり、予科（一年）、本科（三年）、研究科（一年）が設置された。本科には、国文科・英文科・家政科・技芸科が設置され、研究科には、国文研究科・英文研究科・家政研究科・技芸研究科が昭和二年一月までに設置された。昭和七年四月、実践女子専門学校と改称。そして昭和

専門学部の洋裁実習（大正末・昭和初期）
（実践女子大学図書館所蔵資料）

二十四年、新制度により実践女子大学へと発展する。

大学部の構想

歌子は、大正十一年に、女子大学への昇格を構想していた。「実践女学校大学部・専門学部設立趣意書」が遺されている。〝欧米婦人にも劣らぬように、根本義を皇室中心主義に取り、日本のほこりとする崇絶荘絶秋霜烈日の如き婦人の節操を、高く強くする。…体力の増進、園芸、武術など英国を範としたい。…吾が国特有の技芸に新生命を注入し、時代に適応して改善進歩を計ることも必要。術科を併せ設けて志ある者に研究させたい。〟（『実践女子学園八十年史』より）という趣旨を述べている。しかるべき人々に協力を求め、寄付金も集めていたが、関東大震災が起こったため計画は頓挫《とんざ》した。しかし、先に示したように家政専攻科も技芸専攻科もその学科課程の大半が「家事科」に置かれている。歌子の「吾が国特有の技芸」で自活の道を開かせたいという思いが貫かれている。

実科高等女学部には小学校を卒業していない生徒のために、試験により入学できる道を開いていた。さらに昭和二年には夜間女学部の本科（四年修業）、別科（六ケ月～一年）を設けている。創立当初に構想した「慈善女学校」「下卑養成所」の、下層階級の女性が卑業に陥るのを救いたい、技芸を身に着けて自活できる道を提供したいという思いも貫かれている。

参考文献

『実践女子学園八十年史』
『下田歌子先生伝』故下田校長先生伝記編纂所　編集・発行
下田歌子『泰西婦女風俗』
眞有澄香『「読本」の研究　近代日本の女子教育』
平沢茂「教科書国定化の推移」文教大学教育研究所
難波知子『学校制服の文化史』『近代日本学校制服図録』
『学制百年史』文部省
『妖婦　下田歌子「平民新聞」より』山本博雄解説
『新聞集成明治編年史』第十三巻

日本の女子教育の最高水準をめざした神戸女学院専門部

神戸女学院は、明治八（一八七五）年十月、アメリカンボード（米国伝道会）から派遣されたE・タルカットとJ・E・ダッドレーが、現在の神戸市中央区山本通で女子の寄宿学校「女学校《おんながっこう》」を開始したことに始まる。関西最古のミッション・スクールである。初期の成り立ちについては、本シリーズの『女学校の誕生』に詳しい。従ってここでは高等教育をめざした高等科、専門部、大学部などを中心に述べていこうと思う。

「女学校《おんながっこう》」開校

明治六年十月、タルカットとダッドレーは、神戸花隈《はなくま》村の旧三田《さんだ》藩士前田兵蔵方で私塾を開き、女子に聖書・英語・唱歌等を教え始めた。翌七年四月、北長狭の白洲《しらす》退蔵の持ち家に教室を移した。生徒は八歳の幼女から三〇歳を超える既婚女性まで広い年齢層にまたがり、二四〜三〇名くらいであった。この中に九鬼《くき》隆義の夫人や娘がいた。九鬼は、旧三田藩最後の藩主であり、三田藩知事も務めた人物で、西欧文明に深い関心を持ち、旧三田藩の重臣であった白洲退蔵らと貿易商社を設立して成功していた。九鬼夫人に招かれ

初代校長 E. タルカット
（学校法人神戸女学院所蔵）

て三田を訪ねたダッドレーは、三田を離れるときには土地の少女たちに泣かれるほど慕われた。そして三田の母親たちが娘たちを神戸のダッドレーの学校でぜひ学ばせたいと要望した。そこで九鬼が中心となって校舎建築のために資金を集め、八〇〇ドル（当時の八〇〇円相当）を寄付した。こうした日本人たちの要望に応えて、アメリカンボードは、神戸に女子の寄宿学校「boarding school」を開校することを許可した。そして八年十月、西洋風木造二階建、ベランダつき延べ一五二坪の建物で、「女学校」が開始された。寄宿生三名、通学生二三名であった。タルカットが初代校長となり、ダッドレーは寄宿舎を受け持ち、「神戸ホーム」の愛称で親しまれた。

午前は国史漢籍《にほんししなのほん》、午後は英語《いぎりすことば》・唱歌、万国史、西洋の諸科学《いろいろのがくもん》を英語で学習したようだ。次第に寄宿生が増え、校舎の増築が必要となった。十一年二月、日本人側、米国、在留外国人の三方面からの出資を仰いで、新校舎が完成した。木造二階建、延べ約一四〇坪の西洋風建物、正面二階にはベランダが設けられた。三月七日、授業が公開された。能力別授業や英語で万国史の授業が行われる等、当時としてはかなり進んだ教育がなされていた。

クラークソンの改革、「英和女学校」と校名を定める　明治十年十一月、アメリカンボードから派遣された二六歳のV．A．クラークソンが着任した。クラークソンは、米国の女子教育機関の名門マウント・ホリヨーク・セミナリー出身で、師範学校でも学び、教職経験があった。クラークソンは、米国で経験した学校管理や教育方法と「女学校」の現状とがかけ離れていたため、改革を考えていた。

明治十二年夏以降、クラークソンが第二代校長に就任し、改革が始まる。同年九月ごろに、校名が「英和女学校」と定められた。十三年、公立学校が普及し、四年の小学校教育が義務教育となった。それを受けて同年三月、義務教育を卒業した者に五年の教育を課す本科を設置した。同年四月から、日本人男性教師吉田作彌《さくや》が協力した。吉田は熊本洋学校出身で、同志社を卒業したキリスト教信徒で伝道にも熱心であった。さらに翌年、漢学に造詣の深い旧明石藩士山内松鶴《やまのうちしょうかく》が着任した。山内は生涯をこの学校に捧げることになる。クラークソンは新構想準備として、米国伝道会に申請して図書や諸設備の充実を図った。

第二代校長
V. A. クラークソン
（学校法人神戸女学院所蔵）

十三年九月、生徒の学力により、三学年に分けた。最上級生を五年制コースの四年生とし、一年生は入学する新入生のクラスとした。この時の最上級生が二年後に、第一回卒業生となる。国語・漢文のほか、英語で代数・英文法・植物学・英作文・地理・歴史の授業が行われた。最上級生にはクラークソン自ら科学と幾何学を教えた。宗教教育は全生徒を上級生・下級生に分けて、聖書を日本語で教えた。その他軽い体操、音楽に合わせての行進、図画、声楽、オルガン、裁縫などが行われた。こうして五年制課程の中等教育のカリキュラムが整備された。

クラークソンは、日本女性に対する高度の知的教育を構想し、自然科学教育に力を注いだ。吉田作彌も英文教科書を用いて物理や化学等を教えた。クラークソンは学校をあらゆる点において一流のものに仕立てようとしていた。経費の増大を恐れたアメリカンボード本部からは、多くのことを企画しすぎるとの批判があり、キリスト教的教育を最高の目的とするようにと勧告があった。しかし、クラークソンは、宗教教育は、学校教育を通じて行われるべきであるという考えを持っていた。

資金不足のため、寮母なしで、四人の上級生がクラークソンを助けて、昼食や夕食作りを行った。クラークソンは幼い寮生の母親代わりもした。上級生が下級生の授業を担当した。英語に秀でている吉田作彌が、クラークソンをよく助けた。それでもクラークソンはイザヤ書・物理・植物学を教え、舎監と会計と校長の務めを一手に引き受けていた。このような状況が続いたため、十四年春、クラークソンは、とうとう手足の不自由を覚え、頭脳も働かなくなった。京都や札幌で静養した。翌年に予定されている最初の卒業式に出たい希望が強く、十四年九月に復帰したが、同年十二月、ただ一人の血縁者である祖父が亡くなると再び病状が悪化し、帰国せざるをえなくなった。十五年一月末、帰国の途についた。十三年秋から神戸を離れて、岡山で伝道していたタルカットが、校長代理として来任した。

英和女学校第一回卒業式　十五年十二月二十二日、クラークソンのカリキュラムで学んだ生徒の第一回卒業式が行われた。本来卒業式は六月の予定であったが、吉田作彌の哲学の授業に深い感銘を受けた生徒たちの懇願により、授業が完結するまで卒業が延期されたのであった。一二名の卒業生は一人ずつ、参会者の前で卒業論文を朗読し、参会者一堂に深い印象を与えた。最年長者は二七歳、最年少者は一五歳、最も長く在籍した者は八年を越えた。一二名中一一名が受洗者であった。大部分は学校に残り、翌年三月まで勉学を続けた。

この一期生の中には、卒業後米国へ留学し、帰国後教師となって活躍した者や、牧師夫人となって伝道の傍ら教育、矯風会運動、開拓事業などで活躍した者が多かった。**平田とし**（旧姓宮川敏、マルサ・ギューリック）は、卒業後母校の教師となり、英語と歴史を教えた。その後米国のマウント・ホリヨーク・セミナリーに留学し、後に文部省英語中等教員検定試験の我が国最初の女子合格者となった。**甲賀ふじ**は、母校の舎監を務めていたが、米国留学し、ケンブリッジやボストンの保母養成所などで研修した。帰国後、神戸の頌栄《しょうえい》幼稚園や広島英和女学校幼稚園などで務めた。再び渡米して研修を重ね、帰国後、日本女子大学校付属豊明幼稚園に勤務するなど、幼児教育における先駆的、国際的活動を続けた。**渡邊常**は母校で助教を続けながら、明治十八年に設置された高等科で学び、さらに米国カールトン・カレッジへ留学。帰国後、母校で数学・理科を教えた。このように特に草創期の生徒たちは、女性宣教師らの影響を強く受け、社会に貢献したといえよう。

欧化主義全盛時代、注目を集める　第一回卒業式直前の十五年十一月に来日したE．M．ブラウン女史が英和女学校第三代校長に就任した。ブラウンは、米国のカールトン・カレッジを優秀な成績で卒業した。一年後の十六年十月、S．A．ソールが来日し、教頭のような立場で校務を行った。明治十八年、創立一〇周年を迎えた頃、日本政府が、不平等条約改正のためにとった欧化主義政策の影響が、神戸にも及んだ。英和女学校は、キリスト教主義に基づく欧米式教育を授ける女学校として注目された。ブラウン、ソールらは、リベラル・アーツ教育の理念を掲げ、身体・精神・霊魂の三者の一致調和した完全な人格の育成をめざした。在籍生徒は一〇〇名を超え、その約半数が寄宿生であったため、十七年夏から二十年にかけて増築し、教室・寄宿舎・新講堂を整えていった。寄宿舎の増設のためには九鬼隆義や神戸基督《キリスト》教会の原田助《たすく》らが委員となって募金に協力した。学校とその付近の風致が一新され、欧化主義全盛の追い風を受け、英和女学校は注目を浴びた。

米国のカレッジをめざして、三年制の高等科を設置

明治十八年に一年制の高等科を設け、十八年～二十一年にかけて学科課程等の改革を行った。一般の高等女学校以上の修業年限の課程を設け、また、音楽教育が宗教指導に重要と考え、音楽担当教師を迎え、欧化主義の流行に洋装が増えることを考慮して洋裁の授業を開始し、英語の授業時は教師も生徒も日本語を使わないなど、官立学校ではできない特色を出し、充実をはかった。その結果名声が高まり、二十一年には創立以来最多の在籍数一九三名になった。

二十三年七月、京阪神地区のキリスト教主義女学校の教師たちが大阪で協議会を開き、信徒の女教師を養成するカレッジの必要性を確認した。それには英和女学校の高等科を拡充するのがいいと意見が一致した。そこで、予備科二ケ年、本科三ケ年、その上に、三年制の高等科を設け、米国のカレッジ程度に充実させる方針を立てた。通年八年、これは当時女子の最高教育機関であった女子高等師範学校の卒業生より、一年長い学歴になる。

このカレッジ構想にはその内容に見合う教授陣、校舎、その他設備が必要となる。かねてから経費の増大を恐れて高等科の拡充について、アメリカンボードのクラーク書記は難色を示していたが、華北（現中国）から引き揚げてきた宣教師M．A．ホルブルックが、〝日本の大学が女子の入学を認めないので、米国に留学させるより仕方ないが、それには英和の卒業生が米国の大学に入学を認められるほどの完備した高等科を持たなければならない。〟と力説した。そのためク

ラーク書記も考えを改めた。ホルブルックは、中部婦人伝道会会長のエミリー・ホワイト・スミス夫人と協議し、一万ドルの募金を行うことになった。そして、米国の名門マウント・ホリヨーク・セミナリーを卒業したホルブルックは、特に理数科方面の教師養成に情熱を持ち、自身が理科教師として就任した。

こうして二十四年一月、三年制の新高等科が発足した。新高等科の目的は、英語または理科の教員養成である。従って学科課程は文科と理科に分かれるが、共通の必修科目として、修身（聖書）・和漢学・神学・心理学（教育学を含む）・図画・裁縫・唱歌・音楽・体操を履修する。さらに文科の必修科目は、英文学・哲学・理財学を、理科の必修科目は、理化学・博物学を履修する。数学・歴史は、一部は文科・理科の必修、他は選択となっていた。

聖書・神学と女学校独特の技芸的学科目を除けば、明治十九年の文部省令「高等中学校の学科及びその程度」に規定するところと似ている。また、大正七年の高等学校規定による高等学校高等科の文科及び理科の学科課程にも通じるところがある。創立時代のキリスト教信徒養成学校の伝統は、聖書・神学（有神哲学）の必修に残っている。そして、教会での奉仕を念頭におき、音楽（声楽・器楽）に週六時間を割り当てた。文科では英語教育に力を入れ、古代文学や言語学も加えて、英語で教授した。理科では物理・化学の実験を行うために施設の準備を進めた。

建物の増改築は第二期拡張を行った。二十二年七月、米国伝道会から一万二、〇〇〇ドルを借り入れ、新敷地を購入し、四階建二五〇坪の理化学館（二十六年十月完成）と、三階建二〇〇坪余の音楽館（二十七年完成）を新築した。音楽専用の独立校舎としては日本最初のものであった。理化学館屋上の円塔と音楽館の尖塔の美しさは神戸の新名物となった。

国粋主義の台頭、ブラウン校長の苦悩　明治二十二年二月、大日本帝国憲法が発布された。同年十月、大隈外相が襲撃され、不平等条約改正談判は一時中止された。欧化主義が衰退し、その反動として国粋主義が台頭した。二十三年十月、教育勅語が下され、忠君愛国の精神が学校教育の基本であることを示した。ブラウンは、世間を刺激しないために、二十三年十一月、英和女学校で帝国議会開設祝賀会を開いた時、講堂の正面に両陛下の御真影を安置した。しかし、生徒数は減少し続け、二〇〇名に近づいた生徒数は、二十四年には一三五名に減り、以後かろうじて一〇〇名を保つにすぎなくなった。ブラウンの苦悩は続いた。

そうした中で、二十五年六月、新高等科第一回生の卒業式の日、卒業生のうちの九名が発起人となって、同窓会が設立された。卒業生累計一六九名を正会員、母校に修学したことのある者を会友、教職員その他の関係者を特別会員として、毎年六月に大会を開くことになった。同窓会誌『めぐみ』を年三回発行することも決まった。この同窓会設立には学校関係者が大いに勇気づけられた。二十四年春以来帰国して静養していたソールが回復して、二十五年十月復帰した。入れ替わりにブラウンは休暇のためソールに校務を預け、二十五年十一月、十年ぶりに帰国の途についた。

神戸女学院―Kobe Collegeと改称　明治二十七年三月、四〇〇名の会衆を迎えて理化学館・音楽館の献堂式を行った。この時、カレッジ程度の高等科を有する学校にふさわしいようにと、英和女学校を〝神戸女学院―Kobe College〟と改称することを公表した。日清戦争の前兆がある時期で、キリスト教主義女学校の入学志願者は減少傾向にあった。この年の七月、普通科本科卒業生一九名を出したが、高等科に進学したのはわずか二名だった。総在籍数は七二名と、厳しい状況が続いた。

二十八年十一月、創立二〇周年記念式を挙行した。同年七月に日清戦争の終戦を迎え、従来の極端な排外主義がやや緩和された。しかし、日本の現状は、国家主義の観点から「良妻賢母」教育が奨励され、ミッション・スクールや他のキリスト教女学校などは「西洋かぶれ」の学校として批判された。三十年春、ブラウンが五年ぶりに日本に戻ったが、病気が再発した。

そこでソール院長代理は、世間の批判を和らげる方策を考えた。その一つとして、戦争の犠牲者の傷病軍人とその家族を慰問した。また、二十七年の神戸女学院規則の目的に「淑良有用なる女子を養成する」という、文部省が推奨する「良妻賢母」を意識した文言を載せた。さらに二十九年の学則改正で、音楽（箏曲《そうきょく》）・点茶・生け花・作法等、日本の伝統的教養が身に着けられる科目を随意科目に加えた。三年制の裁縫専修科を設け、高等小学校卒業者を入学させることにした。これら時代の要求に応える科目のために特別教室、日本風の二階建七三坪余の一棟が三十年十一月に落成し、「尚褧館《しょうけいかん》」と命名された。これは日本人有志の寄付により実現した。ソールはこれらの施策により国風尊重の実を示したのであった。しかし、裁縫専修科は、三十二年五月に廃止した。三回で合計五名の卒業生を出したにすぎず、希望者が少なかったからと思われる。

S．A．ソール、院長に就任　三十二年八月、ブラウン院長から院長職を引き継ぎ、ソールは正式に第四代院長になった。三十二年二月、「高等女学校令」が公布された。同年八月三日、「私立学校令」が公布された。私立学校は地方長官の監督下に置かれ、既設の私立学校は法令施行の日から三ケ月以内に認可を受けなければならなかった。同年七月に改正新条約が実施されて治外法権が撤廃されたため、外国の経営に依存する学校も認可を受ける必要があった。そこで学院は「私立学校令」による手続きを取り、三十二年十一月認可を得た。その結果、翌年六月、教育勅語謄本の下付を受け、式日には教育勅語を奉読しなければならなくなった。

そしてもう一つ深刻な問題があった。「私立学校令」と同じ三十二年八月に発布された「文部省訓令第一二号」である。この訓令は、官公立学校も私立の高等女学校など法令の規定による学

ソール院長の礼拝（学校法人神戸女学院所蔵）

校では、課程外であっても宗教教育も宗教上の儀式も行うことを禁止すると明記されたのである。宗教教育をしようとすれば、各種学校に甘んじなければならない。学院は各種学校に甘んじてもキリスト教教育は維持するという決断を下した。しかし、各種学校では卒業しても上級学校に進学する資格が認められない。「高等女学校令」により設置された学校で、四ケ年の課程を修了した者は女子高等師範学校の入学資格が得られる。学院への入学希望者が減少するおそれがある。キリスト教主義女学校にとって最大のピンチであった。

こうした状況の中で、生徒を確保するには、宗教教育学校独自の特色を発揮し、生徒が母校に残って高等教育を受ける機会を増やすために、高等科の拡充を計るしかなかった。

学科組織の改正、学年始業を四月に改める　創立以来学年開始は九月であったが、ソールは四月始業に改めた。これによって入学者が増え、三十四年には二〇〇名を超えた。三十九年、普通科の入学資格を、五年制の高等女学校に準じて、高等小学校二ケ年修了に改めた。普通科の上に修業一ケ年の補修科を新設し、補修科を経て高等科に進学させることにした。高等科三ケ年修業は変わりないが、文科・理科の別を廃止して、科目の大部分を全生徒の必修とし、他に理科・生物・哲学・数学・歴史・国文・漢文・訳文・ドイツ語・音楽の一〇科を設け、任意の一科を選ばせ、週に二～四時間専攻させた。

「専門学校令」による専門学校、神戸女学院専門部誕生　三十六年三月、「専門学校令」が公布された。修業年限は三ケ年以上、入学資格は中学校または修業年限四ケ年以上の高等女学校卒業と規定された。文部大臣の認可を得れば、私人でも設置できる。「高等の学術技芸を教授する学校は専門学校とす」という一般的な規定であった。したがって、私立専門学校は、自由に宗教教育を施すことができたのである。

そこで学院は、四十一年、普通科の上に設置していた補修科を廃止して、高等科の第一学年に引き当て、高等科の修業年限を四ケ年とした。別に二年制の英語専修科を設けた。そして、四十二年十月、専門学校令による専門学校の認可を得て、大学に匹敵する優秀な専門学校を目指して、四年制の高等科を「専門部」と改称した。神戸女学院専門部の誕生である。

専門部は、学院の普通部、または英語専修科卒業者を無試験で受け入れ、五年制の高等女学校卒業者を試験の上で入学させた。学科課程は、第一学年は、修身（聖書）・国語・漢文・英語・数学・体操など、週二一時間履修する。第二学年以上は、必須科目・主要科目・随意科目の三つを組み合わせて毎学年、毎週二〇時間履修する。必須科目は、修身（聖書）・体操の二科目。主要科目は、国語漢文・哲学・生物学・理化鉱物・英語の五科目から一科目を、第二学年の初めに選択し、卒業まで履修する。随意科目は、国語・漢文・数学・歴史・訳文・ドイツ語・音楽・図画・裁縫の中から、毎週各科二時間、毎学年初めに選択する。これらの授業は、特別のものを除き英語で行われた。

明治三十五年、日英同盟が調印され、三十八年、日露戦争に勝利したことが、英語国民に対する日本人の感情を和らげ、英語教育を特徴とするキリスト教主義学校は再び注目を集めるようになった。四十一年以降、普通部二〇〇名、専門部約二五名を維持できるようになった。四十四年、専門部に家政科目を設置した。

校舎・設備の拡張　明治三十三年から大正時代にかけて、校舎・設備の修理・拡張を進めた。三十九年新たに一、〇〇〇坪の市有地を二〇年期限で借り受け、木造三階建一棟三四五坪の普通科専用校舎を新築した。四十年、三階建約四五〇坪の赤れんが造りの総務館兼大講堂を新築。築山を造り、石灯籠《いしどうろう》を据え、棕櫚《しゅろ》の木を移植するなど庭を整えた。四十一年、体育館建築。大正三年、木造二階建一〇〇坪の家斉館を新築した。十一年、諏訪山《すわやま》小学校の旧校舎を買い取り、専門部用の教室等に改築した。その他専門部生徒の宿舎の整備、各館のランプから電灯への移行など着々と整備していった。これらの工事費は、生徒団体や伝道区関係者の子弟の寄付と、米国伝道会がロックフェラー財団から受けた寄付金の一部が割り当てられた。

ソールは世間の批判を和らげるために国風尊重の態度を示しながら、高等教育の充実、宗教教育の充実のために努力を重ね、かつ、校舎・設備の拡張、整備を行った。

デフォレスト院長の夢、神戸女学院大学部　大正五年三月、創立四〇周年記念式、ソール名誉院長推戴《すいたい》式、C．B．デフォレスト院長就任式を赤れんがの大講堂で盛大に挙行した。その前年の大正四年九月、第五代院長に就任したデフォレストは、三七年間日本伝道に尽力した宣教師J．H．デフォレスト博士の次女として、明治十二年、大阪の川口居留地で生まれた。仙台での生活を経て、一四歳のときに米国のニュートン高等学校に入学し、スミス大学で学んだ。日本語にも熟達していた。以後、昭和十五年に退任するまで、二五年間学院の発展に尽力する。

明治三十七年三月、日本女子大学校が専門学校に認可され、大正七年四月、東京女子大学が専門学校令に準拠して開校された。両校は教育内容、諸施設において整備されていたことをもって

神戸女学院大学部の誕生
（学校法人神戸女学院所蔵・絵葉書より）

「大学」と称することを認められた。実は、東京女子大学が六つのキリスト教伝道団による設置が決まった時、神戸女学院に対しても専門部を廃止して新大学に合流するようにと勧告があった。しかし、東京と神戸では距離がありすぎるし、西日本にも別個の大学があってもいいのではないかという意見があった。在日伝道団も中部婦人伝道会も、神戸女学院が二〇余年にわたって西日本の女子高等教育機関として実績を積んできたことを合わせ考えて、独自に存続することが適当であると意見が一致し、東京女子大学に合流しなかったのである。

デフォレストは、東京の両女子大学と同等以上であることを明示するために、この際専門部を改めて、「大学部」とすべきことを提案した。それに対して、〝女学院に不似合い、卒業生の縁談を妨げる〟などという反対の声があったが、理事会は院長を支持した。デフォレストは、いずれ女子の大学のために新しい法令が出た時に「本当の大学」が実現できるように、学科課程を改善し、制度・組織を整備し、施設・環境の拡充発展を図った。

大正七年十一月、学則改正案を申請し、八年二月、それまでの「専門部」を「大学部」と称することが認可された。日本女子大学校、東京女子大学とともに日本女子教育の最高課程を持つことになった。

大学部の修業年限は、予科一ケ年、本科三ケ年、付属英語専修科二ケ年である。入学資格は、高等女学校四ケ年修了者は英語専修科第一学年に入学する。高等女学校五ケ年修了者及び学院高等女学部五ケ年修了者は、予科又は英語専修科第二学年に入学することができる。予科または英語専修科修了後、本科に進学を許される。また、本科は高等女学校高等科卒業者を入学させた。他の高等女学校出身者に対しては英語の入学検定を行い、不合格の場合には、英語専修科第一学年の入学検定を受けさせるとした。

本科は英文科で、さらに第一部と第二部に分かれる。第一部は英文学研究に必要な科目を正科とする。第二部はその他に、教育に従事しようとする者に必要な科目を加えた。

第一部の学科は、修身（礼拝）・聖書・英文学・歴史・国語漢文・心理・理科・体操を正科とし、聖書・英文学及び歴史は英語で教授する。この他に、国語漢文・家政・理科・音楽・第二外国語等の選択科目を加え、毎週二一時間履修する。

第二部は、第一部と同じ修身・聖書・英文学・歴史・体操の他、英語教育に従事するに必要な加設科（英語）及び倫理・教育を加えて毎週二五時間履修する。

このように大学部は英文科だけに集約して、本当の大学レベルの英文科をめざした。しかし、かつて重視されていた理科が選択科目の一つにすぎなくなってしまった。

教授陣としては、国語・漢文担当に広島高等師範学校卒業の本橋太一、英語・英文学担当に同志社教授だった飯塚恒太郎、理科、数学に三浦義蔵等が就任した。その他、学院卒業生教員が活躍した。八年九月、札幌農学校出身でスタンフォード大学卒業の木村徳蔵が大学部部長に就任した。

紋付き袴《はかま》で『マクベス』上演　大正九年、神戸市立女学校から英語専修科に入学し、大正十五年に大学部を卒業した佐方京子の回想から当時の大学部の様子をみよう。

…大正十二年に大学部に入りました。私たちが在学している間に中等学校英語教員無試験検定の資格が大学部に与えられて私たちは卒業するとき、最初にそれをいただきました。それまでは欲しい人が一人ひとり検定試験を受けてたんです。その先輩たちの実績もあるんでしょうけどデフォレスト先生がきっと奔走なさったんでしょう。デフォレスト先生は何につけても気配りしてくださって女学院のために一生懸命でした。体操の授業のときにはよくバレーボールをしました。全部で十六人ですから、全員が参加しないとゲームができません。

皆、嫌がっていました。始めは着物に襷《たすき》がけでやっていましたが、途中からユニフォームが決まりました。上はセーラーカラーにリボンのついたブラウス、下は膝《ひざ》までのブルマーです。

…そのころは毎年全国英語弁論大会があり、有田さんが代表として出場し、そこで出会った男子学生の鈴木氏と後に結婚しました。

…そのころ、卒業期になるとシェイクスピアの劇のどれかひとつを一年間勉強して上演していました。私たちの学年は「マクベス」でした。その年私たちは京都、大阪、名古屋、岡山の四カ所で「マクベス」を上演しました。その土地の卒業生が色々お世話してくださって、どこもたくさんの人が観に来てくださいました。大阪の公会堂でもいっぱいの人で埋まりました。ところが文部大臣が「学生は変装してはいけない」という通達を出したとかで、私たちは役どころにふさわしい衣装を着ることができなくて、この写真のように紋付きと袴で舞台に立ちました。紋付きを着たのは古典劇だったからでしょうね。…

（『私たちの学生時代　神戸女学院のものがたり』より）

中等学校教員無試験検定が認められるようになった陰には、卒業生たちの努力や、デフォレスト院長の尽力があったこと、体操のユニフォームがセーラーカラーのブラウスにブルマーに決まったこと、全国英語弁論大会の出場や、そこでの男子学生との出会い、恋愛結婚など大正後期のいくぶん自由な雰囲気が感じ取れる。しかし、文部大臣が学生の変装を禁止するなど、旧態依然とした考えが根強いこともわかる。あるいはこのころデモクラシーの影響が学生に及び、活発化しつつあった活動を抑え込むというような意図が含まれていたのであろうか。それにしても「マクベス」を全員が紋付き袴で演じなければならないとは、文部省もナンセンスである。この時は創立五十周年の記念事業として、四ケ所での公演が企画されたようだが、神戸女学院の同窓生の広がりと同窓会の団結力を感じさせる。

三年制の「高等部」設置　さらに大正十一年学則が改正され、大学部予科及び英語専修科を廃止して、修業年限三ケ年の「高等部」を設けた。この改正の目的は、男子の「高等学校高等科文科」に近似した「高等部」を設置し、文部大臣が、神戸女学院の高等部卒業者について、男子の高等学校高等科卒業者と同等以上の学力があると認定することを期待したのである。学科課程は、旧予科及び英語専修科の課程をまとめて、修身・聖書・英語（八〜一五時間）・国語漢文・地理歴史・数学・法制経済・科学史・哲学論理・唱歌教育・体操及び選択科目の合計毎週二五〜二九時間の授業とした。四年制高等女学校卒業者は第一学年に、学院高等女学部及び他校の五年制高等女学校卒業者は第二学年に入学させた。

学院の高等部三ケ年を修了して、さらに大学部三ケ年を卒業すると、尋常小学校から通算して一六年学ぶことになり、帝国大学卒業者と同じ年数の課程を履修することになる。こうして女子高等教育の最高峰を目指したのである。この規則改正は、大正十一年三月、認可された。そして十二年六月、大学部英文科第二部卒業者に対し、中等学校英語科教員無試験検定の資格が認められた。この特典は関西でただ神戸女学院大学部のみであった。生徒・保護者、学院関係者の喜びはひとしおであった。十二年九月、オベリン大学及同神学校出身の畠中博が大学部部長に就任した。

新校地岡田山へ移転　大正八年に「大学部」と称することが認められて以来、学院は、将来「大学令」に準拠する「本当の大学」に昇格するために、学則の改正に取り組んだが、施設面での充実も必要であった。その準備として、中部婦人伝道会がシカゴに「在米神戸女学院財団」を組織した。次いで、日本の法律による「財団法人神戸女学院」の寄付行為を、神戸女学院理事会が作成して米国に送った。

大正十五年十二月、財団法人神戸女学院の設立が認可された。理事一二名（内、四名は同窓会員）が選任され、オールヅ師が理事長となった。先に同窓会は、大正七年、神戸女学院後援会を組織して法人化し、同窓生・父兄や一般有志から寄付を募り、大学部の校地として十二年六月までに明石大蔵谷の敷地約二万一、〇〇〇坪を購入することに尽力した。ここに西日本最大最善の女子大学を建設し、日本女子教育の最高水準を新たに示すことこそ日米双方の学院関係者の大きな夢であった。ところが、大正十二年九月一日、関東大震災が起り、計画の見直しを余儀なくされた。東京の被害が山の手よりも沖積地の下町において甚大であったことから、大蔵谷の敷地は造成地であるため、校舎・寄宿舎を建設することは避けるべきではないかとなった。そこで大学部の大蔵谷への移転を取りやめて、大学部と高等女学部を一箇所にまとめることにした。そのために山本通の現校地及び大蔵谷の敷地売却を決定し、昭和五年三月、西宮の北郊岡田山に新校地(現在の学院地)を購入した。

「専門部」の中の「大学部」へ　昭和初年ごろ、アメリカにおけるプロテスタント各教派の宣教師たちの、外国での活動に関する調査で、神戸女学院大学部は高い評価を得た。日本に関する『地域報告』の中の「女性のためのキリスト教カレッジ」の項に、〝シニア・カレッジの名に値するのは、神戸女学院と東京女子大学である。〟という一文が見られるという。デフォレストが目指したように、東の東京女子大学に対して、西の神戸女学院大学部と評価されたのである。

学院は新構想を立てた。修業年限の短い女子専門学校を設置し、教員無試験検定の特典を得て、日本の女子教育界の最高水準を示すことにした。そして高等女学部・音楽部(後述)も同一校地に併置して経営上のむだを省き、全学院一体として教育効率を発揮するという方針にした。

　昭和三年度、三年制の「高等部」に乙類を設け、修業四ケ年で教員無試験検定の資格を得ることをめざした。そして旧来の高等部を甲類とした。さらに乙類を二部に分け、第一部は女子に須要なる学芸を学習させ、第二部はそれに加えて教育に従事する者に必要な学科を併修させた。

　大学部にも乙類を設け、旧来の大学部第一部・第二部を甲類と称した。乙類は英文科で修業年限三ケ年、倫理・聖書・英語・体操の他、自然科学・倫理学・哲学・美術史・日本文学史等を履修させた。

　この改正は、従来五年かかって得た英語科教員無試験検定の特典を、五年制高等女学校卒業者は三年で、四年制高等女学校卒業者は四年で獲得する近道を開き、かつ、高等の教育を受ける機会も作ったものである。しかし、その代わりに一〇年前に認可を得た「神戸女学院大学部」の名称を「神戸女学院専門部」と改め、新専門部内に大学部・高等部・音楽部を包括することになった。学則改正の件で文部省に出頭した教務担当者が教員無試験検定の獲得に執着するあまり、文部当局の説得に屈してしまったためと言われている。文部省は極力女子の学校に「大学」という名称を使わせたくなかったようである。高等部乙類卒業者の教員無試験検定申請は、昭和七年二月認可された。三～四年で教員無試験検定の特典にあずかる近道ができたため、遠回りになる大学部乙類は在籍数二名となり、衰退した。

音楽部　神戸女学院のもう一つの特色は、音楽部である。第四代院長ソールは明治三十九年、音楽科を設置した。音楽科普通科は、高等小学校二ケ年修了を入学資格とし、修業年限五ケ年とした。音楽科師範科は、学院普通科または高等女学校卒業後修業三ケ年とした。キリスト教に基づく教育をめざす学院は、創立当初から音楽を重視した。明治十三年にクラークソンが整備した中等教育のカリキュラムにも声楽とオルガンの科目があった。明治二十四年の新高等科の学科課程でも、音楽（声楽・器楽）に週六時間を割り当てた。そして、明治二十七年以来音楽を担当したE．タレーの苦心により三十九年の音楽科設置が実現したのである。関西唯一の音楽専修学校となった。

さらに大正十四年、音楽部は専門学校令による認可を申請し、十五年三月、認可された。関西で唯一の専門学校令による音楽専門学校が誕生した。音楽部は、予科一ケ年、普通科三ケ年、高等科二ケ年、師範科三ケ年からなる。入学資格は、予科は四年制高等女学校卒業程度、普通科は予科卒業程度、高等科は普通科卒業程度とした。普通科及び高等科にそれぞれ器楽部・声楽部を置いた。師範科の入学資格は、四年制高等女学校卒業者またはこれと同等以上の学力あると認められた者で、普通科第一学年修了以上の音楽に関する素養のある者とした。東京音楽学校出身の広田美須々が音楽部ピアノ科主任、ロシア人でペテルグラード音楽院出身のE．G．フツエフもピアノ科を担当、学院卒業生で米国シモンズ大学卒業の藤田トキが音楽通論、ピアノ、オルガンを担当し、音楽部主事を務めた。

音楽部は昭和四年に学則を改訂し、予科一ケ年、本科三ケ年、高等科二ケ年、師範科四ケ年とした。そして昭和五年と十三年の二回にわたり中等学校音楽教員無試験検定を申請したが、認可されなかった。音楽科教員無試験検定の特典は官立の東京音楽学校卒業者に限るべきであるというのが、当時の検定委員の見解であった。関西で唯一の音楽専門学校でも、文部省の官立第一とする姿勢に阻まれたのである。

重要文化財に指定されたヴォーリズ設計による岡田山キャンパス　さて、新校地の岡田山（現兵庫県西宮市岡田山四-一）は、六甲山地の東に続く丘陵地で、景勝の地である。大阪・神戸両都から当時約四〇分の地に総面積三万四、〇〇〇坪余を購入した。購入には山本通の現校地及び大蔵谷の敷地を売却し、特別寄付金を充当した。設計は、日本で二五年もの経験を積んでいるヴォーリズ建築事務所に依頼した。ちなみに所長W．M．ヴォーリズ博士の夫人一柳満喜子は神戸女学院音楽部の卒業生である。施工は、大蔵谷の敷地を買い取ってくれた竹中工務店の竹中藤右衛門に依頼し、昭和八年三月には大部分が完成し、春季休暇中に移転した。

二年の歳月をかけて完成した新校舎は、壮麗日本一と称されるほど美しい校舎となった。正門を入って正面に音楽館、坂を上り台地の上に出れば図書館、総務館、文学館、理学館の四棟が方形に中庭の芝生を囲んでいる。講堂、礼拝堂、体育館、松林に茶室、四、〇〇〇坪の大運動場、寄宿舎等々。校舎八棟は鉄筋コンクリート造、住宅・寄宿舎一三棟は木造セメント塗り込み。各建物は原則二階建て以下、南地中海様式で統一し、外壁は淡いクリーム色、屋根瓦は七色の瓦を用いて赤銅色にまとめ、周囲の緑との調和に工夫がなされている。キリスト教主義の学校にふさわしい荘重にして優美な趣を添えた。「均整のとれた建築は、人の心の中に、洗練された趣味と美の観念を啓発する」というヴォーリズの信念が込められている。平成二十六年九月、ヴォーリズ設計による岡田山キャンパスの一二棟が国の重要文化財に指定された。

昭和九年度、十年度に学則改正を行った。学科組織を多少簡素化して、時世の要求に合致した高等部の拡充をはかった。昭和九年度の全在籍数は七七三名、うち高等女学部四六三名、「専門部」の高等部二四一名、音楽部五〇名、大学部一九名。昭和十四年度の在籍総数一、〇一六名、高等女学部五九四名、「専門部」の高等部三四六名、音楽部六八名、大学部八名。十二年十月、専門部を専門学校と改称した。昭和二十三年三月、新制大学として神戸女学院大学は認可された。

神戸女学院の基礎を築いたのは、アメリカンボードから派遣された女性宣教師たちであった。キリスト教伝道のために来日し、明治・大正・昭和にかけて、少女たちに英語を教え、キリストの教えを通して人の道を説いた。国情の変化に翻弄《ほんろう》され、宣教師たちは病に倒れながらも学院の発展のために貢献した。また、日米の協力者たちの物心両面での支援があったことも女学院が維持され、発展した大きな要因であろう。

創立者タルカットは、卒業生がどのような家庭環境に置かれても、日本の伝統・習慣に順応しながら聖書を説き福音を実行する質実・篤信の人となることを願った。そして、クラークソンは、英語や教養科目を多く加えた五年制の新課程を設置し、伝道本位の学校から教養本位の学校に変えた。

さらにブラウン、ソールによって学制整備が行われ、高等科が充実された。高等科・専門部・大学部・専門部の中の大学部と改正しながら、デフォレストは、「本当の女子大学」を実現できる時のために準備を怠らなかった。名称は専門部でも中身は男子の大学にも劣らない学課と授業内容で生徒を育てた。多くの教育者、研究者を始め、アメリカ留学を経て、日本で活躍する人材を育てた神戸女学院は、美しい建物とともに神戸のシンボル的存在となった。

参考文献

『創立五十年神戸女学院史』
『神戸女学院百年史　総説』、同各論

『神戸女学院の125年』（1875〜2000）
『私たちの学生時代　神戸女学院のものがたり』「私たちの学生時代」を発行する会
『重要文化財　神戸女学院―ヴォーリズ建築の魅力とメッセージ（創立140周年記念版）』
畑中理恵『大正期女子高等教育史の研究』―京阪神を中心にして―

仏教主義の女子高等教育をめざした京都女子高等専門学校

京都女子学園の礎を築いた三人の女性　大正九（一九二〇）年四月、京都女子高等専門学校が「専門学校令」により開校された。現京都女子大学の前身である。設立者たちは当初から「女子大学」の設立を目指していた。明治後期、東京の女子英学塾（現津田塾大学）、日本女子大学校、神戸女学院大学部、同志社女学校専門学部などで女子の高等教育が行われていた。しかし多くはキリスト教の精神を根底とする学校であった。それらに対抗して、同校設立者たちは、京都に仏教精神を根底にした女子の高等教育の必要性を感じていた。この京都女子高等専門学校が創立するにあたってその基礎を築いた三人の女性がいる。足利（甲斐《かい》）和里子、大谷籌子《かずこ》、九條武子である。まずは三人の女性から紹介しよう。

足利和里子――顕道女学院、私塾文中園を開設　足利和里子は、明治元年六月、広島県深安郡

の浄土真宗本願寺派勝願寺で生まれた。父足利義山は、大学教授や本願寺の要職も務める学者・研究者であった。母早苗は寺子屋で教鞭《きょうべん》を執っていた。九人兄弟姉妹の五女に生まれた和里子は、幼少より長兄や次兄と同様の訓育を受け、『論語』『大学』に親しみ、読書好きであった。男女平等の精神に基づく教育の中で育った。

広島の開成舎で三年学び、父に同伴して京都の英学塾・オリエンタルホールで三年学んだ。英語をもっと深く学び、教師になりたいと思った。それには同志社女学校に入学するしかない。しかし、そこはキリスト教の学校である。校長面接で、〝私は寺で生まれ、父は僧侶で仏教信者です。こちらの御宗旨を信じるわけにはいきませんが、規則は守ります。入学させてください。〟(『京都女子学園百年史』より）と言ったという。そして同志社女学校の英語専攻科に入学する。

足利（甲斐）和里子
（京都女子学園所蔵）

僧侶の娘がキリスト教信者の中で学んだのである。しかし、英語を通じて、西欧の宗教思想・文化に触れ、新しい女子教育を体験することで、かえって「仏教主義による女子教育が必要である」との思いを募らせていった。キリスト教の人間愛を通じて、改めて仏教の慈悲の心を再確認したのである。明治三十二年、仏教主義による女子の高等教育をめざした顕道女学院を実業家松田甚左衛門と開設する。しかし、教育方針などで松田と対立し、三十三年八月退職。同年九月、夫の甲斐駒蔵とともに、私塾文中園(後、文中女学校と改称)を開設する。

大谷籌子《かず》——女子大学設立を計画する

大谷籌子は、明治十五年十一月、九條道孝の三女として誕生。大正天皇妃貞明皇后の姉にあたる。一一歳で本願寺の大谷光瑞《こうずい》(後の門主鏡如)と婚約し、入山した。寺内の家庭教師について教学・教養教育を受けた。この時、仏教の学問を教えたのが足利和里子の父足利義山であった。一七歳で門主鏡如と結婚。以来本願寺第二二代門主・鏡如の裏方として、籌子は、全国の女性仏教徒を組織化するために、仏教婦人会の創設をめざして全国各地を巡礼していた。四十年には「仏教婦人会連合本部」が本山に設置され、籌子は仏教婦人会総裁に、義妹武子は仏教婦人会連合本部長に就任した。籌子二六歳、武子二一歳であった。翌年開催された仏教婦人会全国連合大会には一万名にも上る婦人会員が参集した。この成功を見て、籌子は「女子大学設立」を計画する。浄土真宗の宗教教育を建学の根幹とし、宗教的情操を女子高等教育の要とする学校づくりであった。

大谷籌子
(京都女子学園所蔵)

九條武子──義姉籌子の遺志を継ぐ

九條武子は、明治二十年十月、本願寺門主大谷家の二女として誕生。父は第二一代門主明如（大谷光尊）、母は側室の円明院（大谷藤子）であった。六人兄妹の末っ子。情操教育を重視した父の方針で、幼少期から教学のほか、華道、茶道などを学んだ。武子は幼い頃から美しい容姿と豊かな才能に恵まれ、とくに歌道において才能を開花させ、後に近代を代表する歌人の一人となる。柳原白蓮（歌人）、江木欣々《きんきん》とともに大正三美人と言われた。

籌子と武子は五歳違いの義姉妹で、子どものころから門主家の家庭教育を受けたことから実の姉妹のように仲がよかった。二人は、四十三年にそれぞれ夫と共に欧州に赴き、パリで落合い、半年かけて各国を視察した。特に英国婦人の女性解放に対する意識の高さに感銘を受け、女子高等教育の必要性を強く感じた。同年十一月、籌子と武子はシベリア経由で敦賀《つるが》に帰着した。しかし、籌子は帰国後体調を崩し、三ケ月後の四十四年一月、三〇歳で死去してしまう。宗門の女子大学設置は、父明如門主が二〇年以上も前に構想し、母円明院は甲斐夫妻の女学校経営を資金面で援助していた。兄の木邊孝慈は甲斐夫妻に校地を貸与した。両親や兄、そして義姉籌子が女子高等教

九條武子
（京都女子学園所蔵）

育にかけた思いをかなえたいと武子は思ったのであろう。女子大学推進事業を武子が引き継いだ。

京都女子学園のはじまり——私塾文中園（文中女学校）　足利和里子は、「顕道女学院」を三十三年八月退職し、同年九月、夫の甲斐駒蔵とともに、私塾文中園を自宅（醒ケ井《さめがい》五条下ル）で開設した。仏教主義を前面に押し立てた私塾であった。駒蔵は慶應三年、大分県臼杵《うすき》藩士の長男として生まれた。妹に婿を取らせて家督を譲り、二十五歳の時上洛し、和里子の父足利義山のもとに出入りしていた。虎山と称する南宗画の画家であり、大谷派真宗京都中学校などで漢文学や図画を教える教育者でもあった。

当初から入学生が六〇名にのぼった。自宅では手狭になったので二ケ月後には花屋町の常楽寺に移転し、二〇～三〇畳の本堂を借りて授業を行った。京都府から正式な認可を得て、「文中女学校」と名称変更した。三十四年一月、駒蔵が校長に就任した。本科三年と高等科二年を設置し、編入制度も設けた。当時女学校では家政学科を主体とするのが一般的であったが、文科系の普通科教育などを広範囲に指導した。訓令第十二号により、宗教教育は正式のカリキュラムからは除外しなければならなかったが、情操教育として密かに法話や宗教行事も行った。畳の上で薙《なぎ》刀《なた》や弓も学ばせて高い精神訓育も行い、仏教的信念と情操豊かな女性の育成を目指した。

本願寺境内地の建物を校舎にあてて直接経営するという構想もあったが、京都市側が宗教色を懸念して難色を示し、実現しなかった。開校から半年後、三十四年三月、八名の卒業生を送り出した。しかし、経営的には苦しく、本願寺から毎月五円、慈善財団から五円の援助の他は、生徒からの月謝、和里子が仏教大学（現龍谷大学）の学生の洗濯物を引き受けたり、編み物の内職をしたり、土・日には家庭教師のアルバイトをしたりして支えた。駒蔵は一〇銭の白い扇子に絵を描き、二五銭で売った。甲斐夫妻の理念に共鳴した教員たちがほとんど無報酬で教壇に立った。三十六年九月には下京区梅小路堀川西入ルの真宗木邊派綿織寺所有の家屋を借用し、移転した。木邊邸に校舎を建築する時、六五〇円の建築費を貸してくれたのが、九條武子の母円明院であった。真宗木邊派綿織寺の木邊孝慈法主は明如門主と円明院の間に生まれた二男で、武子の次兄にあたる人であった。そのころには慈善会団体から年三〇〇円の補助を受けられるようになった。「宿替え学校」と呼ばれるほど京都市内を転々と変わった。一一年間厳しい女学校運営にあたったが、さまざまな人々に支えられて一般の高等女学校に準じる教育機関となっていった。

私立京都高等女学校誕生

大谷籌子と九條武子が欧州方面を視察で不在中、仏教婦人会連合本部主事代理に任じられた弓波端明は、教育事業家の矢部善蔵が四十年四月に開校した私立京都高等女学校と甲斐夫妻の文中女学校を合併させた。矢部が併設していた京都商業女学校を、甲斐駒蔵が校名を京都裁縫女学校に改称して、京都高等女学校に併設した。矢部は甲斐夫妻の人柄を見込んで学校を託し、譲渡の七ケ月後四十三年九月病没した。甲斐夫妻と仏教婦人会連合本部との交渉の結果、四十三年四月、学校名は私立京都高等女学校とし、仏教婦人会連合本部の事業として経営することになった。こうして本願寺の宗門女学校が誕生した。これを京都女子学園の創立とする。

京都高等女学校と京都裁縫女学校は、大正元年十二月、大谷光瑞が校主に就任すると、門主大谷家の所有地下京区今熊野町字大仏廻（現東山区今熊野北日吉町）の約六、六七三坪の地に移転することになった。大正二年末から新築工事が始まり、翌三年十一月に移転が完了した。東山阿《あ》弥陀《みだ》ケ峰の麓にある所で、当時はまだ市電も通っておらず、周辺には三十三間堂と博物館がある程度で、草の茂った荒野であった。そのため保護者から移転に反対する声も多かったという。東京帝国大学卒業後、四十二年に仏教大学（現龍谷大学）教授に就任したばかりの若き朝倉暁瑞が初代校長となった。

女子大学設立運動　京都高等女学校の動きと並行して、女子大学設立運動が始まっていた。時間は少々遡《さかのぼ》るが、明治四十年六月、仏教婦人会連合本部が本願寺内に設置された。そのきっかけとなったのは、明治三十七年に勃発《ぼっぱつ》した日露戦争で、本願寺は戦争協力の姿勢を鮮明にした。

その支援活動の一つとして、鏡如門主（大谷光瑞）夫人大谷籌子裏方を先頭に、各地で女性仏教徒の組織化が図られた。籌子裏方は、女性の積極性や自発性を啓発しながら全国各地を巡教し、鏡如門主も支援した。北海道から九州まで続々と婦人会が設立され、統括する組織として仏教婦人会連合本部が設置された。籌子裏方は仏教婦人会総裁に、鏡如門主の妹の九條武子が仏教婦人会連合本部長に就任した。四十一年四月、全国各地の婦人会幹部が一同に会した「仏教婦人会全国連合大会」が本願寺阿弥陀堂北側の空き地で開催され、一万名にのぼる婦人会会員が参集した。各地の婦人会は一〇三に達し、会員も二〇万名を超えたことが報告された。本願寺内でも女子教育の必要性を主張する声が高まり、籌子裏方によって「女子大学設立」が企図された。

四十四年四月、修行の宗祖見真大師六百五十年忌大法要の記念事業として高等女学校及び女子大学を京都に新設すべく、委員をあげて調査研究中である。東京の成瀬氏の事業と対向させる計画であるが、最初から女子大学としては突飛なりと世間の批評を招くことになる懸念から、まず、高等女学校を新設し、その上に専攻科を置き、将来その専攻科を女子大学と改称するのも妨げないだろう。

（『京都女子学園百年史』より）

というような高等女学校及び女子大学設立の青写真が『中外日報』（明治四十二年十月五日付）に掲載されている。文中の「東京の成瀬氏の事業」は日本女子大学校をさすと思われる。そこ

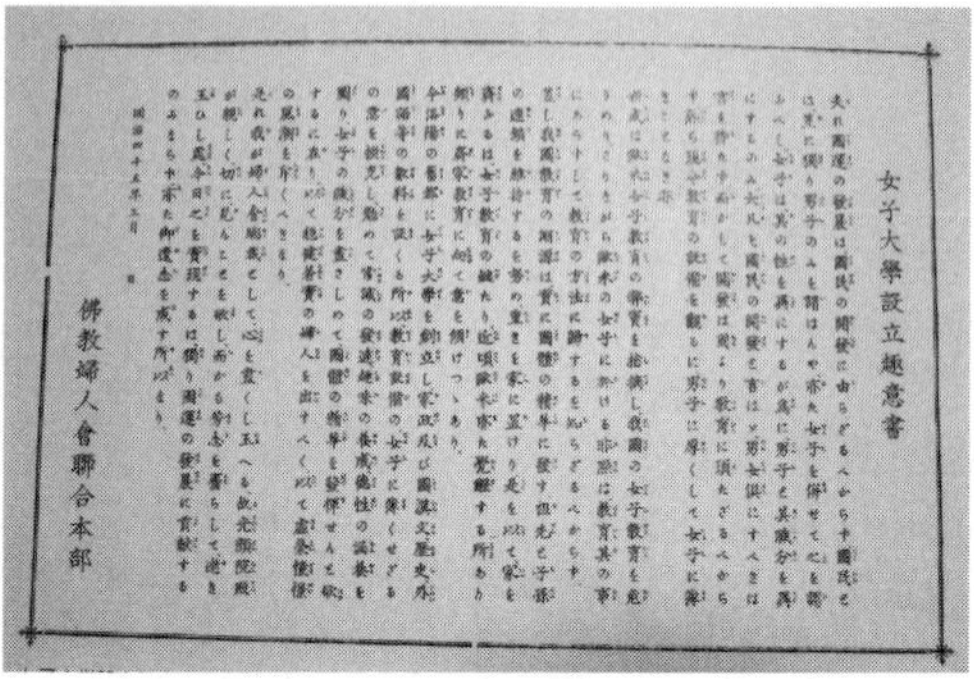
女子大學設立趣意書

佛教婦人會聯合本部

女子大学設立趣意書（京都女子学園所蔵）

で、まず高等女学校建設に着手した。土地購入や校舎新築に一〇万円を見込み、婦人会員二〇万人が一人一円ずつ出資すれば二〇万円、さらに一万ケ寺の末寺に一円ずつ出資させれば一万円を得られると資金募集については考えていた。こうした背景の中で、京都高等女学校と文中女学校を合併させ、新生京都高等女学校として四十三年四月にスタートした。

そのころ、籌子裏方は、夫鏡如とともにインド仏蹟《ぶっせき》参拝を経て欧州に赴き、武子も夫九條良致の英国留学に伴って欧州に出国した。四人はパリで落合い、籌子裏方と武子は四十二年暮れから翌年の半年かけて、イギリスをはじめ欧州各国を視察した。欧州の婦人の慈善事業、児童教育の研究、女学校の視察、育児院・孤児院の事業まで熱心に調査を行なった。特に英国婦人の女性解放に対する意識の高さに感銘を受け、女子高等教育の必要性を強く感じた。明治四十三年十一月、籌子と武子はシベリア経由で敦賀に帰着した。しかし、籌子は帰国後体調を崩し、三ケ月後の四十四年一月、三十歳の若さで死去した。その遺志は武子に受け継がれた。仏教婦人会連合本部は規則を改訂し、総裁の役割を武子本部長が代理として務められるようにした。四十五年三月、籌子裏方の一周忌の追慕会で仏教大学（現龍谷大学）の講堂に参集した各地の婦人会幹部一九〇名に向けて、武子本部長が「女子大学設立趣意書」を発表した。

夫《そ》れ国運の発展は、国民の開発に由《よ》らざるべからず。国民とは、豈《あ》に独《ひと》り男子のみを謂《い》はんや、亦《また》女子を併せて之《これ》を謂ふべし。…大凡《おおよそ》国民の開発と言はゞ、男女倶《とも》にすべきは言を待たず。而《し》かして開発は固《もと》より教育に須《ま》たざるべからず。

趣意書は、〝国運の発展には、国民の開発が必要である。開発のためには教育が必要である。教育は男女ともに必要である。現在の教育設備は男子に厚く、女子に薄い。〟に始まる。続いて、〝欧米の女子教育の難点は教育そのものではなく、教育の方法にある。我が国の教育は家庭に中心を置くべきで、常識の発達、趣味の養成、徳性の涵養《かんよう》をはかり、女子の職分を尽くすことによって国体の精華を発揮する。穏健着実の婦人を作り、虚栄憧憬《しょうけい》の風潮を斥ける。〟という趣旨が述べられている。

さらに「女子教育の急務」として、四項目挙げている。その概要を示そう。

1. 往年東都に女子大学（日本女子大学校を指すか）を経営、西京に同志社女子大学（実際には同志社女学校専門学部）創設の発表があり、京阪の中間に大規模の女子大学創設の議ある。それらはいずれもキリスト教徒によるものである。我々仏教主義者が女子教育に取り組み、国家の進運に貢献すべきである。

2. 故婦人会総裁の光顔院（大谷籌子裏方）殿は早くから女子教育に熱心であった。女子大学の経営は故総裁の御遺志である。

3. 女子大学経営の準備事業として、昨四十三年四月、私立京都高等女学校を創立することができた。しかし、まだ校舎も不完全で、寄宿舎もなく、敷地も借用地で手狭である。女子大学開設のために、高等女学校の移転改築工事に着手する。

4. 来明治四十六（大正二）年の故総裁の三周忌の記念として女子大学の一部を開設したい。故総裁が創設された婦人会は、内外に二〇〇余に達し、会員も三〇万人を超えた。故総裁の遺志に賛同して、婦人会の総力をあげれば女子大学設立は必ず成功する。

このように、籌子裏方の遺志を継ぎ、京都に仏教主義者による女子大学開設を発表した。武子本部長は、地元京都の婦人会をはじめ、全国各地の支部会を精力的に巡回して、寄付を呼びかけ、女子大学設立運動を積極的に展開した。各地とも一人の反対者もなく、双手を挙げて賛成した。本願寺では大正元年十二月、京都高等女学校と京都裁縫女学校の校主名を大谷光瑞に変更した。光瑞は同女学校に大谷家所有地を貸与して校舎の移転を実現させた。

大正二年、「女子大学創立委員会」及び「女子大学創立評議員会」を設置した。さらに「女子大学創立翼賛会」も設置された。こうして全国の婦人会会員や同朋ら約四〇万名からは多額の支援金が寄せられた。その多くは女性たちであった。それは女性の自立と地位向上を願う女性たちが多かったことを物語る。

女子大学計画の挫折《ざせつ》

ほぼ女子大学開設が実現しそうになっていたころ、大正元年七月、本願寺金庫の標札を掲げる起業銀行が破産し、それをきっかけに大谷家の抱える負債が五〇〇万円を超えることが明るみに出た。負債は日露戦争の協力事業と大谷光瑞らの西域探検隊の出資などに伴う借金、それを穴埋めしようと光瑞側近が行った株取引の失敗によるものであった。さらに大正三年、大日本慈善会財団などの関係財団の資金の不正流用により、大谷光瑞の側近が検挙された。同年四月、大谷家所有の須磨別荘の宮内省買い上げにかかわる疑獄事件が発覚し、鏡如(大谷光瑞)は門主の引退を余儀なくされた。五月、伯爵と管長職の辞職を申し出る。武子の最大の庇護《ひご》者であった兄光瑞の失脚は、女子大学計画を大きく後退させた。婦人会本部の信用は消え、内部にも女子大学計画阻止派が現れ、京都高等女学校まで解散させようとした。大正四年九月には創立委員会や評議員の任も一部解かれ、籌子裏方の遺志を受け継いだ女子大学設立計画は挫折した。

その後、女子大学計画は、仏教婦人会連合本部の手を離れ、大正八年一月、本願寺は教団の事業として女子大学設立を決議する。その背景には大正七年十二月に文部省により制定された「大学令」により、我が国で初めて公私立大学、単科大学の設立が認められたことがある。また、大正七年以降、東京女子大学や神戸女学院大学部などキリスト教主義の高等教育機関が相次いで設立され、浄土宗が女子大学設立の動きを見せ始めていたことも刺激となった。

しかし、大正八年七月、「京都女子大学」申請は文部省より不認可となった。第一章（二〇三頁参照）で述べたように、女子大学制度は認められず、大正七年十二月に制定された「大学令」（勅令第三八八号）が、大正八年四月一日より施行された。この「大学令」に依らない学校は大学と称することも、名称に大学の文字を用いることも認められなくなったからである。同年十一月、本願寺の臨時宗会で、京都女子大学の設立を再び断念し、京都女子高等専門学校を設置することを決議した。本願寺としても政府が女子大学令を発布したときに改めて大学に昇格すればいいと考えた。

本願寺は、寺法細則の「学校条例」第十三条の条文を「女学校ヲ分テ女子専門学校、高等女学校、専修女学校ノ三種トス」と改め、第十四条に「女子専門学校ハ門末ノ子女其他ヲ収容シ専門学校令ニ依リ女子ニ須要ナル高等ノ学術技芸ヲ授ル所トス」を加え、申請した。大正九年三月、京都女子高等専門学校は設置の認可を得た。これにより高等女学校専攻科を廃止し、大正九年当時第一学年の在学生は専門学校へ編入した。専門学校の維持は、財団法人京都女子高等専門学校維持財団により、本願寺教学費によって運営されることとなった。京都高等女学校、京都裁縫女学校の経営主体も、仏教婦人会連合本部から本願寺に移行された。こうして京都高等女学校、京都裁縫女学校、京都女子高等専門学校がそろい「東山三校」と呼ばれるようになる。

京都女子高等専門学校の開校　京都女子高等専門学校（以下、女専と表示）は、下京区今熊野町字大仏廻（現東山区今熊野北日吉町）において、弓波瑞明を校長として、大正九年四月開校した。本校地の中心に木造二階建の本館講堂が完成し、正面には仏像が安置され、階上は講堂となった。同年五月、木造スレート瓦葺《かわらぶき》二階建の第八校舎が完成した。

女専の専攻学科は、本科に修業年限三年の家政科、国文科、英文科の三学科を置き、定員は一学年各学科七〇名とした。別科・選科若干名。

学校規則の第一条に目標として、

本校ハ専門学校令ニ拠リ本邦ノ女子ニ適切ナル高等ノ学芸ヲ授ケ温良貞淑ナル婦人トシテ高

尚ナル理想ト家庭及ヒ国家社会ニ対スル其ノ責務ヲ果スヘキ精神トヲ養成スル所トス

と記された。また、「独立自活の実力を有する女子の育成」も謳った。

教授陣は四〇人の日本人と一人の外国人で、専任に吉田新吉（国語・漢文）、伊藤ひで（家事・裁縫）、姉崎純卿（英語）など、兼任に厨川辰夫（英文学者）、濱田耕作（考古学者）、阪倉篤太郎（国文学者）、湯次了栄（仏教学者）、高木俊一（仏教学者）など京都帝国大学教官や仏教大学（現龍谷大学）の教授らが名を連ねた。創立の功労者甲斐和里子も兼任として国語・和歌を担当した。第一期卒業生の佐藤シズの手記によると、「まるで京都中の学者が集まったように壮観であった。」（『京都女子学園八十年史』より）という。それは後述するように中等教員無試験検定の資格認可に好影響をもたらした。

大正９年４月に完成した大講堂
（京都女子学園所蔵）

本科の教育課程　**家政科**は一年次、実践倫理・倫理学、国語、心理学・論理学、家政学及実習、理化学、法制経済、裁縫手芸、体操の計二五時間。二年次は、教育学、生理学・衛生学、社会学などが加わり計二四時間。三年次は、教授法・演習・管理法、文学概論、美術史などが加わり計二三時間。

京都女子高等専門学校・国文科の授業
（大正 11 年ごろ）（京都女子学園所蔵）

国文科は一年次、実践倫理・倫理学、心理学・論理学、国語・国文学史、漢文、近世史、法制経済、体操の計二五時間。二年次は、教育学、文明史、社会学が加わり計二四時間。三年次は、教授法・演習・管理法、美術史、哲学概論が加わり計二三時間。

英文科は一年次、実践倫理・倫理学、心理学・論理学、英語、英文学史、近世史、法制経済、体操の計二五時間。二年次は、教育学、文明史、社会学が加わり計二四時間。三年次は、教授法・演習・管理法、言語学・文学概論、美術史、哲学概論が加わり計二三時間。

以上の必修科目の他に、随意科として、家政科の各学年に音楽・英語、国文科の各学年に英語・音楽・家事裁縫、英文科の各学年に国語・音楽・家事が設置され、各科とも、仏教史（一年次）・仏教概論（二年次）・真宗要義（三年次）が設置されている。

このように、随意科でそれぞれの科にない科目を学べるように補っている。また、本科と予科のすべての科で、仏教学が選択科目に設けられ、週一時間各学年にわたって開講された。宗教的知識と宗教的情操の養成によって、広く社会に貢献する婦人の育成に努めた。

研究科設置と教員無試験検定認可　大正十一年四月、国文研究科一年を、十三年四月、英文研究科一年を、十四年四月、家政（家事）研究科・家政（裁縫）研究科各一年を設置した。

大正十二年三月、本科家政科・本科国文科卒業生に対し尋常小学校教員の免許状、本科家政科・別科家政科卒業生に対し小学校専科正教員（裁縫）の免許状が、無試験検定にて授与されることとなった。大正十三年七月、本科英文科の卒業生に対し小学校専科正教員（英語）の免許状、本科英文科及び別科国文科卒業生に対し尋常小学校本科正教員の免許状が、無試験検定にて授与されることとなった。

卒業生数は、

大正十年度　　家政科六名、国文科三名、合計九名。
大正十一年度　本科　家政科二〇名、国文科二二名、英文科三名、合計四五名。
　　　　　　　研究科　国文科一名。
大正十二年度　本科　家政科二一名、国文科一二名、英文科七名、合計四〇名。
　　　　　　　研究科　国文科四名。
大正十三年度　本科　家政科二五名、国文科三五名、英文科五名、合計六五名。
　　　　　　　研究科　国文科六名。

というように、国文科は順調に運び、大正十四年一月、国文研究科卒業生に国語科の中等学校教員免許状が無試験検定にて授与されることとなった。

中等学校教員免許無試験検定の資格が認可された背景　開校五年で国語科の中等学校教員免許無試験検定の資格が認可されるにあたっては卒業生たちのひそかな努力があった。第一期生の佐藤シズの手記「女専草創期」から概略しよう。

開校早々なので、卒業しても何の特典もなかった。卒業前に児玉ナヲが学校にも学友にも内緒でこっそりと文検（文部省検定試験）を受験し、見事に合格した。これがきっかけとなって、翌年は学校から勧められて、佐藤シズを含め四名が文検を受験し、その後も三名が受験し、皆優秀な成績で合格した。すると、こんな立派な教育をしている学校はどんな学校であろうかと、文部省督学官が視察に来校した。直ちに国文科に、師範学校、中学校、高等女学校教諭の無試験検定の資格が認可されたのであった。大正十四年一月のことであった。当時の文検試験は、前期と後期に分かれ、前期は該当の地方で、後期は文部省内で実施された。筆記、作文、口頭試問、面接があった。試験官は東大、高等師範学校等の高名な教授陣であった。論文テストは、（一）本居宣長の物語論について、（二）近松門左衛門の芸の説を問うであった。好運にも宣長の物語論は阪倉篤太郎先生から「玉の小櫛《おぐし》」を使用して講義を受けていた。近松の芸の説については、頴原《えばら》退蔵先生から「難波土産」を紹介されて「虚実皮膜の芸術論」を教えられていた。そのため内心笑みを浮かべながら得々と答案を書いた。このように京都帝国大学を中心とする優れた教授陣の教えを受けられた学校の環境に感謝している。

（『京都女子学園八十年史』より）

卒業生たちの努力と優れた教授陣の教えが実を結んだといえよう。その後、家政科も二名の受験者が出て、大正十五年一月、家政（家事）研究科卒業生に対し家事科の、家政（裁縫）研究科の卒業生に対し裁縫科の中等学校教員の免許状が無試験検定にて授与されることとなった。さらに昭和三年一月、英文研究科卒業生に対し英語科の中等学校教員免許状が授与されることとなったのである。

京都ならではの課外授業　人間形成の機会として、課外活動が活発に行われていた。先述の第一期生佐藤シズは、〝インドの詩人タゴールの来校、谷崎潤一郎、倉田百三その他著名人の講演、足利浄円、梅原真隆の宗教座談会、ロシアの舞踊家アンナパブロワの「瀕死《ひんし》の白鳥」や三浦環の音楽会の鑑賞、南座で初代中村雁治郎の「天の網島」等歌舞伎や知恩院山門で小山内薫演出による市川左団次の野外劇の観劇、能楽、狂言、帝展、二科展等の鑑賞、寂光院、三千院、苔寺《こけでら》その他の史跡をはじめ奈良の古美術見学など、学校側も非情に積極的であった。〟と「女専草創期」で述べている。

女専教授として大正十五年から二二年間務めた岡本隆男は、晩年「わが　帰去来辞」として、課外授業の古典の解読と古跡の臨地見学指導の思い出を記している。

万葉学者澤瀉《おもだか》久孝先生の講説で大和路を散策しながら万葉の歌枕をたずねたこと。歴史学者江馬務先生の私邸で、展示の実物を見ながら有職故実《ゆうそくこじつ》の解説を聞いたこと。金剛流の能舞台の見学では、名宝のお面、能衣装を舞台展示し、宗匠自ら所作を加えて丁寧に解説されたこと。古典研究会へ招いての講演で印象に残った一人は、言語学者新村出《しんむらいずる》先生。「栃《とち》の木」という題目で講演された。後に『広辞苑』の作成などで広く知られるが、眉目《びもく》秀麗な老紳士、言語鄭重《ていちょう》、静かな話しぶりと奥行きの深さは感銘著しかった。もう一人は哲学者の西田幾多《きた》郎《ろう》先生。めったに講演には出られないと聞いていた。それを敢えてお願いする時、国文三年生の藤本一恵（旧姓味村）さんをアシスタントに頼み同伴した。予想通り返事は「多忙お断わり」だった。しかし、茶菓を運ばれてきた息女の静子さんが座に加わり、藤本さんとの雑談と談笑のうちに、なんとなく本番がまとまって、「時」という演題での講演に成功した。若い学徒に感銘を与えられた。

（『京都女子学園八十年史』より）

めったに講演には出ないという哲学者の大家西田幾多郎を引っ張り出すことに成功したエピソードがほほえましい。日本文化の発祥の地である京都ならではの企画、また、京都帝国大学に地理的に近いこともあって、高名な学者の講演や指導を受けることができ、学生たちにとってははなはだぜいたくで、有意義な課外授業を多く経験することができたようだ。

学寮の生活、部屋に仏壇　寄宿舎の生徒数は、女専は一二三人、内、本校寄宿舎に六四人、第一監督舎自治療三一人、第二監督舎日吉寮二八人。編成は、二年生を室長として一室に平均四名を収容した。自治寮は、主として三年生を、日吉寮は、主として二年生を収容した。食事の提供は、本校寄宿舎及び日吉寮は、本校寄宿舎食堂で行った。炊夫に一任して献立及び経費は舎監及び炊事当番が監督した。自治寮は、自炊制であった。自治寮、日吉寮は、ともに各室床の間に仏壇を安置し、自習後随意に礼拝読経させた。昭和になると専門学校の生徒数が増加し、昭和三年には、第一小松寮、昭和十三年には、第二小松寮、昭和十五年には、第三小松寮が建築され、約六百名の寮生となった。

甲斐和里子、大谷籌子、九條武子の三女性が願った仏教精神による人間教育の女子大学構想は、戦後の新制度まで俟《ま》つことになる。専門学校令による「京都女子高等専門学校」という名称であったが、その内容は、教育課程や教授陣、課外授業等によって、高等の学芸を身に付けられるものであった。昭和二十四年、新制度による京都女子大学が設立され、現在に至る。

参考文献

『京都女子学園八十年史』
『京都女子学園百年史』
畑中理恵『大正期女子高等教育史の研究』—京阪神を中心にして—

第三章　大正・昭和初期に創立した女子専門学校

大正時代から昭和初期にかけて、「専門学校令」による専門学校に認可された女子の学校について述べよう。左表の文部省専門学務局『高等諸学一覧』（昭和四年六月二十日付）によると、私立女子専門学校は、全国に三一校あり、明治時代に認可された学校が六校、大正時代に認可された学校が一四校、昭和四年六月までに認可された学校が一一校である。多くが大正・昭和初期に創立されている。三一校のうち、所在地が東京市・東京府の学校が二〇校、大阪市・大阪府五校、京都市二校、名古屋市二校、神戸市と長崎市がそれぞれ一校で、まだまだ大都市に限られている。とはいえ女子の高等教育への関心の高まりを表していると言えよう。

この私学の勢いに刺激を受けて、府県立女子専門学校が大正末期から昭和初期にかけて五校開校された。福岡県立女子専門学校、大阪府女子専門学校、宮城県女子専門学校、京都府立女子専門学校、広島女子専門学校である。

これらの中から、私立では各分野から東京女子大学、日本女子体育専門学校、帝国女

私立女子専門学校一覧

名　　称	創立年月日	校　　長	所在地
日本女子大学校	明. 37. 2. 26.	麻生正蔵	東京市
女子英学塾	明. 37. 4. 1.	津田梅子	東京市
帝国女子専門学校	明. 42. 2.	平山成信	東京市
神戸女学院専門部	明. 42. 10. 1.	シー・ビー・デフォレスト	神戸市
同志社女学校専門学部	明. 45. 2.	中村栄助（事務取扱）	京都市
東京女子医学専門学校	明. 45. 3. 14.	吉岡弥生	東京市
私立聖心女子学院高等専門学校	大. 4. 3. 10.	メレ・シエルドン	東京市
東京女子大学	大. 7. 3. 22.	安井てつ	東京府
活水女子専門学校	大. 8. 3.	アンナ・ローラ・ホワイト	長崎市
京都女子高等専門学校	大. 9. 3. 29.	朝倉暁瑞	京都市
東洋女子歯科医学専門学校	大. 10. 12.	青山幸宜（事務取扱）	東京市
東京女子専門学校	大. 11. 3. 9.	渡辺　滋	東京市
梅花女子専門学校	大. 11. 3. 15.	伊庭菊次郎	大阪府
東京女子歯科医学専門学校	大. 11. 7. 17.	平野　勇	東京府
帝国女子薬学専門学校	大. 14. 1. 7.	野崎仙太郎	大阪府
帝国婦人協会実践女学校専門学部	大. 14. 1. 8.	下田歌子	東京府
帝国女子医学専門学校	大. 14. 3. 10.	額田　晋	東京府
共立女子専門学校	大. 14. 3.	鳩山春子	東京市
樟蔭女子専門学校	大. 14. 12. 25.	伊賀駒吉郎	大阪府
日本女子体育専門学校	大. 15. 3. 24.	二階堂トクヨ	東京府
千代田女子専門学校	昭. 2. 2. 19.	泉　道雄	東京市
金城女子専門学校	昭. 2. 3. 8.	市村与市	名古屋市
東京家政専門学校	昭. 2. 7. 23.	大江スミ	東京市
聖路加女子専門学校	昭. 2. 11. 22.	ルドルフ・ボリング・トイスラー	東京市
女子経済専門学校	昭. 3. 3. 20.	新渡戸稲造	東京市
相愛女子専門学校	昭. 3. 4.	大野関蔵	大阪市
明治大学専門部	昭. 3. 4.	横田秀雄	東京市
大阪女子高等医学専門学校	昭. 3. 6. 30.	和辻春次	大阪府
和洋女子専門学校	昭. 3. 10. 15.	堀越千代	東京市
青山学院専門部	昭. 4. 1.	石坂正信	東京府
椙山女子専門学校	昭. 4. 5. 24.	椙山正弌	名古屋市

文部省専門学務局『高等諸学一覧』昭和４年６月20日より
『東京文化学園五十年史』（現新渡戸文化学園）より

子薬学専門学校、聖路加女子専門学校、東京家政専門学校、女子経済専門学校について述べる。府県立については、福岡県立女子専門学校と広島女子専門学校を中心に、大阪府女子専門学校、宮城県女子専門学校についても簡潔に述べよう。

六つのキリスト教宣教局合同経営として創立された東京女子大学

私立東京女子大学は、大正七（一九一八）年四月三十日、淀橋町角筈《つのはず》（現東京都新宿区）の旧衛生園を仮校舎として開校された。体操場を式場にして、教員一二名、学生七六名、約二〇〇名の来賓（内、外国人一〇〇余名）や保護者参列のもと開校式が行われた。開校式は、奏楽に始まるキリスト教の礼拝と、学長による勅語奉読などを含む日本在来の学校式典とを混ぜたプログラムであった。同大学は、アメリカ・バプテスト教会、ディサイプル（基督教会）、カナダ・メソジスト教会、アメリカ・メソジスト監督教会、アメリカ長老教会、アメリカ・オランダ改革派教会の六宣教局の共同経営である。普遍的なキリスト教精神の立場に立って、資金面では北米の多くのキリスト教徒の協力によって実現した。教学面では学長・新渡戸稲造、学監・安井てつを中心に、日本人の運営による日本人の女子大学として出発した。明治四十二年から大正七年まで足かけ九年の準備期間を経て実現したのである。奇跡とも言える多様な教派の合同経営の女子大学

開校式後の記念撮影
東京女子大学資料室所蔵
『東京女子大学 100 年史』〔本編〕

がどのようにして実現したのか、概略しよう。

　日本にプロテスタントが宣教されてから五〇年目の明治四十二年十月、「開教五十年記念大会」が日本基督教青年会館で開かれ、キリスト教徒の指導者を育成する各派合同のキリスト教大学の必要性が決議された。翌四十三（一九一〇）年六月、スコットランド・エディンバラにおいて、教派を超えて世界中にキリスト教を伝道しようという「世界宣教大会」が開催された。この大会で米国は、日本及び中国方面にキリスト教徒の指導者を輩出できるような大学を建てるという決議がなされた。四十四年四月、この使命を帯びてJ．F．ガウチャー博士が来日し、日本の基督教界の教育者らと懇談した。青山学院（メソジスト派）と明治学院（プレズビテリアン派）を合併させて新しい大学を設立する案が持ち上がったが、男子の大学は内部の強い反対があり実現不可能となった。

　女子教育においては、当時中等教育以上の学校は、官立の東京と奈良の女子高等師範学校の他には、私立の女子英学塾、日本女子大学校があったが、政府から大学としては認可されておらず、制度上は専門学校であった。大正元年十二月、男子の大学と同等の、高いレベルのキリスト教主義に基づく女子大学を創るための促進委員会が米国に設けられ、翌年春「日本における基督《キリスト》教女子大学の必要」と題する声明書が日本、米国、カナダ（当時は英国連邦制内の自治領）のキリスト教徒に配られ、支持を得た。この促進委員会が在米協力委員会となり、海外における後援団体の中心となった。四年三月、在米協力委員会は日本で女学校を経営しているプロテスタント各派の教団に委託して、各派から外国人一名、日本人一名の設立代表者を選ぶよう求めた。当初、一〇伝道社団の代表者一九名に、女子英学塾塾長の津田梅子ら三名が加わった暫定的委員会によって審議が重ねられたが、五年末には六社団が共同経営に当たることになった。

新渡戸稲造学長、安井てつ学監でスタート　大正六年二月、東京在住の宣教師団代表の一〇名と日本人五名からなる理事を選定した。日本人理事の五名は、江原素六（東洋英和学校創立、明治二十八年麻布中学校校長）、長尾半平（鉄道省官吏、東京キリスト教青年会理事長）、佐藤昌介（札幌農学校校長）、井深花（東洋英和女学校、女子学院に奉職）、塚本ハマ（青山女学院に奉職）であった。

プロテスタント各派の女学校は、普通科の上に、高等科または専攻科として三年または四年制の上級学校を持っていた。しかし、新しい大学をつくるために、ミッション本部から予算削減と高等科の廃止を命じられた。本部からの支援金を新しい大学に拠出し、本来なら普通科を卒業して学内の高等科へ進む生徒たちを新しい大学にとられるのである。痛手である。しかし、各派の女子教育の指導者たちの協力により、ミッション・スクールの女学校の上にあった高等科あるいは専攻科を合同させて、全く別の新しい女子大学を発足させることに一致した。東洋英和女学校、青山女学院、女子学院、フェリス女学校は高等科または専攻科を数年間廃止し、進学を希望していた生徒を全員東京女子大学に送り込んだ。そのためにもキリスト教主義の最高学府という建学の精神を実現させなければならない。それにふさわしい人物として、学長に新渡戸稲造、学監に安井てつが選ばれた。

米国の協力委員会は五年十月以降、維持費として一ケ年一万一、九〇〇ドル、土地及び建築費として五ケ年以内に七万五、〇〇〇ドルの送金を約束した。とりあえず数年間、間に合わせの既存の土地と建物を見つけて即時開校となった。こうして淀橋町角筈の旧衛生園を一ケ年二、〇〇〇円で借り受け、仮校舎として開校することとなった。

経営面の責任者を引き受けたA．K．ライシャワー常任理事と副学長の長尾半平理事が「財団法人私立東京女子大学寄付行為」を作成し、六年十二月五日、文部省に認可申請書を提出し、翌七年三月二十二日に認可された。開校許可証が到着したのは開校直前の三月三十日であった。文部省の許可に時間がかかった理由は、主に財政的な面での裏付けがはっきりしなかったためである。日本名は「私立東京女子大学」、英語名は「Woman's Christian College of Japan」。専門学校令による設立であるが、「大学」という名称を冠し、学課等の内容は大学令による旧制大学をめざした。

第一章「女子の高等教育論争」で述べたように、「教育調査会」から引き継いだ「臨時教育会議」で、女子の大学が制度として実現すること、あるいは男子の大学への門戸開放など時代の進展に応じた方向性が示されることと、世論も東京女子大学の設立関係者も期待していた。しかし、「臨時教育会議」の結論は、女子の高等教育機関の設置は時期尚早として認めず、高等女学校に高等科を設け、女子の高等教育を完成させるべきであるということになったのである。

大正七年十二月、「大学令」「高等学校令」が公布され、私立専門学校が順次大学に昇格したものの、女子大学設置は認められなかった。大正八年四月一日の「大学令」施行の際に「大学」と冠称していた学校は、そのまま認められたが、施行後、後続の女子の高等教育をめざす学校は「大学」と冠称することさえ認められなかった。昭和の戦後の新教育制度になるまで、専門学校令による設置のままであった。

開校式　開校許可書の到着が三月三十日だったため、入学試験は大幅に遅れ、七年四月十日に実施した。数学・英語・国語の試験の結果、予科生三九名、別科生三七名が入学を許可された。同月三十日、開校式の式辞で学長新渡戸稲造は、

…婦人が偉くなると国が衰へるなどと云ふのは意気地のない男子の云ふ事で、男女を織物に譬《たと》ふれば男子は経糸《たていと》で女子は緯糸《よこいと》である。経糸が弱くても緯糸が弱くても、織物は完全とは云はれませぬ。此意味で女子にも高等教育を施す必要があります。従来の女子教育は妻業母業を教へて居たに過ぎませぬ。勿論それも必要ですが、人格の修養と社会の学問も等閑には出来ませぬ。日本の高等女学校以上の学校は殆《ほとん》ど何れも皆男子の専門学校と同様に職業を得るための学校の様です。其欠点を補ふために本校が設立されたと申して宜しい。

（『創立十五周年回想録』新渡戸学長式辞大要より）

東京女子大学開校式
東京女子大学資料室所蔵
『東京女子大学 100 年史』〔本編〕

と述べた。女子の高等教育の必要性と「人格の修養と社会の学問」が疎《おろそ》かにされている女子教育の欠点を補うという東京女子大学の目的を明らかにしている。

臨席した文部大臣岡田良平の祝辞は、〝女子に対する高等専門教育機関の増加は、邦家の慶事である。〟と述べつつ、最後に〝女子は従来通り、婦徳を積み、国家のために尽くす「良妻賢母」が理想である。〟という趣旨の言葉で結んだ。こうした世情の中で、新渡戸が、男女平等の論理や、女子にも人格修養や社会的学問が必要であると強調したことは意義のあることであった。

キャンパスライフ　キリスト教主義の最高学府をめざして、どのようなキャンパスライフが開始されたのだろうか。

毎朝授業開始前の八時に礼拝の時間が設けられ、教職員と学生が自由に参加した。各科、各学年に実践倫理と聖書研究の時間が一週間に一時間課せられた。実践倫理は学監の安井が担当し、聖書研究はディサイプル派の石川角次郎が担当した。日曜日には学内で有志による礼拝が行われた。新渡戸は〝入学者を基督信者にするとか、教会に入ることを強制するとかの考えはないが、心持だけは基督の心持にしたい。己を犠牲にしても国のため、社会のため、人道のため、一家のために貢献する精神を養いたい。〟と述べた。同大学の方針は、リベラル・アーツ（教養）を重視し、女性を独立した人間として尊重し、一人の人間として全人的完成を目標とした。その人格形成の根底にキリスト教を据えた。

さらに安井は、〝自学自習の習慣を養いたい、授業時数を少なくして、自ら読書し、研究して教師に疑問を解決してもらうやり方にしたい。常識の養成のために科外講演を開き、生徒以外の有志の婦人にも聴講させたい。社会と接触させるために製造所や展覧会や慈善団体などを参観させたい。〟と述べている。

開校時の主な規則、学科目　校則の第一章総則に、「第一条　本学ハ基督教ノ主義ニ基キテ本邦ノ女子ニ高等ナル教育ヲ施スヲ以テ目的トス」「第二条　本学ハ私立東京女子大学ト称ス」とある。

学科は、予科一ケ年、本科三ケ年、専修科二ケ年、別科が設置された。本科は、国語漢文科、英文科、人文科、実務科に分かれる。

学科目を概略しよう。実践倫理、聖書研究、英語、体操は各科各学年に配当された。その他に、予科では、国語漢文、英語（英文科志望者には数学の時間数を充てる）、日本地理及び日本歴史総説、数学、唱歌を加えて一週二四時間。

本科では、三ケ年の間に、各科の共通科目として心理学、論理学、哲学概論、教育学及び教授法、文学概論、言語学概論、美術概論、文明史がある。**国語漢文科**では国語漢文に英語を加えて一週二四時間、**英文科**では英語と英文学に国語漢文を加えて一週二四時間、**人文科**では宗教学概論、経済学、文明史、法学通論、社会学、衛生学を加えて二三時間、**実務科（第一部）**では商業学及び商品学、商業地理、商業算術、経済学、簿記、商業邦文、商業実践等の一週二三時間、**実務科（第二部）**では心理学、社会学、経済学、文明史、法学通論、衛生学、工業史、工業及び慈善事業視察等を加えて一週二二時間であった。

随意選択科目として、音楽、手芸、園芸、料理、裁縫、タイプライター、速記などが希望者に教えられた。

人文科は男子と同等の高等なる常識を養う学科で、当時女子教育の目標とされた「良妻賢母」主義ではなく、一家の主婦になるにしても社会の一員として必要な知識を得るためのリベラル・エデュケーションを行う学科であると強調された。実務科は、職業教育を与え、慈善事業や商業など女子が職業に就く際に役立つ知識を与える、当時としては珍しく、進歩的な学科であった。

このように六日間に二一～二四時間の時間割は、後、大正十年に改正される学則の二七～三〇時間の学科編成にくらべて六時間のゆとりがある。これは前述したように、教室で講義を聴くだけではなく、生徒自ら読書し、思索し、自由に討論を行うなど、自学自習によって真理を探究すべきであるという新渡戸や安井の教育の理想から、あき時間を設けたのであった。

入学資格と学費　予科の入学資格は、修業年限五ケ年の高等女学校卒業者、師範学校卒業者。また、修業年限四ケ年の高等女学校卒業者、専門学校入学検定規定により文部大臣の指定を受けた女学校卒業者、専門学校入学試験検定合格者のいずれかで、成績優等の証明がある者。

本科の入学資格は、予科を卒業した者。但し、特別の場合、予科の入学資格があり、予科の全学科目の試験の上、ただちに本科に編入することがある。

専修科は、本科の卒業生で、既習の学科目についてさらに研究をしようとする者のために設置された。但し、本科卒業生以外で試験の上、本科卒業生と同等の学力があると認められる者は入学を許可する。修業年限は二ケ年。各自の志望により専修科目を選定し、担当教授の指導の下に研究する。専修学科目以外に英語及び第二外国語としてフランス語・ドイツ語の内、一語を学修する。所選学科目研究結果を審査して証明書が授けられる。専修科を卒業すると「私立東京女子大学学士」と称することができる。

別科は、一学科目または数学科目の講義を聴きたい者で、その学科目を学習できる学力ありと認定した者に限り、別科生として許可するとした。本学入学の資格がない者で、本学各科の全科目を学習したい者も、別科生として入学を許可することがある。但し、本学予科の入学試験と同一の試験に合格する必要がある。入学資格がなくても学力があれば、学ぶ機会を広く設けた。

学費は、年間授業料が予科三三円、本科四四円、専修科五五円。自宅通学以外の者は、寄宿舎に入ることが定められた。費用は毎月一円五〇銭、食費は八円五〇銭であった。

家庭的な雰囲気に満ちていた学園　開校当初の教員は、小谷武治（英語）、垣内《かいと》松三（国語、歴史）、土居光知（英語）、小田内通敏（地理）、石川角次郎（聖書）、光雪枝（数学）、河崎なつ（国語）、二階堂トクヨ（体操）、武岡鶴代（唱歌）、齋藤弥知（英語）、ミス・キャンベル（英語）である。この他、新渡戸も科外講演や、欠勤した教員の代用など飛び入りの授業を行い、安井も実践倫理を担当した。二年目以降、森戸辰男（経済学、社会学）、片山哲（法学）、矢内原忠雄（経済）ら、進歩的学者や先駆的な研究者が加わった。

この学園は新時代の空気に満ち、民主的で、しかも新渡戸を父とし、安井を母とする家庭的な雰囲気に満ちていた。新渡戸は「安井さん、ここを学校にしてはいけませんよ」と常々言っていた。いわゆる「学校」は、教師と生徒の関係が厳然としていて、型にはまった知識詰め込みの授業が行われ、さまざまな規則で生徒が縛られている。そうではなく、新渡戸は、教員と生徒に人格と人格の生きた対話がなされ、規則で縛らず、生徒の自律や個性を尊重し、自由にのびのびと学究生活を送れるような学びの場にしたいということであろう。実際、授業も時には戸外で和気あいあいと行われ、音楽会、祝賀会、運動会などのレクリエーションも頻繁に行われ、教員・学生総出の遠足も行われた。

新渡戸と安井のキリスト教教育観は、「神を畏《おそ》れ、祈りを大切にし、犠牲と奉仕に生きる誠実で真実な生き方へと学生を方向付けること」であり、安井の言葉によると、「“Something”を体得すること」だった。大正七年二学期、それを象徴する校章が新渡戸から提案された。「犠牲と奉仕」を象徴する、ふたつのS“Sacrifice と Service”を十字架のように絡めた形である。教職員の賛同を得て、三越呉服店で七宝焼きの校章を注文し、翌八年六月に出来上がった。学生たちは喜んで身に着けた。

東京女子大学がめざすもの――卒業生の回想より

『創立十五年回想録』に寄せられた卒業生大槻の回想から草創期の様子を紹介しよう。

開校式の前日新入生は学校に呼ばれ、はたきやほうき、雑巾などが年長の同級生から配られ、分担して校舎の掃除をおこなった。まだ入学式も済んでいないのにと思ったが、開校式や、式後のお茶の準備まで行っているうちに、全く初対面同志だったが、緊張がほぐれ、もう学校が自分たちの家のような気分になり、和やかなスタートをきれた。当日も新入生たちが、大勢の来賓や父兄の間を緊張しながらも無我夢中でお給仕に歩き回った。来客が去った後、安井学監から「ご苦労様でした」と心からねぎらいの言葉をかけられて、昔から一緒に生活してきたような気分になったという。

安井学監の倫理の授業は、あまり本など用いず、日常起こってくる問題をとらえて話すので生きた話だった。女学校での倫理といえばお決まりの「賢母良妻」の話ばかり聞かされてきた生徒には驚きであった。英語の土居高知先生は語学にとどまらず、いつしか文学論に及んでいく。学生たちはわからないながらもいろいろと質問する。土居先生はどんな質問にも長い間真剣に考えて答えてくれた。いい加減な質問はできないと思った。新渡戸稲造学長は、雪が降る寒い日に、ストーブの設備のない教室で、火鉢にかがまりながら「ちょうど今日のような雪の降る日だ」などと言いながら、ホイッテイアーの「スノーバウンド」の一節を読んで講義した。国語の垣内松三先生は、生意気にも大学生気分になっている学生たちに、小学読本中の「冬景色」を印刷したものを配った。唖然《あぜん》とす

運動会の様子（1921 年頃）観客は近隣の子供たち
東京女子大学資料室所蔵
『東京女子大学 100 年史』〔資料編〕

る学生たちに、文の解剖、時間的空間的にみての主題の運びなどを明快に展開させ、作文することを教えた。以後作文することが楽しみになった。

自学自習がモットーで、一週間の中、日曜日以外にも研究日があった。地理の小田内通敏先生は講義のあと参考書や実地踏査の紹介があり、試験がないかわりに「都市問題」というような大問題について、学期末に論文を書かなければならなかった。当時学校の図書室は参考書も少なかったので、研究日や放課後は上野や日比谷の図書館を利用した。村落研究のために郊外を歩いたり、工場地帯の見学に江東方面を歩いたり、その他各方面に引き回してくれた。

体操の二階堂トクヨ先生は、それまでの女学校での長い袂《たもと》をたすきでからめて、ほんの手の先だけの体操を許さなかった。羞恥心《しゅうちしん》を清算して、体操服を作ることになった。庇髪《ひさしがみ》を小さなセーラーの衿《えり》から出し入れするのが困難だった。

寺子屋のような仮校舎の学校に先生も生徒も一つの意義ある生活を築こうと、新しい意気にみちあふれていた。男性の先生方も女生徒だからと手かげんなしに指導した。先生と生徒との間に隔たりがなく、人格と学問の融合する尊さを植え付けられた。

草創期の、父のような新渡戸学長と母のような安井学監を中心に、家庭的な雰囲気の中で、真剣に授業や校外学習に取り組む生徒たちの様子が伺える。なお、体操服は、二階堂（四一六頁参照）が留学したイギリスのキングスフィールド・カレッジの体操服チューニックにヒントを得て、ブラウスの上に上下連なったジャンバースカートを作らせたように思われる。

科外講演　教育方針の一つに「常識の養成に資せんが為に広汎《こうはん》なる専門的科外講演を開く」とあり、一週間に一度講演会が実施された。講師を多く校外から求め、学生一般に聴かせるとともに、広く校外からも聴講者を募った。宣伝嫌いの学校であったが、世の中の好学の子女に企画を知らせるために、学期の初めにプログラムを諸新聞に広告した。夫人、令嬢、学生などが参集した。講演後は別室で講師を中心に茶話会を開き質問をした。

新渡戸の「衣食住の沿革」に始まり、石原謙の「近代思想と基督教」まで二年間続けられた。中でも一番聴講者が多かったのは作家の有島武郎であった。ちょうど「白樺派」の最盛期であったこともあり、演壇の下の両側までに椅子《いす》を並べ、文字通り立錐《りっすい》の余地がない状態であった。有島は文学と芸術一般との関係、西洋芸術の傾向を歴史的に述べた。二回目は自作の「石にひしがれた雑草」「生れ出づる悩み」を材料として、文学は如何に味わうべきかをわかりやすく説いた。有島は新渡戸の札幌農学校教授時代の教え子である。余談だがこの数年後、軽井沢の別荘で雑誌記者波多野秋子と心中自殺を図り、世間を騒がせることになろうとは誰しも予想しなかったであろう。こうして科外講演会は哲学、音楽、地理、歴史、衛生問題、法律問題、食糧問題、交通問題等あらゆる方面に渡った。

学則改正新体制へ　世情は第一次世界大戦後の不景気で、銀行の破産や米騒動などが起こり、不安定であった。貧富の差が広がり、女性たちにも教育格差が生じていた。女中や奉公人、工場労働者となった女性がいる一方で、中流家庭では女学校を卒業したら、花嫁修業をして二〇歳前後で結婚することが一般的だった。そのような情勢の中で、教員養成でもなく、主婦としての技術を磨くのでもなく、手に職をつけるためでもなく、ただ高い教養を身につけるため、専門的な実務に就くために女子大学に進学する女性を集めることは容易ではなかった。

そのため、開校年の十一月、早くも学則を一部改正し、専修科と別科を廃止し、予科・本科・選科の三種類とした。本科の学科目に「新聞学」、「司書学及び実習」の二科目を加え、実際の職業に結び付くものにした。

さらに十年四月、学則の大幅な改正がなされた。新たに修業年限三ケ年の高等学部と修業年限二ケ年の大学部（文学科・社会学科）、修業年限四ケ年の英語専攻部（予科一年・専攻部三年）を設けた。この形が基本となって以後二三年間続く。高等学部は当時の旧制高等学校に準ずる一般教養を主としたもので、その上に直結する大学部は、大正七年十二月に公布された「大学令」

や、翌八年三月に発布された「大学規定」に続き、近い将来女子にもこの規定が適用されることと期待して、前もって設けた。大学部は十一年四月より、入学志望者数などの関係で社会学科と文学科の英文学科のみ開講された。入学者は各五名であった。哲学科は大正十三年、井荻新校舎への移転とともに開校される。

新設の社会学科　新たに設けられた大学部の社会学科は、従来の実務科を再編成し、広く社会的な学問の理論を学ぶとともに、社会事業に従事する者の実践的要請に応える特色ある学科である。社会学科の必修課程は、「倫理学一　特殊心理学二　社会学二　社会問題二　経済学三　法学三　宗教学一　統計学一　社会衛生学一　教育学一　聖書研究　英語」である。数字は単位で、一学年毎週二時間を一単位とする。

備考に、社会事業に従事する者は卒業後に少なくとも一ケ年間研究実習する項目が六つ挙げられている。

一、社会教化事業　A、図書館　B、児童遊園　C、倶楽部　D、少年団・少女団
　E、博物館　F、セツルメント　G、民衆娯楽　H、日曜学校
二、児童保護　A、胎児保護　B、乳児保護……託児所　C、少年職業紹介

D、少年労働者保護
三、防貧・救済　A、職業紹介　B、生活改善
四、労働者保護　A、労働者保険　B、労働者教化
五、看護、料理、遊戯、音楽、談話の実習
六、社会事業の見学及実習

新渡戸の〝己を犠牲にしても国のため、社会のため、人道のため、一家のために貢献する精神を養いたい〟という教育方針を示す学科といえよう。

第一回卒業式　大正十一年三月、初めての本科卒業生四二名（国文学科四名・英語専攻部一三名・人文科一〇名・実務科第一部四名・実務科第二部一一名）と、高等学部の本科生九名・選科生一五名を送り出すこととなった。十八日、卒業礼拝が行なわれ、二十五日、第一回卒業式が行われた。新渡戸学長は国際連盟事務次長の要職にあり、スイス・ジュネーブから学長祝辞「ジュネーヴ湖畔より」が送られ、安井学監により代読された。

〝教える者も学ぶ者も、共に神の前においては平等である僕婢《しもべ》のような心で師弟の間に精神的な連絡を結び、学生相互の間には姉妹の愛情を以て交り、打ち溶けて、のんびりとした温い心地

が全校に満ち満ちていることと信じている〃と、新渡戸が開校時に目標とした方針が実践されたであろうと祝福し、国際連盟の職務にあたっている経験から、〃徽章《きしょう》に示した「犠牲と奉仕」の念がなければ百人百色の世界で業務を全うしえない。この二つの精神こそが二足の動物を人間たらしめるのだと痛感している。故に「犠牲と奉仕」は、卒業生の皆さんがどのような境遇にあろうとも全生涯を通じて守るべき主義である〃という趣旨であった。新渡戸のしみじみとした慈愛に満ちた祝辞は卒業生の心に浸みこみ、奮い立たせるものとなったであろう。

卒業式から半年後、十一年九月十七日の『国民新聞』は「東京女子大学を巣立ちした六十五人」という見出しで、同年三月に初めて卒業生を出した東京女子大学の学生らの名前と就職先の名称を出して、〃同校の教員、地方及び東京の女学校の教員など教職関係が多いが、民間会社、電気局、婦人矯風会、東京市の教育課など職業婦人として当時としては珍しい分野にまで就職している。〃（『新聞集録大正史』第十巻より）と紹介している。東京の女子青年会、大阪の女子青年会、婦人労働者の指導事業など社会貢献に勤しむ卒業生もいる。一方で、帝国大学の聴講生、母校の大学部に進みさらに勉学に励む者もいた。高等教育を受けた女性たちがどのような形で活躍するのか、さぞかし世間の関心が寄せられていたであろう。

関東大震災、井荻新校地への移転　大正十二年四月、安井は在米委員会からの招待で渡米した。創立に際して米国で協力してくれた委員会や大学などに現状報告と感謝の意を伝えるためであった。国際教育大会にも出席し、あちこちの大学や集会でスピーチをし、東京女子大学への献金を募る絶好の機会となった。さらにアメリカ最古の女子高等教育機関であるマウント・ホリヨーク大学で名誉文学博士号を受け、喜びに満ちて、四ケ月後の八月二十三日に帰国した。

ところがその一週間後、九月一日正午前、関東大震災が起こり、折から火災が発生し、東京全市が火の海となった。東京女子大学の損害は、幸いにも角筈校舎が四千円、井荻村（現東京都杉並区善福寺）で進めていた新校舎建築が一万一、〇〇〇円で比較的少なくて済んだ。学生は休暇中で帰省していた者が多く、罹災者は少なかったが、職員四名、学生三名が罹災《りさい》し、うち一名が死亡、一名が重症を負った。震災後学生たちはそれぞれの環境において、罹災者の救済にあたった。避難者への炊き出しに協力する者、衣服や寝具等を作製し罹災地に送る者、基督教青年女子奉仕団員となって孤児や迷子のために尽くす者等、本校のモットー「奉仕」の精神が自ずと発揮された。大学は新聞広告を出し、学校の状況を伝えたり、〝十月十八日より授業開始、ついては十六日に参集すること、出校できない場合は理由を届け出ること。〟等、いち早く地方へも知らせたりして、学生や保護者を安心させる手段を取った。

開校前から恒久的キャンパスについては計画されていたが、八年十一月の理事会で豊多摩郡井荻村に二万八、〇〇〇余坪の土地購入を決定し、校舎の建築が進められていた。当時の井荻村はわずか一三戸の小作農家が大根と小麦を栽培しているだけのひなびた所であった。当初の計画では十二年九月までに第一期工事として寮棟、教室、体育館の建設を完成し、引っ越しが完成する予定であった。しかし、大震災により新校地の損害は少なかったものの、角筈の校舎は修理の必要が生じた。大震災後の混乱の中で日本での募金活動は難航した。アメリカからの送金に期待して進めるしかなかった。

初代学長新渡戸稲造は就任一年後の八年三月、後藤新平に随行して、第一次世界大戦後のヨーロッパ視察に出発し、要請されてそのまま国際連盟の事務次長として留まった。不在の約五年間、事実上安井てつが校長代理として校務を担った。十二年九月、新渡戸から辞任の申し出があり、十月に理事会で承認され、十二月、安井が第二代学長に就任した。新渡戸は名誉学長となった。同じ時期に副学長の長尾半平も辞任することとなり、安井にとっては痛手であった。

第二代学長安井てつ時代　十三年三月、第三回卒業式を終えて、井荻への移動準備に取り掛かり、四月五日、荷馬車五〇台、トラック一〇台で井荻村へ出発した。まだ校舎の一部と寄宿舎が建てられたばかりで、庭や垣根もなかった。六月四日、献堂式並びに新学長就任式を西校舎の講堂で挙行した。演壇の背後に日英米の三国旗が交叉《こうさ》して立てられた。式は長尾半平の司式により、讃美歌、祈祷《きとう》、聖書朗読などに始まり、学長委嘱の辞、安井の答辞、来賓の祝辞へとすすめられた。安井は、就任の辞で、四つの抱負を述べた。第一は、基督教主義に基づいて人格教育に重きを置くこと。第二は、学生の体育に重きを置くこと。第三は、Liberal College の性質を有たせること。第四は、学究的生活と社交的生活との調和を図ること。

大正十三年四月四日の『東京日日新聞』は、新築中の東京女子大学の様子を伝えている。

新校舎は武蔵野の真只中、広茫二万八千五百坪の山林畑地を敷地とした都の塵とは全くへだたり勉学、体育には申し分のない別天地である。…ここに鉄筋コンクリート二階建の二〇の教場を備える校舎と寄宿舎二棟が完成した。体育館、礼拝堂、残りの校舎と寄宿舎は順次建設予定。特に目をひくのは寄宿舎で、料理場を中心として十字形の設計。長食堂は一卓一〇人ずつ、五〇人を入れることができ、部屋は一室一人主義、三畳敷で畳が二畳敷いてあり、窓より

荒野に建つ東西寮
東京女子大学資料室所蔵『東京女子大学五十年史』

一枚分は板敷で、据え付けの机及び書棚がついている。両親の元を離れた若い学生のために六畳二人用の用意もある。…

（『新聞集録大正史』第十二巻より）

寄宿舎は一室四人くらいが通常という時代に、一室一人主義は画期的であった。これは勉強にも休息にも他人の妨害を受けることなく、また、各自静かに黙想し、日々反省することが大切という新渡戸の考えであった。階上階下に五〇人ずつ収容し、教職員の室もある。社交室もあり、談話したり音楽を楽しんだり、室内競技の設備なども整える計画である。こうして仮校舎の淀橋角筈から校外の井荻の恒久的校地へと移転して、第二代安井てつ学長のもと、第二期東京女子大学時代が始まっていく。

昭和二年四月、修業年限四ケ年の国語専攻部と数学専攻部を増設し、大学部の修業年限を三ケ年に延長した。大学部英文学及び国文学専攻、英語専攻部・国語専攻部の学生に対して、文部省よりその専攻科に対する中等教員無試験検定の認可が与えられるようになる。

創立当時の入学生は七六名、創立一五周年の昭和八年時点で、学生数は四〇二名。卒業者は旧規則による卒業者が全科合計六〇名、新規則による卒業者は、大学部九五名、高等学部三二八名、英語専攻部二八八名、国語専攻部五〇名、数学専攻部二六名、合計八四七名となった。しかし、時代は刻々と戦争の足音が聞こえる時代へと向かっていく。安井学長の苦悩はさらに続く。

昭和二十三年四月、新制度による東京女子大学が発足し、現在に至る。

草創期に尽力した人々、新渡戸稲造《にとべいなぞう》（初代学長）

新渡戸稲造は、文久二（一八六二）年、現在の岩手県盛岡市にて誕生。旧南部藩士だった父は、稲造五歳の時に病没し、明治四年、九歳で東京の叔父太田時敏の養子となった。官立の東京大学予備門を退学し、十年八月、内村鑑三（後の日本のキリスト教思想家）、宮部金吾（後の植物学者、札幌農学校教授）らとともに札幌農学校の二期生として札幌へ向かった。

札幌農学校時代にメソジスト派の宣教師M．C．ハリスから洗礼を受けた。一八歳の夏休みに帰郷するとすでに母が亡くなっており、ショックで鬱《うつ》状態になったが、友人らの励ましと、トーマス・カーライルの『サーター・リザータス』（『衣装哲学』）により立ち直ることができた。また、カーライルを通して、キリスト教のクエーカーを知ることになった。

新渡戸稲造
東京女子大学資料室所蔵
『東京女子大学 100 年史』
〔本編〕

十四年七月、札幌農学校卒業後、開拓使御用掛として勤務したが、十六年八月、退職して上京し、同年九月、東京大学選科生となる。入学試験の面接で目的を問われて答えたのが〝太平洋の橋になりたい〟という言葉であった。しかし、大学の授業に飽き足らず、翌十七年八月退学して、九月、米国へ私費留学する。先に留学していた同郷の先輩佐藤昌介の勧めでジョンズ・ホプキンス大学に転学し、歴史学部大学院生になる。アルバイトをしながらの苦しい留学生活であった。

十七（一八八四）年末ごろクエーカーの集会に出会い、十九年十二月、日本人初のクエーカー（友会徒）となる。その関係で知り合ったメアリ・エルキントンと後に結ばれる。先に札幌農学校に戻って教授となっていた佐藤昌介の尽力により札幌農学校助教としてドイツ留学の道が開かれる。ボン大学、ベルリン大学、ハレ大学で学び、四年間の勉学によりハレ大学で博士号を取得し、米国でメアリと結婚して、二十四年二月帰国する。札幌農学校教授・教頭として佐藤昌介の片腕となって学校改革に取り組み、八面六臂《はちめんろっぴ》の活躍をした。その結果神経衰弱となり、札幌農学校教授を辞任し、三十年七月静養のため米国サンフランシスコへ渡る。この静養期間に執筆した『武士道』（一九〇〇年一月刊行）が評判になり、たちまち数か国語に翻訳された。

その後、台湾総督府技師、京都帝国大学教授、第一高等学校校長、東京帝国大学教授などを歴任する。三十九年九月、第一高等学校校長に就任し、それまでの籠城《ろうじょう》主義を伝統としていた一高生にソシアリティ（社会性）の必要性を説き、倫理の授業を通して個人の人格に目覚めさせようとした。森戸辰男や矢内原忠雄など後に活躍する優秀な人材を輩出した。四十四年八月末、日露戦争後日米関係が緊張を増す中で、両国民間の正しい見解と友情の交換を目的に、第一回日米交換教授として政府から派遣された。米国の六つの大学をはじめ各地で一六六回もの講演を行い、日本を理解させるために尽力した。大正元年九月、帰国すると学校の雰囲気が変わっていた。校長でありながら一年間も留守にしたことなどをはじめ、新渡戸の方針に反発する学生らが校長排斥の演説を行った。二年四月、一高校長を辞任し、東京帝国大学法科大学教授専任となった。講演活動や「実業之日本社」顧問として雑誌『実業之日本』などに執筆し、上級学校に進学できない青少年や女性たちを啓蒙《けいもう》する社会教育に力を注いだ。六年、東洋協会植民専門学校（現拓殖大学）学監となる。

新渡戸は、東京女子大学開設準備の中心の一人として活動していたが、学長選出にあたり、キリスト教者、学者、教育者、知名度などすべての条件がそろっている最適の人物として、佐藤昌介らに推薦された。新渡戸は、多忙を理由に固辞したが、周囲から説得されて引き受けることになった。学監安井てつとともに開校時尽力した。しかし、一年後、第一次世界大戦後のヨーロッパを視察する後藤新平に随行して渡欧し、そのまま国際連盟初代事務次長となる。従って、東京女子大学の事実上の運営は安井に任せっきりになった。十二年十二月、安井にバトンタッチし、新渡戸は名誉学長となる。国際連盟事務次長を十五（昭和元）年十二月末で辞任し、翌二年三月帰国。貴族院議員（勅撰）、太平洋問題調査会理事長、女子経済専門学校（現新渡戸文化短期大学、四八三頁参照）校長などを務め、以後昭和八年十月、カナダで客死するまで東京女子大学を見守り続けた。享年七二。

安井てつ（初代学監、第二代学長）　安井てつは、明治三年、東京本郷曙《あけぼの》町の旧古河《こが》藩江戸藩邸で誕生した。東京女子師範学校で、開発的教授法が巧みな高嶺秀夫校長に教育学を学び、将来教育者になろうと決意する。卒業後、女子高等師範学校（以下、女高師・東京女高師と表示）の助教諭、岩手県尋常師範学校付属小学校高等科の教師、母校付属小学校の男女共学の初等教育などに携わった。二十九年十二月、文部省から家政学と教育学を修めるためにイギリス留学を命じられた。留学に先立ち津田梅子に英語の訓練を受けている。

ラーチニー皇后女学校
において（1907年1月）
東京女子大学資料室所蔵
『東京女子大学100年史』
〔本編〕

イギリスに着いてから次第にキリスト教に心を開いていった。ケンブリッジのトレーニングカレッジ（現ヒューズ・ホール）で、ミスE．P．ヒューズの指導を受けた。ヒューズは著名な教育者で安井を親切に指導し、私生活でも親しく交流した。ケンブリッジでの人々との交流を通して、紳士的、淑女的な態度や常に親切で自律的かつ責任感のある人格に触れた。そしてその基礎にキリスト教があることを認識した。かつてはキリスト教を嫌っていたが、自ら教会に通い、洗礼を受ける決心をするほどになる。

三十三（一九〇〇）年四月、ケンブリッジ留学を終えて、帰国の途中、フランスに立ち寄り、パリ万国博覧会を見学した。この時偶然パリに居た新渡戸稲造と出会った。英国留学前に津田梅子を介して、新渡戸夫人メアリが留学に必要な品を送ってくれたのだった。教育や宗教のことなどですっかり新渡戸と意気投合し、「スピリチュアル・フレンド」になったという。

日本女性の地位向上のために天命を尽くす覚悟を抱き、三十三年七月帰朝した。まず母校女高師の校長高嶺秀夫を訪ねた。この時、高嶺から宗教のことを聞かれ、その時の正直な思いを述べた。すると、高嶺は〝受洗は急いで受けなくてもよかろう。信仰は自由だが、学校では生徒にキリスト教の伝道をしないように〟と忠告し、誓わせた。同年九月、女高師教授兼舎監に任じられた。しかし安井は、〝自分の態度を不鮮明にしておくのは耐え難い〟として、同年十二月、クリスマスの日に、本郷の組合教会で海老名弾正から洗礼を受けた。

三十七年、政府からシャム（現タイ）で皇后女学校の設立に貢献するように命じられた。クリスチャンであることがシャム赴任の理由ではないかと言われている。女高師教授在任のまま三ケ年の契約で、バンコクに設立されたラーチニー皇后女学校の教育主任となった。熱帯の地で、頼れる上司も語れる友もなく、朝から晩まで幼稚園のような仕事から女学校の仕事まで、ほとんど一人で行い、心身ともに疲れ果ててしまった。しかし、タイの少女たちとの出会いを通して〝愛に国境はなく、誠意は如何なる国民にも必ず通ずる。教育は愛の仕事である事を深く思はしめられた。〟という。早くから女高師への辞意を表明し、四十年三月、シャムの任期を終えると、日本へは戻らず、ミス・ヒューズの招きで再渡英した。日本から学習院女子部に就任の話が持ち上がり、四十一年八月帰国する。乃木希典校長より学習院講師を嘱託される。安井の就任にあたってはクリスチャンということから反対運動があったという。四十二年三月、わずか半年で辞任する。しばらく女子英学塾で津田梅子を手伝う。津田は安井を後継者にと考えていた。

四十三年二月、東京女高師校長高嶺秀夫が死去した。後任の中川謙二郎に同年六月、講師として起用され、付属幼稚園主事として勤務する。二年後、教授に任じられた。大正六年三月ごろから、東京女子大学学監就任のことを、理事たちから度々要請されたが、高恩を受けている中川校長のために母校に奉仕する決意であると、拒み続けた。しかし、同年六月、突如中川校長が辞任することになり、同年十月、安井は東京女高師教授を辞任し、同年十一月、東京女子大学学監を引き受けることを決意する。後に中川校長の辞任は安井のためだったと知る。七年四月開校の東京女子大学初代学監として、また、十二年十二月、第二代学長に就任し、昭和十五年十二月辞任するまで二二年間貢献した。二十年十二月死去。享年七六。

A．K．ライシャワー（初代常務理事）　ライシャワーは、一八七九年誕生。アメリカ・イリノイ州出身で、明治三十八年に来日。東京女子大学の理事として、自身が学者であったにもかかわらず、資金集めや校舎の建築など最も困難な面を担った。特に井荻校地を購入する費用一四万五、〇〇〇ドルを集めるために東奔西走した。昭和十六年健康上の理由で帰国するまで奉仕した。ちなみに次男のE．O．ライシャワーは後に駐日大使となる。

参考文献

東京女子大学『創立十五年回想録』
『東京女子大学五十年史』
『東京女子大学の90年』
『東京女子大学１００年史』〔本編〕〔資料編〕
佐藤全弘・藤井茂『新渡戸稲造事典』
青山なを『安井てつ傳』
『二階堂学園六十年誌』
『新聞集録大正史』第十巻・第十二巻

日本初の女子体育専門学校――日本女子体育専門学校

二階堂体操塾の開塾　大正十一（一九二二）年四月、二階堂トクヨが東京府代々木に二階堂体操塾を開いた。開塾当初は各種学校であったが、わずか四年で日本初の女子体育専門学校に昇格した。現日本女子体育大学の前身である。異例のスピード昇格であった。それはトクヨと教職員、生徒・卒業生たちが一体となって協力した努力の賜であった。

大正十年～十四年、高等女学校の生徒数が毎年約三万人増加し、十四年には約三〇万一、〇〇〇人となった。日露戦争後、国策として賢母となる女子の健康増進をはかるため体育が奨励されたが、体操の女子教員養成は遅れていた。藤村トヨが率いる東京女子体操音楽学校（現東京女子体育大学　二七五頁参照）が毎年六〇～八〇名、東京女子高等師範学校（現お茶の水女子大学）の臨時教員養成所が隔年ごとに約三〇名、日本体育会体操学校女子部（現日本体育大学）が五名から多い年には二二名の卒業生を出していたが、それでもかなり不足していた。

トクヨは、十年五月から出版し始めた月刊個人雑誌『わがちから』で女子体育の必要を世間に訴えていた。トクヨは、当時女性教員として最高の地位である東京女子高等師範学校（以下、女高師・東京女高師と表示）教授、や東京女子大学講師を務めていたが、十一年三月、すべて辞職した。自分が理想とする体育を普及するためには私立でなければできないと考え、学校を創立する決心をしたからである。同年一月号の『わがちから』（第二巻一号）で「二階堂体操塾案内」

を出した。その概要は、〝入学試験なし。学力は高等女学校や女子師範学校卒業程度。二〇歳前後の女子。修業一年。中等教育の体操科教員養成を目的とする。無資格だが就職は保証する。〟などとあった。時代の要求からか、トクヨの名声を慕ってか二二名の募集に対して約四倍もの応募があった。トクヨは同年二月号の『わがちから』（第二巻二号）に、「困ったものです」と題して、

代々木時代校舎
（日本女子体育大学所蔵）

私にもうすこし金がありますなら、家をもう一軒かりて、あと十五六名位は収容が出来るんですけれど残念な事には金がありませんので、さうした事が出来ませんから、人員以外の方はあきらめて下さい。

と苦衷を述べている。しかし、〝培はば何れも名木となるべき双葉の苗木、どうしてむざむざと棄てる事が出来ませうぞ〟と悩んだ末、結局定員の倍の四〇数名の入学を許可した。

そうなると問題は収容する建物である。最初に借りたのは明治神宮裏入り口にある邸宅で、二棟の建物に四〇坪余の庭園つき、敷金なし、月七〇円であった。幸いにも隣家が空き家とな

ったので、急きょ家賃四〇円、敷金一二〇円で借り、最初に借りた家と新しく借りた家の間の空き地に二棟新築した。建物はこれら四棟、家賃合計一一〇円、建築費四、〇〇〇円。四棟の畳数合わせて約一二〇畳。表の二〇坪の空き地を運動場に、裏の四坪の空き地を物干し場とした。家賃や敷金などは二階堂家の貯蓄で負担し、建築費や設備費はトクヨが会長を務める全国婦人同志会の寄付金六、〇〇〇円を使わせてもらった。しかし、とても足りず、開塾間際に月謝を三円から五円に値上げした。トクヨはこの間の理由を『わがちから』（第二巻三号）で、包み隠さず説明している。こういうざっくばらんな点が慕われ、信頼されたのであろう。トクヨはお金がないにもかかわらず、体操器具は最上のものにした。運動場には大きな器械や立派な道具が設備された。しかし、収納庫も屋根もなく雨ざらしの状態であった。この苦境を察して、陸軍省は隣接する代々木練兵場の使用を第一期生が卒業するまでという条件で黙認してくれた。塾の固定収入は、生徒から徴収する月謝と食費だけであった。何の後ろ盾もない、文字通り私財を投じての開塾であった。東京帝国大学哲学科を卒業したトクヨの末の弟二階堂真寿が国語を担当し、その友人の宮本鉄之助が英語を担当した。トクヨの母と妹が二人の下働きの女性を使って寮の炊事を担当した。家族ぐるみで経営する私塾的なスタートであった。

創立者二階堂トクヨ――女子体育の母

二階堂トクヨは、体操が大嫌いだったと著書『体操通

二階堂トクヨ
（日本女子体育大学所蔵）

俗講話』の序文で滔々《とうとう》と述べている。そんなトクヨがなぜ体育教師になったのであろうか。

トクヨは、明治十三年十二月、宮城県志田郡三本木村（現大崎市）で、父保治と母キンの長女として誕生した。祖父は仙台藩士であったが、俸禄《ほうろく》を失い、三本木村の荒れ地を開墾し、細々と暮らしを立てた。父は郡書記や三本木の戸長等を務め、政治家を目指したもののかなわず、自暴自棄となって放蕩《ほうとう》に明け暮れるようになった。母キンは武家の出身とはいえ貧しく、田畑や牛馬の世話をしていたため無学であった。結婚してから役人の妻としてふさわしいようにと、裁縫塾に通い、文字は独学で学んだ気丈な人であった。夫が留守がちな大家族を支えた。

トクヨは、三本木立尋常高等小学校四年の夏休み、仙台の叔父に『日本外史』全二一巻を教わった。その年の暮れに仙台で開かれた漢学の読書会に出席して、『大学』や『中庸』などの素読を終えた。これらが後に女高師文科に進むトクヨの素養になったと思われる。

二十八年、高等小学校を卒業し、尋常小学校准教員の検定試験に合格して、一五歳で三本木小学校の坂本分教場に奉職した。月給一円五〇銭であった。トクヨは正教員になりたいと思ったが、宮城県議会で、女教員は休みが多い、能率が上がらないなどの理由で、女教員養成廃止問題が起こり、宮城県の尋常師範学校女子部が廃止されてしまった。そこでトクヨは、隣県福島県の新聞社「民報社」に入学斡旋《あっせん》を嘆願する長い手紙を送った。すると同社の小笠原貞信社長が嘆願を受け入れて、戸籍上の養子縁組をしてくれた。福島県人にならないと師範学校に入学できないからである。二十九年四月、小笠原トクヨとして福島県尋常師範学校に入学。三十二年四月、同校を卒業した。一九歳であった。トクヨの行動力や小笠原氏を動かした文章力に驚かされる。後に「女子体育の母」と言われるほど活躍するトクヨを考えると、小笠原氏の篤志が素晴らしい。トクヨが正式に二階堂姓に復籍するのは明治四十二年であった。

トクヨの縁談　師範学校三年生の夏、三本木小学校の富谷直吉校長の媒介で、仙台の名家の出身で帝国大学法科の学生と、卒業後結婚式を挙げることに縁談がまとまった。相手の男性は母一人子一人で、〝結婚後は母と同居し、母の面倒を見てほしい。この上学校など望まない。〟という男性であった。しかしトクヨは進学の思いを捨てきれなかった。悩んだ末、師範学校卒業後、福島県の尋常高等小学校訓導となり、教員生活を送りながら、当時女子の最高学府である女高師受験の勉強を続けた。そして一年後みごと文科に合格し、四月入学した。すると先方から「不都合につき破断をする」という葉書が届いた。あまりにも一方的で、法科の学生のすることとは思えない人権無視の仕打ちに、二階堂家は憤慨し、トクヨもショックを受けた。男性自身は高等教育を受けていても、〝妻になる女性に高等教育は必要ない。良妻賢母であることを望む。〟という当時の男性の意向が如実に現れている。

女高師時代は文科で学び、特に和歌に力を入れた。後に歌人・書家・国文学者として大成する若き日の尾上柴舟《さいしゅう》に学んだ。柴舟は自然で素直なトクヨの和歌を誉め、「小柴舟」という和歌名を与えるほど、トクヨに目をかけた。結婚の破断が影響したのか、トクヨは上京後一年経たずに半病人となった。食欲がなく、夜眠れず、少し体を動かすと胸が苦しくなって五体が疲れる。こういう神経衰弱に四年間悩まされた。さらに学年試験のころになると怪我や病気に見舞われ、一年次も二年次も学年試験を受けることができなかった。それでも進級できたのだが、四年次の卒業のころに実父が死亡した。そのため卒業試験を受けられなかった。留年を覚悟したが、学校の寛大な措置によるものか、平素の成績が良いためか無事に卒業でき、卒業証書や免許状を授与された。

初任地は金沢第一高等女学校

明治三十七年四月、トクヨ二四歳、初任地は北陸の名門石川県立金沢第一高等女学校（以下、金沢一高女と表示）であった。校長から、国語九時間の他に体操一三時間を教えるよう命じられた。国語の教員は余っているが、体操の教員が不足していたのである。文科生として和歌などに親しんだトクヨにとっては、国語より体操の受け持ちが多いことがショックだった。体操科の免状も持ってはいたが、体操は知的教科ではないとしてさぼりがちだった。当時まだ体操科の地位は低く、体操科などを教えることは恥辱だと思っていた。いっそのこと教員をやめようかとも思ったくらいだったが、いつも学年末に不運に見舞われるので、〝どうせ自分は間もなく死ぬ運命なのだ〟と、〝屠場《とじょう》に引かれるような心地〟で体操科を受け持った。ところが不思議なことに、死ぬ気で無茶苦茶に体操を教えているうちに、体を動かすことで夜はよく眠れ、食欲旺盛になり、心身ともにはつらつとしてきたのである。長年苦しんだ神経衰弱が快方に向かった。これは体操の賜であると悟り、これまで嫌ってきた体操科に罪滅ぼしのために体操教育にすべてを捧《ささ》げようと決心する。

同年夏には文部省主催の、井口阿くり《いのくち》（三〇二頁参照）の体操講習会を受講して、スウェーデン式体操を学んだり、金沢の宣教師で、体育専門学校を出たというカナダ人ミス・モルガンに隔日に三〇分ずつ専門的技術を教わったりした。ミス・モルガンの体操はスウェーデン体操とドイツ体操をミックスしたものだった。やがて全校の体操を一手に引き受け、一週間に二八時間の授業を受け持ち、五〇人の作文指導を担当した。そして、金沢一高女の運動会を、大勢の見物客が押し寄せて木戸が破れるほどの名物に育てあげたのである。金沢一高女での在職は三年半であった。この金沢時代、三本木の二階堂家は曾祖母、祖父が相次いで他界し、父祖伝来の住宅までも債権者に渡さなければならない苦境に陥り、母と妹のとみと、下の弟真寿は金沢のトクヨの許に身を寄せた。上の弟清寿は仙台市の小学校に転任となった。

高知県師範学校へ転任　明治四十年七月、高知県師範学校教諭兼舎監として転任を命じられた。歴史一時間、体操一八時間を受け持った。このころには体操がトクヨの中で本物になっていた。高知へ赴任して一年半後、ミス・モルガンに〝喜んでください。一粒が六十粒になりそうですから〟と手紙に書いている。師範学校の生徒は皆教育者になるから、トクヨの一粒はやがて高知を中心に蒔《ま》かれ、芽を出すだろうという喜びであった。しかし、金沢時代も高知時代も後にトクヨが回想するところによれば、軍隊式教練を少女たちに教えていたものであった。金沢では明け方の浅野川の橋に立って大声で「全体—止まれ！」と号令練習をした。土佐では桂浜の岩頭で土佐湾を眺めながら直立不動の姿勢で号令練習をした。トクヨの美声は第一一師団の朝倉連隊の人たちを感嘆させたという。やがてトクヨは体操界で認められ、四十四年四月、東京女高師助教授に抜擢《ばってき》され、母校に戻ることになった。トクヨ三〇歳であった。

東京女高師では、六時間の授業と井口阿くり、永井道明両教授の補佐であった。しかし、四十四年七月、井口が結婚退職することになった。そのためトクヨが井口の後任として女子体育の指導者となった。文科出身のトクヨが異例の抜擢を受けたため同僚から妬《ねた》まれた。翌大正元年十月、体操研究のため文部省から二年間のイギリス留学を命じられた。永井道明に目をかけられ、東京女高師内に体育を専攻する学科を設置するための準備であった。

英国留学とその後　トクヨは、イギリスのキングスフィールド体操専門学校でスウェーデン体操を学んだ。理論では生理学・解剖学・衛生学など、実科では教育体操・医療体操・舞踊・競技などを学んだ。入学したころは〝トクヨは何も知らない〟とあきれた教師陣も、しばらくすると〝トクヨは天才だ〟と称賛するようになった。そして校長のマダム・オスターバーグ（四四三頁参照）から多くのことを学んだ。

　長期休暇になるとロンドン市内の女子体操学校を参観したり、水泳練習やダンス練習に励んだりした。キングスフィールドで一年三ケ月学び、イギリス国内の体操専門学校を渡り歩いた。当初の予定ではヨーロッパ各国を巡り、スウェーデンで半年学び、アメリカに立ち寄り帰国することになっていた。しかし、大正三（一九一四）年七月、第一次世界大戦が勃発《ぼっぱつ》し、急遽《きゅうきょ》帰国するように電報が届いたため、やむなく翌四年三月イギリスを出発し、四月に帰国した。

　この留学でトクヨの体育観は変わった。留学前は、〝体操をよく出来るようにするには、涙と汗を流さねばならぬ。時には血さへも流す覚悟がなくてはならぬ。〟（『体操通俗講話』より）と語るほどの非常に厳しい体操授業を行っていた。帰国直後に三冊の本を著した。『体操通俗講話』（大正六年八月刊行）、『足掛四年』（大正六年九月刊行）、『男女幼学年児童に科すべき模擬体操の実際』（大正七年五月刊行）である。トクヨは、体育を保護愛育的体育と鍛錬的体育に分けた。初歩の体育や一般向け体育は保護愛育的でなければならず、その基礎の上に鍛錬的体育は行われるべきとした。トクヨの保護愛育的体育は、食物、衣服、住居、睡眠、医薬等を各人の体質、年齢、境遇に応じさせ、各人の自然の要求を満足させ、衛生的にいたわった。例えば体操の授業を見学する者に対して、椅子に座らせて、心をしずかに、身体をらくにして見学させた。また、教育体操は、〝自動運動と称し、児童を出来るだけ自動的にはたらかせて汗を流させたい。〟（『体操通俗講話』より）としている。号令や呼唱によって受け身の体操しかできない生徒を作ってはならない。生徒にとって授業はおもしろく、楽しく、融通のきくものでなければならない。当時は上司の永井道明が精魂を傾けて作成した「学校体操教授要目」による体操が普及していた。しかし、画一的であり、競技も遊戯も入れず、行進遊戯もさせず、無味乾燥な運動をさせる兵式体操であった。トクヨは兵式体操と教育体操を区別し、学校の体操が兵式体操風になることを極力反対した。また、女子の生活改善を目指した。小食と粗食を批判し、和服の弊害を指摘した。体を締め付け、呼吸機能の働きを妨げている女子の衣服を改良し、体操服の改良にとりかかり、キングスフィールド・カレッジの制服チューニックを採用した。

東京女子高等師範学校教授時代

大正四（一九一五）年五月、母校東京女高師教授、兼第六臨

時教員養成所教授を命じられた。同年六月より十年十月まで八回の文部省講習会の講師、文部省教育検定臨時委員、文部省視学委員を命じられた。その他全国各地で指導したり、夏休みを利用して単独の講習会を実施したりした。七年四月に開校した東京女子大学の学監安井てつ（四一〇頁参照）から懇請されて、同年五月から十一年三月まで体操の授業を担当した。安井は、東京女高師の先輩であり、恩師でもあった。

トクヨは、体育を人間教育全体の中に位置づけ、ダンスを重視し、常に美しくあれと「整容」に心を配った。男女の特徴を発展させることを強調し、

凡そ直線的である時、その合理的な正反対の曲線的特徴を女子が備えていれば、ここに男女は理想的に相合致することが出来、始めて完全なる人生を楽しむことになり、ひいては健全なる家庭が出来、富強なる国家が生ずる。

願わくば、女性のために、完全なる曲線体操を我が教育界に一日も早く備えつけたい。そのためにも、今日本に体操専門の研究所を是非欲しいものだ。（『体操通俗講話』より）

という考えを持つようになった。やがてスウェーデン体操一点張りで、トクヨが重視するダンスについて理解を欠く恩師永井道明と対立するようになる。永井は「学校体操教授要目」の後継者としてトクヨに期待していたのだが、トクヨは英国体操を鼓吹し、実施した。そのためトクヨは

先輩から圧迫された。養成所で体操の資格のない生徒の受け持ちにさせられたり、助手がトクヨより上手の働きをしたりした。今日でいう〝パワーハラスメント〟である。トクヨのメンツはつぶされ、ノイローゼになった。かくして東京女高師教授を辞任し、十一年四月、二階堂体操塾を開くに至った。

二階堂体操塾開塾当初の様子　トクヨは、英国留学で学んだキングスフィールド・カレッジのマダム・オスターバーグ校長の方針を全面的に採用し、全員寄宿制で、生活ぐるみの教育を授けた。学科課程は以下のように『わがちから』第二巻一号（大正十一年一月）に掲載された。『二階堂学園六十年誌』などを参考に開塾当初の様子を述べよう。

学科課程

一、実地の部

（一）体操…諸種の教育的体操　（二）遊戯…各国教育的舞踏　（三）競技…女子用室内競技　（四）号令法…呼吸法並びに発声法各種

二、理論の部

（一）体育及び体操論…一般論及び特殊論　（二）生理及び解剖学…各部詳細に亘る研究

三、副学科

（一）倫理…実践倫理及び婦人問題研究　（二）教育…主として心理学　（三）歴史…民族興亡史並びに世界体育史　（四）国語…現代名文講読及び作文、並びに詠歌　（五）英語…日常会話　（六）音楽…唱歌

教員は、塾長二階堂トクヨ（体操・遊戯・競技）、海軍軍医大尉林良斉（解剖・体育理論・生理・衛生・体育史・救急法）、文学士二階堂真寿（国語・和歌）、文学士宮本鉄之助（英語教育）、声楽家豊田夫人（声楽）、体操家少壮陸海軍人五名（体操）である。

毎日の課業は、月曜～土曜まで、合計週三二時間。体操一二　英語四　遊戯三　倫理二　解剖一　生理一　衛生一　救急法一　心理一　体育史一　和歌一　音楽一

午前中の一、二時間目は毎日体操であった。なにしろ右の学科課程を一年で行うので、授業時間割は週三二時間だが、授業は朝食前から始まり、授業が終わっても、寄宿舎での講義や実技が夜の九時までびっしりあった。学科に和歌を取り入れるのも、和歌が得意なトクヨらしい。教養の一つとして取り入れたのであろう。三大祭日以外に休業はなかった。

トクヨの理想は、人格にすぐれ、広い教養をもつ体育指導者の養成であった。無資格ではあるが、中等体操科教員として腕と頭と人間をこしらえ、実力ある人間に育てることであった。その

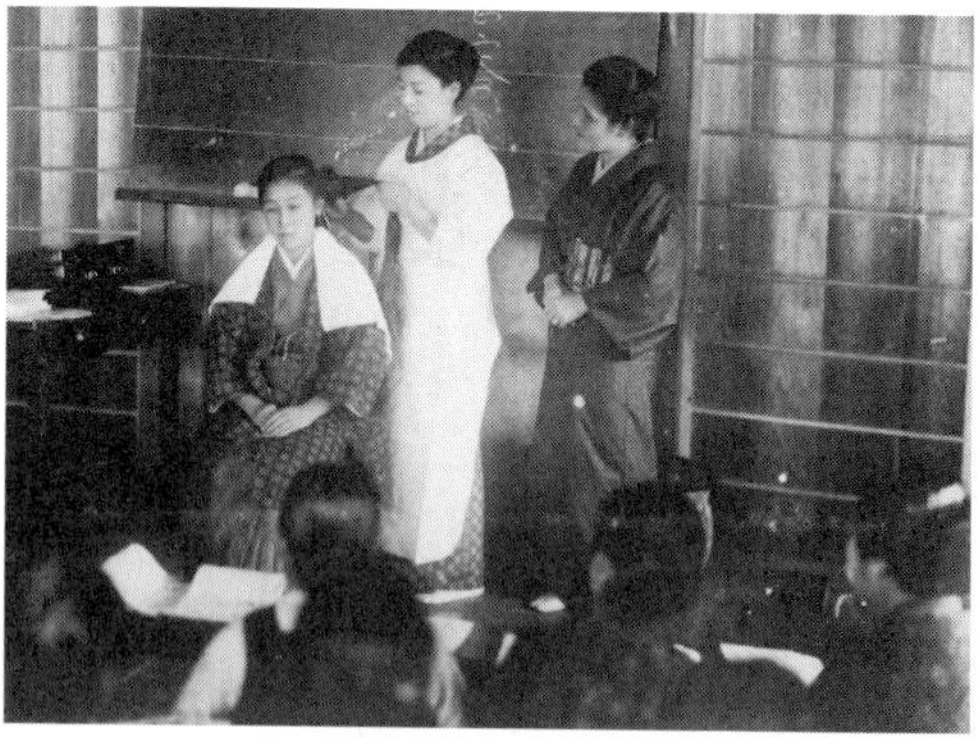

整容の授業
（日本女子体育大学所蔵）

ために全員寄宿制で、日常のあらゆる機会を用いて、生徒に一般教養を身に着けさせることに苦心した。例えば、来客に用意する果物をわざわざ銀座の千疋屋《せんびきや》まで買いに行かせ、銀座の文物に接する機会を与えようとした。また、生徒を集めて「ハムレット」や「リヤ王」など種々の物語を語って聞かせた。時にはトクヨが引率して全員で歌舞伎観劇に行くこともあった。トクヨは開塾前に、

…四十余名日本全国からどんな顔して出て来られるだろうと思うと、何だか涙ぐましい可愛さに胸が躍ります。早速美粧クラブの山本女史をお呼びして、髪の結び様から顔のみがき方、さては衣服の着つけなどを教えていただき、綺麗さっぱりとした、たしなみのよい娘達にしてやろうとたのしんでいます。其美しい娘達に体操や遊戯を仕込んで行く愉快さ、ああ私は其日が待ちかねる。

（『二階堂学園六十年誌』より）

このような文章を書いている。実際に「整容」の時間を設け、山本久枝女史を招いて、顔の色を美しくすること、髪をきれいに結うこと、着物を美しく着ることなどを学ばせた。髪は山本女史の教示により「女学生まげ」に結わせた。生徒を教養ある美しい体育指導者に育てようという愛情が感じられる。

大正十一年四月十五日、形ばかりの入塾式を行い、十七日の月曜日から平常の授業が始まった。鐘も鳴らさず、出席簿もつけない。トクヨは七年間務めた東京女高師の臨時教員養成所を基準においた。養成所が生徒を選別して入所させ、二年かけて免状をつけて出すところを、二階堂塾では免状を出せないので、一年で内容を豊富にして確実に仕込んで世に出そうと、意気込みは大きかった。一方、養成所の体操家事科の生徒募集が官報に載ると、すでに塾生として入学が決まっている者に対して、養成所へ移ることを勧めている。仙台の宮城県立第二高等女学校を卒業してやってきた第一期生加瀬谷みゆきは、

…お上りさんの私が代々木の塾についた時はあまりに学校らしくないので驚きました。トクヨ先生に入学生であることをとりついでいただきましたら、丸々と太った小母さんが、エプロン姿で出てこられ、『加瀬谷さんよくきましたね』と笑顔で迎えて下さいました。そこで先生が『今、女高師で臨教（臨時教員）の家事体操科を募集しています。二年間で有資格者

になれます。希望されたらどうですか』といわれました。私は入学許可をしておいて今更おかしいと思ったのですが、私は『専心先生の御指導を受けるために来ました』と決意の変わらないことを申しました。先生は『…それではよし、命がけで引き受けます』といわれたかと思ったら私の夜具と行李をさっと予定されてあった室に運んで下さいました。

（『二階堂学園発展史』より）

と「思い出の記」に記している。

東京女高師の養成所は官立で二年修業、体操科と家事科の二つの免状を取得できる。自分の塾に生徒が欲しいにもかかわらず、その生徒のためを思ってこのように忠告したという。実際に養成所へ移った者もあり、親が不承知でとか、県が許さない等で手続きを済ませていても来られなくなる者など、開塾当初は人数がはっきり決まらなかった。最初入塾を決めた四〇数人のうち半分は入れ替わった。落ち着いてから改めて開塾式を挙げる予定でいたが、建物の内装など仕上げが遅れ、なかなか挙げられずついに開塾式は実現しなかった。このような見切り発車の開塾であった。

体育授業の様子　開塾後しばらくは体操・競技・遊戯すべてトクヨが一人で担当した。入塾後ただちに号令練習を始め、実地教授法を研究させた。トクヨの号令は美しく、運動会にはそれを聞くためにあちこちから見物客が集まったほどだ。トクヨが話をしている時に、生徒の頭がちょっとでも動くと「体育家としての価値がない。何時間でも直立不動で立って居られる不屈の精神と、その実行がなければならぬ。」と叱《しか》った。スウェーデン式原型そのままの肋木《ろくぼく》が一三欄ある。肋木を使って胸や背の運動、握りやすく出来ている肋木をつかんで懸垂を行う。トクヨは生徒を肋木にぶらさげておいて、わざとゆっくりと説明した。ドシーン、ドシーンと落ちる音がすると、「落ちた人誰です」とトクヨが言う。「〇〇です」と言ってかけあがり、再び懸垂すると「よろしい」と言う。拳上《けんじょう》されている腕をぴしゃりと叩《たた》いて、それがゆれると、「こんにゃくの化物《ばけもの》のようです」などと言われる。長腰掛を使って平面攀登《はんとう》や滑り落ちを行う。「二階堂式五禽《ごきん》運動」という、「チドリ」「つばめ」「つる」など鳥をかたどった運動を考案した。しかし、厳しい指導の一方で、休むときにはあぐらをかかせた。当時女性があぐらをかくのは行儀が悪いとされたが、トクヨは膝《ひざ》や足首の美しさを損ねないように、血行を妨げないようにという考えを持っていた。生徒一人ひとりをよく観察し、顔色の悪いものには声をかけ、汗だくの様子を見ては腰をおろさせ、女子の特別衛生について行き届いた講義をした。

飛び箱、バック、高跳び台、スプリングボード、踏切板及びマット等、体操器具については良いものを選んだ。ダンス（教育舞踏）や競技は主として隣接の代々木練兵場で行った。バスケットボール、タムブリン、テニス、バレーボール、メイポール、棍棒《こんぼう》、球竿《きゅうかん》、リング等の遊戯道具も完備していた。

肋木を使った体操
（日本女子体育大学所蔵）

鳥をかたどった運動「つばめ」
（日本女子体育大学所蔵）

参観者が絶えなかった。ある時、関西から五〇名ほどの小学校校長団が参観に来た。参観者の席のあちこちで話し声がもれ始めると、トクヨはただちに授業をやめて、「出て行ってください。」と言った。生徒たちも参観者もびっくりして、一瞬水をうったような静けさになった。そして授業が終わると、「先ほどは失礼致しました。先生方の話し声は生徒の精神統一を欠くものと思ったからです。」と、さらりと言ったので、参観者もほっとして帰ったという。このように体操の授業に関しては、厳しくも合理的で充実していた様子が伺える。

生徒数は変動があったが、『わがちから』大正十一年四月号では四四名となっている。生徒は全国の約半数の府県から集まってきていた。早くも開塾年の九月にはあちこちの学校から塾生の出張教授を頼まれるようになった。

トクヨは、日本婦人の身体が悪いのはどこかを突き止めるために、塾生に対して身体測定を行った。身長・体重・肺活量・握力を四月と十月に測定した。その結果、身長は約七・六cm、体重は約二kg、肺活量は〇・一一五ℓ、握力は左二・一六、右二・五六kgというようにどの測定値も平均値が増えた。また、身長一〇〇に対する胸囲・胸囲呼吸差・左胸囲・右胸囲などの各部の比例平均値も増えた。半年間の成果が数字に表れた。

服装の改良　服装について、当初は塾内の生活や授業には筒袖《つつそで》を奨励していた。体操時間に

トクヨが参考にした
キングスフィールド・
カレッジのチューニック
（日本女子体育大学所蔵）

は手持ちの体操服、運動靴を履くように伝えている。しかし、身体内部の呼吸機能、血液循環、消化機能を重視するトクヨは、身体の健康のために、まもなく、体操服及び日常服をキングスフィールド・カレッジのチューニックに切り替えた。チューニックは、上衣は、体操服肌着の上にシャツ又は半袖シャツを着る。下衣は、タイツをはき、その上に胸にひだをとり、胸元がゆったりしているチューニックを着用する。共布で作ったベルトをゆるく結ぶ。肋木に逆さにぶら下がる場合、裾《すそ》に近い方にベルトをしめて、チューニックのスカートが落ちるのを防いだ。キングスフィールド・カレッジのチューニックをベースに、トクヨ自身の工夫が加えられた。

寄宿舎の生活　食事は、トクヨの母キンが奮闘した。二人の下働きの女性を雇い、トクヨたちも含めて五〇人ほどの三度の食事を担当した。五升炊きのお釜《かま》が二つ、一日に三回使われ、水がよくないため、大小二つの湯わかしに絶えず湯を沸かしていた。肉や魚は週に二度ずつ、おやつは三、四度出した。掃除から来客の接待まですべて塾生が行った。居室を教室にし、雨が降ると雨天体操場にし、食事の時間には食堂にするなど、そのつど室内の模様替えをする。それもすべて塾生が行った。トクヨは起居を生徒とともにし、生徒たちの一挙手一投足に至るまで、言葉遣いも厳しくしつけた。

固定収入が授業料と食費だけの塾の経済は厳しく、その日暮らしであった。そうした中でも、夏休みになって郷里からの送金がなくて帰郷できずにいる生徒がいると、金銭を与えた。寮では生徒の健康のためにお風呂は毎晩たてた。当番は各室から出て、焚《た》き付けから背中を流す三助《さんすけ》の役まで務める。仕事がすむと当番に五銭を与え、夜食を御馳走《ごちそう》した。四季折々の珍味、冬の雑炊《ぞうすい》、りんごのデリシャスを一人に一個、上等のお菓子などを与えた。だから生徒たちは進んで風呂当番を引き受けた。土曜日の外泊は近親の所のみ許可し、外での危害から生徒を守るために厳しくした。こうしたエピソードから生徒一人ひとりを大切にし、厳しさと優しさを兼ね備えたトクヨの人柄が伺える。

夏季休暇の活動　開塾年の夏、塾生の希望者が引率者なしで富士登山を実行した。また、夏休み中、東京市主催の林間修養会が渋谷の西郷邸で開催され、女児組三〇〇名の指揮及び自由遊びを塾生一五、六名が指導した。その他、八月初めに五日間の夏季遊戯講習会を行い、一〇ばかりのダンスを教えた。そこで、社会奉仕として、講習部開設広告を出した。〝女子体操や遊戯等を臨時に習いたいと希望する人は来てください。講習無料、謝礼等も受けない。女子研究家には一泊八〇銭で宿泊可〟というものであった。中には男子研究家からの参加希望もあった。

卒業生の就職　卒業生の就職は順調であった。大正十二年三月、第一期生四九名のうち、遅れて入塾した者五名、帰省中の者一名を除いた四三名は、女子師範学校や高等女学校などすべて女子の中等学校に就職した。月給七〇円である。この額は、トクヨが卒業生を送り出すときの条件として交渉した。二期生のある卒業生は、埼玉県秩父の小学校教員として四〇円の月給で勤務した経験を持っていたが、二階堂塾卒業後、月給七〇円で千葉県銚子高等女学校に就職し、良い給料であったと語っている。

大正十二年八月、トクヨは、大正四年～十一年までの東京女高師臨時教員養成所体操家事科の卒業生一〇六名と、二階堂体操塾卒業生四六名の教え子たちの親睦会を作り、「桜菊会」と名付けた。桜菊はトクヨの号である。師弟の親睦と同窓の和親を目的とした。

東京府下松原へ移転　二階堂体操塾は順調に運んでいたが、大正十二年九月一日正午前、関東大震災が発生した。幸い生徒たちは皆無事で代々木練兵場に避難していたが、塾の建物は大破した。塾生たちを一旦帰郷させた。雑誌『わがちから』も第三巻九号をもって休刊せざるをえなくなった。しかし、これを機にトクヨは移転する新しい土地を探し、翌十三年一月二十五日に、東京府下松沢村松原（現世田谷区松原町）に移転した。わずか五ケ月弱の間に決断し実行に移したのである。その行動力には目を見張るものがある。

冬の寒い日に、生徒たちは机やイスを背中に縛り付けて背負い、約六㎞の甲州街道を行進して運んだ。その光景は沿道の人々の語り草になったという。震災後の混乱の中で、バラック建てながら塾舎は完成し、三月には二期生七八名が卒業した。二名の在塾研究中の者を除き、七六名が女子の中等学校に就職した。一〇〇％の就職率である。塾再建については四月に就職したばかりの一期生たちの強い支援があった。また、トクヨは、生徒たちが体操やダンスをしている写真を一〇枚一組としたものを作り、三〇銭で二期生たちが売り歩き、資金集めをしたという。そば一杯五銭の時代である。初期のころの卒業生は、塾の経済が大変苦しいことをよく知っていたので、卒業生は皆最初の給料を塾に寄付したという。トクヨの才覚もさることながら、師弟のきずなの強さを物語るエピソードである。

松原に新築した校舎は安普請《やすぶしん》であったが、二年間の実績が物を言って、第三期生一六九名が入塾した。前年の約二倍である。生徒は全国各地から集まってきた。ここでトクヨは「永遠的基礎の確立」として、ストップ付き大型オルガン一五台やピアノなどを購入し、競技選手十数名、医師兼生理学者一名、声楽家二名、器楽家一名、文学士一名、理学士一名など力のある講師を招いて、指導力を強化した。

雑誌復刊　大正十四年一月、雑誌『わがちから』を『ちから』と改題して復刊した。同年一月改正の入塾希望者案内では、授業料は年額一〇〇円、第一期四〇円、第二期三五円、第三期二五円の分納とし、寄宿料は一ケ月二一円とした。大正十二年六月は月謝六円、年額六六円であったのでかなりの値上げである。また、トクヨは十四年二月、第三回卒業生一六八名の就職について初任給七〇円で相談に応じる広告を出している。〃人物優秀、体操・競技・遊戯・舞踊・教練・薙刀《なぎなた》等の技術は最上まで習得している。運動生理や体育史、体操の理論その他学理の研究はよくしている。寄宿生活で、日常生活の実際にも触れているので、舎監として適材である。〃(『ちから』復活第二号、大正十四年二月)などと売り込んでいる。こうした面倒見の良さが評判になり、全国から入塾希望者が集まったのであろう。その頃、トクヨは塾生から「ママさん」とか「カーサマ」などと呼ばれて、ようやく読書したり、恩師や旧知を訪ねたり、余裕が表れたことが『ちから』二月号に記されている。

日本女子体育専門学校に昇格　各種学校二階堂体操塾は、大正十五年三月、「専門学校令」に

よる日本女子体育専門学校に昇格した。十一年四月二階堂体操塾を開設して、徹底した二四時間教育で養成し、四年間で五〇〇名近い女子体操教師を、主に中等教育機関に送り出した。その実績と教育設備、図書、標本など校具の整備と基本金など、専門学校昇格への準備を進め、財団法人日本女子体育専門学校を組織し、理事二階堂トクヨが申請した結果、開塾からわずか四年で、日本初の体育専門学校として認可されたのである。昇格については、裏話がある。塾生たちが慶応大学へ行き、専門学校に必要な道具や図書を借りてきてその場をつくろったという。また、トクヨが教授として体操を教えていた帝国女子医学専門学校の理事長額田豊博士が二〇万円を寄付してくれた。そのお金で昇格できたのである。

校長は二階堂トクヨ。位置は東京府荏原《えばら》郡松沢村松原七一七。目的は「専門学校令ニ依リ、女子ニ高等ノ体育理論及ビ実際ヲ教授シ、兼ネテ体操科教員ヲ養成スルコト」。入学資格は高等女学校卒業程度、修学年限は本科・別科三年、専修科一年（翌年専修科は二ケ年と改正）。施設設備は走路、跳躍場、投技場をもった競技場、テニスコート、バスケットボールコートなどの球技場、弓道場などを含めた運動場、講堂兼体育館、教室、器楽室、生理・解剖室、図書室、寄宿舎。

体操科の理論は、体育理論、生理学、解剖学、看護学、衛生学、栄養学、（優生学）を講じる。体操科の実際は、体操、教練、遊技、薙刀術、弓術、（女子競技選手指導法）等である。

本科生一年生の一週間の教授時数、必修科目をみよう。

第一学年…国民道徳一　心理学・論理学二　体育理論二　解剖学二　体操七　教練二

遊技四　競技四　薙刀・弓術二　女子競技選手指導法一　英語二

国語・文学史二　音楽四　合計三五

第二学年は、教育学・教育史、生理学、衛生・看護・栄養学などが入って合計三六。第三学年は、倫理学、体操教授法、優生学などが入って合計三六。各学年随意科目として、タイプライター、珠算、習字が選択できる。

備考に、体操や競技は女子としてできるすべての種類を含むこと、遊技はダンスを主として、他の舞踏および童謡遊戯等を全部含むこと、女子競技選手指導法は各種の女子競技の「コーチャー」となるために特に実地指導研究を行わせることなど八項目が示されている。

当時、東京高等師範学校の体育科では、体操が週に一〇時間に対して遊技四時間程度で、体操が重視されていた。そのような時代に、日本女子体育専門学校（以下、体専と表示）では、卒業までに体操一八時間、遊技一五時間、競技一四時間を当てた。遊技はダンスを主として、トクヨが英国留学中に学んだチェルヒ校の女らしい優雅なダンスを取り入れた。昭和三年の学則改正から「女子競技選手指導法」という授業が行われ、オリンピックをはじめ全日本選手権などの代表選手の育成を目指す学科目が加えられた。昭和三（一九二八）年のアムステルダム・オリンピックで、卒業生の人見絹枝が、八〇〇m走で日本女性初の銀メダリストとなって以降、四年後のロス・アンゼルス大会に、体専から陸上競技に四名、水泳に一名日本代表として参加している。残念ながら入賞には至らなかった。

日本女子体育専門学校の授業　一週間に三五～三六時間の授業の上に、講堂での訓話、毎晩の薙刀、遊技の練習などがあった。毎晩の遊技として五〇種類を超える「伝統ダンス」が、夕食時間の前後に上級生から下級生に伝えられた。

トクヨは体操、遊技、体育理論を受け持った。肋木その他の器具を使った運動、正しい姿勢や動きを要求する徒手体操など、いずれも生徒たちは歯を食いしばって頑張らなければならなかった。懸垂力を増強するねらいの外に、困苦に耐える精神力、良い体育指導者になるのは生易しいものではないという教訓を与えるねらいがあった。講堂集合での座位の姿勢、体操指導での立位不動の姿勢も少しでも頭が動くと〝体育家としての価値がない。何時間でも正しい、不動の姿勢をとっている不屈の精神とその実行がなければならぬ。〟と厳しかった。丸い小さい木製の腰掛に二時間ぐらい不動の腰掛姿勢で、生徒の骨髄に徹するような適切な言葉を自由に駆使して感銘深い話や指導がなされた。

このように厳しく訓練された生徒たちの体操、ダンス、薙刀などのデモンストレーションは喝采をあびた。体操祭や明治神宮外苑競技場で事あるごとに出場するようになった。トクヨのよく通る号令の下に、二〇〇名を超えるチューニックスタイルの生徒たちの、美しく、一糸乱れぬきびきびした見事な演技は語り草となった。

第８回明治神宮体育大会
（マスゲームを演じる日本女子体育専門学校の生徒たち）
（日本女子体育大学所蔵）

指導者は、体操の面では森俤次郎、今村嘉雄、陸上競技は野口源三郎など東京高等師範学校体育科から、球技は佐々木等（体育研究所技師）、高田通、竹内虎武など当代一流の指導者が協力した。薙刀は直心影流の園部範士、ダンスの指導者には、塾時代から高田せい子、石井小浪など芸術ダンスの権威者を呼んだ。体操科理論では、生理・解剖・衛生・看護栄養学など望月周三郎、加藤信一その他慶應大学医学部から、また、二階堂体操塾時代からの林良斉、パリ・オリンピック・日本チーム・ドクターの内藤和行など専門家も協力した。

専門学校に昇格し、授業内容も充実していたが、修業年限が三ケ年となったことで、入学者は減少した。塾時代の四年目には一八〇名以上が一ケ年の課程を修了して教員になったが、専門学校に昇格した年には一三〇名、翌年は七〇名ほどの入学者で、定員一五〇名の半数にも満たなかった。高等女学校卒業後さらに三ケ年修業となると、結婚適齢などの観点から当時の常識としては厳しかったのであろう。トクヨは、なんとしても中等教員無試験検定資格の認定許可を得なければならないと考え、昭和二年八月に願い出るとともに、在学生に実技だけでなく、理論的な勉学に力を入れて励ました。生徒たちは外に出ることもなく、黙読時間後も食堂で勉学した。師弟一体となって努力した結果、専門学校第一回の生徒が卒業する昭和四年三月には、中等教員無試験検定が許可された。

二階堂トクヨ倒れる

トクヨは昭和十六年四月、入学式の日に倒れた。時間になってもトクヨが姿を見せないので、在学生代表の泉総長が迎えに行った。かけつけた泉にトクヨは入学式の言葉を託した。泉は、全校生徒を前にしてトクヨの最後の訓話を伝えた。〝上級生が結束して下級生を指導してゆかねばならない。〟と指示されたという。トクヨは東京海軍共済組合病院（現東京共済病院）に入院。同月十四日、妹の娘美喜子を養女にした。後に慶應義塾大学病院に転院し、同年七月十七日死去した。胃がんであった。享年六〇。

体操嫌いだったトクヨが、体操教員の養成に打ち込み、体操教員の地位を高め、良い給料が得られるように交渉し、それに見合うだけの人格・指導力ともに優秀な生徒を養成した。ダンスを通して女性の優美な体形を整えること、競技選手を育成する道を開いたことなど、多大な功績を残した。そしてそれは多くの教え子や卒業生によって受け継がれた。

トクヨの死後、弟清寿が校長に、養女の二階堂美喜子が理事長に就任した。昭和二十五年四月、学制改革により日本女子体育短期大学に改組、昭和四十年四月、日本女子体育大学を開学し、現在に至る。昭和五十五年法人本部を、現在地の世田谷区北烏山八―一九―一に移転した。

二階堂トクヨに影響を与えたマダム・オスターバーグ

マルチナ・バーグマンは一八四九年一〇月、スウェーデンのスコーネで生まれた。二八歳の時、医療とマッサージを含む体操を習得するためにスイス・ドイツ・イギリス・フランスに渡る。一八七九年三〇歳、リングによって設立されたスウェーデン王立中央体操学校に入学し、二年間医療体操と教育体操を学び、優秀な成績で卒業した。ロンドン学校委員会に招かれ、女学校と小学校の体育主事となり、体操を普及する仕事を始めた。二四年間イギリスにおけるスウェーデン体操の普及と、女子体育教師養成に全力を注いだ。

マダム・オスターバーグ
（日本女子体育大学所蔵）

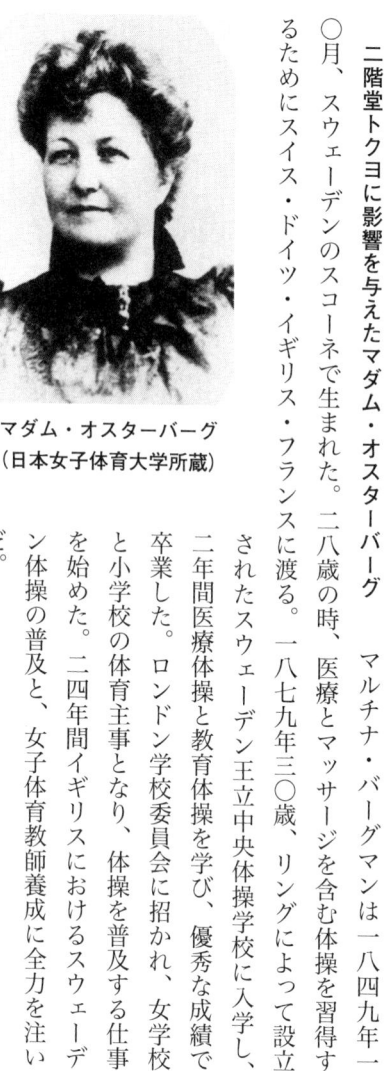

一八八五年、バーグマンはロンドンに、体操教師養成のハンプステッド体操専門学校を開設し、女子体操のスペシャリスト、体操教師の養成に取り組んだ。翌年、パー・オスターバーグと結婚。一八九五年、ハンプステッド体操専門学校をロンドン郊外のダートフォードへ移転し、寄宿制のバーグマン・オスターバーグ専門学校として再出発する。これが永井道明、トクヨが留学したキングスフィールド・カレッジである。マダムは、トクヨの体格がおよそ体操には向かないが、「只《ただ》天才家との賛辞を呈する外に詞はない」と絶賛した。マダムは〝トクヨが日本に帰ったらクヰーンスフィールド専門学校を建てるように祈る。その時には尽力する。〟と常々口にしていた。トクヨは他の学校も視察しなければならないため、一年半でマダムの許を去る。

トクヨが帰国後、生徒に着せた体操服チューニックは、ハンプステッド体操専門学校時代に考案されたものであった。マダムは、女性の自由を妨げている服装についての改良に積極的であった。当時の婦人は、筋肉はやせこけ、悪い空気を吸い、少量のものしか食べず、成長を妨げるような衣服を身に着けて、座ってばかりいる生活をしていた。このような婦人を作り変え、幸せな生活を送らせる方法がスウェーデン体操の普及であり、マダムの理想を広げる女子体育教師の養成であった。寄宿舎生活を送る生徒たちの食物・空気・衣服・不正な身体の矯正に気を配った。足を強くし、胸を広げ、背筋を真っ直ぐにさせることで、か弱くて気力のない婦人を、強く、健康で、優雅な婦人に変えることができると確信していた。

マダムの教育方針は厳しく、修業期間の二年間に水準に達した者のみが免許状を得ることができた。体育の技術だけでなく、広い教養を身に着けさせようと、時事問題を語り、スカンジナビア人の習慣やダンスについて語った。学外から識者を招き、芸術や旅行、彼らの経験などの話を聞かせた。

一八八八年、ロンドン学校委員会を辞任して、ハンプステッド体操専門学校の仕事に専念する。この時点で、イギリスで資格を持ったスウェーデン体操の教師は一、二〇〇人以上、スウェーデン体操を採用した女学校は三〇〇に達していた。一九一五年六月、死亡する直前にバーグマン・オスターバーグ体操学校を国家へ寄贈した。〝無一文で立った私は無一文で終わらなければならぬ。〟とトクヨに語った通りであった。それはトクヨがイギリス留学を終えて帰国した三ケ月後のことであった。トクヨは、マダムの人格や考え方などに多大な影響を受け、終生尊敬した。そしてマダムの方針を、二階堂塾や日本女子体操専門学校においてことごとく実行した。

人見絹枝――アムステルダム・オリンピックで銀メダル獲得

人見絹枝は大正十三年四月、二階堂体操塾第三期生として入学した。後、昭和三（一九二八）年のアムステルダム・オリンピック女子陸上八〇〇ｍで銀メダルを獲得し、日本女性初のオリンピックメダリストとなった。

人見は明治四十年元旦に岡山県で誕生した。大正九年四月、難関の岡山県立岡山高等女学校

人見絹枝（中央）と寺尾姉妹
（日本女子体育大学所蔵）

（現岡山県立岡山操山高等学校）に入学。十年五月、岡山県庭球大会でペア優勝。「関西第一の前衛」と称えられた。十二年十一月、第二回岡山県女子体育大会において、走幅跳で四m五七cmの日本最高記録（非公認）を出した。卒業を前にして和気昌郎校長は、絹枝の競技者としての能力が埋もれてしまうのを惜しみ、二階堂体操塾への進学を進めた。絹枝の父は女高師を、母は裁縫を習いに行くことを願い、人見本人は、女専の文科か女高師の文科を希望していた。しかし、和気校長の熱意に負けて二階堂体操塾に進学した。

人見は、身長一六六cmと当時としてはずばぬけた体格であった。人見はテニスの腕を磨きたかった。しかし、当時のトクヨはエリート意識を持つことを嫌い、競技選手を育成する気持ちがなく、好感を持っていなかった。そのため人見はつらい思いをしたと自伝『スパイクの跡』で述べている。十三年十月、第三回岡山県女子体育大会が催されることになり、岡山県から人見に出場の要請が来た。人見は、トクヨに許可されないだろうと恐る恐る話してみると、意外にも「帰って大いにやってらっしゃい。」という言葉が返ってきた。人見はその大会で三段跳一〇m三三cmの世界最高（非公認）を記録した。トクヨは雑誌『ちから』三巻一二号のグラビアに、人見が塾で体操する写真を六枚紹介した。その後も人見は五〇m走や三段跳で記録を出し、大活躍した。トクヨは、トップアスリートの養成が女子体育の発展に必要であると考えなおし、グラウンドを二倍に拡張するなど支援した。

人見は二階堂体操塾を卒業して、十四年四月、京都市立第一高等女学校（現京都市立堀川高等学校）に月俸七〇円で就職した。しかし、一学期の終わりにトクヨから塾に戻ってきてほしいと要請され、塾長に代わって台湾の学校へ実技講習の講師として派遣された。帰国後は、研究生として迎えられ、塾の専門学校昇格に向けて準備を進めた。十五年三月、昇格が認められた時は、トクヨと手を取り合って喜んだ。人見は、号令のかけ方が悪いとよく注意されたが、月給を受け取らず、年末年始にも帰省せず、グラウンドの整備をしたり、毎朝松原駅（現明大前駅）から学校に向かう道を掃除したり、高い身長を生かして体育館の屋根を修理したりしてトクヨに褒められた。トクヨは、非の打ちどころのない人見を学校に留めおきたかったが、人見は、女子陸上競技のパイオニアとしてさらなる飛躍を目指して、十五年四月、大阪毎日新聞社に入社した。

大正十五（一九二六）年八月、スウェーデンで行われた第二回国際女子競技大会に日本人としてただ一人参加し、走幅跳一位、立幅跳一位、円盤投二位、一〇〇ヤード走三位という結果を出し、個人総合一位、名誉賞を受賞する好成績を上げた。この大会は、まだオリンピックの陸上種目に女子の参加が認められていなかったため、フランスのアリス・ミリアが主催した大会であった。この大会で国際大会の事情を知った人見は、コーチの必要性や年間を通してトレーニングする重要性を、著書などを通して広く伝えた。昭和二年四月、谷三三五《ささご》にコーチを依頼した。そして翌年のアムステルダム・オリンピック女子陸上八〇〇mで銀メダル獲得。日本女性初のオリンピックメダリストとなった。本命だった一〇〇mを準決勝で敗退し、「このままでは帰れない。」と、それまで八〇〇mを公式の競技会で走ったことはなかったが挑戦した。一位となったドイツのリナ・ラトケとほぼ同時にゴールした後失神するほど競り合った。その後休む暇もなく立て続けに大会に出場したり、後輩選手を率いて国内外の大会に出場したり、またその遠征費用捻出《ねんしゅつ》に苦労したりした。トクヨは、昭和五年の国際女子競技大会への遠征費として一、〇〇〇円を人見に送って支援している。昭和五年は半年の間に五つの大会が集中した。そうした多忙な競技生活の中で『最新女子陸上競技法』や自伝『スパイクの跡』などの著作活動も行っている。

昭和六年三月、体調を崩して、五月、大阪帝国大学付属病院に入院し、乾酪性肺炎により同年八月、二四歳の若さで他界した。五〇m、一〇〇m、走幅跳、立幅跳、走高跳、三段跳、砲丸投、円盤投など多くの陸上競技に出場し、非公認も含めて、数々の世界記録、日本記録の保持者となった。人見没後トクヨは、「スポーツが絹枝を殺したのではなく、絹枝がスポーツに死んだのです。」(『婦人公論』　ウキペディア「二階堂トクヨ」より）という言葉を残している。また、プラハに人見絹枝の碑が建立されることになった時、トクヨは借金をしてまで寄付をしたという。

参考文献

『わがちから』・『ちから』（複製本）
二階堂トクヨ『体操通俗講話』
二階堂トクヨ『足掛四年』
二階堂トクヨ『男女幼学年児童に科すべき模擬体操の実際』
『二階堂学園六十年誌』
二階堂清寿・戸倉ハル・二階堂真寿共著『二階堂トクヨ伝』
『二階堂学園発展史』
『日本体育大学八十年史』
『二階堂学園90年―学園は今―』
ウキペディア「二階堂トクヨ」
人見絹枝『スパイクの跡』

日本初の女子薬学専門学校――帝国女子薬学専門学校

大正十四（一九二五）年一月、道修女子薬学専門学校が開校した。わが国最初の女子薬学専門学校である。同年十月、帝国女子薬学専門学校と名称を変更した。現大阪医科薬科大学薬学部の前身である。それは、まだ封建的な色合いが濃い明治三十八年九月に、薬業をもって自立可能な女性を育成するために、女子に門戸を開いた道修薬学校女子部に始まる。では、どのようにして始まったのかみよう。

薬種商の町、大阪の道修町　道修町は、江戸時代から薬種の集積地として栄えた。明治のはじめごろ、道修町一丁目から三丁目にかけての通りには、約一二〇軒の薬種店が軒を連ねていた。その大半が和漢薬店であった。江戸時代の薬種の流通は、長崎を窓口として輸入された漢薬、国内産の和薬、安政の開港以後、横浜との取引で流通した洋薬の三種類があった。長崎で輸入された薬種の引き受け所が大阪で、その中心が道修町であった。しかし、江戸幕府の倒壊によって薬種の流通は自由貿易化し、道修町の薬種商も新しい時代の対応を迫られた。

明治初期の貿易商たちは舶来医薬品に対する専門の知識がなく、鑑別能力に乏しかったため、だまされやすく、贋薬《がんやく》がしばしば流通し、死亡事故が多発した。漢方医が七九%、洋方医が二一%という実情であったが、政府はドイツ医学の採用を決定し、明治四年、ドイツ軍医のレオポルト・ミュルレルとテオドール・ホフマンを招聘《しょうへい》した。ミュルレルは、日本では医師が薬剤を調合して患者に与えている風習を危険だと指摘し、薬学者を招聘し薬剤師の養成にあたる必要性を答申した。これを受けて六年、薬学指導者養成機関として五年制の製薬学科が、東京第一大学区医学校（現東京大学医学部）に併置された。同年六月「薬剤取調之方法」が布達され、第十条に「従来医家より薬品を売るを禁止し、医家の書記せる方書を薬舗に送るべし。」と「医・薬分業」の基本姿勢が示された。しかし、これには但し書きがあった。「但し当分の形勢未だ医家の法則一定せざる間は、医家自ら薬剤を病者に与ふるを許す」という一文が付則していたため、「医・薬分業」は昭和の戦後までもつれこむことになる。続いて明治七年八月、「医制」が布達され、第四一条で〝医師たる者は自ら薬をひさぐことを禁ず〟と、医薬分業の理念が示された。これが医師会と薬剤師会との抗争の原点となる。

大阪薬学校、大阪道修薬学校のはじまり　政府は不良薬品を取り締まるために、明治七年に東京司薬場、八年に京都司薬場と大阪司薬場を開設して薬品検査を行った。こうした流れを受けて、八年九月、大阪府知事は、府下の薬業家を集め、大阪司薬場を教場にあてて、薬学の講習会を開いた。これが大阪における薬学教育の始まりとされる。

明治十九年、大阪の薬種業者などが集まり、東区伏見町に「大阪薬学校」を設立した。合併・改変を繰り返し、後に、大阪大学薬学部となる。二十二年三月、「薬品営業並薬品取締規則」が制定された。これにより薬局や薬剤師の資格や身分が初めて規定され、薬剤師資格取得の気運が生まれた。三十六年、大阪薬学校の専任講師で、陸軍三等薬剤官であった森小一郎は同僚らの同意を得て、大阪薬学校の教室を利用して、夜間に「大阪薬学講習会」を開講した。昼間は薬店などで働いる店員を対象に、薬剤師試験に合格させるための学科を教授した。修業年限は一年で、修了者には大阪薬学校の専科に無試験入学が許可され、実地試験科目を修業できることになっていた。この講習会の規模が大きくなり、薬学校と改称し、新たな校舎を定めて教授することになった。これが大阪道修薬学校の前身である。

明治三十七年五月、「私立学校令」に基づき、大阪道修薬学校（夜学）が大阪府から設立認可を受けた。道修町三丁目住民の共有地であり、町会の会所を借り受けてのスタートだった。現在は塩野義製薬株式会社の敷地になっている。大阪道修薬学校の創設は、内務省大阪衛生試験所長平山松治らが中心となった。入学資格は高等小学校卒業者であった。当時大阪には大阪薬学校があったが、こちらは昼間の学校で、薬種商の後継者というような裕福な家庭の子弟でないと入れなかった。大阪道修薬学校は、夜間で苦学生が多く、勉学には人一倍努力し、薬剤師試験の合格者は昼間の大阪薬学校よりも多かった。

大阪道修薬学校女子部のはじまり

女子部は、学校史では、明治三十八年九月から始まったとされる。男子部と同じ校舎を、女子部は昼間に使用することにした。しかし、三十七年六月七日の『艸楽新聞』の広告によると、「…本月一日新に女子部を設けて授業を開始せり。…授業時間は午後四時より同七時までなり」（『大阪薬科大学八十年史』より）とあり、すでに前年から授業を開始していたとみられる。四十一年、生徒数の増加に伴い、大阪市東区南久太郎町に移転した。借地・借家ではあったが、校舎は白亜の洋館で、階下には大きな実験室、女子の寄宿舎、階上には二教室があった。しかし、女子部は四十二年一月、大阪女子薬学校に吸収された。大阪女子薬学校は、明治三十九年、北区梅田町にあった関西医学院の中に設けられた二年制の薬学校であった。ところが、関西医学院が四十一年に廃校になった影響で、四十四年六月、大阪女子薬学校も閉鎖となった。そこで、大阪道修薬学校は三〇余名の生徒を引き取り、同年七月一日より女子部を再興し、昼間に授業を行うことになった。これが後に道修女子薬学専門学校となる。

大阪道修薬学校は、男子部・女子部ともに順調であった。しかし、大正二年九月、薬剤師試験規則の改正により、薬剤師受験資格が中学校あるいは高等女学校卒業以上の者となった。旧規制の適用期限は大正十年

女子部実習風景
（『大阪薬科大学八十年史』より）

十月までとなった。改正が発表された時点で、大阪道修薬学校は廃校宣言し、九年四月、男子部の募集を一旦中止した。男子部で学ぶ者は義務教育を終えただけの者が多かった。義務教育が六ケ年に延長されたのは明治四十年である。高等小学校を卒業して就業している者もまだ少なかった。そうした状況で、男子部を新制度に合うように改組することは経営上困難であった。

大正十年九月の男子部廃止に先立って、女子部は同年四月、学則を改正し、入学資格を高等女学校以上とし、三年制をとった。同年六月、大阪府東成郡天王寺村大字阿部野に校舎を新築し、大阪道修薬学校女子薬学部が始まった。翌年には男子部も新制度に移行させ、さらに十二年には普通部も発足させたが、すでに、昼間の男子薬剤師養成学校である大阪薬学校が存在していたため、生徒が集まらず、断念せざるを得なかった。大正十二年十二月の時点で、生徒の在籍は男子薬学部二〇名、女子薬学部一九五名、普通部二一九名であった。そこで、大阪道修薬学校は、夜間の男子部を廃止し、昼間就業する必要のない高等女学校卒業者を対象とした女子の薬学教育一本にしぼることにした。

こうして大阪道修薬学校女子部は大正十年をもって、また、女子薬学部は大正十三年をもって幕を閉じ、道修女子薬学専門学校に引き継がれていく。明治四十年九月、第一回卒業生〜大正十三年三月の卒業生まで、総数二四四名、薬剤師試験合格者は一九三名である。その一九三名中、在学中に合格し、中途退学した者が六一名いる。約三分の一が、試験に合格すると退学して、実務に就いていったのである。薬剤師試験に合格した者の就業先をみると、開局が最も多く六五名、次いで病院勤めが三六名である。このことからも道修薬学校女子部、並びに女子薬学部は、社会で立派に活躍し、自立する女性を輩出することに貢献したといえよう。

道修女子薬学専門学校開校　大正十二年六月の「道修女子薬学専門学校設立趣意書」に、

…官私の薬学専門学校は十指を屈するに余る、されど是れ皆男子の専有に属し、女子にありては未だ一の専門学校すら其設置を見ず、…今や時代の趨勢《すうせい》は女子薬学専門学校の設置を要求して止まず、…（『大阪薬科大学八十年史』より、カタカナをひらがなで表記する。）

とあるように、当時男子の薬学専門学校は一〇校以上あったが、女子の薬学専門学校は一校もなかった。さらに長崎、京都、大阪の男子薬学専門学校が女子薬学部の付設を計画し、当局に認可を求めたところ、男女共学並びに二部教授はまだ国情に適しないとして、許可されないと耳にした。そこで大阪道修薬学校は、新時代の要求に応じて女子薬学教育の急先鋒《きゅうせんぽう》となることを決心した。女子部を独立させて女子薬学専門学校に昇格して、国家社会に貢献しようと、文部省に諮ったところ、基本金の充実と校舎新築を急ぐことを進められた。大正十三年一月、設立認可申請を文部大臣あてに提出した。同年四月開校としたかったが、昇格審査に一年かかった。基本金と校

守口校舎講堂（記念館）
（『大阪薬科大学八十年史』より）

舎新築を急がねばならなかった。

守口町大字土居の素封家、山内竹三郎、山本宗一郎の両氏が資金援助者になった。さらに学校幹部や教職員が奔走して、在校生の父兄から寄付を集めた。こうして、財団法人の基本金が一〇万円に達した。大正十三年七月、大阪府北河内郡守口大字土居三〇九番地に、第一期工事として、本館、分館、付属建物が完成し、その後、数度にわたり新築、改築が繰り返された。三、四年の間に専門学校として必要な建物はほとんど建てられた。財団法人道修女子薬学専門学校設立認可は大正十四年一月七日付けでおりた。在校生を専門学校に編入するために、編入試験を行い、大阪道修薬学校女子部の在校生をすべて道修女子薬学専門学校へと引き継ぎ、同年五月、専門学校の第一回卒業生一六名を送り出した。十四年初めの在学生数は、第一学年一六三名、第二学年一一四名、第三学年五七名、合計三三四名であった。

学科は、本科（三ケ年）、研究科。目的は、「女子ニシテ薬剤師タラントスル者ニ必須ナル学術ヲ教授スル」であった。生徒定員は各学年一二〇名、合計三六〇名。

入学資格は、「身体健全品行方正」、「年齢一七歳以上」、「修業年限四ケ年以上の高等女学校卒業者及び専門学校入学検定規定による試験検定合格者」であった。道修時代の女子薬学部の入学資格と同様であるが、入学試験の規定が加わった。入学志願者が予定の人員を超えた場合は、「国語・数学・外国語・理化学」について、修業年限四年の高等女学校卒業程度による試験を施行し、その成績により入学者を定めるとした。

学費は、入学料五円、授業料年額一〇〇円。実習費は第一学年一〇円、第二学年二〇円、第三学年三〇円。

大正十四年当時の教授陣は、校長兼教授・野崎仙太郎（修身・ドイツ語・生薬）、監事兼教授・秋山卓爾、教授・井宮友吉（化学・薬品鑑定・薬学・ドイツ語）、教授兼校医・岩佐守三（解剖学・生理学、薬理学）、石原泰一郎（衛生細菌学）、石田末蔵（ドイツ語・薬化学・裁判化学）、別所熊太郎（分析学・製薬化学）、神山甚吉（分析学・調剤学）、野崎清（鉱物学）、山本茂（ドイツ語）、佐藤敏雄（植物学・生薬学）、北出信二（化学・物理化学・電気化学）ら教授一二名、その他助教授五名、講師二名であった。

学科課程　修身一時間と独逸語は各学年履修する。独逸語は学年及び前期・後期によって三

顕微鏡実習（昭和３年）
（『大阪薬科大学 100 年の歩み』より）

〜一二と時間数が異なる。その他、第一学年は、鉱物学・物理学・化学・薬用植物学など、一週間に理論二八時間、実習一〜四時間。第二学年は、化学・分析学・薬化学・生薬学・調剤学・衛生化学・解剖生理など、理論二一〜二四時間、実習一一〜一三時間。第三学年は、薬化学・調剤学・薬局方・衛生化学・裁判化学・電気化学・薬品鑑定・衛生及細菌学・薬理学・薬制など、理論一一〜二一時間、実習一八〜二四時間。

時間数に幅があるのは前期・後期によって学科目が変わるためである。また、各学年に科外講義が不定時で行われた。

帝国女子薬学専門学校に改称　専門学校への昇格をはたし、次の目標は、国家試験を受けなくても、卒業と同時に薬剤師免許を受けることができる「無試験開業ノ特典」の指定を文部省から受けることであった。専門学校設立認可後満二年で出願できる資格が得られる。大正十四年一月に配布された「大正十四年度入学志願者心得」にすでに特典として記されている。大阪の薬問屋町で産声をあげた薬学校が、わが国最初で唯一の女子薬学専門学校になったのだから、大阪の薬問屋の町名を冠するのはふさわしくない。入学者は全国三三道府県から、さらに朝鮮、台湾、関東州からも集まってきている。それにふさわしい名称にしようということで、大正十四年九月二十八日付けで、文部省へ校名変更認可申請を提出し、同年十月二十一日「帝国女子薬学専門学校」という校名改称の認可を受けた。

無試験開業の特典指定、理事たちの誤算

理事たちは、順調にいけば、昭和二年三月卒業生から無試験開業の特典指定を受けられると考えていた。しかし、一年が経過したころ、それを受けるには、四年制にしなければならないことに気づいた。文部省は当初から四年制にするように指導していたのだが、当時は修業年限が一年でも少ない方が女子生徒を集めやすいのではないかという思惑が働いた。野崎校長は大正十五年一月、父兄に宛てて、修業年限を一年延長することの同意を求める手紙を発送した。三年生は卒業間近であったため、三年制で卒業させ、一、二年生の父兄には同意を得て、大正十五年四月より学則を改正して、四年制の新学期を実施することとなった。しかし、同年九月、三年制で入学した一部の父兄から希望者には旧学制を適用してほしいとの申し入れがあった。このため、昭和二年三月、三年制の学則による二〇名の卒業者を送り出した。その直前、二年一月、無試験開業の特典指定申請書を文部省に提出した。しかし、三月になっても、五月になっても認可は下りず、三年制による指定は絶望的であった。そこで、昭和三年三月の四年制第一回卒業生に望みを託した。文部省から試験官が派遣され、試験を実施し生徒の実力を試した。生徒たちは指定を受けられるかどうかこの試験にかかっているため、猛烈な勉強をしたという。その結果、昭和二年十一月、文部省告示第三一一号をもって、指定認可を得た。卒業と同時に薬剤師免許が与えられることになったのである。しかも成績優良な者には中等学校化学科教員免許状が与えられることになった。こうして昭和三年三月、専門学校第四回卒業式が挙行され、七九名の女子薬剤師が巣立っていった。

その後の発展　昭和四年四月、専門学校とは別経営で、付属の帝国高等女学校を東方約二〇〇mの所に設立した。同月、専門学校の定員を六〇〇名に増員した。校舎が手狭になったため、帝国女子薬学専門学校は、大阪府南河内郡北八下村大字河合五〇四番地（現松原市河合）の約一万坪の土地を購入し、昭和七年十月、新校舎へと移転開校した。新校舎は鉄筋三階建の近代的西洋建築である。大阪鉄道株式会社と交渉して、「高見ノ里」駅を新設させた。また、六〇〇名の生徒が行き来する通学路を作るため、駅から街道までの道路の幅を広げ、西除川に橋を架けた。

大阪府と松原村の協力を得て、校門までの通学路を作った。総工費約三六万円は、借入金と在校生の父兄からの寄付であった。

帝国女子薬学専門学校は、女子に学問は不要と言われた時代に、夜間の道修薬学校女子部からはじまり、高等教育を受けて薬剤師の資格が取れる専門学校の先駆けとなった。戦後、時代の趨勢から男子に門戸を開き、昭和二十四年から男女共学に移行し、二十五年、大阪薬科大学となる。さらに令和三年、大阪医科大学と合併し、大阪医科薬科大学の薬学部に再編された。

参考文献

『大阪薬科大学』八十年史
『大阪薬科大学　90年小史』
『大阪薬科大学　１００年の歩み』
佐谷圭一「素晴らしき薬剤師：医薬分業と阪神大震災での活躍」（『薬学図書館』42　一九九七年）
山本章「日本における医薬分業の過去、現在、未来」（『薬剤学』74　二〇一四年）

日本初の看護専門学校――聖路加女子専門学校

明治三十三（一九〇〇）年一月、米国聖公会から派遣された宣教医ルドルフ・ボリング・トイスラーが来日した。トイスラーは、東京築地で、貧困者を診療していたが、三十四年に小規模の

ルドルフ・ボリング・トイスラー
（聖路加国際大学法人資料編纂室所蔵）

聖路加病院を開設した。そして、女学校を卒業した女子を病院に採用し、二年間看護学を勉強させながら、病院の中で、米国式看護法を実習させた。トイスラーは、医師の診療業務の補助者ではなく、医師と協力して働くことのできる看護婦の教育の必要性を感じ、レベルの高い看護教育機関を作ろうと計画した。大正九年、米国からアリス・セント・ジョン看護婦を招き、聖路加国際病院付属高等看護婦学校を設立した。

この看護婦学校設立に込められたトイスラーの思いをみよう。

当時の看護婦教育事情

明治時代初期のころまで日本では、病人の世話は家庭内で女性が行うのが当然とされていた。我が国最初の看護婦教育は、明治十八年、高木兼寛が有志立東京病院に看護婦教育所を設立したことに始まる。続いて十九年四月、同志社病院の京都看病婦学校、同年十一月、桜井女学校（現女子学院）内に看護養成所、二十三年四月、日本赤十字社看護婦養成所が設立された。明治中期に始まったこれらの看護教育は、ナイチンゲール方式に基づき、日赤以外は、キリスト教宣教看護婦によって指導された。日清戦争後、多くの看護婦が求められたため生徒の質が低下した。明治後期は、病院整備も進み、各地で看護婦の養成が行われるようになったが、入学資格や修業年限、学科内容は一定していなかった。東京府が三十三年、「東京府看護婦規則」を公布し、試験制度を導入した。これが波及し、大正三年までに二九府県で制定され、各府県が取り締まっていた。大正四年、「看護婦規則」（内務省令第九号）が発令され、府県ごとの看護婦規則が統一された。

本令において看護婦と称するは公衆の需に応じ傷病者又は褥婦《じょくふ》看護の業務を為す女子を謂う（第一条）

看護婦たらんとするものは一八年以上にして左の資格を有し地方長官の免許を受くることを要す（第二条）

一　看護婦試験に合格したる者（実施は地方長官）

二　地方長官の指定したる学校又は講習所を卒業したる者

入学資格　高等小学校卒業若しくは高等女学校二年以上の課程を修業し又はこれと同等以上の学力を有すること（修業年限…二年以上なること）

受験資格　一年以上看護の学術を修業したる者にあらざれば看護婦試験を受くることを得ず（第五条）

（厚生労働省・医療安全の確保に向けた保健師助産師看護師法等のあり方に関する検討会
第二回資料）

この規則が大きく改正されるのは戦後の昭和二十三年七月である。この大正四年の「看護婦規則」によって、看護婦はそれまでよりも社会的に認められる職業となった。しかし、日本では、女性が見知らぬ男性に付き添って看護するなど良家の子女のすることではないという観念が根強くあり、看護婦に対する軽蔑《けいべつ》や偏見が長く続いた。

聖路加国際病院付属高等看護婦学校の様子　トイスラーが校長となり、セント・ジョンが主事として、高等女学校卒業の女子十数名を集め、三年制の看護教育を開始した。当初の教育目標は「本邦における看護法の標準を向上せしむりにあり」で、学科課程と教育方法を米国およびカナダの看護学校の教育に倣った。セント・ジョンは、自分にも他人にも怠惰を許さず、厳しい人だったという。

聖路加国際病院付属高等看護婦学校第二回の卒業生湯槙ますは、高等小学校卒業でも入学できるところを、聖路加は、高等女学校卒業を入学資格とする学校であったため、従来の病院職員としての養成所の生徒とどのように違った教育を受けられるのか、アメリカ式の看護に対する大き

な希望を抱いた。しかし、

最初に教えられたことは家庭の主婦的役割、病人が出たらベッドを整頓《せいとん》したり、身体を清潔にしたり、食事の世話をし、室の掃除をしたり、いわゆる科学以前のこと、それに簡単な治療の手伝い、吸入、湿布、ガーゼ交換の手伝い、浣腸《かんちょう》といったことに進み、当時のカリキュラムには家事整理も入っていて、掃除は勿論《もちろん》病人の洗濯も時にはすることもありました。

（『聖路加看護大学50年史』より）

と、「看護を探究しつつ」と題して振り返っている。さらに、看護がこんなことであれば、果たして高等女学校卒業の必要があるのかと、疑問を持つこともたびたびであったという。入学当時二七人いたクラスも卒業時は一〇人になっていた。湯槇は昭和十五年に主事に就任するが、自分を長く看護の仕事につなぎ留めたものは何であったかと考えると、聖路加の看護の先生たちから、「基督教の心を看護の心として考えること」を教えられたことであったと述懐している。専門学校になるころから、カリキュラムから家事整理はなくなり、看護に専念するという立場がはっきりして、看護は高度の技術を持つものであるという考えに発展したという。

十二年、第一回生の卒業を迎えた。第一回生の河村郁、北出よし子が在学中にロックフェラー財団の奨学生として、北京大学へ留学するなど、順調であった。しかし、同年九月、関東大震災により校舎と寄宿舎が焼失し、仮校舎で教育を続けねばならなかった。十三年、聖路加病院の敷地内に東京市築地産院が設立され、医師、看護婦が出向となるが、十四年には、築地産院は市の新築建物に移った。十五年、築地産院にて産婆実習が開始された。次第に聖路加看護学校の教育の成果が世間に認められるようになった。

聖路加女子専門学校に昇格　昭和二年、財団法人聖路加女子学園を設立し、十一月、「専門学校令」による、日本で最初の看護専門学校に認定された。聖路加女子専門学校として、本科三年、研究科一年を設けた。教育目的は、「高等看護婦、高等産婆の養成および、学校、公衆衛生並に社会事業等に依り、保健衛生に関する教授または実務に従事する婦人を養成する」とした。引き続き、トイスラーが校長、セント・ジョンが主事として、一学年一〇～一五名の定員で教育が行われた。五年、規定を改め、研究科（公衆衛生看護専攻）に他の看護学校卒業生も入学できるようにした。米国のロックフェラー財団から四〇万ドルの寄付により、三年から起工された聖路加国際病院本館および校舎、寄宿舎が八年に落成し、三月移転した。当時、世間の人々が目をみはるほど立派な建物であった。この時の寄付金が今日の大学運営の基金となった。トイスラーは、九年八月に心臓病で急逝し、久保徳太郎が第二代、院長及び校長に就任した。

昭和十年、学則を変更し、本科の修業年限を四年とし、研究科の科目をすべて本科の課程に包含し、研究科を廃止した。これは、四年間に、指導者として必要な看護の専門的な知識技能の修得とともに、人格の涵養《かんよう》に努めるためであった。入学金五円、授業料年額七七円（一学期二七円、二・三学期各二五円）。

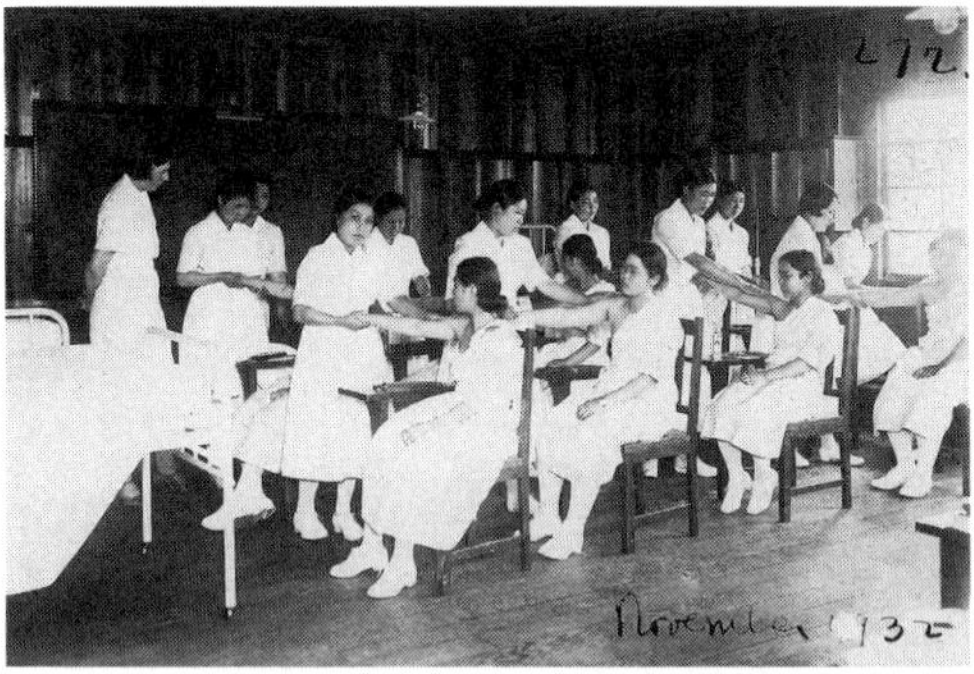

マッサージのクラス風景（1932）
（聖路加国際大学　法人資料編纂室所蔵）

学科課程　英語・修身・体操は第一学年〜第四学年まで履修する。その他に第一学年は、個人衛生学・公衆衛生学・看護史及看護道徳・マッサージなど看護に関する基本的科目一四科目が設定された。第二学年は、患者食・小児科学・産科学及助産法などが設定された。第三学年は、看護法病室実習（一〇四八時間）が中心になる。第四学年は、社会学・心理学・教育学などの教養科目、一般科学教授法・病室管理法原則などの教授法や管理法、さらに、「看護婦養成並公衆衛生看護養成教授と視察」（五七六時間）、野外実習（一二〇時間）などの視察や野外実習が設定され、指導者として必要な知識・技能を修得するとともに、人格の涵養に努めるよう学科課

全校生徒の勢揃い（昭和７年頃）
（聖路加国際大学　法人資料編纂室所蔵）

程が設定された。このような四年間の課程で成績優秀な卒業生は、看護婦養成所の教員、病院看護婦の指導監督者、公衆衛生指導者などとして活動する。また、本科は、中等教員および保健婦教育の課程を強化し、修業年限二年の別科を付設し、看護に従事する看護婦を養成した。

昭和十二年七月、日中戦争が始まった。十五年、橋本寛敏が第三代校長に就任。同年の夏ごろから、わが国の子女の教育は外国人に依存すべきではないという世論が起こった。十六年四月、これまで学校に尽くしてきた米国人看護婦教員の、セント・ジョン、ミス・ヌノが帰国せざるをえなくなり、教員はすべて日本人となった。病院内の米国人スタッフも全員引き上げた。十六年七月、校名に外国語を用いることが禁止され、終戦まで、「興健女子専門学校」と改称した。同年、本科卒業生に中学・高等女学校の生理衛生の教員免許が無試験で与えられることになった。同年十一月、第一種保健婦学校に指定された。同年、久保徳太郎院長が亡くなり、橋本寛敏が第三代院長および校長に就任した。十七年九月、助産婦学校の指定を受ける。戦時体制に入り、修業年限を三年に短縮し、厚生科とし、一年の研究科を設置した。厚生科卒業生に中学校、高等女学校の家政科育児の教員免許無試験検定取扱が継続承認された。

終戦後、聖路加短期大学から聖路加国際大学へ　終戦後、病院及び校舎は米国に接収され、一時休校した。昭和二十年十二月、聖路加女子専門学校に校名を戻し、二十一年から、日本赤十字社の看護養成所と合同して、日本赤十字病院内で「東京看護教育模範学校」の名のもとに教育が続けられた。二十三年、「保健婦助産婦看護婦法」（法律第二〇三号）が制定された。聖路加女子専門学校の教育内容と教育方法が他校の看護教育の基準となった。昭和二十七年、病院の一部が返還され、日赤から移動し、聖路加独自の教育に戻った。

二十九年、学校教育法に基づく聖路加短期大学の認可を受け、三十九年一月、聖路加看護大学に昇格した。日本の国立・私立看護大学中の最初である。五十五年、大学院修士課程の認可が得られ、私学では看護学の最初の修士課程となった。さらに六十三年、私学で看護学最初の博士課程が認可された。平成十二年男子受け入れを開始。二十六年、聖路加国際大学と名称変更した。

米国聖公会から派遣された宣教医トイスラーの夢の一つが、日本の看護教育のメッカを聖路加に作ることであった。そのトイスラーの夢が聖路加国際大学によって実現したといえよう。当初

の目標であった看護法の標準を向上させ、看護婦の地位を向上させることも実現した。聖路加国際病院外科診療顧問の中村徳吉は、

…一九一九年から五〇年の間に、日本社会の中の看護婦の位置の向上したことは非常なもので、昔は女中の一寸、毛のはえたもの位に考えられていた看護婦が、今日では立派な、尊敬に値する職業と見られ、社会の上層にある家庭の娘さんたちが、看護大学に沢山入学希望するようになった。出来上がった看護婦は高き教養を持ち高度の専門的知識と訓練を経て看護の実施に申し分なき迄に進んでいる。…

（『聖路加看護大学50年史』より）

と記している。現在、聖路加国際大学は、日本における看護教育機関の最高峰として、よき看護教育・看護研究・看護実践の指導者を輩出している。

参考文献

『聖路加看護大学50年史』
『聖路加国際大学70年』１９２０～１９９０
厚生労働省：医療安全の確保に向けた保健師助産師看護師法等のあり方に関する検討会第２回資料
https://www.mhlw.go.jp/shingi/2005/05/s0512-2a2.html

実践的家政学を追究した東京家政専門学校

大江スミの家政研究所　四年間のイギリス留学から帰国し、東京女子高等師範学校（現お茶の水女子大学、以下、女高師・東京女高師と表示）教授を務めていた大江スミは、大正十二（一九二三）年二月、東京牛込区市ヶ谷の自宅で、家政研究所を開設した。洋裁、和裁、刺繡《ししゅう》、料理など各分野の専門家を招き、二〇数名の生徒を指導し、それまでの狭い家事科からの脱却を図った。二年後の大正十四年四月、日本女性のための高等教育拠点として、東京家政学院を開学した。そして、さらに二年後の昭和二年七月、東京家政専門学校に昇格させた。短期間に専門学校への昇格を果たし、中等学校教員無試験検定の資格を得られるように運んだ大江の理念や手法には目を見張るものがある。科学に基づいた実践的家政学を追究した大江精神について述べよう。

大正十四年四月、東京家政学院は、東京麹町《こうじまち》区三番町の新校舎において、大江スミを校長として授業を開始した。家政高等師範部一二八名（修業三ケ年）、家政専修部八四名（修業二ケ年）、家事実習部六一名（修業一ケ年）、合計二七三名でスタートした。初年度においてこれだけの生徒が集まったことからも、大江の名声が高かったことがわかる。家事・裁縫・割烹《かっぽう》などの実習科目のほかに、倫理学、教育学、憲法・民法、統計学、社会学、家政学概論、物理・化学、生理・衛生学など多岐にわたる分野を総合的に学ぶ学科課程を実施した。

鉄筋コンクリート四階建ての校舎を同所に新築し、翌十五年四月、財団法人を組織し、大江が理事長に就任した。家政高等師範部、家政専修部に国語、英語、音楽、体操、修身、時事問題などの科目を次々に設置し、昭和二年七月、家政高等師範部を「専門学校令」による東京家政専門学校への昇格を実現した。これに伴い家政専修部を家政学院本科に改称した。卒業生は、師範学校・高等女学校の家事科教員無試験検定の認可も取得した。昭和三年には東京家政専門学校に研究科（裁縫科）を、東京家政学院に専攻科を設置した。豊かな人間性を育むために学芸会や運動会、修学旅行等の課外活動、他校や企業・社会施設の見学、都市浄化運動等の社会奉仕にも力を注いだ。

創立者大江スミ　大江スミ（旧姓宮川）は、明治八年九月、長崎にて誕生。十三年、六歳の時、宮内省に勤める父の元へ一家で上京し、芝公園内の官舎に入った。芝鞆絵《ともえ》小学校下等四年、上等四年の課程を終えて、二十一年、東洋英和女学校へ進学した。生まれたときにあった小さなしみが、成長するにつれて左目のまわりに広がり大きなあざになっていた。そのため、両親はスミに学問をさせて自活できるようにと進学させたのであった。東洋英和女学校はカナダ・メソジスト・ミッションの経営になる学校で、「神の前には人間は平等である」という信念に基づく教育を行っていた。寄宿舎に入り、キリスト教のなごやかな雰囲気の中で、スミのひがみ根性や嫉《しっ》妬《と》深さが次第に薄れていったという。六年間で、思いやり、礼儀正しい品性、強固な意志、独立

創立者　大江スミ
（東京家政学院大学所蔵）

心の涵養《かんよう》、英語力などを身に着け、二十七年十二月、二十歳で卒業した。同校に教員として勤め、算数を教えていたが、夏休みに女高師の補欠募集に応募し合格した。三十年九月入学。当時は国粋主義の盛んな時代であったので、キリスト教に対する批判や無理解も構内にあり、じっと耐えて信仰を守り通したという。三十四年三月同校を卒業し、沖縄県師範学校へ自ら進んで赴任した。在任期間は一年三ケ月であったが、生徒と親しみ、教育する喜びを感じられた。日曜日には小さな教会の礼拝に加わり、中学生や師範学校の生徒に英語の聖書を教える活動を続けた。

イギリス留学　明治三十五年八月、女高師の推薦を受け、「技芸科（後の家事科）の振興」を課題として、文部省からイギリス留学を命じられた。当時イギリスの大学には家政科がなかったため、ロンドンのバターシー・ポリテクニカルトレーニングスクール（工芸学校の家事科）の師範部家事科に入学した。ここで掃除、洗濯、料理、磨き物、衛生、育児、救急法、家事教授法など、家事全般にわたっての実地を学び、家政学のアイディアをつかんだ。途中日露戦争のため、一カ年の留学を私費で延長し、三十八年九月、ベッドフォード女子カレッジの衛生科に入学した。ここで社会衛生学の講義を聴き、日本の台所だけの狭い家事科をもっと広い社会的な立場から見直すことを学んだ。この時、公衆衛生検査員の資格を取得した。余暇に北アイルランドを含むイギリス全土を旅して、大学、師範学校など一三校を歴訪し、家事実習や備品、設備の調査を行った。ヨーロッパに渡り、ベルリンほか五都市の学校を踏査し、家事実習教育が家庭機能の回復、貧困脱却に効果的として、小中、高校において実施され、幼稚園児にまで小形の台所器具を使わせた実習を視察した。また、ホームステイを通して、中流層の主婦の教養の高さと生活の中に息づくキリスト教の信仰に感激した。二六～三〇歳までの留学によって、「Knowledge, Virtru, Art」（知識・徳・技能）を日本婦人の目標にしたいと考えた。これは後に家政学院の建学の精神となる。三十九年八月帰国。女高師の家事科授業を嘱託され、翌年二月、家事科教授に任じられた。

帰国後の大江スミ　しかし、当時の家事科は講義のみで、実地の指導はなかった。卒業生は全国の女学校に配属される。教員養成学校としての責任がある。そこで家事科の改善の必要性を感じ、実地に必要な設備の設置を再三願い出たが、学校の家事科に対する態度は冷淡であった。「宮川（大江の旧姓）の設備きちがい」とまで言われたという。大江は、科学的に整備された実地本位のイギリスの家事科をそのまま導入するのは難しいと覚り、日本の風俗習慣、生活様式に即した家事科の体系を作ることが第一と考えた。そこで大江は、学校からの帰途、築地の精養軒や本郷の燕楽軒《えんらくけん》に通い、料理場へ入り、多数の料理人と一緒に料理の腕を鍛えた。西洋洗濯を学びに神田の能新舎へ、洗い張りや染物を学びに茅場町のなす屋へ通った。寒中の隅田川で布晒《さら》しまでした。その他、蒲焼《かばやき》屋、すし屋、下駄屋、洋傘屋にまで出かけた。障子・襖《ふすま》貼り、小包・荷造りのコツを習い、デパートに行けば新しい家財道具を探し、礼装に関するものを調べるなど、すべてを研究資料として見た。いつもエプロンとノートを持ち歩いた。特に、特殊技能を持つ人には礼をつくして教えを請うた。こうして実技を研究し、整理して、明治四十三年七月『家事実習教科書』を刊行した。また、翌四十四年十一月には、随筆『三ぼう主義』を刊行した。三ぼうとは、女房・説法・鉄砲のこと。すなわち家庭・宗教・兵備の三方面を、日本と英国とを比較検討し、日本の在り方に反省を求めたものであった。こうして大江は、東京女高師（明治四十一年改称）から有能な教員を次々と送り出す一方、視学委員や教育検定委員の要職にも就いた。

結婚・死別そして開校へ　大正四年七月、安井てつ（四一〇頁参照）の紹介で、陸軍軍人で熱心なクリスチャン大江玄寿と結婚した。日曜日には、二人そろって植村正久牧師がいた富士見町教会の礼拝に通った。大江のロンドン生活以来の夢がかなった。こうした生活の中で、高い評価を得た『応用家事精義』（大正五年）、『応用家事教科書上巻・下巻』（大正九年）などを刊行した。しかし、幸せな生活は長くは続かず、夫は十一年一月昇天。六年足らずの結婚生活であった。この悲しみを契機として、「わが国には優秀な学校は沢山ある。しかし将来家庭に入って直ぐ間に合う、役に立つ教育がほどこされていない。…家事の教育は、理論と実験・実習に二つが恰《あたか》も車の両輪の如く平行してゆかなければ生きた教育とはいえない。それには、完備した設備のもとで立派に教育し、…家政に堪能でしかも日本婦人として立派な徳性を供えた婦人を養成したい。」（『東京家政学院五十年史』より）と考えるようになった。十三年には叙勲受章者となった。翌十四年二月、大江は、自らの家政学の高等教育の実現を目指して、東京女高師を退職。事前に購入した麹町の土地に校舎が落成し、四月、東京家政学院を開校する。

大江スミの家政学とは　大江スミの家政学の基本姿勢は、「第一に、外国の家政教育を取り入れるばかりでなく、日本の生活習慣を考え、折衷型家事、家政とする。第二に、調理、洗濯、裁縫、看護等は専門家や職人にも学び、てほどきを受け、学生の実習に組み込む。第三に、実験、実習の設備を完備する。第四に、成果を踏まえ、教科書を執筆する。」（『東京家政学院創立80周年記念誌』より）というものであった。これらは次のように実践された。

開校時の教育　高等教育を目指し、当時の最高の非常勤教授陣を迎えた。一般教育の清水澄

（憲法）、藤村作・池田亀鑑（国文学）、ガントレット恒子（英語）、前田多門（時事問題）等。専門教育の照内豊（栄養化学）、戸田貞三（家族社会学）、松平友子（家庭経済）、吉岡弥生（婦人衛生）。実技の調理や被服には、専任教員の他に、専門家や職人を講師に迎えた。

授業風景
（東京家政学院大学所蔵）

園芸は講義だけでなく、農園実習を行った。そのために昭和六年、世田谷の千歳船橋に農園を開設し、最終的には約五、〇〇〇坪になった。畑、温室、豚舎、鶏舎、食品加工室、教室、運動場、テニスコートなどを設備した。実習はガーデニング、果樹の手入れ、漬物、ウスターソース、ジャム作りなどが行われた。

定期試験はあるが、成績表はなく、知りたい学生は聴きに行くというシステムであった。

学友会活動は自治運営だが、大江の指導の下、情操の涵養、奉仕活動、研究活動などが行われた。音楽会は日比谷公会堂で三浦環はじめ、一流の音楽家を招いて学生が主催した。

大江は、昭和六年『大江スミ　家事の教育』を執筆した。その中で家政学について、「家事または家政学とは一家を整えることを研究する学問である」「国は政治上統轄された家の集合体であって、構成する家の質によって国の価値が定まり、ひいては国の盛衰興亡にもかかわる。故に家を整える家政学は重要である。」と定義している。そして主婦の役割について、「家人の健康維持、資産の安定と向上、家人の教育と向上、一家の和合と社交」と述べ、人間社会に役立つ家政学として発展させなければならないと主張した。

（『東京家政学院創立80周年記念誌』より）

財団法人を組織――専門学校への昇格　大正十五年三月、財団法人を組織し、大江スミが理事長を兼ねた。四月、新校舎を増設した。実習を重視し、生徒一〇人一組に一人の助手をつけ、各自に実習用具を与え、最高品質のものを使って、物を大切にする習慣をつけさせた。実習室に、ユンケル製のガスコンロ、業務用のガスオーブン、脱水機などを備え、調理室の中央に井戸（ポンプ）を設置した。時代の先端をいく設備を整え、「すべてを教師と生徒との手で」をモットーとした。

昭和二年二月、文部大臣宛て東京家政専門学校設置を申請し、七月認可された。履行条件に、年度内の寄宿舎と運動場の建設、三年内に図書、器械、標本、理科室の設備を充実することが通達された。

目的　女子ニ家政ニ関スル高等ノ学問技芸ヲ授ケ同時ニ趣味ヲ高メ感情ヲ精錬シ以テ婦徳ヲ涵養シ理想的家庭生活ノ準備ヲナサシメ且家事科裁縫科ノ教員ヲ養成スルヲ以テ目的トス

名称　東京家政専門学校

位置　東京市麹町区三番町一三番地

生徒定員　三六〇名

授業料　年額九〇円

教員数　二六名　内専任教員一〇名
　　　　　　　　　兼任教員一六名

修業年限　本科三年　研究科一年

学校代表者　大江スミ

学科課程　本科一年の学科課程をみよう。国民道徳・作法、心理学・論理学、国文・漢文、応用物理、民法、音楽・体操、以上の他に「家事科」として家事概論・衣服整理・栄養学・割烹・時事問題一〇時間、「裁縫科」として和服・手芸一五時間の合計三六時間。これが一週間の授業である。

階段教室　授業風景
（東京家政学院大学所蔵）

二年の「家事科」は住宅・看護育児・割烹・時事問題一〇時間、「裁縫科」は和服・洋服一四時間などで合計三六時間。三年の「家事科」は衣服整理・割烹・園芸・整容法・按摩《あんま》法、時事問題一一時間、「裁縫科」は和服・洋服一四時間などで合計三六時間。

各学年とも「家事科」と「裁縫科」で約七〇％を占める。しかし、単に割烹や和裁にとどまらず、衣服・栄養学・住宅・看護育児・園芸・整容・按摩法・手芸・洋服など、広く日本の風俗習慣、生活様式に即した家事科の学科が設定された。大江がめざした狭い家事科からの脱却である。

昇格に伴う編入試験と中等教員無試験検定　専門学校の認可とともに、東京家政学院の高等師範部の生徒は、試験の上相当学年に編入し、高等師範部は廃止した。家政専修部は家政学院本科と称して継続するとした。編入試験は、昭和二年九月、文部省から試験官来校の下、高等師範部の生徒全員に対して行われ、成績はきわめて良好であった。

そして、東京家政専門学校本科第一回卒業生が、家事科教員の無試験検定免許状を取得できるように文部省に懇請し、昭和三年二月に三年生が試験を受け、三月十六日付けで、師範学校、高等女学校の家事科教員無試験検定が認可された。昭和二年七月専門学校の認可が下り、翌三年三月に家事科中等教員無試験検定を認可されるというスピード認可であった。これも生徒の努力と大江の教育方針が高く評価された結果であろう。また、同三年三月、裁縫科の研究科（修業年限一ケ年）が設置され、本科卒業後研究科を終えた者に対して、裁縫科の中等教員免許状も与えられることになった。

千歳村で農場と運動場の開場　専門学校認可について履行条件であった理科教室の充実、寄宿舎の建設など、私費の拠出と寄付等により徐々に実現した。昭和六年四月には東京府北多摩郡千歳村に園芸実習場兼運動場として、八二八坪の土地を購入し、さらに隣接地二、〇〇〇坪を借り入れた。大江の農場を持ちたいという念願がかなった。自然に対する感謝、労働の神聖なことを悟らせ、農民の労苦に対する感謝、土地への愛着心を養うなどが目的であった。同年六月、木造瓦葺《かわらぶき》平屋建五棟が建築され、裁縫と割烹の分教場が開設された。ここで付近の子女の和裁、料理の教育にあたった。

校友会の中に園芸部ができて、六月末から作業が開始された。下級生が茶の実をまき、茄子《なす》の苗の植え付けを行った。夏季休暇中は、一人五日間ずつ数人一組になって農園作業を行った。修養鍛錬と園芸趣味の涵養である。農場に隣接したグラウンドではテニス、バレー、バスケットなどが行われた。また、麹町の校地も拡張をはかっていった。

特別教育活動　視野の広い見識ある女性を育成するために、教室での学習だけでなく、校内・校外における特別教育活動も盛んに行われた。学芸会、運動会などの他、講演会を開いた。安井てつ「第三回太平洋会議について」、新渡戸稲造「議会について」、前田多門「婦人公民について」など、多彩な講師による特別講話が昭和初期から行われ、長く続けられた。校外活動として、学校や会社、社会施設の見学、貴族院議会の傍聴なども行った。寄付金を集めるために音楽舞踊映画の集いを催した。社会奉仕活動として、市民公徳運動に全校参加し、清潔隊を組織して新宿や銀座などの清掃に従事した。こうして大江精神を身に着けた女性たちが巣立ち、職場や家庭で活躍するようになる。実績が世間に認められ、生徒は全国から、また外地からも多くの志願者が集まるようになった。昭和十年には地上六階、地下二階の本館が竣工された。当時の学校としては珍しく、エレベーター一基と暖房設備も整った、かなりモダンな建築であった。昭和十四年四月、東京家政学院高等女学校が開校された。

戦後、昭和二十五年、新制度の東京家政学院短期大学開学、三十八年、東京家政学院大学開学へと発展する。

参考文献

『東京家政学院五十年史』
『東京家政学院創立80周年記念誌』

消費経済・家庭経済を教える女子経済専門学校

「文化生活研究会」結成　昭和二（一九二七）年四月、女子に消費経済を教えるという珍しい学校が、森本厚吉によってお茶の水駅の近く、本郷元町の文化アパートメントの敷地内に誕生した。翌年一月、「専門学校令」による専門学校に昇格し、新渡戸稲造（四〇七頁参照）を校長に迎え、女子経済専門学校と改称してスタートした。現新渡戸文化短期大学の前身である。

女子経済専門学校開校に関しては、まず「文化生活研究会」から述べなければならない。大正九年五月、東京市京橋区（現中央区銀座）の警醒社《けいせいしゃ》書店内に「文化生活研究会」が結成された。メンバーは、主幹・森本厚吉、顧問・吉野作造（東京帝国大学教授）、有島武郎（作家）をはじめ、姉崎政治（東京帝国大学教授）、賀川豊彦（社会運動家）、半沢洵（北海道帝国大学教授）、

「文化生活研究会」の中心メンバー
左から有島武郎、森本厚吉、吉野作造
（新渡戸文化学園所蔵）

与謝野晶子（歌人・文化学院教授）など、第一線で活躍中の学者・評論家・作家たち二七名であった。

「文化生活研究会」の趣旨は、〝現代文化は非常に進歩しているが、国民生活はその恩恵を蒙《こうむ》っていない。一般国民の生活は五十年前、百年前とほとんど同様である。進歩する科学を実生活に摂取して一切のムダを省き、能率を増進し、物質的にも精神的にも一般の国民生活を文化的に向上させること。〟であった。食物栄養・住宅・衣服・健康などの研究を行い、大学教育普及事業を一冊三〇〇ページの通信教育によって、国民生活の改造を企図した。講義録として『文化生活研究』が、大正九年五月〜十二年一月まで隔月に発行された。さらに文化運動を徹底して生活改善を行うために、並行して大正十年六月から月刊雑誌『文化生活』（A五版、三〇頁、三〇銭）が刊行された。大正十年六月号〜十二月号は再版するほど読者の歓迎を受け、文化生活論争が文筆家・思想界を賑《にぎ》わし、文化生活運動は世間の注目を浴びるようになった。

文化生活研究会主幹・女子経済専門学校創立者森本厚吉

森本厚吉は、明治十年三月、京都府舞鶴市で増山純一郎の三男として誕生した。横浜英和学校（中退）を経て、二十七年六月、東京の東洋英和学校（現麻布中学校）を卒業。同年九月、札幌の私立北鳴学校五年級に編入学、翌二十八年三月同校卒業。同年七月、森本活造の養子となり、札幌農学校予科四年に編入学。三十年七月札幌農学校本科入学、三十四年七月同校を卒業した。東京東洋英和学校時代に、先輩が「札幌農学校の教授に新渡戸稲造という型の変わった偉い人格者がいる。ああした学徳の高い新進の教授の教えを受ける学生は幸せだ。」と言っているのを聞いたことがきっかけで、新渡戸に教わるために札幌へ向かった。

新渡戸は明治二十四年に、アメリカ・ドイツ留学から帰国し、札幌農学校の教授を務め、また、私立北鳴学校の教頭を兼ねていた。厚吉が新渡戸から直接教わることができたのは明治二十七年から五年間の一六歳～二〇歳まで、英文学と倫理学を教わった。新渡戸は評判通り気高くすぐれた人格者で、厚吉は、新渡戸の造詣《ぞうけい》深い学問に影響を受け、英語を深く勉強し、経済学や農業経済学を研究した。二十九年八月、予科五年に編入してきた有島武郎と生涯深い親交を結んだ。新渡戸の養父太田時敏が、有島の両親の媒酌人であった関係で、有島は新渡戸の家に寄寓した。

一方、師の新渡戸は、あまりの多忙のため神経衰弱にかかり、厚吉が札幌農学校本科二年生の時、休職し、療養生活に入った。三十一年八月には札幌農学校を退任し、アメリカで療養生活を続けることになった。新渡戸が札幌を去る時に譲り受けた本が、トーマス・カーライルの『サーター・リザータス』（『衣服哲学』）だった。森本はこの『サーター・リザータス』を通じて経済学を深める。共に新渡戸を尊敬し慕う森本と有島は、卒業論文とは別に、札幌農学校の卒業記念に、一年をかけてイギリスの探検家『リビングストン伝』を翻訳し、警醒社から出版した。この時、〝新渡戸稲造先生の御恩に感謝し、つつしんでこの書をささぐ〟という献辞を表紙裏に記している。

札幌農学校卒業後　森本は、宮城県仙台市の私立東北学院教授を二年間勤め、明治三十六年八月、かつて新渡戸が学んだアメリカのジョンズ・ホプキンス大学大学院に私費留学した。経済学や歴史学を専攻し、消費経済学の研究をした。二年後の明治三十八（一九〇五）年十月、同大学院を退学し、ボストン、シカゴはじめ米国中部諸州を講演会講師として巡講した。札幌農学校校長の佐藤昌介の招聘《しょうへい》により、三十九年九月、帰国し、札幌農学校講師として英語、歴史、農業史を担当した。四十年七月、再度渡米し、米国連合夏期学校の歴史、経済の講師に任用されて二九回の講演を行った。

明治四十年九月、札幌農学校が東北帝国大学農科大学（現北海道大学）となり、予科の教授に任じられた。翌年、同大学の助教授、教務部主任を兼務する。四十年九月、二九歳の時、山角静子と結婚。大正四年には経済学、財政学を担当。特に生産経済学に対する消費経済学の研究に力を注ぐようになる。当時米国では消費経済学が研究され始めていた。日本の家庭生活は米国に比べ不合理な点が多いので、米国の家庭生活を体験した森本は、実際に役立つ消費経済学を研究するようになった。

文部省の命で米国留学　文部省から二年間の米国留学を命じられ、家族（妻・長男・長女）を同伴し、大正四年九月、渡米した。一家はボルチモアのシュネーダー博士（仙台の東北学院院長）の邸宅に同居することになり、米国人の家庭生活の全貌《ぜんぼう》を研究することができた。大正五（一九一六）年六月、博士論文として提出した"The Standard of Living in Japan"（日本における生活標準）によってジョンズ・ホプキンス大学大学院より「ドクトル・オブ・フィロソフィー」の学位を受け、その年の卒業者のうち最優秀者に授けられる「ファイ・ベータ・カーバ・ソサイティー」の会員に推薦された。大正七年二月帰国。同年八月、改称された北海道帝国大学農科大学教授となり、経済学・財政学を担当。翌年法学博士の学位を授与された。昭和七年、退職するまで二四年間務めた。

アメリカから帰る時に、電気掃除機、火無しこんろ、電気洗濯機、電気トースター、冷蔵庫などを持ってきた。札幌市北一五条西三丁目に平屋三二坪の家を買い、徐々に洋式に改良し、住み心地のよい能率生活の模範を示し、知識階級の夫人方に紹介した。その生活に関する研究の結果を後に発行する雑誌『文化生活』に毎月発表した。

札幌で有島家とは家が近かったので家族ぐるみの付き合いをしていた。しかし、有島夫人が発病したため有島家は札幌を引き払うことになった。有島が北海道帝国大学に邸宅を寄付して、苦学生のために役立ててもらいたいと申し出たところ、大学は金に替えて寄付してほしいと希望した。そこで、森本が有島の家を購入し、その金を大学に寄付した。これはその後有島奨学金として北大に残った。八五坪一一室からなる純洋館の大邸宅で、楢《なら》材などのよい木を使った頑丈な建物であった。後に、財団法人文化普及会の本拠となり、文化アパートメントが出現する土台石となる。

文化アパートメントの建設と文化普及会　大正十一年十一月、内務省社会局が、〝講演したり、書いたりしているばかりでなく、何か実際の仕事をして社会に示さなければ効果はないだろう。〟と、住宅改善の実験を勧めてきた。第一次大戦後、資本の都市集中により、特に東京市に人口が集中し、借地料、家賃等が高騰し、東京ははげしい住宅難になっていた。森本は、アメリカにおいて出版していた日本家屋の改善案すなわち「①生活の共同方法の奨励、②天井と屋根、地階と一階間のスペースの利用、③建築法の改善、④畳の排除、⑤建築計画の改善」を実現する好機ととらえ、アパートメントの建設を社会局に提案した。社会局は、社会改善のための今後の積極的住宅政策上に意義があると認め、大正十一年度三〇万円、十二年度二〇万円、計五〇万円を低利で貸し付けることにした。そこで森本は、札幌市北一二条の邸宅を寄付して財団法人を設立した。有島武郎から購入した邸宅である。

大正十一年十二月、アパートメント建設のために、「財団法人文化普及会」を設立し、認可された。理事長・森本厚吉、理事・有島武郎、増山峻（外国貿易会社重役）、評議員・星島二郎（衆議院議員）、ウイリアム・ヴォーリズ（建築会社社長）、吉野作造、橋本寛敏らが設立メンバーだった。翌十二年二月、第一回の評議員会を開催し、「①消費経済研究所の設立、②家庭経済学校の設立、③文化普及会出版部の経営、④現代模範住宅の供給、⑤文化生活必需品の供給、⑥科学的食堂の経営」を決定した。

このうち、まず、④の現代模範住宅の供給として、アパートメントの建設と、③の出版部の事業を開始した。ところが、同年九月一日、関東大震災に襲われた。東京は大混乱に陥り、五〇万円の借入れが頓挫《とんざ》した。しかし、森本はあきらめず、八方奔走の末、大正十三年四月、三〇万円の借入れに成功し、本郷区元町一丁目（現順天堂大学一一号館あたり）に約二五〇坪の敷地を購入した。

文化アパートメント開館のころ。
昭和５年に５階建に増築された。
（新渡戸文化学園所蔵）

日本初の洋式集合住宅文化アパートメント開館　大正十四年十二月、わが国最初の洋式集合住宅、文化アパートメントが開館した。設計はヴォーリズ建築会社が担当した。当初の予定は五階建だったが、借入金が三〇万円に下がったため、四階建、八三七坪、戸数四二戸に計画を変更しなければならなかった。昭和五年に増築して五階建となる。アパートメントは、耐震、耐火、耐音、耐盗のコンクリート造。熱湯式暖房、給湯及給水施設、電気、瓦斯《ガス》、ラジオ、各室に電話、自動エレベーター、洋式浴室、洗浄式便所など、その他最新式の設備を整えた。現代のマンションの先駆けといえよう。殊に関東大震災は、耐震、耐火アパートメントの需要を新たに認識させた。実用向きで住み心地が良いことを主とした。共同食堂、宴会室、応接広間、倉庫、共同家政婦室等を完備し、ホテルに近い生活を送ることもできた。英字新聞『ジャパンアドバイザー』に記事が載ったため、希望者が殺到し、二倍の倍率となった。

この文化アパートメントが女子経済専門学校の教育と大いに関係するのである。総合的にみれば非常に経済的であるが、家賃は、大卒サラリーマンの初任給が五〇～六〇円という時代に、坪数により最小で一一九円、最大で三一六円という当時の市民生活の水準より高かった。そのため、「ブル的文化人のためのお茶の水文化アパートメント」などと評された。余談だが、江戸川乱歩の探偵小説に登場する明智小五郎の事務所のモデルになったという。

女子文化大学案から女子文化高等学院へ　大正十二年六月、「財団法人文化普及会」理事で、人気作家の有島武郎が軽井沢の別荘で人妻である女性記者と心中を図った。遺体は一ケ月後に発見され、世間に衝撃を与えた。そのため翌年一月、星島二郎が理事に選任された。十五年十一月、森本、増山俊、星島の三理事が会合し、懸案の「②家庭経済学校の設立」案を練り、「女子文化大学案」を作成した。我が教育界の欠陥を補うために理想的女子大学を大正十六（大正十五年十二月改元のため、昭和二）年四月から開校するとした。「『大学は建物にあらず人である』として、学徳の高い優秀な教師を得ることに全力を尽くす。詰め込み主義を廃して自発主義をとり、創造力養成を主とし、各自の能力を最高限度に発達させる。」などを実行することを掲げた。当分の間、経済学部のみを開校し漸次他の諸学部を増設するとした。目的、校舎、定員、修業年限、入学資格、学科目、学費、寄宿舎等すべて計画案は完成していた。ところが、大正十五年十二月、学校開設のための評議員会で「女子高等文化学院」の名称で設立することになった。当時は「大学令」による女子の大学は認められなかったので、日本女子大学校や東京女子大学と同様に「専門学校令」による女子大学を創る構想であったが、各種学校として、東京府知事の認可を受けることにした。専門学校の認可条件に不備があったと思われる。

文化高等学院の生徒募集広告に、〝東京市本郷お茶の水の高台にあり、大学教育には絶好の位置である。本郷区は最も進歩した教育地帯である。近くに東京帝国大学、女子高等師範学校、商科大学、外国語学校その他の高等教育機関があり、上野・日比谷等の図書館に近く、学生の研究のための便宜が備わっている。市電、省電、自動車等の交通の便が良い。必要な学科五〇を自由に選び、比較的短時間で教授できる各専門大家を、主として帝大教授その他から求めることができる。〟などと謳《うた》った。本郷区元町は「学校は建物にあらず人である」と言われるように帝大などの優秀な教授陣に引き受けてもらうためには最高の土地であった。

目的は、〝女子に経済的独立生活を楽しみうる資格を与えることにある。学術の理論と実際を修得させることに重きを置き、併せて経済学特に消費経済学又は家庭経済学の独創的研究を行う。〟とした。理想的家庭を造り科学的に生活しようとする新時代の良妻賢母、家庭経済学その他の教育家になろうとする教師、食堂・病院・ホテル・アパートメントホテルなどの食物主任、服装専門家、室内装飾専門家等になろうとする新しい職業婦人の養成を掲げている。

校舎は、教室専用として、文化普及会の敷地内に木造三階建新築校舎二棟の他、実験及び実習用として、文化アパートメントの食堂、宴会室、裁縫室を使用する。初年度は本科二〇〇名、専門科二〇〇名、選科若干名を募集した。修業年限は本科三ケ年（昼間）、専門科二ケ年（夜間）、選科・普通科一ケ年以内。入学資格は、本科は修業年限四ケ年以上の高等女学校卒業程度の者、研究科は、本学院本科卒業程度の者、専門科及び選科は、その学科目に対し、検定の上入学させるとした。

昭和二年二月、東京府知事より認可された。制度上は各種学校であるが、その内容は高等教育を目指していた。同年四月十日、入学式が行われた。第一期生は、本科A（昼間）三三名、聴講生五名、本科B（夜間）一一名、聴講生六名、選科食物科一一名、選科欧文タイプライター科七名、選科衣服科七名であった。当初の募集人数には及ばなかったが、生徒は全国から集まってきた。

学科課程は、美学・哲学・芸術の概論、国語及国文学、英語及英文学などの一般教養科目、経済学原論、消費経済学、家庭生物学、家庭化学などの専門科目で充実していた。

教授陣には、精神訓話に安井てつ（東京女子大学学長）、後閑菊野（桜蔭女学校校長）、吉野作造（帝国大学教授・法学博士）、経済学原論に森荘三郎（帝国大学教授・法学博士）、法律概論に我妻栄（帝国大学教授・法学士）など帝大教授や各界の第一線で活躍する専門家をそろえた。

さらに八月一日～六日、青山会館と提携して家政夏期大学を開催した。その目的は、〝婦人の人格を高め、生活の向上をはかり、趣味性を養う。〟とした。第一部は、現代婦人と経済思想、洋服裁縫の諸問題、栄養の問題、児童の衛生などの理論、第二部は、料理、洋服裁縫、家庭管理論とその実際、手芸などの実習とした。

充実した学科課程と教授陣、夏期大学の活動も功を奏して、開校わずか一年、昭和三年三月、専門学校への昇格が認可された。

女子経済専門学校開校　昭和二年十二月二十四日付で、設立申請書を文部省に提出した時の理事長は森本厚吉、校長は森本セイであったが、認可直後に新渡戸稲造の校長就任が決まった。新渡戸は、大正八年八月～十五年十二月まで、国際連盟事務次長の要職にあったが、十五年末に退任し、昭和二年三月に欧州から帰国していた。新渡戸を森本夫妻が訪ね、文化普及会のこと、女子文化高等学院開校のこと、そして専門学校に昇格したことなどを報告し、校長を依頼した。新渡戸は、欧州から帰国後、他からの依頼をすべて断っていた。余生を趣味に生きたい、自分の好きなことをやりたいという考えが強かったためである。しかし、森本や文化普及会の方針が面白く感じられ、経済のみならず、人格形成にも力を入れることがわかったので、校長を引き受けることにした。

新渡戸校長就任挨拶　昭和三年四月十六日、女子経済専門学校（以下、女子経専と表示）の開校式において、新渡戸は校長就任の挨拶を兼ねて、次のように話した。

…元来私は、我国の女子に経済、特に消費経済の知識を注入する教育を行ってみたい希望を久しく抱いていた。西洋の経済学は…その根元をただせば英語の「エコノミー」という語で、なお遡《さかのぼ》ればギリシャ語の「オイコス」及び「ノモス」というに当たる。即ち「オイコス」とは家という事であり、「ノモス」は管理の意である。日本で今日言われている経済という言葉は経国済民という漢語をくっつけたものである。しかして経済とは元をただすと家を斉える事を意味したのである。日本人には無駄が多い。物質的にも時間的にもこんな浪費の多い国は他に見られない。…日本のような資源なき国においてはこの辺について充分

女子経済専門学校昭和初期の生徒たち、お茶の水校舎の前で　後列右端森本厚吉（新渡戸文化学園所蔵）

考慮しなければならない。殊に私はこうした消費経済問題に婦人の自覚と注意を喚起したいのである。…学校の特徴は知識よりももっと深いところにある。先刻この学校のしるしは三つのHだというお話があったが、大きなHが示しているハートを養うことを最大本義と考えなければならない。小さい二つのHの示す頭と手を支配するハート、即ち人格の養成が根本である。…学校の根柢《こんてい》は先生と生徒と経営者が三角定規のようにお互いに相負う形になって始めてこれを全うすることができる。…

（『東京文化学園五十年史』より）

などと、校長を引き受けた理由と消費経済の専門の勉強とともに人格養成の大切さを述べた。話の中に出てきた「三つのH」とは“Head Hands Heart”である。これが「三H精神」すなわち「活《はたら》く頭、勤《いそ》しむ双手《もろて》、寛《ひろ》き心」として本校の教育方針となる。こうして校長新渡戸稲造、理事長及び副校長森本厚吉でスタートした。

学則　学則をみよう。第一条に目的が掲げられた。

本校ハ女子ニ主トシテ家事経済ニ関スル高等ナル学術ノ理論及ヒ応用ヲ教授シ真善美ノ完備シタル人格ヲ涵養スルヲ目的トス。

学科は、本科及び研究科を設置し、本科は第一部（昼間）、第二部（夜間）とした。修業年は、本科三年、研究科一年以上二年以内とした。定員は、本科第一部二七〇名、同第二部二七〇名。研究科は定員外とした。入学資格は、本科は、高等女学校卒業者及び専門学校入学者検定規程に依る試験検定合格者、又は同規程に依り一般専門学校に入学に関して指定された者とした。

学科目は、修身、国語、英語、教育、社会学、政治学、法律学、経済学、家事経済、音楽体操、特別講義である。一週間に二八～二九時間。三学年は国文学か英語のどちらかを選択する。特別講義は二年・三年にだいたい毎週一時間の割で不定時に行う。

国語、英語、教育、社会学、政治学、法律学などの一般教養科目の他に、経済学は、経済学原論・経済史・経済学演習・消費経済学・財政学・経済学演習・簿記など経済学関連の学科課程が多く設定されている。とともに家事経済は、家庭園芸・衣服整理・裁縫・料理・家庭物理・住宅論・家庭医学及社会医学・家庭管理論・看護学・育児学・室内装飾・家事経済実験及び実習など広く家庭全般に及ぶ学科課程が設定されていた。

消費経済学の学校、女子経専の意義　昭和三年までに認可された公私立女子専門学校の学科種別は、家政学一九校、国文学・国史学一八校、英文学一二校、医学・薬学七校、社会（社会事業）三校、理科・数学二校、音楽一校、体育一校、神学一校である。（『東京文化学園五十年史』

より）このように家政学と国文学・国史学、英文学が女子専門学校の三大学科であった。こうした傾向の中で創立された女子経専は、学科課程からもわかるように、経済学の専門教育を行うために創立したのではなく、生活改善をめざし、その担い手である女子を、消費経済学を通して養成しようとしたいわば専門教育と普通教育の接点に立つものであった。そこに新鮮さがあった。

世間の評判　開校早々世人の耳目を集めた。昭和五年七月十六日の『朝日新聞』に次の記事が載った。

森本厚吉博士等がやっているお茶の水の女子経済専門学校では、この頃、女学生に世帯をもたせ家庭の経済生活を地でやらせている。家は文化アパートの二階――居間、寝室、台所、湯殿の四室を使わせ、家庭のメンバーは三年の好きなもの同志四五人の寄合世帯でだれがお母さん、だれが長女などと決めてある。なにしろこの期間の成績が論文より何よりも卒業成績の大事な得点になるというのでみんなが一生懸命。

いくらおいしい栄養料理を作っても家計簿の数字が高くては落第。また安く上がっても近代人の能率生活にふさわしいだけのカロリーが算出されなくては、やはり落第というので「わたし省線のパスがあるから四谷の市場まで行ってくるわ」とこの暑いのにはるばる出かけて「これいくら？」と熱心な競争だ。博士夫妻や、本当の親兄妹も時々招待されて御馳走になっているが中には将来レストランを経営しようなどと言うお嬢さんもあるからすごい。

（『東京文化学園五十年史』より）

このように、女子経専内の実験実習室だけでなく、学理を実際化させるために、隣接している模範住宅館「文化アパートメント」とその設備を利用して、食物、住宅、家具、室内装飾等についての実験及び実習を行うことが特徴であった。

生徒の回想　日本女性初の弁護士の一人となった中田正子（旧姓田中）は、昭和三年に入学し、六年に卒業した。女子経専第一期生である。ちなみに令和六年NHK朝の連続テレビ小説『虎に翼』で、主人公の先輩のモデルとして描かれた。中田の回想文を紹介しよう。

…学校は狭い敷地に三階建のささやかな建物であって、学校の裏口のドアを開ければすぐアパートに続いてその社交室や食堂や地下室などは学校の実習室としてさかんに使われたものだった。天気のよい日にはあの自動式のエレベーターでアパートの屋上に上って日向ぼっこをしながらおしゃべりをしたりするのも楽しいものであった。

…あの当時の授業としては、新渡戸稲造先生のユーモアたっぷりのお話を始めとして、吉野作造先生の政治、建部遯吾先生の社会、我妻栄先生の法律、橋本寛敏先生の生理、植松安先生の古典文学、浅見与七先生の園芸、大島正満先生の生物、吉田亮二先生の住宅、末光績先生や小野文子先生の英語、田下武弘先生の経済史など、一つ一つ今でも懐かしく思い出さずにはいられない。家事の実習方面としては森本静子先生の家庭管理を始めとして、田村光子先生の料理、鹿島なほ子先生の育児看護、その他洋裁だの、アパートの地下室での洗濯の実習やら思い出すだけでも心がほのぼのとする様なたのしいものが沢山あった。

…森本先生の講義は消費経済といってもずいぶん範囲が広く、衣食住の事から新生活の設計へ、更に幸福ということから結局先生の人生論へと及んで果てしもなく、口から唾《つば》が飛びそうな程熱のある調子で話をされたものであったが、話をきいていると段段勇気がわいて来る様な、私達の若い心をかき立てる様なものがあった。だから学校を卒業する頃には、私としてはこのまま家庭に入ってしまうという気にはどうしてもなれなくて、何かもっと勉強してみたいと熱望する様になったのである。

（『東京文化学園五十年史』より）

このように和気あいあいとした雰囲気の中にも、各界の権威ある先生たちの熱意に触れて、もっと学びたいという気持ちが沸き起こり、弁護士への立志につながったと言っても過言ではないだろう。

最新の設備を整えた文化アパートメントを実習場として、森本静子の指導により洗濯・清掃・料理などを能率的に行う実験・実習が行われた。安い材料を仕入れ、栄養のあるものを手早く作る。盛り付けからテーブルセッティングまで行う。まっ白のテーブルクロスを掛け、花を飾り、心地よい空間を作り出す。その中で皆で出来上がった料理をいただく。くつろぎの時間である。このくつろぎの時間を生み出すことが重要なのである。卒業して家庭生活に入ったとしても、能率的な台所の設計と働き方で、手早く家事をこなす。そして出来たゆとりを生活の中に生かす。読書したり、趣味を楽しんだり、講演を聴いたり、音楽会に出かけたりする。一家団欒《だんらん》や、家族や友人とファミリーコンサートを楽しむのもよい。三年生の卒業時には四、五人のグループになって、森本夫妻を招いて晩餐《ばんさん》をする。献立や仕入れや何から何まで生徒たちで準備する。食事をしながらの会話も心掛けなければならない。それが卒業のための重要な行事であった。

このように消費経済の理論に基づき、能率的な働き方の実習・実践を楽しみながら身につけること。そして、生み出されたゆとりを活かして豊かな生活を築くこと。アメリカの中流家庭を範とした文化的生活に引き上げることが目標であった。

もう一つの特徴として夜学があった。三澤（旧姓欠畑）ふみは、昼間は文化アパートメントの事務員として働き、第二部の夜間で勉強した。高等女学校卒業後は両親の厄介にならず自立して高等教育を受けたいと考えたからである。アパートメントで働く従業員のための寮に住んだ。二年間そのような生活を続け、三年生の時に昼間の本科生となった。教授陣は当代一流の大学教授がそろっていた。吉野作造は体調を崩して東京帝国大学の授業を休講しても、女子経専の授業は休講しなかったという。勤労女性のための教育に熱心であったことを物語るエピソードである。夜学に通う生徒は、看護婦や他校の教員、会社員、官公庁の職員、家庭の主婦などで、皆向学心に燃えていたという。（『卒業生が語る東京文化学園の七十年』参考）

残念ながら第二部の夜間は七年に廃止された。昭和四年から始まった不況の影響で、経済的理由から中途退学者が増えた。特に授業料を自弁する二部の生徒に多かった。経済的な事情で三ケ年修業の本科課程を続けることが困難な生徒のために、別科（昼間）として、一ケ年修業の家庭科を設け、七年四月開校した。

女子経済専門学校付属高等女学校の開校、女子経専のその後　昭和六年四月、中野町長森俊成の斡旋《あっせん》により、東京府豊多摩郡中野町（現中野区本町六丁目の新渡戸文化学園地）にあった成美高等女学校の委譲を受け、女子経済専門学校付属高等女学校として引き継ぐことになった。新渡戸が〝親心を以てする行き届いた女学校にしよう〟と、校長を兼務した。現在の新渡戸文化中学校、新渡戸文化高等学校である。

昭和八年八月、新渡戸は、カナダ・バンフで行われた第五回太平洋会議に出席し、日本代表として演説した後、同年十月、保養中のカナダ・ビクトリアで客死した。同年十一月、森本厚吉が校長に就任。同年十二月、教職員、同窓会、父兄会が一丸となって新渡戸記念会を結成し、新渡戸記念会館の建設を決議した。同窓会は「舞踊・音楽・映画の会」を日比谷公会堂で開催し、純益を全額建設資金に寄付した。九年七月、中野の地に木骨コンクリート三階建の新渡戸記念館が完成した。同年九月、女子経専を本郷から中野に移すことになり、本郷の文化アパートメント敷地にあった旧校舎は女子経専の分教場になった。翌十年十一月、第二期新渡戸記念館工事として講堂が完成した。この時も同窓会が中心となり評判の「第二回舞踊・音楽・映画の会」を開催し、その純益が充てられた。しかし、出来上がったばかりの新渡戸記念館がわずか半年後の十一年四月、火災により焼失した。森本校長の"Try again!!"の力強い言葉とともに復旧工事がすぐさま着手され、同年七月に完了した。さらに新しく耐震耐火の新渡戸記念館が十二年九月に

新渡戸邸を訪問した女子経済専門学校の生徒たち。
昭和８年春　前列左から４人目新渡戸稲造、
右端森本厚吉　（新渡戸文化学園所蔵）

完成した。ヴォーリズ建築会社設計によるこの新しい記念館は現在も使用されている。この後、十三年四月、十五年三月にも火災に見舞われた。いずれも同窓会が中心となって「日比谷観劇会」と名称を変えて主催し、純益を寄付するとともに、義援金集めに奮闘した。

昭和十六年十二月、太平洋戦争が始まり、次第に自由な事業が難しくなった。十七年十一月、文化アパートメントの経営と生活合理化の教育という二本だての事業をとりやめ、教育事業に専念することになった。文化アパートメントは、建物、家具備品、借地権とも日本出版文化協会に譲渡した。十九年四月、東京女子経済専門学校と改称。ちなみに文化アパートメントは戦争末期の空襲にも耐え抜いたが、老朽化のため、昭和六十一年に取り壊された。

二十二年三月、公布された学校教育法により付属高等女学校を新制度の中学校、高等学校に改組した。二十五年一月、森本厚吉死去。同年四月、東京文化短期大学（家政科・二年以上）を設置。学長に森本静子が就任した。女子経専は昭和二十六年三月、最後の卒業生、経済科一一名、家政科八名を送り出し、二三年の歴史を閉じた。その後変遷を経て、平成二十二年四月、新渡戸文化短期大学（生活学科・二年、臨床検査学科・三年）と改称し、現在に至る。

参考文献

『東京文化学園五十年史』

『卒業生が語る東京文化学園の七十年』
藤井茂『森本厚吉　新渡戸稲造の愛弟子』
佐藤全弘・藤井茂『新渡戸稲造事典』

府県立女子専門学校

明治三十六年に公布された「専門学校令」に基づく女子の専門学校は、日本女子大学校、女子英学塾、東京女子大学など私立が先行していた。教員養成機関として官立の女子高等師範学校が東京と奈良に開校されていたが、大正十二年四月、福岡県立女子専門学校が開校されるまで、国立・公立の「専門学校令」に基づく女子の専門学校は一校も開設されていなかった。大正六年十一月、全国高等女学校長会が開かれ、女子教育向上改善のことが協議された。一部は臨時教育会議（一九四頁参照）に織り込まれたが、到底男子の中学校、高等学校に及ぶものではなかった。期待された臨時教育会議も、大正七年十月、女子の高等教育は、高等女学校の上に高等科を設置する、もしくは、「専門学校令」による専門学校の設置を認めるという従来からほとんど進展のない結論に留まった。大正七年「大学令」によって、男子の専門学校は次々に大学に昇格していったが、女子の大学は認められなかった。そのような情勢の中で、新設された福岡県立女子専門学校、大阪府女子専門学校があり、また既存の高等女学校に専攻科を設けてスタートした宮城県女子専門学校、広島女子専門学校などがあった。

我が国最初の公立女子専門学校――福岡県立女子専門学校

婦人パワーで資金を作る

大正十二（一九二三）年四月、福岡県立女子専門学校（以下、女専と表示）が福岡市須崎裏町（現中央区天神五丁目）に開校された。我が国最初の公立女子専門学校である。そのきっかけとなったのは、福岡婦人会の主要メンバーが、ドイツ留学から帰朝した九州大学教授桑木或雄の「ヨーロッパにおける女子教育制度の現状」という講演を聴いたことにある。我が国にも公立の女子専門学校を開設しなければいけない、まずこの福岡に設立しようと計画をはじめた。福岡婦人会の主要メンバーは、村上茂登子、伴タツ、安河内福岡県知事夫人、久世福岡市長夫人、山口ツギ、森岡タカたちである。そして、九州大学小児科の箕田貢博士、武谷水城、久世福岡市長、桑木教授が有力な発案者、助言者、後援者となった。こうして女専設立期成会が発会した。

草案は、桑木教授が見聞したヨーロッパの制度を中心に作成された。大正九年、資金を県議会に四五万四、二〇〇余円上程したが、否決された。この決定に婦人たちはショックを受け、県議の一人一人を説得して回った。それが功を奏したのか、翌年二〇余万円で可決された。しかし、その他多額の運動資金が必要である。そこで婦人たちは、自分たちの労働奉仕で資金を作ろうと計画した。

大正十年、須崎裏で催された共進会場内に〝お雛茶屋〟を設け、そこで婦人会員が、当時としては珍しい手製のドーナツ二個にお茶付き十銭の食べ物や、わらび餅《もち》、商売人から習った本格的な手作り団子、手芸品、楽焼等を販売し、利益金を女専設立資金に充てた。歌人として有名な伊藤（柳原）白蓮も和歌を色紙や短冊、小皿に書いて一枚十円で売った。毎日、女学校の同窓会から一五人ずつ給仕に来た。〝お雛茶屋〟のシンボル人形〝お雛人形〟、一〇センチくらいの小さい人形で、黒い角帽に色とりどりの薄絹の洋服を着せた人形を、県立高等女学校の生徒たちが作って、一個一〇銭か二〇銭で売った。このように共進会開催期間の五十日間、奉仕活動に励み、自ら寄付して設立資金一万円が調達された。まさに婦人パワーを全開して、女専開校の運動資金を作ったのである。

福岡県立女子専門学校開校　大正十年十二月、安河内知事は、経費二四万九、八〇一円を計上して、女専設立議案を県議会に提出し、可決された。校地及び校舎は、福岡市須崎裏町一三四番地の県有敷地四、九二九坪余、その敷地内にある内務省所属の建物一棟（建坪三一六坪余）を改造して充てるとした。文科と家政科を置き、生徒定員二四〇名として文部省へ申請した。十一年一月、設立認可並びに同年四月より開校の認可を得た。

初代校長小林照朗
（『福岡女子大学五十年史』より）

十二年一月、東京大学文学部講師であった小林照朗が初代校長に任じられた。小林は、大正六年十一月、全国高等女学校長会を首唱した人物である。九年一月、全国の高等女学校長と図って「女子教育の振興の宣言並に決議」を公表した。小林は〝欧米の文化国では、婦人がすべての権利において男子と同等のものを要求し、一九世紀半ばにはほぼ獲得している。しかし、わが国では、教育一つをとっても、男子とかなり差がある。初等教育は男女の差はないが、中等教育においては男子の中学校と女子の高等女学校では学科課程においてかなりの差がある。高等教育においてはほとんど比較にならない。男子に設けられている高等学校の制度が、女子にないため、大学への進学が閉ざされている。〟（『阿波岐』創刊号に寄せられた小林照朗の論文参考、『福岡女子大学五十年史』より）こういう実情を指摘し、高等女学校を廃止して、女子中学校とすること、さらに女子のための高等学校の設立を要求していた。男女の教育の機会均等を主張していたのである。

小林は十二年一月に着任し、福岡県庁内で事務を開始した。文科、家政科とも約四〇名の生徒募集に対して、応募者は文科一八二名、家政科は一五五名になった。福岡市女子高等小学校で入学試験を実施した。科目は国語、数学、理科、地理、歴史、作文であった。同年四月十七日、第一回入学式が行われた。文科五九名、家政科五四名、合計一一三名。四〇余名の寄宿舎入舎希望者があった。学則をみよう。

学則一、「本校教育ノ要旨」として、

本校ハ女子ニ適切ナル高等ノ学術技芸ヲ教授スルヲ以テ目的トシ特ニ国民道徳ノ充実及ビ婦徳ノ涵養ニ力ム

学則二、「生徒の心得綱領、総則及服装」に、

本校生徒ハ左ニ掲クル明治天皇ノ御製ヲ日夜拝誦シ聖旨ヲ奉体シテ婦徳ヲ涵養シ以テ本校特有ノ美風ヲ作興センコトヲ期スヘシ

人もわれも道を守りてかはらずばこの敷島の国はうごかじ
榊葉《さかき》にかくる鏡をかがみにて人も心をみがけとぞ思ふ
からやまと色をまじへて咲きにけりひろきそのふの撫子の花

（『福岡女子大学五十年史』より）

このように明治天皇御製が三首あげられており、これらを日夜拝誦《はいしょう》するとある。これらの歌を元に徽章《きしょう》が作成された。徽章は「女専」の二字を意匠化し、その中央に明星を鋳刻し、稜鏡《りょうきょう》を配し、それらを撫子《なでしこ》の花で包んでいる。女専が我が国最初の女子高等教育の公立機関として設立さ

れたことを明星が象徴し、稜鏡は知徳の表徴、撫子の花は婦徳を顕すという。

学則二の第一条から第五条まで、生徒の心得が示されている。婦徳を重んじること、礼儀を尊び、品位を維持すること、質素倹約を旨とし、衛生、清潔を尊ぶこと、規律節制を旨とし、公徳を重んじること、勤労を尊び、自業自修を旨とし、進取向学の学風を盛んにすることなどがうたわれ、次いで、第六条から十条までは服装、靴、体操服などについて細かく記されている。服装は、和服・洋装どちらでもよいが、いずれも簡易・質素を旨とする。長袖の着物にサージの袴《はかま》、黒い編み上げの靴は女専スタイルとして、女学校の生徒たちのあこがれの的になった。

学科及び学科目と教職員　学科は、文科及び家政科、修業年限は各科とも三ケ年。

文科の学科目は、修身、教育、国語、漢文、歴史、外国語、家事、裁縫、音楽、法制及経済、体操。この学科目中、外国語、家事、裁縫、音楽、法制及経済の一科目または数科目を、選択科目または随意科目とすることができる。

家政科の学科目は、修身、教育、国語、理科、家事、裁縫、外国語、理科、音楽、法制及経済、体操。この学科目中、外国語、音楽、法制及経済の一科目または数科目を、選択科目または随意科目とすることができる。

開校時の教職員は、校長兼教授・小林照朗（修身・教育・社会学）、教授・伊藤尾四郎（歴

史)、教授・金ケ原亮一(国語)、教授・丹羽正義(漢文)、教授・竹下武雄(心理学・英語)、教授・森山ヨネ(家事・体操・書道)、教授・横田三郎(音楽)、上田ナル(食物)など一一名であった。

開校時の様子　開校時、建物は本館木造二階建の二教室のみであった。その頃の学校を取り巻く雰囲気を卒業生の回想からたどってみよう。

…当時「監獄跡」と所の人が称していた処で…後には須崎裏グラウンドなんて呼ぶようになったものの、グラウンドの入口では、首つり自殺する人あり、須崎橋袂《たもと》には入水する人あり、オダイバ(御台場)といって、黒田藩の砲台跡地、シベリヤ出兵後のロシヤ人捕虜収容所跡、そんなところに福岡県立女子専門学校は発足したのです。

(八回生・家政科『福岡女子大学五十年史』より)

このような暗い印象であった。教室には博多湾から潮風が吹き込んでくる。出船の汽笛が聞こえる。一〇分の休憩時間には皆講義室から首を出して海を見る。昼休みには下におりて檍《あはき》が原を散策する。のどかであるが、真冬の二階の教室は海からの寒風が窓越しに吹き付け、この上もなく寒い。論語を講義する山内先生は、「こんな寒い部屋で講義が出来るか、皆、ストーブのそばに

須崎の寄宿舎裏の海岸にて
（下條先生を囲んで、一文有志）
（『福岡女子大学五十年史』より）

来いよ。暖かくなったら始めるぞ」と、生徒を気遣った。一回生のある生徒は、「校舎の貧しさに心ゆるがすことなく、内面的教養の充実に専心し、理想高く、リファインされた淑女として、社会の先覚者としての自覚を以て勉学されよ」という、小林校長の入学式の式辞に胸一杯になる程の感激を覚えたと語っている。

当時の女学校では教師の指示に従うことが常であった。女専でも、清掃についても、教員の指示があるものと思っていたが、何日か経っても誰からも指図がない。しかし、「段々自身でも気持ちわるく思えてきましたので誰言うとなく当番制をこしらえて掃除をしましょうという事になりました。その時はじめて私は、自治とか自由とか云うのは、つまりこんな事であるんだな、と気がついたものです。」（一回生）と、生徒たちが自発的に動き出すように見守る学校の姿勢だったことが窺《うかが》える。

小林校長は遠足をよく行った。長袖《そで》の着物に袴姿の女専スタイルで日傘の遠足行列は人目をひいた。宝満登山では、靴で豆ができて、つぶれて、はだしで歩いたこともあったという。校長は軽装を勧めたが、生徒たちは女専スタイルにこだわったのだろうか、洋装は数名しかいなかったという。三年生の修学旅行では京阪神地方の他に、満州・朝鮮を訪れた。

中等教員無試験検定免許状のこと

中等教員無試験検定の免許状は、文科は、高等女学校卒業後四年間の専門教育を受けた上で国語科教員免許状が、家政科は、高女卒業後三年間の専門教育を受けた上で家事科教員免許状が下付される。第一回文科生の中から、本科卒業前に、難関の文検（中等教員検定試験）に二名が合格した。さらに文科研究科卒業前にもう一名が合格した。これらに刺激を受けて、次期には一〇余名が受験した。全国で一、〇〇〇人を超える応募者中、本試験合格者はわずかに八〇名くらいという難関に、果敢に挑んだ初期の生徒たちの奮闘により、昭和四年、文科研究科卒業生に国語科中等教員無試験検定免許状が下付されることになった。しかも、第一、第二回生の文科研究科卒業生にもさかのぼって下付されたのである。家政科では、三年間の家政科本科卒業生に家事科の中等教員免許状が下付されることになった。

文部省は、無試験検定を許可した後、二年間くらいはその学校に試験を課し、無試験検定に値するかどうか成績をみた。女専では、昭和六年、家政科二年生に、昭和七年、文科研究生と家政科三年生に文部省の試験が実施された。生徒たちは、無試験検定を取り消されないようにと、一週間の合宿生活をして猛勉強した。いずれも成績優秀だったため、その後は行われなくなった。

大正十四年八月四日～二十四日まで、第一回夏季講習会が開かれた。国語科は有職故実《ゆうそくこじつ》の大家京都帝国大学講師の江島務であった。第一回は文検受験生への配慮により催された。以後第四回まで小林校長の尽力により盛大に行われた。県下の中学校、高等女学校の教諭、卒業生、大学生、一般希望者の間に好評であった。

文部省試験前の猛勉強
（『福岡女子大学五十年史』より）

自治活動―交友会「檍会《あはきかい》」　開校の翌年七月、交友会が発足し、「檍会」と命名された。名前の由来は、『古事記』の伊邪那《いざな》岐命《ぎのみこと》禊祓《けいふつ》（みそぎ）の場所という伝説の「阿波岐《あはき》原」に拠る。以後、学舎の裏手にある小高い丘、小松が群生し、宵待ち草が咲く原を「檍が原」と愛称した。檍とは植物の生成繁茂する形をいう。組織は総務部、会計部はじめ、学芸部、講演部、文芸部、音楽部、運動部、遠足部など一〇の部から成る。翌十四年三月、文芸部が発行責任者となって、交友会誌『阿波岐』が創刊された。講演部は、名士を招いての講演会や、県下女子中等学校講演大会を実施した。運動部も女子中等学校庭球大会、水泳合宿や運動会を実施するなど各部とも活発に活動を行った。こうして生徒たちも先覚者としての自覚をもって自主的に学び、地域社会へ貢献し、「監獄跡」と言われた所は、明るい所として生まれ変わったのである。

大正十三年度の入学生は一〇一名。同年六月、新築教室落成。同年十一月、新築寄宿舎落成。同年十二月、十二年度、十三度の応募者が四倍以上に達したため、生徒数三〇〇名に増加の許可を得る。大正十四年四月、福岡県女子専門学校と改称。昭和十二年一月、火災により本館校舎、寄宿舎焼失。天神二丁目に仮設のキャンパスを設置するが、昭和二十年六月十九日の福岡大空襲で焼失。再び須崎裏に校舎設置。昭和二十五年四月、福岡県立福岡女子大学として開学する。翌二十六年、福岡市東区香住ケ丘の現在地に校舎を移転し、現在に至る。

一　実業家の寄付で設立された大阪府女子専門学校

大正十三（一九二四）年四月、大阪府女子専門学校が開校された。公立女子専門学校としては福岡県立女子専門学校に次ぐ。同校が、福岡婦人会を中心とした民間の苦心と寄付によって設立されたのに対して、大阪府女子専門学校は、実業家山田市郎兵衛という個人の寄付によって設立されたのである。

畑中理恵著『『大正期女子高等教育史の研究』――京阪神を中心にして――』によると、大正六年、『教育時論』に、〃大阪市は、富力の増進、人口の増加等その他発展進歩が顕著であるのに、大阪市の女子教育はその趨勢に順応すべき設備を欠き、女子専門教育は官公立私立ともに全然設備がない。…既設の高等女学校に専攻科を付設するか、あるいは女子美術技芸学校を創設するという女子専門教育機関施設案を大阪市長に提出した。〃という。しかも、その後一向に具体的な取り組みが見られなかった。この事態を憂慮した山田氏が大正十二年六月八日、大阪府に、女子高等教育機関設立のため、帝塚山の土地六、六〇〇㎡と建築費三五万円の寄付を申し出たのである。山田氏は、平素は節倹で知られている人物で、絵具染料工業薬品類の販売や綿花貿易などで成功し、かねてから公共事業の推進に尽力してきた。

知事から同年六月十一日の臨時大阪府会に女子専門学校の設置案が提出された。種々の議論が交わされた結果、一時他の新設高等女学校の校舎を利用して、予科三学級一二〇人を募集する案が十二月十八日に可決された。同月二十二日、知事より文部省に申請され、翌大正十三年二月二日、女子学習院教授・瀧村斐男《あやお》が校長事務取扱に任じられ、同日、文部大臣の認可が得られた。

大阪府女子専門学校開校　大正十三年四月一日、大阪府女子専門学校は、大阪府立阿部野高等女学校の一部を仮校舎として開校した。目的は「本校ハ女子ニ高等ノ学芸技術ヲ授ケ兼テ其ノ人格ヲ陶冶スルヲ以テ目的トス」とされた。修業一年の予科と修業三年の本科を置く。本科は、国文国史学科、英文学科、家政理学科の三科。定員は本科予科合わせて四〇〇名。創立時の教官は、校長兼教授のほか、教授六名、助教授四名、講師七名であった。

入学資格は、本科は、予科修了生と五年制の高等女学校卒業生。予科は四年制の高等女学校卒業生と専門学校入学検定試験合格者及びこれに準ずる者。予科の入学検定試験が三月十日から三日間実施された。試験科目は国語・作文・英語・数学の四教科。応募者三七一名で三倍強の倍率であった。入学検定の結果、国文国史学科三九名、英文学科四五名、家政理学科三五名、合計一一九名の合格者が決まった。

四月十四日、阿部野高等女学校講堂において、入学式が挙行された。瀧村校長の訓示は、〃理性にのみ走って女らしさを失う者は直ちに覚醒《かくせい》した婦人ということは出来ない。夫唱婦随は我が国の道徳の根本といえども盲目的な事なくよく正しきを着眼して婦徳を守れ。〃という趣旨であった。

理系科目に重点を置く家政理学科の学科目をみよう。第一学年は、倫理、国文（国語）、英語、物理及化学、数学、博物生理及衛生、心理、家事、法制経済及社会学、体操が設定され、各学年とも物理及び化学が一週に一〇時間設定されている。また、随意科目として各科・各学年共通で、音楽、絵画、が設定された。

博物教室
生徒たちは洋服の制服を着用している。
（『写真で見る大阪女子大学の70年』より）

七月、ワンピースとツーピースで、色生地二、三種の制服が決まった。まだ和服が主流の時代に洋服の制服は珍しい。緑色のカシミヤ生地の袴《はかま》が決まりかけたが、先に体操服が制定されたのを機に、通学服として洋服の方が便利だという意向になったという。

新校舎へ移転　大正十四年四月、大阪南郊の高地（大阪府東成郡住吉村字帝塚山）に、鉄筋混凝土三階建の新校舎が完成し、移転と同時に入学式が挙行された。その時の校長訓諭の大要は、〝社会を覚醒させる婦人、一本立ちの出来る人、自ら問題のつかめる人として従来の陋習《ろうしゅう》から解放されるべきである、それが女子専門学校に学ぶ女子の使命である。〟というものであった。前年の入学式の、良妻賢母を意識した訓示と比べると、かなり変化が見られる。〝自立して従来の悪習から解放され、社会に働きかけられる女性になれ。〟と語った。

中等教員無試験検定の許可　第一回卒業生に適用するために昭和二年二月、中等教員無試験検定の許可を申請し、同年十一月、無試験検定による小学校本科正教員資格付与の申請を行った。翌三年一月、国文国史科卒業生に国語、英文学科卒業生に英語、家政理学科卒業生に家事の中等教員無試験検定が許可された。スピード認定である。同年三月、本科卒業生に無試験検定による尋常小学校本科正教員の資格が付与された。

三月十五日、第一回卒業式が挙行された。卒業生の就職状況は、官公吏四名、教員三七名、会社員六名、新聞雑誌社員一名、その他一名、家庭にある者四四名であった。約半数が家庭に居るという状況だった。

文科の研究科（一年単位・定員外）は、昭和二年二月設置が認可され、四月に発足していた。さらに家政理学科の専攻科（一年修業・定員外）設置のため、物理（物理・天文気象一四時間）、化学（化学・鉱物一四時間）、数学（四時間）の課程を新設し、三年三月、学則を改正して申請し、五月に認可された。四年一月、専攻科無試験検定に関する委員が来校し、学術筆記試験が施行された。文部省は三回におよぶ調査の結果、物理・化学の同時許可は女子の学校では先例がないとしながらも、大阪府女子専門学校については設備も整っているので、四年五月、認可した。粘り強い折衝がなされた過程が教官会議録に残されている。全国の公私立女子専門学校の中等教員無試験検定が、一九三〇年代後半まで国語・英語・家事・裁縫に限られていたので、物理・化学の中等教員無試験検定の同時許可は画期的なことであった。
昭和二十四年四月、新制の大阪女子大学に昇格。平成十七年四月、大阪府立大学の合併・再編により、大阪女子大学は募集を停止し、十九年四月、大阪府立大学中百舌鳥《なかもず》キャンパスへ移転した。

東北地方唯一の女子高等教育機関――宮城県女子専門学校

宮城県女子専門学校は、大正十年春、宮城県第二高等女学校に修業年限三年の高等科が設置されたことに始まる。十二年ごろ高等科の校舎が完成した。しかし、社会の進歩に伴って、独立の女子高等教育機関の設立が要望されるようになり、十五（一九二六）年四月、「専門学校令」による宮城県女子専門学校（以下、女専と表示）開校となった。それに伴い第二高等女学校付設の高等科は廃止され、残った生徒は女専に委託された。公立では福岡県立女専、大阪府女専に次ぐ三番目の女子専門学校であり、東北地方唯一の女子高等教育機関の創設であった。初代校長には、大阪府立大手前高等女学校校長・雀部《ささべ》顕宣《あきのぶ》が就任し、四月十五日、入学式が行われた。

学科・入学資格　学科は文科のみで、国文専攻、英文専攻であった。修業年限は予科一年、本科三年であった。入学資格は、予科は四年制高等女学校卒業者を対象とし、本科は予科修了者及び五年制高等女学校卒業者を対象とした。昭和二年三月、家政科を新設し、家事専攻、裁縫専攻で、修業年限は文科と同様であった。このように文科と家政科がそろい、四分科を持つ女子専門学校は例が少なく、全国有数の公立女子専門学校となった。その後、四分科ともに中等教員無試験検定が認可された。

昭和五年六月、修業年限の改正を行い、家政科は予科を廃止し、本科三年のみとなった。七年三月、文科も予科を廃止し、本科三年のみの課程に改めた。ただし、文科の教員免許資格の取得は、高等女学校（四年制）卒業後四ケ年の専門課程を履修することになっていたので、教員免許を取得する者のために、一ケ年の研究科を本科の上に設置した。

校地移転　昭和七年、生徒定員を二八〇名から三二〇名に増加した。そのため第二高等女学校の付設校舎では狭くなり、女専の独立校舎を設置する必要が生じた。しかし、宮城県の財政は厳しかった。そのような時、仙台市の八木久兵衛氏から八木山に一万坪の寄付申し出があった。この県と市との間で、評定河原埋立地と交換し、市から十万円を県に寄付する交渉が成立した。この十万円と父兄会や同窓会その他の募金数万円を加え、新校舎が設立され、昭和九年十二月、長町越路三番地に移転した。

八年七月、雀部顕宣校長は退職し、山口県立山口高等女学校校長・三矢英松が第二代校長となった。九年三月、校旗を制定し、四月には土井晩翠作詞による校歌を制定した。校歌には「正しく強く美わしく、親しくつねに朗らかに」という精神が織り込まれた。しかし、時局により、十二年三月、英文専攻の募集を停止し、十五年三月、在籍者卒業により英文専攻を廃止した。十九年二月、専門制度の改正に伴い、国語科、保健科、被服科に呼称を改め、新たに数学科を設け、各科の修行年限を三ケ年とし、定員を五四〇名に増加した。二十年七月、空襲により校舎の一部を焼失したが、授業に耐える設備を復興できた。

戦後の教育制度の改革　戦後、教育制度の改革により、女専の継続が困難となった。二十二年十二月、職員、生徒、父兄、同窓生、その他の有志によって、宮城県女子専門学校女子大学昇格期成同盟会が結成され、女子大学へ昇格させようとする動きがあった。しかし、大学設置には莫大《ばくだい》な費用がかかるため、東北大学との併合が進められた。二十四年八月、東北大学農学部家政学科の母体となった。二十四年度新制東北大学入学の女子入学生二九名中二三名が宮城県女子専門学校からの入学生であった。女子専門学校の校地に東北大学第三教養部が設置され、校舎は兼用されることになり、同年九月から授業を開始した。合併の条件であった農学部に生活科学に関する三講座、すなわち第一講座（被服学・住居学）、第二講座（保健衛生学）、第三講座（家庭経済学・社会福祉学）が創設された。二十五年十二月、農学部家政学科を農学部生活科学科と改称し、二十六年度より開講された。これにより二十六年三月、宮城県女子専門学校は最後の卒業生を送り、二十五年の歴史を閉じた。卒業生は二千数百名を数える。

その後学科の編成や講座名など何回かの変遷を経て、昭和三十五年四月、生活科学科は廃止されることになり、生活科学科第二講座（被服学・材料学）、第三講座（栄養科学）、第四講座（食糧科学）が農学部食糧化学科に改組され、第一講座（住居環境学）が工学部建築学科に、第五講座（社会福祉学・消費経済学）が文学部社会学科に移管された。

高等女学校専攻科から昇格をめざした広島女子専門学校

広島女子専門学校の前身は、大正九年に設置された広島県立広島高等女学校家事補習専攻科（三年修業）である。広島高等女学校（以下、広島高女と表示）は、明治三十四年四月開校し、三十九年から一年制の補習科が設置されていた。さらに家事補習専攻科が設置されたのは、時勢の変化に伴い、女子高等教育制度に大幅の改革促進が行われたこと、高等女学校卒業者の中に一層高等の教育を希望する者が増加しつつあったという背景があった。専攻科の設置は、当時経費節減の時であったので、困難を極めたが、斉藤鹿三郎校長の熱意により、大正八年十二月、県会の議決を得られ、九年三月、文部省認可となった。翌十年、内容の充実をはかり家事補習専攻科を専攻科と改称した。昭和三年三月、「専門学校令」による広島女子専門学校の設立が文部省より認可された。

専攻科時代に中等教員検定試験合格者出現、無試験検定が認可される　専攻科の校舎・寄宿舎は、広島高女の一部を使用していたが、大正九年九月、専攻科教室として二階建が新築された。「白塔」と呼び、図書室・研究室が備わった。専攻科の教育は、良妻賢母教育を目的とし、学術の研究、技能の修練、道徳の修養、身体の強久の完成をはかるとされた。

第一部甲類は、家事を主とし、理科、裁縫を加味する。第一部乙類は、裁縫を主とし、家事、理科を加味する。第二部は国語を主とし、外国語、理科、家事を加味する。

専攻科教育の成果は、後述するように、大正十一年～十三年にかけて続々と、中等教員家事科検定試験予備試験、本試験に合格、裁縫科本試験に合格となって表れた。その結果、十三年七月、家事科、裁縫科の中等教員無試験検定が認可された。第二部も、大正十五年～昭和二年にかけて、国語科予備試験、本試験に合格者が出て、三年三月、国語科の中等教員無試験検定が認可された。

白塔（大正15年5月）
（『広島女子大学創立六十周年記念誌』より）

専門学校への昇格を目指したころ、県下の高等女学校は四一を数え、毎年の卒業生は三、〇〇〇人を超えていた。女子教育向上の機運が高まり、男子教育の発達に女子教育も伴うべきであるという勢いであった。広島高女でも二二四名の卒業生のうち、一六〇名以上が進学した。こういう時勢をとらえ、さらに岡山や熊本に女子専門学校設立の気運があり、中国地方で岡山に後れをとると国立移管の見込みがないという切迫感もあり、斉藤校長は、専門学校への昇格を県当局に嘆願した。また、東京在住の県人有力者に賛同と助力を求め、保護者会や有朋会幹事を集め、期成同盟会を結成し、陳情を繰り返した。

こうして昭和三年一月、県議会を通過、同年二月、文部大臣へ申請、同年三月、「専門学校令」による広島女子専門学校（以下、女専と表示）設置の認可が下りた。同年四月一日開校すると県は告示した。

名称　広島女子専門学校
位置　広島県広島市中町一番地
修業年限　予科一年　本科三年
入学資格　予科…高等女学校卒業者、専門学校入学者検定規定により試験検定に合格した者、一般専門学校の入学に関しては、修業年限四年の高等女学校卒業者と

同等の学力があると指定された者
本科…予科を修了した者、修業年限五年の高等女学校卒業者、家事裁縫科においては修業年限四年以上の高等女学校卒業者

定員　本科・予科を通して三二〇名

目的　本校ハ女子ニ高等ノ学術技芸ヲ授ケ且其ノ人格ヲ陶冶シ国体観念ヲ養成スルヲ以テ目的トス

学科　本科は家事裁縫科と国文科とする。家事裁縫科は甲類（家事を主とする）と乙類（裁縫を主とする）とする。

本科の学科目　家事裁縫科のうち、甲類の学科目は、修身、数学、物理及化学、博物、家事、裁縫、法制及経済、体操、図画、教育、国語、外国語である。甲類と乙類との大きな違いは、甲類の家事が各学年一〇時間、裁縫が三〜五時間に対して、乙類は、裁縫が一〇〜一四時間となり、家事が各学年とも三時間である。また、乙類は、英語がなく、手芸が二〜三時間設定されている。他はほぼ甲類に同じである。

国文科は、修身、国語、漢文、外国語、歴史、地理、法制及経済、音楽、体操、教育、家事が設定されている。

女専国文一期生の広瀬実枝子は、

> 入学時は高女専攻科で、卒業時は女専第一期生という栄光をいただいた。しかし、校舎は高女の二階の間借り、制服もなく、校章が梅花に女専の金文字を配したものに変わったくらい。私服に袴、ひっつめ髪。良かったことは、当時としては、ぜいたくなくらい有名な講師が週一回、講義にこられるようになったこと。言語学に文理大の荘田先生、文学史に文理大の鈴木敏也先生、新古今集には広高から浜本先生、竹原の頼家から何代目かになる先生が増鏡、近松をわざわざ広島へ出張講義にこられた。
>
> （『広島女子大学創立六十周年記念誌』より）

などと回想している。専攻科から専門学校へ昇格するために一流の講師陣を招聘《しょうへい》したのであろう。

校舎建築資金集め　専門学校昇格への認可条件であった校舎建築のために、建築資金二五万円と、相当額の設備費が必要であった。広島市から敷地費として一〇万円、有朋会から設備費として一万円の寄付があった。一五万円を昭和四年・五年の県議会で起債することに決定したが、政府の緊縮政策で地方起債は不許可となった。七年八月、広島女子専門学校校舎建築期生会が結

新校舎建築をめざして招魂祭の焼きそばづくり
（昭和８年）
（『広島女子大学創立六十周年記念誌』より）

成された。柴山校長や期成会会長の矢野氏らがしばしば県当局に懇願し、関係者側及び県下各方面より補助資金として三万円を募ることになった。期成会はじめ、同窓会や後援会、県教育会、市教育会による建築資金募集趣意書が作られた。柴山校長が中心となって、職員、生徒、同窓会の一体化をはかり、三万円の資金調達運動を展開した。広島全市から資金を募集する勧財行脚《あんぎゃ》を校長・教頭はじめ教員、保護者会常務委員らが満二年以上続けた。同窓会は、バザーや音楽会などを催して資金調達を行った。同窓会は一口一〇円運動、在学生は一人三〇円募金を行い、利子を加えて四万二千数百円の資金を集めた。三万円を県に提供し、残りを設備に充てた。このように全校あげて校舎新築資金を集め、女専昇格の条件に備えたのである。

無試験検定認可をめざして、文部省の中等教員検定試験に取り組む　高女専攻科時代の卒業生・

宮脇カネは、専門学校への昇格を目指して、文部省の中等教員検定試験に挑み、家事科と裁縫科の両方の試験に合格し、高女専攻科卒業生に無試験検定が認可されることに貢献した。宮脇の回想から無試験検定の様子を紹介しよう。

大正九年、専攻科二期裁縫科の宮脇カネが、高女を卒業する年に専攻科が設置された。補習科を修了した者は専攻科二年に編入された。一・二年同時の入学となり、一年一九名、二年八名であった。週五日、二〇時間でのびのびと勉強していた。しかし、秋になると中等教員検定試験のことが話題に上るようになる。学校の真価を示すために、文部省の無試験検定の資格を得ることが重要であった。

文部省の内規では「各学科在学中二名以上合格」という条件であった。全学一致して、無試験検定への道を歩みはじめた。受験生のためにはあらゆる便宜がはかられ、講義を休むことも、自宅で勉強することも認められた。家事科の学習は食物・住居・育児・看護・経済・割烹《かっぽう》・洗濯など家庭生活のあらゆる分野にわたった。大変な冊数の参考書に囲まれて自宅で学習した。裁縫科は実技を中心としたので、専攻科用に新築された校舎二階会議室の廊下に、裁縫机を持ち出して、先生方指導の下に、和・洋裁の部分縫いなどの練習を懸命に行った。

当時中等教員検定試験は予備試験と本試験に分かれ、予備は地元で実施され、合格すると東京での本試験に臨んだ。裁縫科の本試験では、理論と教授法、実技として料理・和裁・洋裁が行わ

専攻科の講義（昭和２年）
（『広島女子大学創立六十周年記念誌』より）

れた。全国から集まった予備試験合格者とともに、お茶の水の女高師の割烹室や裁縫室で試験を受けた。大正十一年十二月の本試験で、家事科の松田ミチコ、裁縫科の富吉花子と中川まつとともに宮脇も合格。宮脇は前年すでに家事科を合格していた。依って、無試験検定認可の条件を満たして、高女専攻科家事科、裁縫科の卒業生に、それぞれ家事科、裁縫科無試験検定が認可されたのである。

専攻科五期国文卒業生・伊藤和子は、専攻科卒業の年に検定試験を受けた。家事裁縫科の卒業生はすでに合格者もあったが、国語科はまだ実績がなかった。女専昇格運動を進める上にも検定合格の実績が重要と聞いて、書店で文部省中等教員国語検定試験指針書を求め、在学中の教科書等を反復勉強した。広島高等師範学校の図書館も利用した。秋に広島県師範学校で予備試験を受け、十一月の発表で合格し、十二月、東京大塚の高等師範学校で本試験を受けた。予備試験はほとんど同年配の男子で、男子一名女子一名の合格だった。伊藤は翌年秋の本試験に合格した。専攻科同期で、広島県女に就職していた渡辺政枝も合格した。文法の試験問題に『枕草子』の一節が出た。本試験に『万葉集』の長歌が出た。こうして大正十五年に、国語科予備試験に一名、本試験に一名合格、昭和二年に予備試験五名が合格し、三年三月、国語科の中等学校無試験検定が認可された。

戦争の足音　順調に発展していた女専だが、昭和六年満州事変を発端として、戦争の足音がひしひしと近づいてくるようになる。十二年、日中戦争が始まり、「国民精神総動員実施要綱」が閣議決定された。文部省から各地方長官・各学校長あてに、大学・専門学校などの高等教育機関の国家社会のなかでの指導性を強調する通牒《つうちょう》が出される。十六年初めには、文部省より「青少年学徒食糧増産運動実施要項」が出され、学徒を集団的に農作業に従事させるよう通達する。学年を通じて三〇日以内は、勤労作業に振り替えても差し支えなしとして、その日数を授業したものと見做《みな》すことと指示した。さらに十六年度卒業生から卒業期を繰り上げるようにという通達が、文部省から各大学、高等専門学校長あてに出された。女専でも十六年度は三ケ月短縮し繰り上げ、十七年度からは六ケ月短縮して学生を卒業させた。

原爆投下の日の生徒の回想から　『広島女子大学創立六十周年記念誌』から、原爆が投下された日の女専の生徒たちの悲惨な体験を紹介しよう。十九年一月、「緊急学徒勤労動員方策要綱」の決定とともに、学生の通年動員が行われることとなった。三年生（一八期生）は、同年六月から宇品の陸軍船舶司令部（通称暁部隊）へ、二年生（一九期生）は二十年一月から倉敷近郊の水島航空機製作所へ通年動員された。その日、在校していたのは一年生。女専は爆心地から三、五キロの距離にあったため、火災による焼失は免れたが、校舎は半倒壊した。昭和二十年八月六日、午前八時一五分、新入生は講堂で津山三郎校長の訓話が終わり、出席をとっていた。

その時、左側から強い力で講堂が揺れて一瞬のうちに天井とシャンデリアなどの下敷きになった。机と椅子《いす》の間を這《は》って必死で運動場の方に出た。白い光を窓の方に見たという人もいたが、大方のものは何もわからなかったそうだ。避難命令が出たが、防空壕《ごう》に入った覚えはない。間もなく数人で校内をとび出し広陵前の電車通りまで走って行き、歩いている人々を見て悲惨さに息をのんだ。全身に黄色い粉をかぶったようで両手を前にぶらさげ衣服もほとんどつけず、素足で歩いている。市電も止まったままだ。私たちはじっとしておれず、学校まで走って帰った。

（女専二〇期被服　佐々木美代子・加藤基子）

この回想記を記した加藤（旧姓功野）はシャンデリアの破片で頭部を多数切り、生徒の中で最も重症を負った。渡し舟やトラックに便乗して自宅へたどり着いた者もいたが、戸板で怪我人を丹那の暁部隊まで友人と何度も運ぶ生徒もいた。やがて学校の作法室は怪我人やヤケドの人々で一杯になった。入学時四一人いた被服科は二二人と、半減した。空襲が続く中で、生徒たちは重傷者の看護にあたった。「やけどの皮膚がしだいにアスファルトのように黒く固くなり、蠅《はえ》が卵を生みつけウジ虫になり、ピンセットで一生懸命つまみ取った。」このような過酷な体験をしている。

暁第六一四〇部隊本部のある金輪島で救護活動にあたった当時国文三年生の小島喜久の回想を紹介しよう。

二十年八月六日午後五時、市内から被爆者が陸軍運輸部の舟艇で送られてきた。被爆者のほとんどは立っていられない重傷者であった。衣服は焼けて吹っ飛び、半裸で、顔も身体もどす黒く、頭髪は焦げ縮れていた。…平常は本部中隊の兵舎になっていた建物、食堂や集会所、作業場など、あらゆる建物の土間に荒筵《むしろ》を敷いて、その上に患者は次々と寝かされた。

医務室の軍医大尉を長とする少数の衛生班の指揮に従って、兵士と動員学徒が患者の応急処置をはじめたのは五時半を過ぎたころだったろうか。

バケツに、亜鉛華をドロドロに溶いた白い溶液と、割り箸《ばし》の先に脱脂綿をくくりつけた綿棒とが、私たちに配られた。そのバケツを提げて患者たちの間に入って行ったが、綿棒などは役に立たなかった。両手でバケツの白い液をすくって、寝ている患者の腹の上に、ドボッとのせ、両手の掌でそれをからだじゅうに延ばして塗りつける。断末魔のような呻《うめ》き声にせかされて、患者のからだを跨《また》いでは、次々と白い液を塗っていった。大方の患者が全身火傷なので、バケツ一杯の液はすぐになくなった。

「みず……水……」と、患者は呻いた。今度はヤカンにいっぱい水を汲んで来て、患者の口へ注ぐ。

「ああ……みず……ああ」と、患者は呻き続け、その声の出なくなった人は、死んでいた。死体は筵ごと、兵士たちの手で、裏山へ運ばれて、焼かれた。…

落ち着いてから聞いた話では、その日、金輪島に収容された被爆者の数は、約五、〇〇〇人であったそうで、その半数が、翌日の朝までに死んでいたという。

帰校した二年生と、学園内で被爆した一年生は学園内で、船舶司令部で被爆した三年生はそのまま司令部で、爆心地あたりから避難してくる多数の負傷者の救護活動に従事した。爆心地近くにあった第二総軍が全滅したため、船舶司令官が当日午後、広島警備司令官を命じられ、暁部隊は千田町の電鉄本社に救援本部を置いて、救護活動、遺体の処理などに精力的な活動をした。女専の校内も自然発生的に臨時の救護所となった。学生たちは連日負傷者の看病と遺体の処理に従事しているうちに終戦の日を迎えた。女専の職員三名、生徒八名が犠牲となった。

昭和二十年に入学した第二〇期生は中途退学者が多く、半分になった。被爆による本人の怪我や不健康、自宅や寮や下宿の焼失、全壊や半壊、両親その他家族の被爆死や怪我、父の失職やその他経済的理由、食糧事情の悪いこと、交通機関の混乱による通学の困難などの諸事情によった。一九期生も三分の二になった。

敗戦後、物資不足と窮乏生活の中で、教員、生徒が一体になって、傾いた校舎や破損した窓ガラスの応急修理をした。復興祭や音楽会を行い、再建のための資金集めを、学校をあげて全生徒の手で行った。二十二年学校教育法が制定され、女子大学期成委員会を組織したが、原爆による壊滅的打撃を受けた広島の地に女子大学を設置することは財政的に困難として、二十五年広島女子短期大学として開学した。そして昭和四十年四月、待望の県立広島女子大学を開学した。平成十七年、県立広島大学、県立広島保健福祉大学と統合して、県立広島大学となった。

参考文献

『福岡女子大学五十年史』
『大阪女子大学五十年史』

『大阪女子大学70年の歩み』
畑中理恵「大正期女子高等教育史の研究」――京阪神を中心にして――
『東北大学五十年史』下
『東北大学百年史』通史一、三、六
『広島女子大学創立六十周年記念誌』

第三部　さまざまな分野の各種学校

各種学校は、明治十二年の「教育令」第二条が「学校ハ小学校中学校大学校師範学校専門学校其他各種ノ学校トス」と定められたことに始まる。つまり、小学校・中学校・大学校・師範学校・専門学校以外を「各種ノ学校」としたのである。したがって明治中期までに創立された女学校のほとんどは各種学校であった。その後、明治三十二年二月に「高等女学校令」が、同年八月に「私立学校令」が発令されたが、「私立学校令」のみで設置された学校は各種学校とみなされた。私立女学校のほかに、産婆養成所、看護婦養成所、裁縫教授所、保母伝習所など多様な学校が存在した。

明治末期ごろから、職業婦人が急増した。その背景には日清・日露の戦争で父親や夫などー家の大黒柱を無くした女性たちが、働かなければならなくなったことが要因の一つである。それまで女子の多くは家庭の中にあって、家事、子育てなどに専念していた。それが男子と同様に、工場労務者、教員、銀行員、店員、医師、産婆、看護婦など各方面の職業に従事するようになったのである。

女学校の数は、明治三十三年には五二校だったのが、明治四十三年には一九三校、大正二年には三三〇校と急増した。女性の上級学校への志向の高まりとともに、「女学校卒業」が結婚の好条件となる風潮も加わった。一方、大正時代になると、デモクラシーの影響で、婦人解放運動なども活発になり、自由を勝ち取るために経済上の自立をめざして、職業婦人となる者も多くなった。新聞雑誌もしばしば女性の職業を取り上げるようになり、女性が職業に就くことを一つの生き方として認めざるをえなくなった。

雑誌『婦人之友』は大正二年、「新しくできた婦人の職業」というタイトルをつけて女性の職業をまとめて紹介した。タイピスト、婦人速記者、婦人歯科医、女子薬剤師、女子事務員及び簿記係、電話交換手、女子電信係、為替貯金局の判任官、小学校教員及び音楽教師、女医などである。（村上信彦著『大正期の職業婦人』より）

このような状況を背景として出現した各種の学校、第一章は音楽・舞台関係から宝塚少女歌劇団、第二章は服飾関係から文化服装学院、ドレスメーカー女学院、第三章は商業実務関係から電話交換手、美容師、バスの女車掌、タイピストの学校について述べよう。

第一章　音楽・舞台関係の学校

宝塚少女歌劇団の学校

まず宝塚少女歌劇団の生みの親、育ての親、小林一三の人柄を紹介しよう。

小林一三は明治六（一八七三）年、山梨県の生れ、慶應義塾卒業後、三井銀行に就職したが明治三十九年辞職、有馬電鉄（阪神急行の前身）を創立して専務取締役となり、沿線の住宅地を開発する不動産事業をはじめ、その住民のための日本最初のターミナルデパート阪急百貨店をつくった。また電鉄沿線住民の憩いの場として宝塚温泉を開発し、さらに沿線住民に健全な娯楽を提供しようと宝塚少女歌劇団をはじめたのである。

少女歌劇を始めるに当たって小林は東京の三越デパートをはじめ各デパートがはじめた客寄せ

小林一三

のための少年音楽隊（鼓笛隊）を真似たと言われている。昭和のはじめ頃まで続いたことだが街には時々角兵衛獅子《かくべえじし》などという子どもの門付《かどづ》け芸人が訪れて逆立《さかだ》ちやとんぼ返りを見せて銭《ぜに》をねだねることがあった。必ず太鼓をたたきながら気合を入れる親方がいた。人相が悪いその親方が実は人さらいで角兵衛獅子が受け取る銭を分取るのだと言われていた。見物の子どもたちはみなそれを信じていたからいつでも逃げ出せる用意をしながら見ていたのである。それに比べてデパート客寄せの少年音楽隊の明るさよ。大正昭和初期の明朗さがわかる光景であった。宝塚少女歌劇の明るさも同じで旧来のどこか陰湿な花柳会のお座敷芸をかなぐり捨てた明朗で清純なものであった。

大正三年四月一日、宝塚少女歌劇団の第一回公演が宝塚のパラダイス劇場で開幕した。演《だ》し物は無邪気な歌劇「ドンブラコ」四章（桃太郎の鬼退治）である。出演者は最高一六歳のお婆さん役から最低一二歳の猿と雉《きじ》役の少女たちである。幼稚といえばそれまでだが、外題《げだい》の「ドンブラコ」は桃太郎の昔話しで〝大きな桃がドンブラコドンブラコと流れてきました〟という口上をそのままとったのである。ここまで幼稚で真っ当な話になれば文句のつけようがない。然るにこの幼稚な芝居を支える舞台装置や衣装、照明、音楽の豪華さはどうだろう。パリをはじめ欧州最高の技術を駆使しての絢爛《けんらん》たるものであった。

「ドンブラコ」の成功に気を良くし、第二回は「浦島太郎」、第三回は「紅葉狩」以後、「大江山」「一寸法師」「舌切雀」「猿蟹合戦」「花咲爺」「文福茶釜」など昔話や童話を題材にした演《だ》し物が続き、宝塚劇場だけでなく東京進出も企て大正七年五月の帝国劇場での公演を大成功裏におさめ、文字通り、日本の舞台芸術に少女歌劇という新しいジャンルを打ち立てたのである。

「清く正しく美しく」というのが宝塚少女歌劇のモットー（合言葉）である。十代の少女たちが集まる標語としてありきたりのように思われるが、これは小林一三にとって人生をかけた闘いであった。小林は日本の芝居や歌舞伎界に根を張る花柳会の雰囲気やその浸透を徹頭徹尾嫌ったのである。彼の「語録」にしばしば花柳会を攻撃する言辞がある。三味線音曲も花柳界に関連するから嫌いで卑猥と写る。これからの演劇や音楽、舞踊は国民本位、家庭本位でなければならぬとする。そこで宝塚の少女歌劇は花柳界やそれを象徴する三味線音楽と絶縁し、すべからく西洋音楽、西洋舞踊に範をとらねばならぬとする。時はまさに表向き封建制を倒したものの生活にしみ込んだ封建制を徐々に剥離《はくり》し、市民社会に突入しようとする大正初年である。小林の言辞は宝塚の開幕にふさわしい思想と思う。よって宝塚少女歌劇は頑《かたく》なに三味線音楽、御座敷舞踊に近づかなかった。直接パリーのレビューに学ぶか東京帝国劇場で旗揚げしたローシーらの歌劇から知恵を借りるかであった。

私（神辺）は学生の頃から歌舞伎や新派芝居の愛好者で、封建社会の義理人情にふれながら涙したり喜んだりしてきたが、小林一三にとって花柳界や封建社会は許し難い虚偽の世界であったのだ。宝塚の少女たちに託す単純明快な「清く正しく美しく」は彼の真情であっただろう。彼のこの願いは観客動員に表れている。〝家族みんなで楽しめる〟少女歌劇であった。これには主婦も兄弟姉妹もみなはいる。第二次大戦をはさんで戦前、戦中、戦後しばらくまで歌舞伎座や新派の明治座など、夫妻並んでの観劇などめったになかった。桟敷《さじき》に居並ぶ面々はそれとわかる旦那衆と連れの芸者で良家の奥様は夫婦で芝居見物などしなかったのである。小林一三はこうした風潮をけがらわしく思い、家族みんなでの観劇を発起したのである。当然ながら女性観客がふえる。それが新しい時代、大正の空気にマッチして新しい風俗をつくる。まことに宝塚歌劇少女歌劇は自由な大正期の申し子のようであった。

小林はこれを阪神地帯のみならず東京に拠点を設けようとした。帝国劇場での少女歌劇の成功を機に丸の内有楽街にショッピングセンターを兼ねたアミューズメントセンターを展開したのである。これも明るい大正時代の開幕の気運にマッチして盛大に向かった。

宝塚少女歌劇は当初から宝塚音楽学校とも名乗っていた。初演の〝ドンブラコ〟出演者は最高一六歳、最低一二歳である。本誌上で述べたように、女子の小学校就学率は明治末期に九〇%を超え、大正期に入ると高等女学校への進学が急上昇しはじめたのである。高等小学校に籍を置く者も多い。花柳界をはじめ、裏社会の嫌いな小林一三が歌劇団の少女たちを旅芸人の小娘同様に扱うはずがない。彼の近代的矜持が許さない。当然、高等女学校と同等の学校生徒としたいがそのようなカリキュラムを持たないから格式が同等と思われる音楽学校を名乗らせた。学習・稽古の主なるものはダンス・舞踊と音楽と国語、英語であった。ダンス・舞踊の教授は同歌劇団の振付師、久松一声であった。こうして宝塚少女歌劇団・宝塚音楽学校は大正期から昭和にか

群舞の稽古

英語の授業

けて少女たちの心をとらえ生々発展してゆくのであった。

参考文献

伊井春樹『小林一三は宝塚少女歌劇団にどのような夢を託したか』
小竹哲『宝塚少女歌劇・はじまりの夢』
南博『大正文化』
『画報近代百年史・第10巻』国際文化情報社

第二章　服飾関係の学校

文化服装学院は炭置き小屋から

文化裁縫女学校の始まり　東京ＪＲ新宿駅南口より、初台方面へ徒歩八分ほどの所、甲州街道沿いに学校法人文化学園の校舎が立ち並んでいる。平成十年までは、日本建築界初という円型高層建築の校舎（地上九階建・地下一階）が威風堂々と建ち、文化学園の象徴となっていた。現在は、文化学園大学、文化服装学院、文化ファッション大学院大学、文化外国語専門学校の教育部門、その他文化学園服飾博物館などの附属機関、文化・衣環境学研究所をはじめとする五つの研究所、附属校や連鎖校など多くの組織を持つ巨大な学園に発展した。今日の文化学園の姿から、一〇五年前〝炭置き小屋〟を教室として始まったことを、誰が想像できるだろうか。

明治の鹿鳴館時代（明治十六年～二十年）は、欧米人との対等の外交をねらう政府の方針により、洋装が始まったが、外国人を招いての特別なパーティーの夜会服としてであった。そういう女性たちも自宅では和服で過ごすことが一般的であった。大正時代になると、子供服、少女服に洋服の一般化が見られるようになった。また、看護婦や車掌などの職業婦人の制服やスポーツ着に、洋服が見られるようになった。大正後期には、高等女学校の制服の洋装化が始まる。しかし、一般の婦人洋装は異様に見られ、大正十四年ごろでさえ女性の洋装率は、わずかに一％であったという。（今和次郎・早稲田大学教授、後に文化服装学院講師の銀座街頭での調査）それより六年も前に、近い将来洋服の時代が来ると確信していた人物がいた。並木伊三郎と遠藤政次郎である。「文化裁縫女学校」はこの二人の出会いと、日本婦人の服装を改良し、洋服を一般化したいという情熱で始まった。その成り立ちを概略しよう。

〝婦人子供服裁縫教授所〟の看板を掲げる

創立者　並木伊三郎
（学校法人文化学園所蔵）

並木伊三郎は、明治二十年、埼玉県で誕生した。幼少のころから裁縫に興味を持っていた。戸板裁縫学校の戸板関子校長の紹介で、明治の三大仕立屋と言われた飯島婦人服裁縫店に入って、十八年間婦人服と子供服作成の技術を学んだ。そして、大正八年四月、青山南町で並木婦人子供服裁縫店を開店した。しかし、第一次世界大戦後の不況の影響もあり、注文は少なく、経営は非常に苦しかった。当時洋裁は職人が担っていた。並木は、短期間で簡単に教えられて、一般家庭婦人も修得できるようにしなければ、婦人服を普及させられないと考えた。そこで、これ婦人子供服裁縫教授所という看板を店に掲げた。これが文化服装学院の創始となる。

並木伊三郎と遠藤政次郎の出会い

遠藤政次郎は、明治二十七年、岩手県で誕生した。教育者を父に持ち、自らも小学校の教師となった。向学心を抱いて上京したが、家庭の事情から進学を断念せざるをえなかった。米国シンガー・ミシン株式会社に入社し、販売員を経て、調査員をしていた。ミシン刺繍《ししゅう》が大流行した時代が過ぎて、ミシンを手芸の手段くらいしか利用しない家庭婦人が多かった。遠藤が調査したミシン使用状況によると、所有者の三%しか利用していない。遠藤は、高価なミシンを家庭に入れても、米国の会社に利益をもたらすだけで、わが国になんの利益ももたらしていないことに憤りを感じた。遠藤はミシンによって服を縫う方法を一般の家庭婦人に知ってもらわなければならないと思った。それには適当な洋裁教授の場を設けなければならない。そのような時、通りがけに並木が掲げた〝婦人子供服裁縫教授所〟の看板が目に止まったのである。

創立者　遠藤政次郎
（学校法人文化学園所蔵）

二人はすぐに意気投合し、家庭婦人の目を服装改善の方向に向けるために、名声のある教育家の後援を頼み、その学校の一部に洋服科を設けて社会に呼びかけようということになった。当時裁縫の学校には、共立・和洋・戸板・渡辺の四校があった。並木は、この中で三田の戸板裁縫学校校長・戸板関子と面識があった。以前、並木が小学校教師をしていたころ、和服裁縫の講習会を受講したことがあったが、その時の講師が戸板関子であった。並木はただ一人の男性受講生である。並木の優れた裁縫技術に感心した戸板は、並木に上京をすすめた。並木は飯島婦人服裁縫店を紹介され、本格的に裁縫技術を学ぶことになったのである。

炭置き小屋で、戸板裁縫学校洋服科を開講　並木はさっそく戸板をたずね、自己の抱負を述べて、戸板裁縫学校の一部に洋服科を設けてほしいと懇願した。戸板は、並木の申し入れに協力したいと思ったが、教室に余分がなかった。そこで「炭を入れてある物置でよかったら自由に使ってよい」となり、大正九年十一月、戸板裁縫学校洋服科の名称で、生徒募集をした。しかし集まった生徒は八名であった。炭置き小屋は、採光のすべがなく、黒くくすんだ部屋の板壁の高いところに小さな窓があるだけで、裁縫には全く不向きであった。炭置き小屋で始まった洋服教育は異様に映ったであろう。

〝シンガー裁縫院洋服科〟開講　この並木の窮地をなんとか救おうと、遠藤は奮闘した。米国シンガー・ミシン株式会社は東京有楽町でシンガー裁縫院を経営し、生徒五、六百名を収容していた。遠藤は東京支店の支配人に相談し、ミシン販売の一つとして、シンガー裁縫院に洋服科を設けて普及につとめることを提案した。大正十年四月、並木を講師として、「シンガー裁縫院洋服科」を開講した。しかし、生徒は五人にも満たず、一ケ月延期し、宗田支配人自ら各クラスをまわって勧誘した。かろうじて一三名の志願者を得て、五月上旬開講した。戸板裁縫学校洋服科の生徒も合併した。後に志願者も増え、四〇名を超えたが、並木の講師料を得る手立てがなかった。シンガー裁縫院は無料で行っているため、洋服科だけ受講料を徴収することもできなかった。

そこで遠藤は、全国的規模の婦人服裁縫の講習会を思い立った。そのころ有楽町に報知新聞社の報知講堂ができていた。報知新聞社の企画部長は遠藤の親戚《しんせき》にあたる人だった。さっそく企画部長を訪ね、洋服の講習会開催を懇願した。なかなか承知してもらえなかったが、ある日、有楽町の街角で企画部長とばったり出会った。すると「編み物の講習会をやるので、その時にいっしょにやったらどうだろうか。」と提案してくれた。大正十一年春、三日間にわたって報知新聞社主催の洋装講習会が報知講堂で開かれた。並木が講師として迎えられ、受講生は延べ一、五〇〇余名を数えた。こうして並木の名前がしだいに社会に認められるようになった。また、東京市の小学校児童の標準服が制定されることになり、同年六月、東京市小学校裁縫研究会によって、子供服講習会が開かれ、並木が講師として迎えられ、受講生は二〇〇余名を数えた。遠藤が考えた講習会企画が成功したのである。遠藤は時期が熟したと考え、洋裁教育の場の独立を思いたった。

牛込区袋町で、文化裁縫学院開校　大正十一（一九二二）年春、遠藤は、牛込区袋町三番地の木造三階建、総坪数約百坪余りの家を見つけた。敷金、家賃等の当面の費用は、遠藤が叔父から一、〇〇〇円借用して充てた。こうして同年六月、初めて独立校舎で「文化裁縫学院」の看板を掲げ生徒募集をした。並木三五歳、遠藤二八歳であった。一階を並木の住居にあて、二階・三階を教室にした。しかし、応募してきた生徒はわずかに四名で、内弟子七名を合わせて一一名であった。

遠藤は、まず手始めに、婦人子供服の講習会を学院で行うことにし、一戸一戸の家々に広告を配って歩いた。一週間ずつ前後二回にわけて、会費五円の有料講習会を開催した。広告の効果があり、のべ一五〇名の受講生を得た。この講習会を機に生徒も増え始め、大正十二年の春には一〇〇名を超えた。並木にとっても無報酬に近い苦しい開校時代であったが、その間も研究を重ね、婦人服の裁断の原理を最も簡易に、最も正確に教授する方法を考え続けた。この時期に文化式洋裁方法の原本ともいうべき『婦人子供服講義録』が生まれ、後に何百万人という人々の裁縫技術の指針となった。そして並木は、十一年八月、東京女子高等師範学校内の中等教育裁縫教授会に招聘《しょうへい》され、子供服夏期講習会の講師となり、名声は高まった。こうして並木の技術と遠藤の経営手腕とで、文化裁縫学院は、十二年六月、東京府から各種学校の認可を得て、文化裁縫女学校に改称して発足。我が国初の服装教育の学校となった。

文化裁縫女学校スタート　大正十二年六月、文化裁縫女学校は、並木伊三郎が初代校長に就任してスタートした。井の頭公園で祝賀会・運動会を開催し、職員と一〇〇名余りの在校生がともに開校を喜びあった。ところが喜びも束の間、何かの事情で服役していたらしい牛込袋町の家主が、服役を終えて戻ってきたのである。家主は「俺の家だ。敷金なんかは認めない。出ていけ。」と暴力団風の人々を連れて、妨害してきた。そして「出て行かぬなら敷金を二千円はらえ。」と居直った。訴訟でおさまる相手ではなかった。遠藤は、他に適当な場所を探した。新宿二丁目の太宗寺前に、間口一三間、奥行き一四間で、三階建の木造家屋があった。百畳敷きに近い部屋もあり、借りることに交渉を始めようとしていた。家主も借り手がなく困っていたので、容易にまとまるかにみえた。

新宿二丁目太宗寺前へ移転　そんな矢先、大正十二年九月一日、関東大震災が起こった。火災が発生し、火は三日間燃え続け、東京の大半は灰燼《かいじん》に帰した。シンガー・ミシン株式会社の東京支店も焼けた。幸い遠藤も並木も無事で、牛込の学校も無事だった。ところがこの時、災害を免れた空き家が接収されることになった。新宿二丁目の移転予定先の家主から早く越してきてほしいと伝えてきた。貸借の話はまとまったが、大災害の混乱が続き、生徒も大部分は郷里へ帰っていたので、移転の日が延びてしまった。そうこうするうちに、家主が破談を申し入れてきた。「三越が貸してほしいと言ってきたり、他からも二、〇〇〇円の家賃を出すと言ってきたりしている。」などと言ってきた。遠藤は契約違反だとして、談判した。結果、八〇〇円の家賃、その他に敷金五、〇〇〇円を支払うことで、なんとか話をつけた。遠藤は再び金銭の工面をしなくてはならなかった。あてにしていた叔父は、その頃財産の大半を失っていた。それどころか以前に貸した一、〇〇〇円を返してほしいと迫られた。途方に暮れた。しかし神は二人を見放さなかった。並木の友人が五、〇〇〇円を貸してくれたのである。こうしてなんとか新宿二丁目大宗寺前に移転することができ、十二年十一月に開校した。昼間部に普通科・随意科・高等科・自由科、夜間部に普通科・高等科を設置した。しかし生徒は戻ってこなかった。たちどころに、お金に窮し、家賃も払えなくなった。

ところが、震災を教訓として建物や衣服など世の中が大きく変わることになる。大きな被害を受けた下町の人々が、校外への移住を始めた。東京駅を起点とする中央線沿線は上中流階級を収容する町となって発展し始めた。そしてその要衝となる新宿は大発展を遂げるのである。さらに婦人の職業進出が盛んになり、婦人服改良の声が上がった。当然のことながら洋裁技術への学習の欲求が高まった。震災の翌十三年四月、学生がどっと集まった。机もげた箱も足りないほどであった。ミシンは多量にあったので、机や椅子を整備しつつ、十一月ごろには三〇〇名を越える学生を収容する学校になった。教師も一年前は三、四名であったが、卒業生が教鞭《きょうべん》をとるようになった。学校の運営は軌道にのり、経済的な圧迫からもようやく解放されるようになった。十四年春には在校生五〇〇余名となり、研究科を設置した。

品川町仮校舎から代々幡町代々木へ移転まで

ところが大正十四年五月十三日夜、三階の天井裏から漏電によって火災が発生し、新宿校舎が全焼した。ミシン一二〇台、売店の商品、校具類など約二万円に相当するものが灰燼となった。幸い人命に被害はなく、火災保険により二万円の保障を受けることができた。並木と遠藤はこの時こそと奮起し、一週間以内に授業再開を宣言した。すでに並木の名声は高まっていたので、同情者から家屋貸与の申し込みがあった。品川町会が同町の旧小学校校舎を貸してくれることになった。仮校舎として移転し、在校生に約束した一週間後の五月二十日に授業を再開した。しかし、生徒は一五〇名くらいに減少してしまった。

度重なる不運や移転などで、並木は健康を害し、病床に伏すことが多くなった。それでも、並木の地方講習会に出席したい思いは強かった。十四年八月、遠藤が「その体でどうしても行くというなら私は絶交しますよ。」と、厳しく止めるのもきかず、並木は、「日本の服装を改善することが私たちの使命であり、教育者としてはその責務を果たさねばならない。」と、函館の講習会に出かけた。主催者の新聞社に挨拶に出かけた途中、にわか雨にうたれて風邪をひき、無理を承知で講義をして高熱が出た。たまたま受講生の中に函館市内の病院の院長夫人がいて、入院して治療を受けることができた。ところが入院中も並木は講習会を休むわけにはいかないと、医師がとめるのもきかず、講習会に出た。四十度近い熱があり、病院から会場まで氷嚢《ひょうのう》を頭にのせていった。講義の際には氷嚢をはずし、何事もなかったかのように講習を三日間続けた。このような無理がたたってついに喀血《かっけつ》した。帰京した並木はそのまま病床に就き、再三喀血した。それでも並木は、見舞いにきた遠藤に「あなたが学校をよくしてくれれば間もなく私の病気もなおりますよ。」と言った。命に代えてでも婦人服の改善をめざすという強い思いを抱く並木であった。

病床に就いた並木に代わって、田村二十一が副校長として、並木の代役を務めた。しかし、学校の経済的圧迫は再び起こり、職員の月給すら事欠く状態になった。ありがたいことにその頃の職員たちは「では、無報酬でやりましょう。」という人々であった。学生一〇〇名集まらなければ職員何人か退職してもらわなければならない状態だった。しかし、じっと手をこまねいている遠藤ではなかった。遠藤はこのときはじめて「入学案内」を作って、生徒募集の努力を重ねた。

その結果一五〇名余の生徒が集まり、なんとか授業を続けられるようになった。

このころの学科編成は、昼間部に普通科（修業年限三ケ月）・高等科（修業年限七ケ月）・研究科（修業年限一年）・自由科・随意科、夜間部に普通科・高等科を設けていた。品川に落ち着いて一年、ぽつぽつ生徒も増え始め、品川校舎は手狭になってきたことと、当時品川町は都心を離れた郊外地であったことから、四度目の新しい場所を求めて移転する計画に移った。そして現在地の渋谷区代々木三丁目に三二〇坪の土地を購入し、校舎を新築し、移転することになった。時代も大正から昭和へ変わって、二年春のことであった。

その時、洋裁教育に理解を示す人物が現れた。主婦の友社の石川武美社長である。石川は数万円の資金を貸与してくれた。こうして昭和二年三月、木造二階建、九教室、応接室、購買部、舎監室などを完備した新築校舎に移転完了し、四月、新発足することになった。当時の代々木山谷は、校外の地で、田園風景が残っていたが、すでに京王線が通っており、交通の便はよかった。ここで文化裁縫女学校が、現在の文化学園に大発展を遂げる基礎固めができたのである。

文化服装学院——わが国初の洋裁専門学校に昇格　昭和五年、遠藤政次郎は、これまでシンガー・ミシン株式会社の社員として勤めながら並木を支えてきたが、同社を退社し、文化裁縫女学校の運営に専念する。並木は八年九月に死去した。翌九年十二月、遠藤が校長に就任。十年、財

文化裁縫女学校　代々木での最初の校舎
（学園の現在地　昭和２年３月落成）
（学校法人文化学園所蔵）

団法人並木学園の設置が認可され、「専門学校令」によるわが国初の洋裁専門学校となる。十一年四月、服装研究雑誌『装苑』創刊。同年十月文化服装学院と改称。十二年八月、遠藤は文化服装学院院長に就任。十四年十月、遠藤は学院長を辞任し、翌十五年二月、財団法人並木学園理事長に就任。十八年、創立二十周年を迎え、在校生三、五〇〇余名と発展する。

しかし、その後、戦争の激化により、二十年一月には在校生一〇〇名に減少する。五月、東京大空襲により校舎焼失。戦後いち早く再建工事を進め、復興させる。二十五年四月、文化女子短期大学（服装科）開学。二十六年、学校法人並木学園に組織変更。二十八年、フランスのデザイナー、クリスチャン・ディオール一行一二名を招聘し、学院ほか東京会館、名古屋、京都、大阪でファッションショーを盛大に開催し、話題となる。三十年十月、地上九階地下一階建の円型高層本校舎が落成し、長く学園の象徴となる。三十二年、文化服装学院の師範科に男子入学。三十九年、文化女子大学（家政学部服装学科）認可。四十八年六月、学校法人文化学園となる。五十一年四月、文化服装学院は、専修学校制度による専門学校に認可される。文化女子大学は、平成二十三年、文化学園大学と改称。翌年、男女共学の授業を開始した。

文化服装学院は、日本で唯一「世界のファッションスクールランキング２０２２」トップ一〇にランクインされた。日本を代表する服飾デザインのプロ養成校となる。卒業生約三〇万人を輩出し、世界のファッション界で活躍した髙田賢三や、現在も活躍中のコシノヒロコ、コシノジュンコ姉妹がいる。類まれな洋裁技術を持ち、優れた人格者の並木伊三郎と、経営手腕に長け、並木を支え続けた遠藤政次郎との名コンビによって、その土台が築き上げられた現在の日本における服飾教育界の最高峰と言えよう。

ＹＳパターンで洋服の普及をめざしたドレスメーカー女学院

ドレスメーカー女学院誕生前史

文化服装学院と並び称されるドレスメーカー女学院。一方は「文化式」、こちらは「ドレメ式」。大正十五年三月、東京新橋と虎ノ門の中間の南佐久間町で「ドレスメーカースクール」が開校された。開校したのは杉野芳子、アメリカ帰りのモダンな女性である。

杉野芳子は、旧姓岩澤芳子。明治二十五年、千葉県匝嵯《そうさ》郡の地主の家に生まれた。小学校時代

学院長　杉野芳子
（学校法人杉野学園ドレスメーカー学院所蔵）

に先生からアメリカの話を聞き、憧れを抱いた。県立千葉女子高等女学校卒業後、鉄道省初の女性職員となった。その後小学校教員となるが、自立できる別の仕事に何があるだろうかと考えた。「アメリカに行けば何かあるに違いない」と、小学校のころに抱いたアメリカへの憧れが蘇《よみがえ》った。大正三（一九一四）年、二二歳の時、一人着物に袴《はかま》姿で渡米し、ニューヨークで生活する。しかし、着物では過ごせないため、洋服を求めるが、小柄なので既製服ではサイズが合わなかった。新聞『イブニング・ポスト』に毎週土曜日、新しいデザインが掲載されていた。注文して型紙を送ってもらったが、それもぴったりしたサイズがなかった。やむなくサイズもデザインも自分に合うように直した。これがドレメ的洋裁の第一歩となった。自分のものは自分で作ることにして、研究しているうちに、洋裁に興味を持つようになったのである。日本人が経営している店に出入りしていた田辺夫人（英国人）に洋裁を学んだ。大正五（一九一六）年、芳子は自分で作ったイブニングドレスを着て、クリスマスパーティーに出席した。そこでスタンフォード大学出身の建築技師杉野繁一とめぐり逢い、シャンデリアの下で杉野と踊った。翌年結婚。繁一三〇歳、芳子二五歳であった。

杉野繁一は、明治二十年、愛知県海部《あま》郡の地主の家に誕生した。愛知第三中学校を中退し、単身で渡米する。ハイスクールを経てスタンフォード大学で土木工学を専攻する。大正五（一九一六）年三月、卒業後、シカゴのイースタン・イリノイ鉄道会社設計部に勤務した。七（一九一八）年四月、ニューヨークのセントラル鉄道会社に勤務した。後に学園の運営に携わるようになると、校舎や体育館などを設計する。

関東大震災が生活を一変させる　大正九年、二人で帰国し、赤坂新町に新居を構えた。繁一はファグソン建築会社に勤め、芳子は妻として生活を送っていたが、何か満ち足りない思いがしていた。せっかく身に着けた洋裁の技術を人に教えたいと思ったが、繁一は妻が職業を持つのは外聞が悪いといって強く反対した。芳子は、洋裁の原稿を書き、型紙をつけて、雑誌『主婦之友』社に持っていった。それで稿料五十円の小切手をもらった。その数日後、関東大震災（大正十二年九月一日）が起こった。赤坂の新居も焼けた。そのため、稿料でもらった小切手が役にたった。震災は東京の人々の生活を一変させた。焼け跡には、文化住宅と呼ばれる明るい合理的な間取りの洋間を加えた家が建てられた。店も食べ物屋も履物のまま入り、椅子式にするところが多くなった。女性の着物がいざという時に活動の妨げになる欠点が明らかになった。当時、婦人の洋服は、「白襟嬢《しろえりじょう》」「赤襟嬢《あかえりじょう》」（五九二頁参照）と呼ばれたバスの車掌、看護婦などに見られる程度で、一般は和装だった。欧米でも第一次世界大戦後、婦人服は実用向きの日常着に生まれ変わった。芳子は、その生まれ変わった実用的で大衆向きの婦人服を学んで帰国した。震災後、服装問題が持ち上がったが、洋装は外国人か、洋行帰りの日本女性などごく一部にとどまっていた。そうした中で、女学校の制服が洋装化してきた。また、ウエイトレスや電話の交換手など女子の職場の制服に洋服が取り入れられるようになった。

芳子は震災後、洋装の普及こそ婦人生活の向上であると確信し、洋服の普及には型紙から入るのがいいと思った。まずは、型紙の使い方を教えて、型紙を裁てる人を養成しなければならない。それには学校を創ることがいいと考えた。各自それぞれに似合う服を教える学校を開こうという考えに行きついた。むろん、繁一は反対したが、この時ばかりは芳子も一歩も譲らず、繁一には迷惑をかけず、不自由な思いもさせないからという約束でようやく許しを得た。以後四十年間、主婦として、妻として、母としての役目を怠ることなく学校のことも成し遂げた。

ドレスメーカースクール開校　大正十五（一九二六）年三月、南佐久間町の、和合ビルディング四階の、ガラスの厚板に金文字で「ドレスメーカースクール」と書かれた看板が掲げられた。カタカナでの表記も珍しく、この「ドレスメーカースクール」という言葉自体がまだ耳慣れない時代であった。そのためか新聞に生徒募集の広告を出しても、入学志願者は一人もなかった。天井の高い白壁、洋風の明るい部屋、二〇畳ほどの広さの教室には、正面に真新しい黒板が掲げられ、その前に大きな教壇とテーブル、木の香も新しい三〇人分の机が並び、三、四台のミシンが置かれて、生徒を待っていた。

四月のある日、激しい風雨の中、三人の入学希望者がやってきた。三人は、地方の裕福な家庭のお嬢様で、東京に花嫁修業にきていた。生徒が集まらなかったのは、和装が一般的な当時の日本の実情からして、アメリカで学んだ芳子の感性があまりにも新しすぎたのである。四月十二日から授業が始まったが、部屋代百円という高額を、生徒三人の授業料ではとても払えなかった。芳子の夫繁一は、もともと芳子の洋裁学校開校には反対であった。経営に苦慮している芳子を見ると、「早くやめろ」と言った。芳子は一週間ほどで解散を決意した。

女性の洋装を普及させ、その人に似合う服を作って着せたいという思いで芳子は三人の生徒に情熱を傾けて教えた。その院長から突然解散を告げられ、三人は、「そんなことを言わないで、ぜひともつづけて下さい。経費がかかるなら、先生のお宅にうかがいますから、教えて下さい。生徒が少なすぎるというなら、私たちが友だちをつれて来ます。」と言って、授業の継続を懇願した。そこで、白金三光町の自宅に教室を移して、授業を続けることにした。

三光町の家は、和洋折衷の小さい二階建だった。まだ赤子の息子を女中に任せて、芳子は授業に打ち込んだ。生徒は六人になった。七畳くらいの三角形の部屋であったが、机やミシンを置くと、六人でもいっぱいだった。最初の生徒たちは言葉通り、ポスターを貼《は》ったり、ビラを配ったりして、学院の発展のために尽くそうとした。芳子は病気がちだったが、講習会を開いたり、出張講習をしたりした。九月には生徒が一二、三人になった。

『読売新聞』で洋裁講座を始める

ある日、院長の評判を聞いて、『読売新聞』学芸部記者の平井マスというモダンガールが訪ねてきた。当時洋装の女性は数えるほどであったが、平井は、日常着、仕事着として洋服を着ていた。芳子が、ニューヨークの『イブニング・ポスト』に毎週土曜日に発表されたデザインの話をしたところ、『読売新聞』の家庭面に、週に一度、「洋裁講座」として連載しようということになった。簡単なアウトラインに寸法を書き込んだ裁断図に、縫い方を添えた記事が大正十五年から三四回連載された。はじめは子供服を紹介し、次第に婦人服へと進めていった。これが大変な人気となり、一般大衆の生活に洋服が取り入れられるきっかけとなった。記者の平井も洋裁に興味を持つようになり、人生のコースとして洋裁を選んだ。芳子は特別に四ケ月で洋裁ができるように教えた。平井はその後ポール・ケートと結婚して渡米し、二年ほどして帰朝した。マス・ケートは、白木屋デパートのデザイナーになったり、マス・ファッション・スクールを作ったりした。

ドレスメーカー女学院と改称

自宅では手狭になったので、大正十五年夏、目黒駅に近い上大崎の文化住宅を購入した。八畳二間、応接室、四畳半の女中部屋、台所、湯殿、ロビーが付いた三〇坪余りの平屋であった。十一月二日、「ドレスメーカー学院」と名称を改めて、授業を開始した。この日を創立記念日としている。さらに一年後、「ドレスメーカー女学院」と改称する。『読売新聞』の洋裁講座の反響が大きく、昭和二年一月には二三名、三年には四〇名、四年には五〇名と順調に生徒が増えた。庭に一二畳の木造平屋を建てた。四月を入学期として、速成科四ケ月、本科一年とした。昭和三年ごろには「ドレメ」と親しみを込めて略称で呼ばれるようになる。

昭和二〜四年にかけて、小学校での通学服の講習会を開き、神田の草刈商店で型紙無料裁断を生徒の手で行う催しを公開した。また、読売新聞社の講堂で、生徒の製作品展を開催した。若い生徒が大勢の客の前で、注文をきいてその場ですぐにてきぱきと裁断する様子は人目をひいた。洗足のデパートでバザーを兼ねて無料裁断を行ったり、雑誌『婦人公論』を通じて院長考案のY・S・パターン（ドレメ式原型）の委託販売を行ったりした。四年十一月号の『婦人公論』には、ふだんのドレスのほかにウエディングドレスを作って発表した。これにより、「洋装の花嫁」という新しい言葉も生まれた。『婦人公論』でも洋裁講座を始め、洋装相談の欄も設けた。これが『婦人公論』の読者層である中流以上の女性たちに、洋装を普及する機会となった。また、デパートや洋装店で、子供服や婦人服の作品コンクールが行われるようになり、ドレメの研究生が一位になるなど生徒の活躍が著しくなった。「ドレメ式原型」を開発し、これを用いて裁ち方、使い方を教える。ファンデーションドレスの学習を通して、服の形を見極め整えるために必須の仮縫い（フィッティング）を身につけるように指導した。

昭和９年７月の卒業式後の校庭風景
（自作の白いドレスを着用して）
（学校法人杉野学園ドレスメーカー学院所蔵）

全員洋装での卒業式　昭和の初めは、ドレメでも院長以外は着物に下駄をはいて通学していた。生徒はお正月近くになると島田に結って通学した。せっかく自分で自分に合うように作った洋服をたんすにしまって着ようとしなかった。そこで院長は強制的に通学も洋服にすると宣言した。生徒たちは通学の途中洋服姿を見られるのが恥ずかしく、何人かでタクシーに乗って登校するようなありさまだった。足を見せるのが恥ずかしいという時代であったのだ。そこで、四年七月の卒業式は全生徒そろって洋装することにした。しかし問題があった。生徒は洋装用の下着も靴も持っていなかったのである。下着の作り方、下着の付け方から指導が必要であった。東京や横浜に靴屋はあっても、なかなかサイズが合うものがなかった。卒業式の日、木綿でもなんでもいいから外国でやるように、純白の式服を着て記念撮影をすることにした。卒業写真を撮るときは、靴が間に合った生徒だけが前列に並んだ。芳子は、靴が道で脱げて困る、ストッキングがすぐに破れて困る、そうした苦情の相手までしなければならなかった。和服の歩き方しかできない生徒に、歩き方の指導を授業の時間をさいて行なった。そうした努力の結果、白い花が美しく咲きそろったように華やかな卒業式となった。これをきっかけに生徒は洋服で通学するようになった。またこれが評判となって、翌年の入学者は在校生の三倍になった。着るために、自分の洋服を作るために入学してくる生徒に変わった。

各種学校として認可される　制帽科を作った。最初は芳子が教えていたが、パリで学んできた筒井光康（ベルモード帽子店経営者）が四年九月から教鞭《きょうべん》をとるようになった。婦人帽の製作を学校で教えるようになったのはドレメが最初であった。

昭和五年四月、五〇名の入学者があった。教室が足りず、行人坂下にある教会を借りた。その間に自宅を総二階にする工事を急いだ。五月、本科が設けられた。第一期の本科生は二〇名となった。このころ、芳子は、東京市社会局から洋裁講師を嘱託され、大塚市民会館はじめ方々で講習会を開いた。六年一月、東京府知事から各種学校としての認可が下りた。東京府から洋裁学校として認められたのである。院長の親切で、行き届いた熱心な授業、分りやすく役に立つ内容、洋裁への情熱、人間としての魅力、卒業生たちはこの院長に教わったことを誇りとした。新聞広告は出さなくても、卒業生がドレメのすぐれた点を宣伝した。『婦人公論』と『読売新聞』の洋裁記事に魅了された人々が目黒のドレメに集まりだした。入学者は、北海道から台湾にいたるまで全国に及んだ。六年四月、新入生が一五〇名に達した。八〇名の速成科を収容する広い部屋が必要となった。市電の終点近くにあった寄席を昼間借りることにした。ところが授業を開始しようとすると、寄席の宣伝にチンドン屋の演奏が始まるのである。生徒が増え、教室を増やすために、いよいよ土地を手に入れなければならなくなった。こうした経営面の助けが必要となった。六年の夏休み、当時仕事で朝鮮平壌に赴任中の繁一を、芳子は息子をつれて訪ねた。そして、会社を辞めて、学校の経営面の協力を懇願した。ついに繁一が平壌から帰京して、学校の経営にあたることになった。繁一理事長の誕生である。

昭和前期の発展　繁一理事長が、ドレスメーカー女学院の経営に本格的に乗り出した。校舎の改築、寄宿舎の開設、さらに隣接地を買収して、将来に備えた。七年、校地は合計一六五余坪

初代理事長　杉野繁一
（学校法人杉野学園ドレスメーカー学院所蔵）

となり、在校生五〇〇名となる。翌八年在校生七〇〇名を超えた。九年には、婦人公論、松屋、杉浦商店主催の洋装デザインコンテストに生徒たちが続々と入賞した。十年十一月、創立十周年記念ファッションショーを日比谷公会堂で催した。我が国で洋服だけの本格的ショーの最初であった。芳子院長のデザイン、吉田謙吉の演出・装置により行われたショーは超満員の大成功であった。この夏在校生は一、二〇〇名を超えた。十二年七月、芳子は欧米服飾視察研究旅行に出発し、翌十三年一月帰国した。

戦争時代から戦後の復活まで

昭和十七年、スラックス形式の防護服を発表。戦時下の十八年三月、「杉野女学院」と改称。十九年、生徒の多くは女子挺身隊《ていしんたい》に徴用され、校舎も電波兵器の研究に取り上げられ、寄宿舎は工員宿舎となる。やむなく一時学校を閉鎖する。分校舎を学校工場とし、昼間は作業、夜間のみ授業を行った。生徒は一〇〇人にも満たない数に減少し、二十年五月、空襲により校舎、寄宿舎の大半を焼失した。

二十年八月、終戦後一週間経つと、早くも学校再開を生徒に懇望された。翌二十一年一月、入学願書受付に志願者が殺到し、焼け残った杉野の住宅から駅まで長蛇の列となり、アメリカ軍警察が何事かと調べにきたほどであった。受付を一、〇〇〇人で締め切る。唯一焼け残った夕陽丘寮を校舎に改築し、住宅二階を教室に改造して、四月から授業を再開した。校名も「ドレスメーカー女学院」に復帰した。二十三年七月、財団法人杉野学園に改組。二十五年五月、杉野学園短期大学（被服科）開学式を行う。二十六年二月、学校法人に改める。三十六年四月、男女共学制のドレスメーカー養成科（二年制）を開校。三十九年四月、杉野学園女子大学（現杉野服飾大学）を開学。現在、専修学校のドレスメーカー学院と杉野服飾大学が学校法人杉野学園の二大柱となる。

院長杉野芳子は、特に洋裁学校に通ったわけではなく、洋装店で修業したわけでもなかった。ニューヨークでの生活の必要性から自分に合ったサイズ、デザインを自ら工夫しなければならなかった。そこから独自に研究を重ねて、型紙を考案した。卒業式には、全員自作の白いドレスを着ることを推進して、日本女性の洋装化へと導いたことは称賛されよう。

参考文献

『文化服装学院四十年のあゆみ』
写真に見る『文化学園六十年のあゆみ』
『写真で見る文化学園八十年の軌跡』

『杉野学園四十年史』
『杉野学園五十年史』
「杉野芳子ものがたり」（「すぎの会」杉野服飾大学・杉野服飾短期大学部同窓会）
https://www.suginokai.jp/story.html

第三章　商業実務関係の学校

電話交換手

東京電話局が作った電話交換手のための誠和女学校

誠和女学校は電話交換手の養成学校ではない。仕事を終えた後、午後五時から二時間、無料で英語・数学・簿記・作法・茶道・華道・裁縫・音楽など一般教養を身につけ、花嫁修業もできるとして、交換手募集のために作られた学校である。

電話交換手は女性に適した職業であった。女性の声は、男性の声に比べ、澄んでいて通りが良く、柔らかく、かつ美しい。電話交換手は、明治二十三年、女性九名、男性二名で始まった。男性は深夜業のためであった。二十六年度は、女性四四名、男性七名であった。ところが、男性に対する世間の評判は悪く、女性に替えよという要望が強かった。男性は時々客と衝突し、トラブルを起すからであった。電話局は三十四年五月、男性交換手を廃止した。夜間に若い娘が働くと間違いが起きたりはしないかと心配して、監視を厳重にした。女ばかりの職場で男性といえば主事・課長・局長だけで、しかも妻帯者であったので、男女問題が起らなかった。勤務時間は、昼間八時間、夜勤六時間だが、その間、一時間毎に休憩時間が一〇分～一五分ある。夜勤には仮眠時間が与えられ、健康上の留意が払われていた。深夜業といっても紡績工場などの深夜業とは違った。

大正二年には、東京の電話交換手は八局で二、〇〇〇人、一日の通話約六七万、一人当たりの取り扱い数三四〇という忙しさであった。しかし退職者が多く、補充が困難であった。退職者のほとんどの理由が結婚であった。この頃は世間も局内も結婚したら辞めることを当然とする風潮だった。電話局は募集のビラを作って大々的に募集活動に乗り出した。

電話交換手募集のビラ　大正六年三月の「東京中央電話局女子電話吏員の資格及待遇」の内容をみよう。

一、電話交換手を志願するには次の資格を要す
イ、年齢　満十三歳以上二十三歳にして夫なきもの
ロ、品行方正にして身体健全なるもの
ハ、尋常小学校卒業以上の学力あるもの、若し卒業せざるものは読書、作文、算術の学科試験を課す
二、採用試験に合格したるものは電話交換手見習として約三ケ月間、京橋区白魚河岸分局内

の養成所にて学科及電話交換の実地練習をなし試験の上交換手の採用せらる
（村上信彦著『大正期の職業婦人』より）
（以下省略）

そして、「真面目なる生活を冀《こいねが》ふ婦人は電話局に来れ」とある。さらに宣伝文句を並べ、その中に「…やがては立派な個性を持った優れた婦人として家庭の人たらしめ、女の最大最善の義務を果たせるやう、常に私共は努力して居るのであります。それ故、嘉悦孝子女史その他知名の女流大家を聘《へい》して精神修養に関する講話を催し、或は裁縫生花茶道具其の他各方面の専門家を聘して女子に必要な手芸の講習を開いて居るのであります。」とある。交換手の仕事が女性の職業として最適だと強調するとともに、将来家庭の主婦として役立つようにあらゆる修養を身に着ける機会を提供することをうたっている。

大正九年、東京中央電話局のなかに、日本女子商業学校別科を設立した。翌年誠和女学校と改称された。交換手のために作られた女学校である。東京中央電話局が運営している誠和女学校に惹《ひ》かれて交換手になった福田いねの例（村上信彦著『大正期の職業婦人』参考）で、交換手の実態をみよう。

交換手の実態——福田いねの場合

入社試験は、色盲検査と、電話通話による耳と音声の検査、国語の本を読むことであった。大正九年当時の交換手は東京だけで五、〇〇〇人、少数の高等女学校卒をのぞけば大半が高等小学校卒だった。高等小学校卒の多い三〇人の中に、尋常小学校卒の福田いねが合格した。いねは、明治四十二年、東京下谷区御徒町で生まれた。父は骨董屋《こっとう》を営む傍ら象牙《ぞうげ》細工を作っていた。家族は父母と兄、弟の五人。父は女に学問はいらないという考えだったので、いねは、尋常小学校を卒業した後、裁縫などを習って過ごしていた。級友三五人のうち一〇人ほどは女学校へ、残る半分も高等科へ進んだ。進学した友人をうらやましく思っていた。そんな時、父が持ってきた電話交換手募集の広告に、「交換手になれば無料で誠和女学校に行ける」とあったので応募した。

大正十年、いねは、局内の養成所で、三ケ月の学科及電話交換の訓練を経て、丸ノ内の東京中央電話局へ通い始めた。一三歳であった。最初の部署は市外電話交換課で、玉川、世田谷、中野、大森など、プレストテレフォンをつけて、一人八本くらいの線を受け持った。服装は制服用として天竺《てんじく》木綿の配給があったので自分で単《ひとえ》の改良服に仕立てた。自前の袴《はかま》、白足袋、フェルトの草履を着用した。袴は階級によって色分けされており、交換手は海老茶、主事補と書記補は紺だった。改良服の袖《そで》に、交換手はピンク、主事補はブルー、書記補は白のリボンをつけた。白い上衣に袴、袖口にリボンをつけた服装はいねも気に入った。

その頃の勤務は昼間・夜間に分かれていた。いねは昼間の務めを希望した。初任給は日給五六銭。見習期間が終わると六二銭になった。昇給は年二回。年に三銭くらいだった。入社して二年経つと、年給加俸が月に一円八〇銭ついた。遠い局につなぐ場合、次の線の予約のためモールス信号で交信するのであるが、そのためには電信信号および通話法規の検定試験を受けて合格しなければならない。合格すれば月三円が加給される。いねは一六歳で合格した。休日は十日に一回、一日の勤務時間の八時半から四時半までの間に休憩時間が三〇分ずつ三回あった。仕事が終わると、誠和女学校に通い、簿記や作法を習った。女学校は修了までに二年半かかる。いねは、都合があって一年修了後にやめたが、特に英語と数学はもっと勉強しておくべきだったと、役職についてから後悔した。

関東大震災で、電話局もいねの家も焼けた。しばらく自宅待機していたが、電話局は漸次復旧し、ふたたび通勤がはじまった。このころに女子寮ができた。ＡＢＣに組分けされて、早番、遅番、夜勤と回転勤務が始まった。勤務時間も日勤、泊り、宿明けと組割りされた。泊りの日の仮眠もきっちり決められていた。仮眠所で眠ることで、娘たちに不安なことが一つあった。それは寝乱れて見苦しい姿を人に見られはしないかということである。まだ下着にパンティなどがなかった時代である。そのため自分で両足を縛って寝たという。

いねは昭和二年能率調査員になるまで交換手として六年勤めた。仕事が楽しくて、縁談に気乗りがしないうちに、父親が亡くなり、家の経済的なこともあって結婚しないで、勤め続けた。その後、監査課へ転属になり、二〇年勤めた。戦前は、女性は主事以上にはなれなかったが、昭和二十四年に交換課へ課長として戻った。初めての女性課長で五六歳の定年退職まで四六年間勤めた。

誠和女学校は「モシモシ女学校」などと軽口をたたかれることもあり、職業婦人一般に対する社会の目はまだ決して温かいものではなかった。しかし、いねのように貧しい家庭の娘たちにとって、働きながら学べるのは魅力的であったであろう。電話交換手は、女性の職業としては恵まれた職業だったようだ。

美容師

現在、美容師になるには、厚生労働大臣指定の養成学校で二年間（通信の場合は三年以上）学び、受験資格を得て、国家試験に合格しなければならない。美容師は、整髪、美顔、化粧、美爪、美装などの容姿を美しくする美容行為を職業とする専門職である。美容師という職業の名称が現れたのは大正時代である。それ以前は、「髪結《かみゆい》」と呼ばれていた。

明治時代は日本髪から束髪《そくはつ》へ　明治四年の「散髪脱刀令」により、近代理容業が始まり、男性が西洋風の短髪にすることを「散髪」と言った。「散切《ざんぎ》り頭《あたま》を叩いてみれば文明開化の音がする」

などの歌が流行した。散髪は、理髪業で整えた。「理髪」は、元服の折、頭髪を成人の髪型に整えたことに由来する。明治末には理髪店や理髪師の呼称も一般化した。

女子は、女学校の家政科の理髪で、手芸の一つとして、自分で髷《まげ》を結う手法を教えられた。明治十六年、鹿鳴館の建設をきっかけに、貴族や上流階級に洋装が取り入れられ、髪も西洋婦人の髪型を参考にした束髪が流行した。十八年、医師の渡部鼎《かなえ》、石川暎作らが「日本婦人束髪会」を結成し、日本髪は結うのに時間とお金がかかり、寝るときもそのまま、髪油を多用するのに、頻繁に洗えないため、不便、不潔、不経済であると批判した。そして、西洋上げ巻、西洋下げ巻、マーガレットなど結い方や具体例を示したパンフレットを配布した。それによって、自分で手軽に結え、頻繁に洗え、和服にも合うとして「束髪」が大流行した。その後明治二十年代になると、国粋主義が台頭し、日本髪風の結い方が再び流行することもあった。しかし、花柳界以外の一般女性の間では、和服でも束髪が主流となっていった。

髪結になる道——厳しい徒弟《とてい》制度　花柳界を控えた京橋あたりの一流の女髪結は、徒弟六、七人を使用し、月収四〇〇円〜五〇〇円、中には一、五〇〇円に及ぶ者もいたという。女性の職業としては高収入だった。江戸時代に妻の収入で楽な暮らしをする「髪結いの亭主」などの言葉が生まれたのもうなずける。理髪師や髪結になるには、徒弟となって修業するか、学校組織の養成所で学ぶかであった。

緑川ゆかりの論文「女子職業教育の変容過程」を参考に髪結の徒弟制度の様子を述べよう。弟子入りに際しては、親類や知人、同郷の人を頼る。たいていは住み込みで、三年、五年、七年のいずれかに一年のお礼奉公を加えて明けることになっていたが、奉公先によってまちまちであった。最初は、掃除、洗濯、炊事、後片付けといった家事の下働きである。その後、職人としてものになるかどうか師匠が見極める時期があり、俗に「梳《す》き手三年」とか「ふけ取り三年」といって、ひたすら日本髪の女性の髪の汚れを取るのである。技術は「見て盗め」と言われたように、師匠のやり方に目を凝らし、メモに書き込む。修業の仕上げに店を離れて客の家で髪を結う「出髪」という習慣があった。客は自分で探さなくてはならなかった。弟子たちの結い上げの料金は師匠の三分の一以下で、昭和三年の芸者衆の結い上げは一円と決まっていたが、弟子によっては八〇銭、五〇銭、三〇銭と下げられたという。売上の中から弟子たちに渡される給金は一ケ月にわずか一円ほどであった。昭和四年当時、マネキン日給八円、事務員月給二〇円〜五〇円、女工日給五〇銭〜七〇銭であった。髪結の弟子たちの給金は著しく低い。休日は月に一度、一日二〇時間働いていた。このように髪結の徒弟制度は過酷なものであったが、貧しい家庭の子女が多く、耐えるしかなかったのであろう。年季明けに、師匠のお墨付き、師匠が所属している組合から渡される「年季修了証」を受け取り、所轄警察署へ届け出て、やっと独立営業することができたのである。

女髪結たちが学校を創る　一方、学校組織の養成所として、大正二年、東京女子美《び》髪《はつ》学校が開校された。東京市内で一流と称された女髪結の関口文子、桑島千代子、伊賀とら子らが中心となって発起し、同業者の有志十数名と結束して、髪結の学校を開校したのである。

江戸時代、天保の改革などの奢侈《しゃし》禁止令により女髪結は弾圧の対象とされ、幕府から認められない職業であった。花柳界や遊女や夜鷹《よたか》など最下層の人たちとの関係も深く、買売春の手引きをする者もいた。また、中には個人宅訪問で知り得た情報を他にもらす者もおり、蔑視《べっし》されていた。

大正二年九月十二日の『読売新聞』は、「女髪結の学校―高等髪結をこしらえるそうな」と題して、

> 従来我が国における女髪結の多くが、ほとんど普通の教育もなく、品性もすこぶる劣悪なるよりこれが矯正の必要あり、また稼業に必須なる衛生消毒法などの知識を与えあわせて、美顔術を教えおくも刻下の急務だ。
>
> （倉田研一「戦前期の学校における女髪結及び美容師の養成について」より）

と報道している。

「技術は師匠を見て盗め」と、教えないことを本音としていた徒弟制度下の女髪結たちが、学校を設立したわけは、女性が仕事を持つことを蔑視する風潮や、女髪結に対する偏見を払拭したいという思いがあったからである。東京女子美髪学校の校則に「結髪ニ関スル知識及技能を授ケ貞淑有為の婦人ヲ養成スル」とあることからも、女髪結の社会的地位向上をめざしたことがわかる。

髪結の営業は警視庁が取り締まる

後述するように、美髪・美容関係の学校で、東京府から認可された学校は、大正時代に六校、昭和時代戦前に一一校である。この他無認可の学校や講習所、養成所があった。学校化が進んだ理由の一つに、美容術試験制度の導入がある。法令上戦前期は「道府県別理髪営業取締規則」により、理髪人と女髪結、美容師は規制された。東京府において結髪の営業に取締規則を設けたのは、明治三十四年の「警視庁令第11号理髪営業取締」が最初で、公衆衛生の面から器具の消毒や店舗の清潔保持、結核患者の従業禁止などの規則が定められ、警察による取り締まりが制度化された。これに各道府県もならった。剪髪《せんぱつ》、結髪をする営業を、店舗の有無にかかわらず、所轄の警察署へ届け出ることで営業できた。昭和五年に「警視庁令第21号美容術営業取締規則」が公布され、美容師の営業に資格試験制度が始まり、技術だけでなく、公衆衛生などの知識が必要になった。

最初の女子結髪試験は、大正十二年、大阪府で行われた。試験制度採用の府県は、昭和二年の時点で二〇余り、昭和八年の時点で三府三三県にのぼった。残りの道県では、営業組合が新規開業者の参入に統制機能を持っていたようである。不特定多数の人体に直接触れる機会が多い美容師に、公衆衛生上の知識と技術の徹底が必要であると考えられたのが試験制度の導入であったと思われる。東京府の場合、昭和五年、第一回の試験以降昭和二十二年まで、実技試験は一度もなかった。従って、警視庁は、衛生や消毒に関する知識を美容術試験の主眼に置いていたことがわかる。このような試験制度の導入が、美容術界の学校化が進んだ背景にあった。大正二年に女髪結たちが結束して設立した東京女子美髪学校の設立者が警視庁官吏の佐伯秀一となっていることがうなずける。

学校組織の養成所　大正時代、東京府から認可された美容学校は、次の六校である。倉田研一の論文「戦前期の学校における女髪結及び美容師の養成について」を参考にあげよう。

東京女子美髪学校（東京市牛込区水道町三二）大正二年　普通科二年　満一四歳以上　小学校卒業者　月謝一円五〇銭　設立者佐伯秀一（警視庁官吏）

日本女子美髪学校（東京市神田区表猿楽町二）大正三年　普通科一年　満一四歳以上　小学校卒業者　月謝二円五〇銭　設立者古田才市（教員）・妻むめ　昭和十年実業学校認可
日本女子美容術学校（東京府下中野町中野六一〇）大正十年　本科一年三ケ月、普通科　九ケ月、高等科六ケ月、専修科六ケ月　十五歳以上　小学校卒業者　月謝七円　設立者北原十三男（美容術師）
東京婦人美髪学校（東京市本郷区本郷）大正十一年　本科八ケ月　満一四歳以上　小学校卒業者　月謝六円　設立者山崎晴弘（髪結業）
私立日本美髪美容女学校（東京市牛込区市ヶ谷）大正十五年　職業科三ケ月　満一四歳以上五〇歳以下　月謝五円　設立者森嶋藤一郎（髪結業）※夜間に欧風束髪科あり
高木女子美髪学校（東京市小石川区表町九一）大正十五年　普通科・本科各三ケ月　満一四歳以上　小学校卒業者　月謝五円　設立者高木きく（髪結業）※研究部に洋髪のコースあり

当時はまだ「美容」という用語が一般的でなく、学校の名称に「美髪」という用語を使っているものが多い。これらの学校では、カリキュラムに修身、法規・医学・消毒法などの授業が組まれている。医学には生理解剖、伝染病、皮膚科学などが含まれた。そして、日本女子美容術学校以外は、週三六～三七時間のうち大半の二八～三二時間を「結髪実技」にあてている。日本髪の結髪技術の習得が中心であった。

例えば、大正二年開校の、東京女子美髪学校のカリキュラムは、一、二学年ともに以下のようであった。修身（道徳の要旨、礼法）二、衛生法（人身生理衛生）一、消毒法（毛髪皮膚用具一切の消毒）一、梳方法（髪の梳き方及び癖直し）一三、結上法（各種結髪の結上げ）一二、美顔術（顔面の修整及び化粧法）一　合計三〇　※数字は一週間の時間数を表す。（国際文化理容美容専門学校「理容美容学校の歴史」より）このように「梳方法」と「結上法」に二五時間と、週授業数の大半をあてている。

美髪から美容・整容へ　大正末期から昭和十年ごろにかけて、ウエーブをつける洋髪が登場した。大正二年ごろには、鏝《こて》をあててウエーブをつけるマーセルウエーブが入ってきていた。そして、大正十一年、アメリカから帰国した山野千枝子（後述）が、パーマネントをはじめあらゆる美容に関する技術を持ち帰った。その後、山野は昭和九年に、国産パーマネント機の製造に成功する。山野はパーマネントを普及させるために、講習会を開いた。マーセルウエーブより長持ちするパーマネントの普及は、美容業界に変革をもたらした。日本は古来、女性の髪は、黒く、長く、真っ直ぐで、ボリュームがあり、艶《つや》やかな髪が美しいとされ、赤毛や縮れ毛は忌避されてきた。パーマネントは、昭和五年ごろから十年ごろにかけて大流行し、それまでの日本人の髪に対する価値観を変えた。そして日本髪から洋髪へと日本女性の髪型の主流が変わっていく。

昭和に開校された美容・整容学校　戦前の昭和時代に、東京府が認可した美容学校が一一校ある。倉田研一の論文「戦前期の学校における女髪結及び美容師の養成について」を参考に、特徴的ないくつかの学校について述べよう。

日仏女子整容学校　昭和二年開校の日仏女子整容学校（東京市麹町《こうじまち》区紀尾井町）は、本科一年修業とし、入学資格を高等女学校卒業とした。設立者は髪結業の山本栄であるが、「女子整容に関する高等なる学術技芸を授け兼ねて婦徳を滋養するを目的とす。」と掲げ、高等教育をめざした。そのため月謝は一五円と、他校の六円～八円に比べてほぼ倍である。授業は、和洋の結髪実技に多くの時間をあて、美顔術、美装法などを取り入れた。校名に「整容」を使っているが、整容は姿を整えること、つまり、姿勢や美容など、女性を綺麗にするすべての要素を含む。後に甲種実業学校に昇格した。

マリールイズ美容女学校　昭和四年、マリールイズ美容女学校（東京市麻布区材木町八九）

が開校した。設立者は明治四十四年に来日した美容師のマリー・ルイズ。マリーは、フランスの二つの美容学校で西洋の髪、化粧、衣装及び化粧品製造など美容技術全般を学んだ。日本髪が全盛であった当時の日本に洋髪流行のきっかけをもたらした。大正二年、日比谷にマリールイズ美容講習所を創設。昭和四年、東京府知事の認可を受け、名称をマリールイズ美容女学校と変更し、「美容に関する知識及び技能を授け、優秀の婦人美容術師を養成する。技術により自活したい人にとって高収入。」と訴えた。本科一年、月謝一〇円、入学資格は一四歳以上の小学校卒業者とし、結髪技術と洋髪技術に授業の大半をあて、美顔術、美装法など総合的に美容に関する技術を教授した。戦前に設立された美容学校は戦争で大半が焼失し、消滅したが、現在も新宿区須賀町で厚生労働大臣指定の学校法人マリールイズ美容専門学校として存続している。

東京市立浅草実践女学校　昭和六年、東京市立浅草実践女学校（東京市浅草区田原町）に美容術科が設けられた。修業六ケ月、月謝一円、入学資格は小学校卒業者。設立者は東京市。授業内容は、国語、医学、化粧品、消毒法など週九時間。優秀な美容術師養成に必要な補習教育を行った。公立の女学校に設けられた夜間のみの学校で、実技の授業はなく、美容術資格試験の受験対策を目的としたようである。昭和十年、実業学校に昇格した。

その他、東京美容女学校（昭和三年、髪結業　棚瀬以祢《いね》設立）、渡辺美容女学校（昭和四年、

結髪業　渡辺ユリ設立）、忍ケ丘整容女学（結髪業、下谷結髪業組合長　田渕ふじ設立）、佐藤女子美容学校（結髪業、東京女子美容術業組合連合会長　佐藤あき設立）、高山理容女学校（昭和五年、美容美髪師　高山長次郎設立。名称は理容だが、内容は美容である。現専修学校高山美容専門学校）、東京整容女学校（昭和五年、竹生ヨシ設立）、東京中央美容女学院（鉄鋼商　山内定爾設立）、巴里院美容女学校（会社役員　太田玄十二設立）がある。いずれも学校の名称に「美容」または「整容」という名称を使っている通り、法規や医学、消毒法などの学理と、日本髪の他に洋髪の技術や化粧法、美顔術、美装などを教授する学校が大半であった。そしてほとんどが髪結業界の名だたる女性による設立であった。

女髪結たちの功績　パーマネントの導入を機に、和服にも洋服にも合う洋髪が流行した。昭和になると、断髪にオカマ帽子、ローウエストの服や袖の長い服に膝までのスカートという洋装のモダンガール、いわゆる「モガ」なども出現する。従来の髪結業の女性たちも危機意識を持ち、洋髪技術を積極的に取り入れざるをえなくなった。しかし、昭和十二年、日中戦争が始まり、十四年、「パーマネントウエーブはやめましょう」という標語が出され、十五年八月、陸軍省から禁止命令が出された。敗戦後の二十年八月に禁止令は解除され、戦後はパーマネント機を使わないコールド・パーマへと移行する。

明治・大正・昭和の女髪結や美容師たちは、学校設立によって、その社会的地位を高め、女性の職業を確保することに大きく寄与した。現在、美容業界は、ヘアカット、ヘアスタイリング、パーマネント、染毛、まつ毛エクステンション、メイクアップなどさまざまな分野に発展している。それら美容業を行う美容師は、国家資格を要する専門職であり、多くの女性たちが憧れる職業となっている。その礎を築いたのは女髪結たちであった。

美容師の先駆者――山野千枝子・山野愛子　美容師の先駆者たちについて、村上信彦著『大正期の職業婦人』を参考に述べよう。

山野千枝子　山野千枝子（旧姓三沢）は、明治二十八年三月、神奈川県横浜市で生まれた。一時事務員をした後、神戸高等家政女学院に入学し、大正二年に卒業。同年山野末松と結婚してアメリカに渡った。ニューヨークのワナメーカー・ビューティー・スクールで、あらゆる調髪、アイロン、パーマネント、化粧品、毛製術、美顔術、染毛、マニキュア、トリートメント（頭皮マッサージ）その他の技術を修め、大正十一年に帰国した。

千枝子は、東京駅前にできて間もない丸ノ内ビルヂング（大正十二年二月完成）の四階に「丸ノ内美容院」を開設した。店内は純米国風にまとめられ、見学者が絶えなかった。当時はまだ伝統的な「髪結」の最盛期であった。「美容」という用語には、美髪だけでなく、美顔、美装、化粧、美爪などが含まれ、一人の女性を綺麗に仕上げる「整容」を意味した。

帰国の際に必要な器具一切を購入した。将来日本に美容術を普及するには国産品を使うようにしなければならないと考え、日本理髪器具会社にアメリカのカタログをすべて提供し、工場長と協力して製作に努力した。寝ながら洗髪できるシャンプートレーの採用などアメリカ式を取り入れ、連日新聞でも報道されて、話題となった。文金高島田の四倍という高額料金だったが、女優や上流階級の女性客が列をなした。昭和四年の段階ではパーマネント機を備えた美容院は全国に六軒であった。千枝子は昭和六年～七年の二年間パーマネント普及のために講習会を実施した。

また、千枝子は、日本の従来の白壁のように塗る厚化粧にうんざりしていた。自然に近い化粧品を開発したかった。しかし、必要な化粧料がなかった。そこで、アメリカで習得してきた化粧品製法をたよりに、クリームやアストリンゼント、口紅の製造から、新しい髪型につけるブリリアンチンまでも製造した。桃谷順天館と契約し、自然に近い効果を発揮する化粧品を開発した。これは化粧品界の革命であった。

千枝子は、マーセルウエーブを普及させたり、人形の代わりに生きた人間をモデルとして登場させ、マネキンという新しい女性の職業を生み出したりした。従来のコーム・ウエーブという櫛《くし》と櫛を合わせてウエーブ作っていた方法に代わって、指と櫛を使ってウエーブを作るフィンガー・ウエーブや、後に、熱を使わず、薬品だけでウエーブをつけるコールド・ウエーブを普及させた。日本最初の国産パーマネント・ウエーブの機械ジャストリーを作ったのも、赤外線美顔術を開発したのも千枝子だった。常に美容界の先駆者であった。昭和四年、大日本美容協会創設。昭和二十一年、全日本美容連盟を創設。昭和二十五年から東京高等美容学院（現住田美容専門学校）の院長も務めた。

ちなみに平成九年NHK連続テレビ小説『あぐり』のモデルとなった美容師吉行あぐりは、大正十三年ごろ、二年間千枝子のもとで修業した。昭和四年に独立し、東京市麴町区土手三番町で「山の手美容院」を開店した。また、あぐりは、長男の小説家・吉行淳之介、長女の俳優・吉行和子、次女の詩人で小説家・吉行理恵らの母である。

山野愛子　日本美容界のパイオニアの一人であり、現在の株式会社ヤマノホールディングスの創始者である山野愛子は、明治四十二年、東京市向島で父弥太郎と母すえの九人兄弟の末っ子として生まれた。実家は洋食堂を営んでいたが、父親は愛人のもとに入りびたっていた。母から「これからは女も自立する時代」とことあるごとに言われた。

山野千枝子と、十四歳年下の山野愛子とは姉妹でも親戚でもないが、愛子は、アメリカ帰りの千枝子が東京駅前の丸ノ内ビルで始めた「丸ノ内美容院」を眺めて刺激を受け、一〇歳年齢を偽り、千枝子を目標に励んだという。そして、女がひとりで自活できるための職業として髪結いの道を選んだ。

きっかけは関東大震災だった。被災した女性が河原で髪をまとめ容姿を整える姿を見て、希望がわいたという。青山尋常高等小学校修了後、大正十四年、上野池ノ端の志田美容学校に通った。一ケ月目は銀杏返《いちょうがえ》し・桃割れ・丸髷、二ケ月目はつぶし・結綿《ゆいわた》・高島田・芸子島田、三ケ月目は変り髪・唐人髷・おばこ類・元禄髷、四ケ月目は洋髪・束髪・耳かくし・たぼなし・夜会、五ケ月目は美顔術、六ケ月目は花嫁化粧・着付けという六ケ月で修了するコースである。日本髪が主であるが、洋髪や束髪が入り、美顔術や花嫁化粧や着付けなど美容師の仕事も入っている。校名も、髪結学校でありながら、美容学校を名乗り、伝統的な髪結の技術に美容的技術が加えられていることがわかる。

愛子は大正十四年、美容学校終了後、一六歳で実家の店の一部に「御結髪　松の家」を開業した。後に「美の殿堂　山野美粧院」に改称する。昭和九年、日本橋蠣殻《かきがら》町に「山野美容講習所」を開設する。一階を美容室、二階を美容講習所とする。これが後の学校法人山野学苑の礎となる。

昭和十年に逓信省の役人で、琵琶の師匠であった中谷治一と結婚。結婚相手に依存しない生き方をしたいが、子供が欲しかった愛子は、十年ごとに更新するという、契約結婚をした。愛子は八年間で六人の男子を産み、更新が続き、生涯添い遂げた。昭和十三年、それまで美容に無関心だった夫が、電気によるパーマネントに関心を持ち、電気学校に通い、アメリカ産のパーマ機を購入して、分解し、独学で研究して、国産のパーマ機製造に成功した。こうして「パーマネント日本一の山野愛子」を売り出した。愛子は昭和二十四年、現在の山野美容専門学校開校。平成四年、山野美容芸術短期大学を設立し、初代校長に就任する。

バスの女車掌

現在、公共の交通機関のバスはほとんどがワンマンカーとなって、車掌が乗務することはなくなった。その延長線上にあるのは観光バスガイドであろうか。しかし、これは観光地の説明案内をするなど、仕事の内容が異なる。東京市のバスの運行は大正期に始まるが、日本の乗合自動車の運行は、明治三十六年春の広島県が最初とされる。その他京都市、兵庫県、大阪府、長野県などで明治末期までに運行が始まった。東京市でも明治期にその動きがあったが、バスの運行は大正二年、女子の車掌が登場するのは大正九年である。バス車掌になるための学校はなかったが、東京市の場合は、私営の東京市街自動車株式会社（東京市下谷区北稲荷町、大正十一年六月、東京乗合自動車株式会社に社名改称）と、市営の東京市電気局教習所（東京市青山北町七丁目）で、採用後にある期間、教習が行われた。当時人気を博したバスの女子車掌誕生の経緯を述べよう。

私営の「青バス」誕生　明治四十四年、東京市電気局（現東京都交通局）は、路面電車の補助として電気駆動のトロリーバスを走らせようと立案し、警視庁に申請した。しかし、警視庁は、四年間放置した挙句、大正四年、交通取締り上の不安があるとして却下した。

大正二年、当時京王電気軌道株式会社（現京王電鉄株式会社）は、笹塚から調布まで電車を走らせていた。ゆくゆくは新宿から府中まで延長する予定であった。そのつなぎとして、新宿と笹塚、調布と府中の間にそれぞれ連絡バスを走らせた。それが東京府最初のバスである。警視庁は、郊外であることと、臨時の走行であることから許可した。大正四年に鉄道が完成するとバスは廃止された。

しかし、この最初のバスは、二年間毎日走行しても、一人の死者も怪我人もなかった。大正八年三月、東京市街自動車株式会社が、東京市内二四マイルを運行した。これが東京市内での最初のバス運行である。また、同年十二月、板橋自動車株式会社が、市電の終点の巣鴨から志村兵器庫前までの三、四マイルを結ぶバスを走らせた。

東京市街自動車株式会社のバスは、車体が深緑色だったため「青バス」と呼ばれた。初めは少年車掌を乗務させていたが、運賃の隠匿が多いため、女子車掌を採用することにした。大正九年十二月十四日付の東京朝日新聞に、「乗合自動車婦人車掌募集」が掲載された。さらに、新聞名と日付は不明だが、「女車掌卅七名の勢揃《せいぞろ》ひ」という見出しで、

大正の婦人界に新しい職業婦人として名乗りを揚げた市街自動車乗込の女車掌卅七名は先頃来南千住のあかぢが原で練習中であつたが卅一日卒業式を卒へたので一日午後二時から新宿終点で一寸試乗式を行つた。愈々《いよいよ》今二日から新宿築地間の自動車に乗込むはずである

（「大正時代のバス女子車掌の画像」より）

という記事が、四名の女子車掌の写真とともに掲載された。女子のバス車掌誕生である。採用された三七名は南千住の教習所で練習した後、大正十年一月三十一日に卒業式を終え、二月一日に試乗式を行い、二月二日から新宿・築地間のバスに乗務した。三越呉服店で作らせた黒のワンピースに白襟にベレー帽という制服であったので「白襟嬢《しろえりじょう》」と呼ばれ、評判が良かった。

東京市がバスを走らせる　大正十二年九月一日の関東大震災で、東京は焼け野原となり、市電が七七九車両も焼けてしまった。電車は簡単には作れないため、どの電車も超満員の状態で、朝夕の通勤時間帯は殺人的であった。対策として東京市はアメリカからバスを八〇〇台購入した。しかし、青バスが一台一万二、〇〇〇円だったのに対して、市バスは一台一、八〇〇円の安い

粗悪品だったため、見た目も貧相で乗り心地も悪く評判がよくなかった。料金も市電が七銭で乗り換えがきくのに、市バスは一区一二銭、二区二〇銭と高かったため、市電が回復すると、乗客は市電に吸収されて、バスは赤字となった。そのため、大正十三年七月限りで廃止することになったが、従業員が存続運動を起したため、それに押されて継続することになった。バスの台数を半分以下に減らし、従業員も減らし、料金を一区七銭に下げ、車体の幅や高さ、座席などを改造した。さらに新しい試みとして女子車掌を採用したのである。

市バスの「赤襟嬢《あかえりじょう》」登場　大正十三年十二月、市バスは女子車掌を募集した。二九五名の応募があり、合格者は一七七名。年齢は一八歳～二〇歳、未婚者が大半であった。学歴は高等小学校卒業一〇〇名、高等女学校卒業一五名、裁縫女学校卒業一二名などであった。応募動機は、家計を助けるためが多く、中には夫の学資のためなどもあり、どの応募者も職業に対する真剣な思いを持っていたという。

市バスは、採用した女子車掌に制服を支給した。紺サージのワンピースに真紅の襟の制服は、三越意匠部のフランス人ミス・ルースの考案で、一人一人の寸法を測って作られた。青バスの「白襟嬢」に対して、市バスの車掌は「赤襟嬢」と呼ばれ、社会の注目を集め、新聞でも報道された。当時職業婦人で洋服を着ている者は看護婦だけだったため、赤襟の制服を着た車掌は新鮮

な魅力を発した。大正十三年十二月九日付『東京朝日新聞』は、

改造される円太郎（筆者注・市バスを指す）の女車掌は今日までに合格採用となったのが三百人。今日は第一回六十六人だけの入所式を青山教習場で行った。まず保証金十円を収めてから一同に三越仕立ての紅襟つけた洋服が渡される。何しろ生まれて始めて洋服を着る人たちで係員も世話がやける。サテ服を着て帽子をかむったところは立派な一人前の車掌さんだ。明日は一同揃って沢所長の引率の下に明治神宮に詣でて神前に宣誓式を行ったのち、十日間、『どうぞ中程へ願います』『お膝《ひざ》を正しく願います』といった車掌用語や地理、乗車規則などの教育を受け、十九日から暮の市中に現れる。

（村上信彦『大正期の職業婦人』より）

と報じた。この記事から、保証金が十円必要だったこと、制服が支給され、教習は、青山の東京市電気局教習所で十日間行われ、車掌として必要な用語の練習や、地理、乗車規則などを学んだことがわかる。

これまでは電車・汽車を問わず公共の乗り物に女子の車掌は一人もいなかった。狭い車体の中で男性客とも身近に接し、切符を切り、言葉を交わす。男性からすれば、若い娘と接触する機会である。庶民的で親しみやすい女子車掌は、乗客の好奇心をそそり、関心を高めた。一度廃止と

決定した市バスが、女子車掌の採用により、業績が予想以上に発展し、わずか一年足らずで、大正十四年度、市電から独立したのである。

バス車掌の生活

当時一般的に女性の賃金は男性に比べて低かった。それが女子車掌採用の理由の一つと考えられる。しかし、大正九年の青バスの「白襟嬢」は、一八歳で月給三五円だった。大正十三年の市バスの「赤襟嬢」は初任給が五二円〜七四円であった。昭和八年ごろに新所帯を持った村上信彦（『大正期の職業婦人』の著者）の月収は四〇円で、家賃一六円を払い、夫婦二人の生活を賄っていたという。それと比較すると、バスの車掌の給料は決して低いとは言えない。女性の職業としてはいい待遇だった。しかし、バス車掌に応募した女性の家庭は、他の勤労女性同様に概して貧しかった。彼女たちのほとんどが給料の大半を家に仕送りしていた。青バスの車掌から組合活動で活躍するようになり、後に労働農民党の委員長大山郁夫の右腕と言われた山花秀雄（戦後、社会党代議士）と結婚した久田てるみの生活を、村上信彦著『大正期の職業婦人』から紹介しよう。

てるみは、長野県の貧しい農家の四人姉妹の三女として生まれた。八歳の時に、父が亡くなり、姉妹三人で母を助けて畑仕事でなんとか暮らしを立てた。てるみは、関東大震災で負傷者の看護に尽くした看護婦の活動を新聞で読み、看護婦をめざして通信教育で勉強する。国の検定試験に不合格となったが、上京し、麻布六本木の派出看護婦会に籍を置いた。しかし、派遣される家庭はたいていブルジョアで、気位が高く、病人も我儘《わがまま》で看護婦を対等の人間とみなさず、女中代わりに雑用を言いつけることもあった。泊り込みの看護では自分の時間を持つことができなかった。

そうした状況に不満を抱くようになっていた昭和二年四月、「一日八時間勤務、制服支給、満十五歳以上、日給九六銭」という青バスの車掌募集の立看板を見て応募した。三〇名の募集に一〇〇〇人以上が応募していた。口答試験と作文の入社試験に合格した。二〇歳であった。東京乗合自動車上野営業所で一ケ月の教習を受け、駅名を覚える実地訓練後、警視庁の免許証がおりて、新宿営業所に配属された。コースは、新宿営業所から築地を通り東京駅までであった。六日ごとに公休一回、その公休日に出勤すると二倍の賃金がもらえた。早出や走行回数が多い場合には特別手当もついた。働きたければ一日完全乗務して収入増をはかることもできた。月収平均五〇円くらいになり、当時としてはかなり良い収入であった。

下宿の主人が無産政党に関係した人であった影響で、てるみは少しずつ組合活動についての知識を教わった。大正十四年、市バスが青バスに身売りするような動きが出た時、運転手や車掌がストライキを起こして、売却防止に成功した。それに刺激を受けて、昭和三年七月、青バスでも、健康保険獲得、生理休暇要求、オーバーの支給等のスローガンを掲げ、待遇改善のストライキを起こした。この時、てるみは中心となって活動した。このストライキで生理休暇を三日取ることができるようになった。しかし、以後会社から要注意人物としてマークされるようになる。その後労働農民党の演説会などに頻繁に通うようになり、山花秀雄との出会いがあった。てるみは、常に会社から白眼視されながら、結婚後も仕事を続け、子供が生まれる昭和五年末まで働いた。勤務年数は約二年半であった。てるみがこうした行動をとったのも、生まれ育った貧しく厳しい農家の労働や、派出看護婦としての体験から、労働者の苦労が身に染みていたからであろう。

バスの車掌の評価　久田てるみの回想によれば、「当時職業婦人として収入の多かったのは看護婦とバスの車掌だと言われた。それで、大げさに言うなら、大変モダンな感じで眺められたようだった。」という。車掌の待遇は概して良く、プライドを持って働けたようである。

ただ、問題はいくつかあった。一日に売った切符と受け取った代金とを精算して、金額が合わないと始末書を取られ、不足の場合は給料から差し引かれるという不足金弁納制度（青バス）や、車掌は帰る前に営業所の風呂に入るように義務づけられ、その間に女性検査官が衣類を調べ、不正の金を着服していないか調べる服装検査（青バス・市バス）などであった。しかし、大正期のバス車掌は、昭和の戦後、花形職業として女性の憧れとなった旅客機のスチュワーデス並の華やかさ、新鮮さがあったという。しかも私営の青バスは「白襟嬢」によって好成績を収め、市バスは「赤襟嬢」によって、廃止や身売りの危機を救われたのである。
　昭和十二年、日中戦争勃発《ぼっぱつ》。十三年、陸上交通事業調整法が施行され、東京市は市内交通の整理に乗り出す。昭和十七年二月、青バスは市バスに統合された。

タイピスト

タイピストは、大正時代に出現した新しい職業で、オフィスの花形と言われた。タイプライターは、一七一三年に英国のミルが印字機として特許権を取ったのが最初である。そして、アメリカのレミントン父子商会が実用化した。それが企業に使用されるようになるのは、一八七六年である。明治初期、日本は、すぐに欧文のタイプライターを使えるほど近代商業が発達していなかった。日本の企業で、欧文タイプライターを必要とするのは、一部の貿易会社に限られ、一般の会社で必要とすれば邦文タイプライターである。しかし、日本語は文字数が多いため、欧文タイプライターの機能をそのまま使うことはできなかった。

邦文タイプライターの発明　邦文タイプライターを発明したのは杉本京太である。大正四年のことであった。杉本は岡山県出身で、大阪電信技術者養成所を修了し、大阪活版印刷研究所の技術主任などを経験した。大正三年、独立し、邦文タイプライターの開発に専念し、翌四年、開発に成功し、特許を取得した。杉本は、使用頻度の高い文字二、四〇〇字を選び、独自の配列で文字庫に並べた活字を、前後左右に稼働するバーで選択しつまみ上げ、円筒に巻かれた紙に向かって打つという機構を開発した。大正六年、日本タイプライター会社（現キャノンセミコンダクターエクイップメント株式会社）を大谷仁兵衛、杉本甚之助とともに設立し、製造を開始した。大正時代の一九二〇年代から公官庁の多くの書類作成に威力を発揮する。昭和五十五（一九八〇）年にワードプロセッサーが開発されるまで主役だった。この邦文タイプライターの製造販売を伸ばすために、タイピストを養成する学校を創り、無料で教えた。それが日本タイプライター会社邦文タイピスト養成所である。タイプライターを一台売るごとにタイピストを一人推薦するというセット販売をした。こうしてタイピストという職業婦人が誕生したのである。

タイピストは、技術だけでなく、原稿のまちがいなどに気づき、訂正しなければならない。そのためある程度の教養を必要とした。大正末期、事務員の平均月給が三〇円、電話交換手が三五円のころ、タイピストは四〇円と少し高かった。さらにタイピストは、邦文、欧文の両方が打てて、速記もできれば一〇〇円を超えたという。大学出の男子サラリーマンの初任給が五〇円〜六〇円という時代である。タイピストが職業婦人の花形と言われたゆえんである。

タイプライター養成学校　大正時代、東京・大阪・京都・神戸等の都市に次のようなタイプライター養成学校が開校された。

日本タイプライター会社邦文タイピスト養成所　東京市京橋区南傳馬《でんま》町一ノ一
東京タイピスト学校　東京市神田区三崎町二丁目一〇番地
外語協会学校　東京市京橋区弓町二番地
東京基督《キリスト》教青年会タイピスト学校　東京市神田区美土代町三ノ三
東京基督教女子青年会タイプライター科　東京市神田区北神保町一四
高田女塾　東京市麹《こうじ》町区元園町一ノ三三
正則タイピスト学校　東京市神田区小川町一
模範女学院　東京市四谷区片町四六

梅田英語学校　大阪市北区東梅田町三〇一
古谷女子英学塾　大阪市住吉区天王寺町天王寺
大阪女子英語学校　大阪市天王寺西門交叉点南
梅花女子専門学校　大阪市外北野

邦文タイピスト養成所大阪支部　大阪市南本町堺筋
大阪泰西学館　大阪市西区靱上通二丁目
大阪市立実業学校専修科自由学園　大阪市東区北浜五丁目一二
大阪基督教女子青年会教育部実務所　大阪市北区西扇町一三
京都基督教女子青年会　京都市烏丸今出川上ル
京都女子高等実務学校　京都市川端通丸太町上ル
神戸女学校高等部　神戸市山本通四丁目
バルモーア英学院　神戸市北長狭通四丁目

（前田　一『職業婦人物語』より）

これらの中から、大正九年に開校された東京タイピスト学校の修業時間、入学資格、学費などをみよう。

修業期間　欧文…普通科六ケ月　高等科六ケ月
　　　　　邦文…普通科三ケ月　高等科三ケ月

入学期　毎月一日
入学資格　欧文…高等女学校卒業もしくは同等の学力あるもの
邦文…高等女学校卒業もしくは其の年齢に達したるもの
学費　入学金二円　授業料一ケ月　欧文五円（専科四円）邦文四円
校友会費　毎月五〇銭

ここでは、欧文と邦文の二コースがある。欧文の方が、修業期間が長く、入学資格の基準も授業料も高い。しかし、欧文タイピストを必要とする会社や事業所は限られているため、修得してもその技術を生かせる場が少なかった。では、タイピストの具体的な例を、村上信彦著『大正期の職業婦人』を参考に述べよう。

K子の場合　K子は、明治三十八年、東京市五反田で生まれた。父は洋服裁縫業だった。高等小学校を卒業して、日本タイプライター会社邦文タイピスト養成所に通った。K子は一ケ月で覚えた。会社の事務を手伝い、収入は月に一五円ほどであった。

ある日、父が英文タイプを習いに行けと勧めたので、神田三崎町の西内東京英語学校に通った。当時、女学校の月謝が五円くらいのころに、英語と英文タイプライターの技術を習うだけで一五円と、三倍だった。K子はこの授業料を自分で払った。昼間は日本タイプライター会社の電話交換手を務め、夜は東京英語学校に通った。英語学校の夜の部は、六時から九時までだったが、夜の部だけで、三〇〇〇人もの生徒がいたという。

K子は優秀な成績で卒業した。一七歳のK子は、貿易商や銀行などの勤めを経て、外務省の試験を受けた。二〇人採用のところに一二〇〇人の応募者が集まった。K子は半ばあきらめていたが、合格通知がきた。

K子は、大正十一年一月、大臣官房文書課勤務、タイピストを命じられ、日給一円四〇銭、六月三十日には月給四二円となる。勤務は午前九時から午後四時まで。邦文タイピストが一〇人、英語とフランス語が一人ずついた。邦文タイピストは終日忙しく打ち続けているが、欧文タイピストは一日に半紙二枚くらい打てば済んでしまうような状況だった。しかし、ひとたび外国がからむ事件が起きると忙しくなり、泊り込みでタイプを打ち続けることもあった。紋章が入った用紙に天皇の親電を打ったこともあった。

大正十三年四月の『アサヒグラフ』に職業婦人の紹介で、タイピスト二人の写真が掲げられた。その一人がK子であった。一九歳の美しい姿が評判となり、外務省のタイピストの部屋の壁に貼り出された。上司が上海の会議に出張する時に、随行員の一人としてK子を連れていくと言い出したが、K子は海外に出かけることが怖くて「どうしても厭《いや》です」と泣いて断った。大正十三年秋、結婚のために退職した。K子が辞める時の月給は六三円だった。欧文タイピストの技能を持っていたから、大学出の男子よりも収入が多かった。邦文タイプから出発して、欧文タイプで、あこがれの外務省で実績を上げた女性である。

T子の場合　逆に英文タイプから出発したケースもある。T子は、明治四十三年、東京市小石川区で生まれた。父は東京計器の熟練工であったが、父の配慮でT子は小学生のころから英語の塾に通った。高等小学校を卒業して大正十三年、満一五歳で逓信省保険局に勤めた。半年ほどすると、父の勧めでタイピストの学校に通うようになった。英語を習得するためであったので、英文タイプを選んだ。昼間は勤めながら、夜間の学校に通った。英語は商業英語で、商業文が走り書きのため、崩し字を読み取るのが難しく苦労したが、二年通って免状をもらった。

すると保険局でタイピストになるように指名された。しかし皮肉なことに英文ではなく、邦文であった。T子は独学で覚えなければならなかった。それでも英文タイプの経験があったから、容易に邦文タイプを打てるようになった。T子は契約課に配置され、保険の契約書を打った。当時保険の主な対象は農村だった。そのため宣伝や契約は農閑期に集中する。広い部屋にタイピストが三〇〜四〇人もいたが、山積みされた契約書を打っても打っても一向に片付かないくらいであった。官庁だけあって残業はない。土曜日は半日、日曜と祭日は休み。忙しい時はアルバイトを雇った。アルバイトは手書きで契約書を書く。タイプライターもタイピストも数が限られているので、アルバイトの手書きで間に合わせたのである。農繁期になると一変して暇になる。好きな本を持っていって、勤務中に読みふけった。

保険局の地位は、はじめは雇で、書記補、班長、係長と上がっていくが、女性は班長どまりである。T子の給料は昭和四年に辞める頃は四〇円くらいだった。結婚しても六〇歳の定年まで勤める人がかなりいた。託児所が設置されていたことや恩給がつくことも魅力だった。官庁も長期勤続の女性に嫌がらせなどはしなかった。昭和四年、保険局にはじめて労働組合ができ、婦人部も誕生した。T子はその一員だったが、当局に目をつけられ、ブラックリストの一人となった。退職したのは結婚のためだった。T子は後に職業婦人について次のような感想を述べている。

職業婦人は軽蔑《けいべつ》された。貧乏な娘として下に見られていた。世間の評価は花嫁修業のほうが上だと認めていた。丸ビルの商事会社で、事務服を着て、化粧もせずに親兄弟のために働く娘達を、さも軽薄な女のように評判するのをみて、ひどいことを言うと思った。会社などに市会議員などの紹介で、女学校出が入ってくる。それが本当に働きたい貧しい人の職場を奪っている。問題ではないか。

T子の父は、工員であったが、T子の下に三人の子供がおり、T子を女学校へ行かせるほどの余裕がなかったのであろう。しかし小学生のころから英語塾に通わせたり、タイプライターを学ばせたりするなど、先見の明があった。T子は、英文タイプライターを学んだものの、仕事に活用できなかったが、邦文タイプライターを独学で修得した。邦文と欧文のタイプその上に、速記まで修得していれば、自活していける職業であった。

職業婦人の地位向上をめざして　大正デモクラシーの影響で、女性解放運動や労働組合活動が活発になり、自由を勝ち取るために経済的な自立をめざして職業婦人となる女性が増えた。世間も一つの生き方として認めざるをえない状況になりつつあった。とはいえ、電話交換手の福田いね、美髪・美容学校を開いた女髪結たち、バス車掌の久田てるみ、タイピストのT子たちがそうであったように、職業婦人は、概して貧しい家庭の出身者たちであった。それぞれ家計を助けるために、あるいは自立せざるをえない事情のために、職業婦人となった人たちであった。それなのに、T子の感想にあったように、依然として、「職業婦人は堕落するなどと軽蔑された」と実感させられる風潮があった。高等女学校を卒業した恵まれた境遇の女性が、「とりあえず結婚まで」と、体裁のいい事務員かタイピストとして就職することが、本当に働くことを必要としている人の仕事を奪っているという彼女たちの怒りに同情する。ともあれ、大正から昭和にかけて、女性はさまざまな分野で職業婦人として、地位向上をめざしてたくましく生き始めたのである。

参考文献

前田　一『職業婦人物語』

村上信彦『大正期の職業婦人』

緑川ゆかり「『女子職業教育の変容過程』―女髪結から美容師へ―」（『産業教育学研究』第28巻第2号）

倉田研一「戦前期の学校における女髪結及び美容師の養成について」（『技術教育学の探究』第23号）

「髪型の歴史一五〇年。美のプロなら知っておきたい明治・大正・昭和のヘアトレンド」

https://www.qjnavi.jp/special/sense_skills/hairstyle_history/

「マリールイズ美容専門学校」 https://www.marie-louise.ac.jp/whats

「山野愛子　美道～86年の歩み」 https://www.yamano-hd.com/yamano-aiko/

「理容美容学校の歴史」 国際文化理容美容専門学校

https://kokusaibunka.ac.jp/job/industry_schoolhistory.html

「北原の歴史について―HISTORY―北原化粧品」 http://kitahara-bigan.co.jp/about/history/

東京乗合自動車　ウィキペディア

都営バス一〇〇年のあゆみ　https://www.kotsu.metro.tokyo.jp/100th_anniversary/history/

岡田清「戦前昭和期における東京の交通」

エピローグ

昭和時代のはじまり　裕仁《ひろひと》天皇の登場と私の思い

大正十五（一九二六）年十二月二十五日、大正天皇が四八歳で崩御された。直ちに昭和と改元されたが、七日間でその年は終り、昭和二年になった。昭和の時代は実質、昭和二年（一九二七）年から始まったと言ってよい。

大正天皇の御大葬《ごたいそう》は昭和二年二月七日、政府、陸海軍あげて盛大にとり行われ、翌八日、東浅川（現高尾）の多摩御陵に埋葬《まいそう》されて終った。空前絶後の大葬儀であったが、明治天皇の時のように宮城前に東京市民が集って慟哭《どうこく》する光景は見られなかった。

これに対し、新帝、裕仁《ひろひと》天皇に対する期待の声は高かった。周知のように〝昭和天皇〟はなくなられてから元号をつけたものでご存命中、われわれ国民は〝天皇陛下〟と呼んでいた。ニックネームはいろいろあったが駄洒落《だじゃれ》は止めておこう。本稿では裕仁天皇とする。

裕仁天皇は明治三十四（一九〇二）年四月二十九日、東京青山の東宮御所で生まれた。明治四十一年四月、学習院初等科入学、大正三年三月卒業、その間、乃木希典陸軍大将が学習院長だった関係で乃木式帝王教育を受けた。裕仁天皇は父大正天皇のことは語らないが祖父・明治天皇を慕《した》う風があった。

学習院初等科卒業後、裕仁天皇は帝王学修行のために設けたれた東宮御学問所で学ぶことになった。御学問所総裁は日露戦争時の連合艦隊司令長官・東郷平八郎。東京帝国大学や学習院の教授たちが御用掛（教授）を勤めた。明治四十五年、明治天皇が崩御《ほうぎょ》され、大正天皇が即位されると裕仁親王が皇太子になった。

大正十年三月、裕仁皇太子は訪欧の旅に出発した。この企ては時の首相・原敬《はらけい》によって、元老西園寺公望《さいおんじきんもち》の後援で実現したが、右翼的な政党や皇族内の保守派の反対を押し切って断行したのである。三月三日、横浜港を御召艦香取《おめしかんかとり》で出発、インド洋を渡り、スエズ運河を通って地中海経由ロンドンに着いた。イギリスでは国王晩餐《さん》会やロンドン市長歓迎会に出席、大英博物館やロンドン塔を見学した。五月三十日フランスに入りミルラン大統領を訪問、エッフェル塔やルーブル美術館を見学した。六月十日ベルギー、十五日オランダ訪問、二十日にはフランスに戻り、七月十一日、イタリアに入って国王エマヌエル三世と会見。こうして五ヶ国歴訪の旅を終え九月三日、横浜に無事到着した。この外遊が裕仁皇太子にいかに影響を与えたか、後年の裕仁天皇回顧録からうかがえる。

帰国後の大正十年十一月、大正天皇の病状悪化のため裕仁皇太子は摂政《せっしょう》になった。大正十三年一月、久邇宮《くにのみや》良子女王と結婚、大正十五年十二月二十四日、大正天皇が崩御されると昭和と改元、裕仁皇太子が天皇となった。

昭和元年は七日間しかないから昭和の時代は実質昭和二（一九二七）年からはじまる。話はいきなり私事《しじ》になるが、私（神辺）は昭和四（一九二九）年二月、東京市本所林町（現墨田区）で生まれた。五歳まで本所の陋屋《ろうおく》で育ったが、父が小医院を開くため、北多摩郡立川町に移転したので、そこに移住し、昭和三十年、結婚するまで立川で暮らした。立川には陸軍近衛飛行連隊が常駐し、航空機に関する研究所や諸機関が蝟集《いしゅう》していたので、時々、裕仁天皇の行幸があった。また昭和になって急成長したラジオやニュース映画によって裕仁天皇の行動は逐一報道されるようなった。友人や家族たちと天皇について印象を語り合うのも自然の流れ、よって以下、裕仁天皇の印象を幼年↓少年↓青年期の私の記憶に従って記したい。

私が四歳の頃だった。年子《としご》の妹が生まれたので私は昼間は二、三軒離れた母方の祖母に預けられていた。近くに中和小学校という大きな学校があり、今でいう体育館で可愛らしいお姉さんたちがダンスをしていた。蓄音器《ちくおんき》から流れ出る歌は次のようである。

〝昭和、昭和、昭和の子どもよ僕たちは姿もリリリ、心もリリリ、山、山、山なら富士の山
行こうよ、行こう、足並み揃え　タラララ、ラララ、タラララー（二番以下略）〟

明るく楽しい歌で、何度も聞くうちにすっかり覚えてしまった。また踊るお姉さんたちがみな

美しく可愛らしく、私は買って貰った棒水飴をしゃぶりながらある日祖母に〝昭和ってなぁに〟と聞いたら〝今度、天皇さまが替わったから昭和と言うのじゃ、世の中、ちっとはよくなるだろう〟と言ったのを闡明《せんめい》に覚えている。昼間は穏やかなこの町も日暮れともなれば立ちん坊と称する日雇い労務者が酔っ払ってわめき散らす光景を見ていたから新しい天皇様になるとよいことがあるのかなと子ども心に思った。祖母は当時の不況を思って言ったのだろう。

私が裕仁天皇を直接見たのは小学五年生の時であった。先帝大正天皇の御陵が北浅川（現多摩御陵）にあったので、春秋各一回、御陵に参拝されるのである。途中、御召《おめし》列車が中央線立川駅を通過する。この時、立川町に駐留する陸軍近衛飛行連隊は連隊長以下幹部将校と一個中隊ばかりの兵士が参列する。また立川町長、町会議長以下町の幹部もモーニング姿や羽織袴姿で参列する。警察官は周辺を警戒し、なんとももののしい。さらに強制ではなかったらしいが立川にある中学校、高等女学校、小学校上級生が参列した。私が立川尋常高等小学校の五年生になった春のある日、〝天皇陛下のお見送り〟と言われて喜んで出かけた。プラットフォームは飛行連隊、立川町幹部で一ぱいだったから、中学生、小学生、女学生たちは貨物車専用の置場に並んだ。御召列車が通過するまで、二、三〇分あったからふざけ合ったりしたが、御召列車通過の五分前、先導車が一台通過する。すると寥々《りょうりょう》たるラッパの音が響きわたる。その時、東方上《のぼ》り方面から御召列車が現れ、菊の御紋章《もんしょう》がついた車両の中央、大きく開いた窓に挙手の礼をした裕仁天皇の姿があった。先導車のようなスピードでなく、寥々たるラッパに合わせた速さのため顔や姿がはっきり見えた。最敬礼を命じられたが、この瞬間のため授業を休んできたのではないか、三〇分も待たされたのではないか、児童生徒一同、上目遣《うわめ》いに天皇を凝視《ぎょうし》した。天皇のお顔は剽悍《ひょうかん》な軍人顔でなく和《なご》やかな作家のようであった。町で出会う学校の先生のようでもあり、この頃、町にふえだした東京商大の学生のようで眼鏡ごしのお顔がやさしかった。私は裕仁天皇が好きになった。あの大元帥《だいげんすい》らしからぬ知的でやさしそうな裕仁おじさんのような風采《ふうさい》が大好きになった。私が少年時代、天皇に対して抱いたこの想いは昭和の戦争時代になっても変わることなく、ニュース映画でみる苦悩に満ちた天皇の姿はみるに忍びなかった。敗戦の決断は裕仁天皇の大英断である。多くの国民が感謝した。敗戦後、占領軍総司令官マッカーサー元帥との駆け引きも敗戦帝王としては上出来で窶《やつ》れ切った姿が目に浮かぶ。

終戦翌年の昭和二十一年二月から裕仁天皇は自ら思い立って全国各地を巡るご巡幸をはじめた。前年、宮城前広場で起きた米よこせ暴動や天皇打倒集会をみて起死回生を図られたか。いやもっと純粋な国民の生活を案じられてのことと思うが全国各地の天皇行脚《あんぎゃ》を企てた。まず京浜地区からはじまり群馬、埼玉、千葉県への二、三日の日程であったが予想外の反響で老年・壮年の男女が歓喜をかくせず大歓迎した。はじめ疑心暗鬼《ぎしんあんき》で見守っていた宮内関係者や政府もこれを見て大いに発憤した。かくして裕仁天皇の御巡幸は日本全国に及んだが、朝鮮戦争が勃発し、経済成長による日本の復興がはじまると天皇ご巡幸も終った。

昭和二十一（一九四六）年十一月三日、新しい日本国憲法が公布された。政府（吉田茂首相）は宮城前広場に特設祝賀会場を設けて裕仁天皇の出席を仰ぎ、盛大な新憲法公布祝賀会を開いた。新憲法の定める所により裕仁天皇は〝日本国民の総意に基《もと》づく〟「国民統合の象徴《しょうちょう》」になったが裕仁天皇を国民統合の象徴とするアンケートは行われなかった。そこは日本式で祝賀会に集った大衆の喜びの表情で〝国民統合〟としたのかも知れないし、共産党を主体とする一部過激学生や青年の〝天皇をギロチンにかけろ〟の暴言暴行が反作用したのかもしれない。こうして理論上納得できない象徴天皇制がその後四〇年も続いたのである。

天皇ご巡幸はなくなったが、その後、東京オリンピックも貴賓席に姿を現わし選手たちの礼を受けた。経済が回復し立派な新宮殿が建てられると参集した国民の祝福を受けられた。やがて訪米を考えられ、マッカーサー元帥をはじめ要路の米国人の寛大な占領に礼を述べられた。被占領国の帝王として全く余計な忖度《そんたく》をしたものである。裕仁天皇は晩節を汚したと言わねばならない。

私見によれば、裕仁天皇は新憲法公布後、数年で退位すべきであった。昭和三十四（一九五九）年四月の明仁皇太子の御成婚がチャンスであった。その年か翌年、譲位《じょうい》されて上皇になるべきであった。終戦には大英断で国民を救《すく》われたが、開戦には軍閥に同意したのだからその罪は消えない。宮城を新天皇に譲渡して引退すべきであった。伊勢の皇太神宮の特別宮司《ぐうじ》になってご先祖天照大神をお守りするのもよいし、日本の象徴《しょうちょう》、富士山麓《ろく》に仮宮殿を建てて新年お歌会を開くのもよい。お好きの植物採集、ご研究、各地を回られて土地の人々と仲良くされれば象徴天皇のその後の人生を豊かにされただろうと思うと悔《く》やまれる。

ラジオの時代

昭和の時代、裕仁天皇の即位から戦後といわれた昭和二十年代終り頃までをラジオ（radio）の時代と呼んでもよいかと思う。厳密に言うと大正十四年三月から七月にかけて東京放送局、大阪放送局、名古屋放送局が順次、放送を開始したが翌大正十五年＝昭和元年には全国的にラジオ

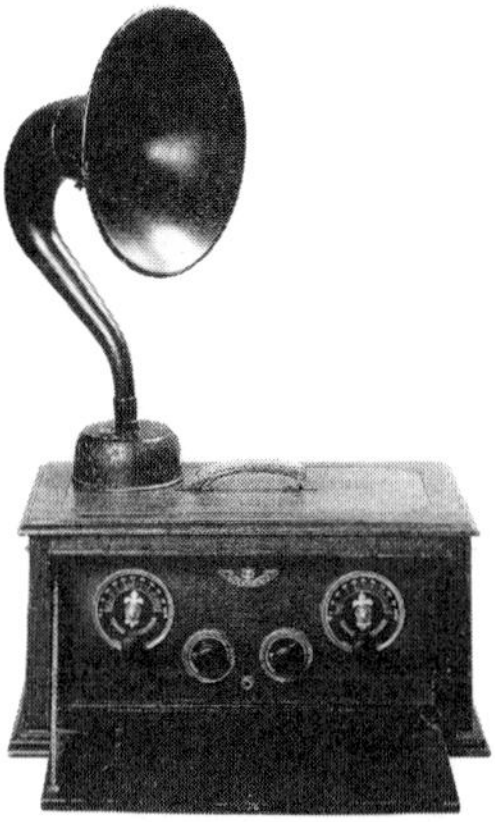

日本初のラジオ受信機
鉱石式　定価 50 円

戦中・戦後のラジオ
（放送局型 123 号受信機）

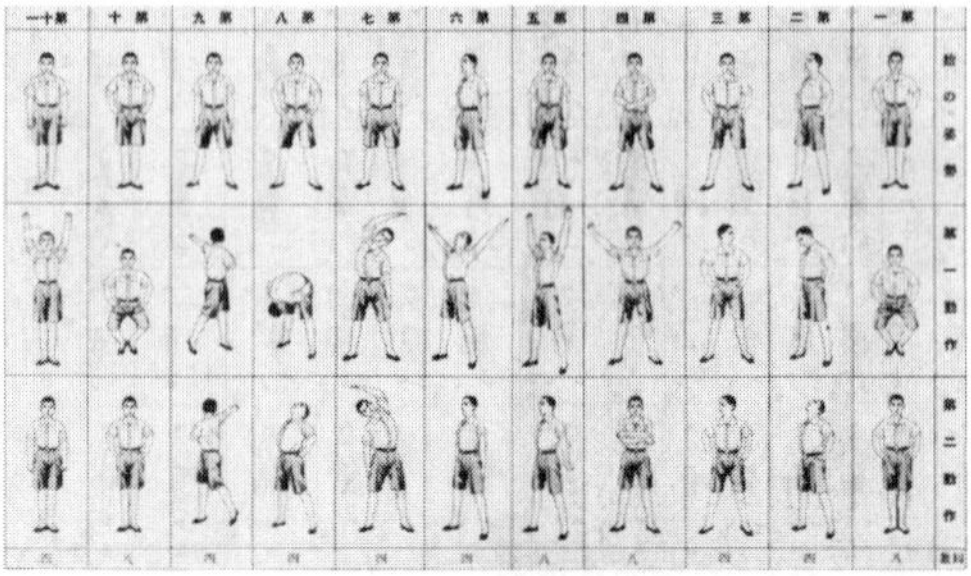

ラジオ体操の宣伝ビラ

が普及したから概ねラジオは昭和とともにはじまったと言えよう。

昭和初期、ラジオの普及に一役買ったのはラジオ体操である。はじめ長寿奨励の生命保険会社が企画したが採用されず、次いで犯罪防止を町内会の結束でやろう、その手はじめに町内会で早朝ラジオ体操をやろうという企画が数人の巡査の間で持ち上がった。これが何人かの警察署長から文部省の耳に入ると文部省は早速、ラジオ体操考案委員会を発足させた。委員会は福井直秋作曲のヘルプストマートに合わせて体操を考案し、体操前に歌う「ラジオ体操の歌」（小川孝敏作詞・堀内敬三作曲）をつくって公開した。

踊る旭日《あさひ》の光を浴びて　屈《まげ》よ伸《のば》せよ吾等《われら》が腕《かいな》　ラジオは叫ぶ一、二、三（二番以下略）

この画期的なラジオ体操の号令をかけるアナウンサーに誰を当てるか注目されたが、審議の結果、陸軍戸山学校の体操教師・江木理一歩兵少尉に決まった。戸山学校は兵士たちに戦場での走り方をはじめとする各種の運動や軍馬の扱い方、ラッパの吹奏《すいそう》等を教える営舎である。ここで半年ぐらいの課程を終えれば原隊に戻って下士官になれる。江木はこの学校の兵式体操教師であった。明るい性格が買われたのであろう。昭和三年十一月一日、午前六時、ラジオ体操の放送が開

放送局での録画　右端が江木理一

ラジオ体操始まる
（昭和３年11月１日）

神社の境内で

街の目抜き通りで

小学校で

始された。江木理一は陸軍少尉の軍服にサーベルを下げて登場した。しかし性来明るく利発な江木は軍刀姿がこの場にふさわしくないことを直感したのだろう。翌朝から体操着姿で登場し、明るく楽しいラジオ体操をつくりあげていった。私も少年の頃、街の目抜き通りで青年団主催のラジオ体操に参加したことを覚えているし、夏休みは小学校の校庭で行われていたラジオ体操に参加した。

次にラジオを普及させたのは大相撲《おおずもう》の実況放送であろう。特に昭和十二、三年頃の横綱・玉錦、双葉山らの人気が高く学校でも子どもたちは口角泡《こうかくあわ》を飛ばして興奮した。東京六大学野球の実況放送、ベルリンオリンピックでの前畑秀子とゲネンゲル嬢の競泳決勝戦の放送に人々は徹夜でラジオにかじりつき、一喜一憂したものである。

昭和十六年十二月八日朝七時のラジオ放送で国民は一せいに太平洋戦争の開戦を知った。その後の戦勝報道は新聞やニュース映画が担《にな》ったが、戦争末期、敵の戦略爆撃がはじまると各軍管区から発せられる敵機来襲はラジオ放送で国民にとどいた。昭和二十年八月十五日正午、裕仁天皇による敗戦の詔勅を国民はラジオ放送を通じて一斉に聞いた。全国民が同時に一斉に聞いたから紛争が殆ど起こらずに占領軍を迎えることができたのだと思う。ラジオ普及のおかげである。

敗戦後、八月末までラジオから音楽や演芸は聞かれなかった。敗戦後の事態収拾と占領軍兵士との接し方などのお説教ばかり。けれども禁止されていた天気予報が復活したのは助かった。九月になると歌舞伎や講談を放送劇に仕立てた番組が時々放送され東海林《しょうじ》太郎等の昭和初期の歌謡曲がはじまったが、人々が耳を傾けたのは街頭録音による「私たちの声」である。はじめは男声ばかりであったが次第に女声も加わり、政治への不満を述べ合うようになった。これが放送討論会に発展した。またこの年の大みそかに「紅白音楽試合」が放送された。昭和二十六年からはじまる紅白歌合戦のルーツである。

昭和二十一年十二月からはじまったクイズ番組「話の泉」、二十二年十一月からの「二十の扉」等、誰でも参加できる番組が次々に企画されて楽しませた。中でも特筆すべきは二十二年七月からはじまった菊田一夫の連続放送劇「鐘の鳴る丘」ではないかと思う。戦後、東京はじめ大都市に蝟集《いしゅう》した戦災孤児を題材にその救済に努力する人々の苦心を画いたもので多くの人々の共感と支持を得、主題歌〝とんがり帽子〟はそのメロディとともに全国に拡がったのである。

これまで述べたように私は幼少期からラジオを聞きながら育ったのであるが、昭和二十年代の終り頃から急速にラジオ放送が希薄《きはく》になった。テレビジョンが登場したからである。昭和二十八（一九五三）年二月一日、ＮＨＫは約四時間、テレビ画像を放映した。当時、受像機の値段は二〇万円前後、大学卒の初任給が七、八千円ぐらいだったから庶民が買えるものではない。銀座その他の盛り場にテレビジョンを据え付けて大衆に見物させた。テレビの人気はすさまじかった。そこでＮＨＫはその年の十月の某夜、盛り場各地に街頭テレビの場を設けてプロボクシングの夕イトルマッチを観覧させた。ねらいは大当りで興奮の坩堝《るつぼ》と化した。これを見た喫茶店や小料理屋が客寄せのためにテレビを置いたらこれも大繁盛、テレビは庶民の心に定着した。

このような社会現象が起こったのは朝鮮戦争が終結し、日本の政治方向を定めた吉田内閣が終末に近づいた頃であり、日本の高度経済成長がこれから始まろうとした頃のことである。ＮＨＫをはじめ民放各社もテレビジョンの技術改革を進め、庶民の懐《ふところ》も多少豊かになってテレビは次第に買い易くなった。昭和三十四（一九五九）年四月、皇太子（後の平成天皇）の成婚式が行われた。その一部始終をテレビジョン化しようと関係者は色めきたった。かくしてテレビは売れに売れ、御成婚の一部始終を一、五〇〇万人の国民が参観の気分を味わったのである。

テレビの登場・普及によって一家団欒《だんらん》はテレビを囲んで行われるようになった。各局は時間を変えて老人用、主婦用、子ども用の番組をつくる。それらのキャスト、スターも続々現れ、テレビ界は活気に満ちた。当然なことにラジオは凋《ちょう》落した。しかしなくならなかった。忽ちラジオは小型化し、個人の持ち物になり、個人が密《ひそ》かに話や音楽を楽しむ器具となった。

参考文献

朝日新聞社『週間20世紀・１９５３年』
毎日新聞社『一億人の昭和史・５　占領から講和へ』『同６独立―自立への苦悩』
江木理一氏からの直話

レビューと映像時代の開幕

歌と踊りに寸劇を加えたショーをレビューと言う。発祥の地はパリである。パリでは毎年十二月に一年間の出来事を風刺的に演じた。第一次世界大戦後、各国でこれを真似するものがでたが、日本では時代の変化に敏感な宝塚少女歌劇団の創立者・小林一三が早くもこれを持ち込んだのである。昭和二年九月一日、武庫川《むこがわ》沿いの宝塚劇場で少女歌劇団による「レビュー・モン・パリ（われらのパリ）」が上演された。振付演出は歌劇団専属の白井鉄三、ズボンをはいた二四人が汽車が走る様子を踊る「汽車の踊り」や一六段の階段をつかいこなしてフィナーレを飾った階段レビューに観客は度肝《どぎも》を抜かれた。好評のうちに二年十月に再演。三年五月には東京歌舞伎座に進出、五日

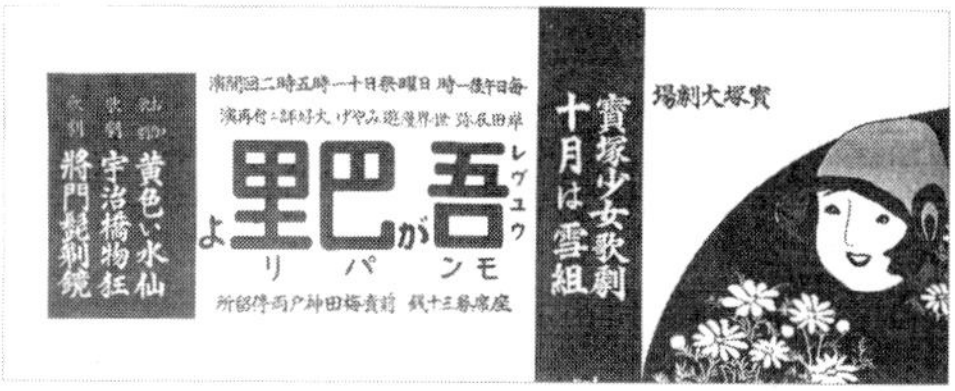

レビュー「モン・パリ」

レビュー「モン・パリ」

間公演し、超満員の大成功であった。白井は三年秋から一年半、パリでレビューを学び、昭和五年自作の「パリビット」（可愛いパリ娘）を宝塚大劇場で公演、ここで軽快なタップダンスを披露《ひろう》、また劇団歌として「すみれの花咲く頃」「おお宝塚」の歌を公開、宝塚レビューは国民大衆に受けて大喝采を博した。この勢いに乗って東京に進出。昭和九年一月に東京宝塚劇場開場。阪神と東京を根城に宝塚レビューを繰り広げた。第二次大戦中は政府の取り締りで逼塞《ひっそく》したが、戦争が終ると忽《たちま》ち復活、素肌《すはだ》の足を振り上げるラインダンスで観客を魅了《みりょう》した。東京銀座の日劇ダンシングチームや浅草国際劇場での松竹少女歌劇がその代表であろう。大阪や名古屋の繁華街にも忽ち拡まった。

関西の宝塚劇場でモン・パリのレビューがはじまった二年後の昭和四（一九二九）年十月、東京浅草の水族館二階で榎本健一（エノケン）を座長とするカジノ・フォーリーが歌と踊りをつめ込んだ新喜劇をはじめた。榎本健一は明治三十七（一九〇四）年、東京青山に鞄職人の子として生まれた。彼の少年時代のことは明らかではない。大正十一

カジノ・フォーリー　真中がエノケン

（一九二二）年、浅草のある歌劇団に入った。喜劇の柳田貞一門下生になっている。昭和四（一九二九）年七月、フランスのレビューに心酔して帰国したある資産家が浅草の水族館の二階で「カジノ・フォーリー」（馬鹿騒ぎする舞踏場という意味）を上演したが客が来なくて失敗した。そこで同年十月、陣容を改め、エノケンこと榎本健一を座長格とする第二次カジノ・フォーリーを水族館二階で上演した。意気込みは高かったが、客足は相変わらずわるい。前途に暗雲がたちこめた時、思わぬ援軍が現れた。新進作家・川端康成が小説「浅草紅《くれない》団」を「東京朝日新聞」夕刊に連載しはじめたのである。当時三〇歳の川端はみずみずしい筆致《ひっち》でカジノの魅力、浅草の魅力を描いた。東京丸の内や銀座のように欧米の劇場や歌音楽ダンスをそっくり真似るのではない。新しいものを受け入れる場合も日本流に、いや浅草風に変形してしまうのである。例えば安木節の歌い手がピアノ伴奏で、藤原美江流の「出船の歌」をはさみ、安木節を独唱する。また安木節の踊り子が振袖で、いや、時には日本髪にワンピースの洋装で三味線や太鼓や洋楽で和洋ジャズ合奏し、ジャズダンスを踊る。こうしたジャズ小唄の騒ぎが浅草だ。客席も土方や職人、立ちん坊（日雇い労働者）など浅草的な人々が野次り合ったりして浅草らしい空気を醸《かも》している。当時の東京の様相をみ

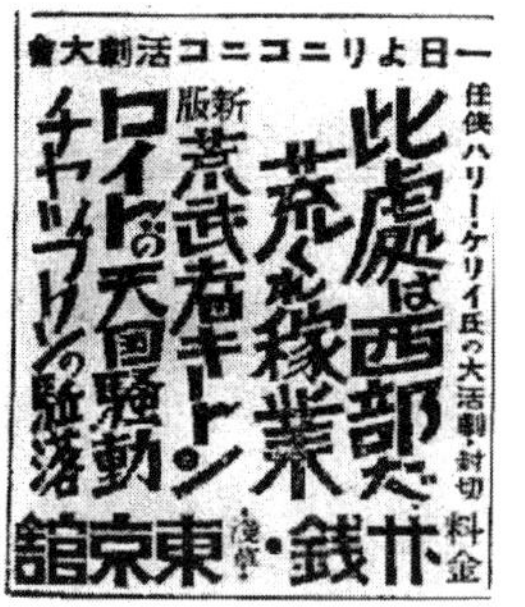

昭和のはじめの
活動写真広告

昭和のはじめの浅草活動写真街六区

ればわかるだろう。関東大震災をうけたが東京市内はまたたくまに復活した。飢餓続きで東北地方に欠食児童が増加したが、東京に欠食者は少ない。職なしの立ちん坊はいたが、夕暮れともなれば彼らは酒びん片手に夜の街をわめきながら歩く。そして浅草の歓楽街に流れ込むのである。明治以来の努力と第一次大戦の好況によって東京は高等教育が充実し、市内に学生は溢《あふ》れていた。と言っても彼らの懐《ふところ》は温くはない。彼らの足は銀座ではなく浅草に向かった。

さて、昭和四年開幕のカジノ・フォーリーも苦心上演しながら腕が上がっていった。狂言方に戦後、名を挙げた菊田一夫などの新感覚を取り入れた効果もあったろうが芝居の各所に新感覚が働いた。その基調になったのはエロ・グロ・ナンセンス（当時の流行語）である。エロチックゴシップで言えば〝金曜日には踊《おど》り娘《こ》がズロースを落とす〟と「報知新聞」に載ったので人気に拍車がかかった。さらにまた、それをお忍びで見に来る著名な画家や代議士もいるということが噂になってエノケン劇の人気は絶大になった。

座長のエノケンは極めて真面目に努力を重ねた。舞台で見せる笑顔はつくり笑いで、彼は仕事で笑顔を見せたことがないと言う。彼はスピーディで、気の利いたギャグを次々に考案した。ギャグは舞台の書き割りにからめたものが多かった。絵のベンチに腰をかけて弁当を食べ、これまた絵の噴水の水を飲む。これを大真面目にやった。此のようなギャグが客の大爆笑を巻き起こしたのである。私（神辺）はエノケンの大ファンで、戦中戦後、勤労動員先の工場や教室から抜け出して悪友とエノケン劇やエノケン映画を好んで観たが、彼の演技は時々、ホロリとさせられる人情の機微《きび》に触れるものを感じさせるものがあった。彼は一代の名優であったと思う。

昭和八年四月、古川ロッパ、徳川夢声、渡辺篤《あつし》を中心とした〃劇団笑いの王国〃が東京浅草の常盤座で旗揚げ公演をした。「恋愛延長戦」「昭和新選組」「凸凹《でこぼこ》放送局」等の喜歌劇である。派手な前宣伝と入場料三〇銭という廉価《れんか》、抱腹絶倒《ほうふくぜっとう》のおかしさで大入満員の大盛況であった。二の替《か》わり（次の項目）は「モンパパ」「われらが忠臣蔵」も大当たりでロッパは一躍エノケンと並ぶ喜劇の大スターになった。この勢いに乗って十月から浅草金竜館に移って「われらが丹下左膳」「吾らが不如帰《ほととぎす》」「われらが坊ちゃん」「われらが大菩薩峠」等次々に上演した。これら当時の名作流行小説を題材にしたのは、これらをパロディ Parody 化したからである。例えば、「われらが大菩薩峠」では机竜之助ならぬテーブル竜之介が上司へへまなことばかりする。また〃われらが〃をつければ原作料を払わないですむとちゃっかりした事も考える。

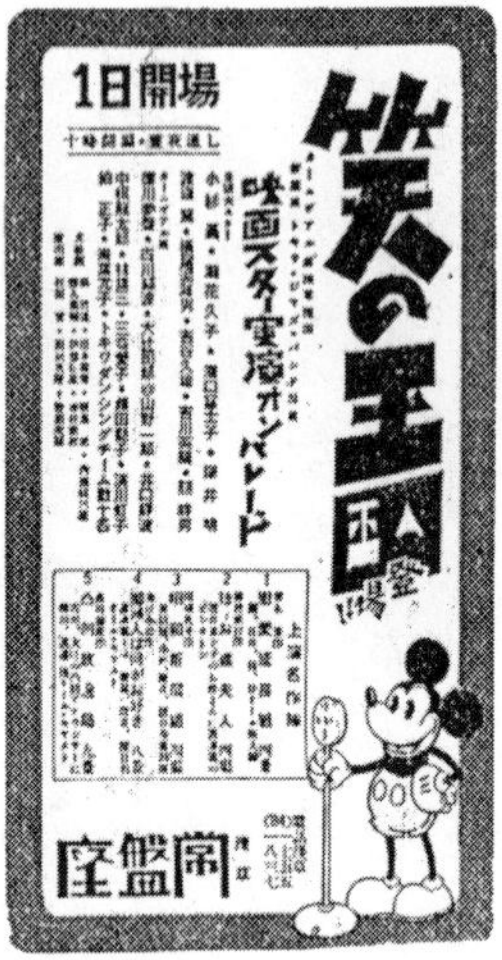

古川ロッパ

古川緑波《ろっぱ》の父は男爵・貴族院議員である。早稲田高等学院から早大英文科に進んだ。英語がよくできたし、ジャーナリストの才もあった。昭和十年、松竹系の「笑の王国」を脱退し、東宝に移って「古川緑波一座」を結成した。菊田一夫、サトウハチローを座つき作者として山茶《さざん》花究《かきゅう》、森繁久弥などを加えて丸の内銀座喜劇界の頂点に立った。戦中から戦後わずかな期間、古川ロッパはエノケンと組んで日本劇場で喜劇ショウを打った。しかし活発に笑いを放つエノケンに比べてロッパは精彩を欠いた。昭和四十五年、六五才で亡くなるまで活躍したエノケンに比べて戦後のロッパは影がうすく演芸から消え去った。

昭和八年、満州国をめぐって関東軍が動き出し、欧州ではヒットラーのナチス党が政権を握ったりして、きな臭い気配《けはい》が立ち込めた頃、東京新宿駅の近くの新宿座のムーラン・ルージュでは

右　望月優子　左　明日待子
ムーランルージュの
人気踊り子

連日、きわどいダンスバラエティを上演していた。エノケン劇団と同じく文芸部が秀逸で伊馬春部や竜胆寺雄《りゅうたんじ》、吉行エイスケなどが活躍した。それらの作品は風刺を込めてユーモラスに市民生活を描き、学生やサラリーマンに歓迎された。しかし演技になるときわどいものが多くフィナーレには踊り子がズローズを振り落とす。其の瞬間に暗転、幕というはなれざわで人気が高まった。

一方、関西では大阪千日谷の演芸界を根城にエンタツ・アチャコのしゃべくり万歳がはじまった。本来万歳とは〝長い年月〟という意味で、正月におどけた歌や舞を演ずる門付《かどづ》け芸人を言う。とぼけた才蔵役をボケ、これをたしなめる役をツッコミと言って二人の言い合いで笑いをつくる。古くからの伝統芸だから御殿ふうの着物で現れるものだが、エンタツ・アチャコはモーニング風の洋服姿にステッキを持って現れ、早口でしゃべくりまくるので人気を博した。さらに人気絶頂の六

アチャコ　　エンタツ

大学野球試合の中継放送を万歳ふうにやったら抱腹絶倒、以後、万歳師たちはエンタツ・アチャコ流の芸を真似て今日の万歳をつくりあげたのである。

時代映画に話を移そう。映画は戦争がはじまってからのコトバで、昭和のはじめ頃は活動写真（Motion Picture）と言った。阪東妻三郎、片岡千恵蔵、嵐寛寿郎、市川右太衛門らの剣劇俳優（チャンバラスター）が芸を競った。彼らの役者名字《みようじ》で見る通り、阪東《ばんどう》、片岡《かたおか》、嵐《あらし》、市川《いちかわ》は歌舞伎役者の名跡《みようせき》である。血が繋がらない者で名跡を継ぐ者もあれば、弟子筋で継ぐ者もある。弟子が地方巡業に出かける時は師匠の名跡を名乗る。要するにチャンバラ映画に主役を張った俳優は歌舞伎の末裔《まつえい》であった。さてチャンバラ活動写真は東京、大阪の繁華街で上映されたが、それだけでは意味がない。歌舞伎役者の伝《でん》に倣《なら》って地方の小屋で映写する。地方小都市にあった芝居小屋は活動写真機を据え付けて映画館に早変わりした。こうして活動写真はあっという間に忽ち全国に拡まったのである。

はじめチャンバラ映画は京都の映画村を根城にそれぞれの主演俳優の名を冠したプロダクションをつくって映画づくりに専念したが、やがて剣劇映画は日活プロダクション、エノケン、ロッパの喜劇は東宝、現代風恋愛映画は松竹という具合《ぐあい》に分担が決まり、戦時体制唯一の娯楽として

ターザンの一家

国民を楽しませ、国民に愛された。

戦前、昭和初期の映画上映は日本映画ばかりではなかった。戦時中はさて置き、戦前の昭和初期、人々を喜ばせ楽しませたのはアメリカの映画であった。中でもチャップリンとターザンの人気が高く、太平洋戦争がはじまるまで、そのシリーズ映画が続映された。次いでピストルで打ち合い、インディアンに襲われ危機一髪の所を騎兵隊に救われる西部劇が人気を博した。フランス映画もドイツ映画も輸入されて一部の好事家《こうずか》から評価されたが、ハリウッド映画のように一般大衆からは愛好されなかった。敗戦一ヶ月後、日本中を席巻《せっけん》したのはハリウッド映画であった。

参考文献

『昭和 DaybyDay』①～⑦講談社
『画報近代百年史』第一四集～第一七集　国際文化情報社
『日録20世紀』一九二六－一九四〇（昭和元年～十五年）講談社
『一億人の昭和史・写真年表』毎日新聞社

著者紹介

神辺靖光（かんべ　やすみつ）

1956年3月　早稲田大学大学院文学研究科教育学専修博士課程全単位取得

1979年6月　文学博士（早稲田大学）

1978年4月　国士舘大学文学部教授（1985年12月まで）

1986年1月　兵庫教育大学学校教育学部教授兼大学院教授（1994年3月定年退職）

1994年4月　明星大学人文学部教授兼大学院教授（1999年3月定年退職）

主要著書

『日本における中学校形成史の研究　明治初期編』多賀出版、1993年

『明治前期中学校形成史　府県別編Ⅰ～Ⅴ』梓出版社、成文堂、2006年～2022年

『女学校の誕生　女子教育史散策　明治前期編』梓出版社、2019年

『花ひらく女学校　女子教育史散策　明治後期編』成文堂、2021年　他

長本裕子（ながもと　ゆうこ）

1976年3月　日本女子大学大学院文学研究科日本文学専攻　修士課程修了
　　　　　　文学修士

1977年4月　東京文化中学高等学校（現新渡戸文化中学校・高等学校）教員

2008年4月　同校校長（2012年3月まで）

2012年3月　同校退職

2012年9月　学校法人新渡戸文化学園嘱託（2014年7月まで）

主要著書

『すべての日本人へ』新渡戸稲造の至言　藤井茂・長本裕子共著　（一財）新渡戸基金、2016年（2017年、すべての日本人へ贈る『新渡戸稲造の至言』と改題）

『花ひらく女学校　女子教育史散策　明治後期編』成文堂、2021年

百花繚乱　日本の女学校
　女子教育史散策　大正・昭和初期編

2025年1月31日　初版第1刷発行

著　者　神辺靖光
　　　　長本裕子

発行者　阿部成一

〒169-0051　東京都新宿区西早稲田1-9-38
発行所　株式会社　成文堂
電話　03(3203)9201(代)　Fax 03(3203)9206
https://www.seibundoh.co.jp

製版・印刷　シナノ印刷　　製本　弘伸製本

ISBN 978-4-7923-6127-3　C3037　検印省略

定価（本体3,600円＋税）

『女子教育史散策』シリーズ　ご案内

女学校の誕生　女子教育史散策　明治前期編

2019 年刊行（梓出版社）　本体価格：2600 円　ISBN：978-4-87262-648-3

女性の自立を模索した明治の教育者の情熱と諸相を描く。
開拓使女学校から明治の女学校が始まった。
英語を学ぶため、外国人居留地のミッション女学校に集まる女学生、新興貴族子女のための華族女学校、江戸時代の裁縫塾から進化した裁縫女学校、そして女子師範学校。困苦と戦う女性宣教師たち。
女学校とは何か。明治初めの女学校を散策する。

花ひらく女学校　女子教育史散策　明治後期編

2021 年刊行（成文堂）　本体価格：3200 円　ISBN：978-4-7923-6121-1

家庭の奥に閉じ込められていた女性たちが社会に姿を現した。
政府や文部省の"良妻賢母たれ"という思惑とは裏腹に、自立・自活をめざす女性が増えてゆく。後押ししたのは皮肉にも日清・日露の戦争であった。
女学校から高等女学校へ、さらに高等教育としての専門学校がつぎつぎと花ひらいた明治後期の女子教育史を散策する。

百花繚乱　日本の女学校　女子教育史散策　大正・昭和初期編

2025 年刊行（成文堂）　本体価格：3600 円　ISBN：978-4-7923-6127-3

第一次世界大戦参戦による好景気から戦後の不況、関東大震災等大きな波が押し寄せる大正時代。その中で伸長する自由、平等、博愛の思想、新教育の精神を背景に、高等女学校、実科高等女学校、女子師範学校、女子専門学校への進学者が急増した。一方、職業婦人を養成する各種学校も活況を呈してくる。
そして女学生のセーラー服の流行は、やがて一般女性の洋装化を推進してゆく。「百花繚乱」さながらの大正から昭和初期の女子教育史を散策する。